FfugLen

Y MEDDWL A'R DYCHYMYG CYMREIG

Golygydd Cyffredinol

John Rowlands

Cyfrolau a ymddangosodd yn y gyfres hyd yn hyn:

1. M. Wynn Thomas (gol.), *DiFfinio Dwy Lenyddiaeth Cymru* (1995)
2. Gerwyn Wiliams, *Tir Neb* (1996) (Llyfr y Flwyddyn 1997; Enillydd Gwobr Goffa Ellis Griffith)
3. Paul Birt, *Cerddi Alltudiaeth* (1997)
4. E. G. Millward, *Yr Arwrgerdd Gymraeg* (1998)
5. Jane Aaron, *Pur fel y Dur* (1998) (Enillydd Gwobr Goffa Ellis Griffith)
6. Grahame Davies, *Sefyll yn y Bwlch* (1999)
7. John Rowlands (gol.), *Y Sêr yn eu Graddau* (2000)
8. Jerry Hunter, *Soffestri'r Saeson* (2000) (Rhestr Fer Llyfr y Flwyddyn 2001)
9. M. Wynn Thomas (gol.), *Gweld Sêr* (2001)
10. Angharad Price, *Rhwng Gwyn a Du* (2002)
11. Jason Walford Davies, *Gororau'r Iaith* (2003) (Rhestr Fer Llyfr y Flwyddyn 2004)
12. Roger Owen, *Ar Wasgar* (2003)
13. T. Robin Chapman, *Meibion Afradlon a Chymeriadau Eraill* (2004)
14. Simon Brooks, *O Dan Lygaid y Gestapo* (2004) (Rhestr Hir Llyfr y Flwyddyn 2005)
15. Gerwyn Wiliams, *Tir Newydd* (2005)
16. Ioan Williams, *Y Mudiad Drama yng Nghymru 1880–1940* (2006)
17. Owen Thomas (gol.), *Llenyddiaeth mewn Theori* (2006)
18. Sioned Puw Rowlands, *Hwyaid, Cwningod a Sgwarnogod* (2006)
19. Tudur Hallam, *Canon Ein Llên* (2007)

Y MEDDWL A'R DYCHYMYG CYMREIG

FfugLen

Y Ddelwedd o Gymru yn y Nofel Gymraeg o Ddechrau'r Chwedegau hyd at 1990

Enid Jones

GWASG PRIFYSGOL CYMRU
CAERDYDD
2008

ⓗ Enid Jones, 2008

Cedwir pob hawl. Ni cheir atgynhyrchu unrhyw ran o'r cyhoeddiad hwn na'i gadw mewn cyfundrefn adferadwy na'i drosglwyddo mewn unrhyw ddull na thrwy unrhyw gyfrwng electronig, mecanyddol, ffotogopïo, recordio, nac fel arall, heb ganiatâd ymlaen llaw gan Wasg Prifysgol Cymru, 10 Rhodfa Columbus, Maes Brigantîn, Caerdydd, CF10 4UP.

www.gwasg-prifysgol-cymru.com

ISBN 978-0-7083-2165-2

Mae cofnod catalogio'r gyfrol hon ar gael gan y Llyfrgell Brydeinig.

Datganwyd gan Enid Jones ei hawl foesol i gael ei chydnabod yn awdur y gwaith hwn yn unol ag adrannau 77, 78 a 79 o'r Ddeddf Hawlfraint, Dyluniadau a Phatentau 1988.

Argraffwyd yng Nghymru gan Wasg Dinefwr, Llandybïe

I Dewi
ac i Arwen, Rhys, Dexter a Fflur

Cynnwys

Diolchiadau	ix
Byrfoddau	x
Rhagymadrodd	xiii
1. Creu a Chanfod Delwedd: cyflwyniad i'r cysyniad o genedl	1
2. Cymru'r Goncwest a'r Gwrthryfel (1): y drych dwyochrog	41
3. Cymru'r Goncwest a'r Gwrthryfel (2): ymyrraeth *Y Pla*	78
4. Cymru'r Uno a'r Diwygio	107
5. Y Gymru Imperialaidd: newid tir	147
6. Y Gymru Ddiwydiannol: newid ffocws	179
7. Cymru'r Brotest: newid delwedd, newid nod	211
Rhestr o'r nofelau	255
Cyfnodau cefndirol nofelau hanes pennod 4	257
Mynegai	259

Diolchiadau

Pleser yw cael diolch i John Rowlands am gomisiynu'r gyfrol hon. Pleser mwy yw cael cyfle i ddiolch iddo ar goedd am ei hir amynedd a'i hynawsedd yn ystod y cyfnodau pan wthiwyd y gyfrol, am wahanol resymau, yn llwyr i gefn fy mywyd. Bu'n gyson yn ei anogaeth imi ddal ati. Dymunaf ddiolch hefyd i Gyngor Celfyddydau Cymru am yr ysgoloriaeth o dri mis a ddyfarnwyd imi pan ddechreuais lunio'r gyfrol. Hywel Teifi Edwards a awgrymodd gyntaf y dylwn gyhoeddi fy ngwaith ymchwil, ac mae fy nyled yn fawr iddo am hynny. Diolch iddo yn ogystal am ailddarllen y bennod gyntaf ar ei ffurf derfynol, ac am ei sylwadau calonogol. Pwysais yn drwm ar wasanaeth fy llyfrgell leol yng Nghaerfyrddin, ac ar rai o lyfrgelloedd eraill y sir – yn enwedig yn ystod y misoedd y bu Llyfrgell Caerfyrddin ar gau. Diolch i'r staff am fod mor barod bob amser i gerdded yr ail filltir ar fy rhan. Dymunaf ddiolch i staff Gwasg Prifysgol Cymru am eu diwydrwydd wrth lywio'r gyfrol drwy'r broses gyhoeddi, a diolchaf yn arbennig i Dafydd Jones, y golygydd, am ei garedigrwydd wrth fy llywio innau drwy'r un broses. Fe'm hatgoffwyd gan y golygydd o lafur diflino cysodydd y gyfrol, ac yn y cyswllt hwnnw mae'n dda gennyf gydnabod cyfraniad Eddie John o Wasg Dinefwr. Diolchaf i'r mynegeiydd, Alwen Lloyd-Wynne, am ei chyfraniad hithau, ac i Roger Cecil am ganiatâd i atgynhyrchu un o'i weithiau trawiadol ar glawr y gyfrol. Bu cyfeillgarwch ein dau fab a'u gwragedd – Nefyn ac Annabel, Gareth a Sarah – yn gyfeiliant hapus i'r gwaith, a chwmni'r wyrion a'r wyresau bychain yn ddifyrrwch yng nghanol pob prysurdeb. Ond i'm gŵr, Dewi, y mae fy niolch pennaf. Diolchaf iddo am ei gefnogaeth ar bob achlysur, am ei oddefgarwch, ac am ysgwyddo'r pen trwm o ddyletswyddau beunyddiol bywyd yn y rhuthr ar y diwedd i gyrraedd y llinell derfyn.

Byrfoddau

BBGC	*Bwletin Bwrdd Gwybodau Celtaidd Cymru*
BN	*Book News*
BRh	*Blodeugerdd Rhydychen o Farddoniaeth Gymraeg,* gol. Thomas Parry
CC	*Cof Cenedl*
CCHChSF	*Cylchgrawn Cymdeithas Hanes a Chofnodion Sir Feirionnydd*
CCHMC	*Cylchgrawn Cymdeithas Hanes y Methodistiaid Calfinaidd*
Ceredigion	*Ceredigion: Cylchgrawn Cymdeithas Hynafiaethwyr Sir Aberteifi*
CHC	*Cylchgrawn Hanes Cymru*
CJ	*The Carmarthen Journal*
CLC	*Cydymaith i Lenyddiaeth Cymru* (1997), gol. Meic Stephens
CLlGC	*Cylchgrawn Llyfrgell Genedlaethol Cymru*
CLlH	*Canu Llywarch Hen,* gol. Ifor Williams
CW	*Contemporary Wales*

EA	*Efrydiau Athronyddol*
GDG	*Gwaith Dafydd ap Gwilym*, gol. Thomas Parry
HGCr	*Hen Gerddi Crefyddol*, gol. Henry Lewis
HGK	*Historia Gruffud vab Kenan*, gol. D. Simon Evans
IGE	*Cywyddau Iolo Goch ac Eraill*, goln Henry Lewis, Ifor Williams a Thomas Roberts
JEH	*Journal of Ecclesiastical History*
JWBS	*Journal of the Welsh Bibliographical Society*
LlC	*Llên Cymru*
LlLl	*Llais Llyfrau*
OHBE	*The Oxford History of the British Empire*
PKM	*Pedeir Keinc y Mabinogi*, gol. Ifor Williams
ROGD	*The Revolt of Owain Glyn Dŵr*, R. R. Davies
SC	*Studia Celtica*
TCHSDd	*Trafodion Cymdeithas Hanes Sir Ddinbych*
TCHSG	*Trafodion Cymdeithas Hanes Sir Gaernarfon*
THSC	*Trafodion Anrhydeddus Gymdeithas y Cymmrodorion*
TYP	*Trioedd Ynys Prydein* (1961), gol. Rachel Bromwich
WM	*The Western Mail*
YB	*Ysgrifau Beirniadol*
YF	*Y Faner*

Rhagymadrodd

Dewiswyd 1960 fel dyddiad cychwynnol i'r drafodaeth hon oherwydd bod y chwedegau yn nodi dechrau cyfnod o newid gwleidyddol yng Nghymru. Dyma ddegawd sefydlu Cymdeithas yr Iaith Gymraeg (1962), y gwrthdystio a enillodd i Gymru Ddeddf Iaith 1967, yr ymgyrch am arwyddion ffyrdd dwyieithog, a dechrau'r ymgyrch am wasanaeth radio a theledu Cymraeg mwy boddhaol. Dyma hefyd ddegawd boddi Tryweryn (1965), buddugoliaeth etholiadol gyntaf Plaid Cymru yn is-etholiad Caerfyrddin (1966), a helyntion yr Arwisgo (1969). Carcharwyd rhyw ddeugain o Gymry ifainc o ganlyniad i'w safiad dros hawliau'r Gymraeg, ac yn 1969 lladdwyd dau ŵr ifanc mewn ffrwydrad a oedd yn gysylltiedig â'r ymgyrch wrth-Arwisgo. Aelodau o Fudiad Amddiffyn Cymru oedd y ddau a fu farw, mudiad a oedd, fel Byddin Rhyddid Cymru, yn arddel dulliau mwy milwriaethus, a milwrol, o weithredu na Chymdeithas yr Iaith. Yn 1971 ffurfiwyd Adfer, mudiad di-drais arall fel Cymdeithas yr Iaith, ond bod ei fryd ar unieithrwydd a gwarchod y Fro Gymraeg. Cyplyswyd ymdeimlad cryf â'r bygythiadau i ddyfodol yr ardaloedd gwledig, Cymraeg eu hiaith – y mewnlifiad Seisnig a datblygiadau technolegol yr oes – ag ymchwydd newydd o Gymreictod hyderus ac ymosodol.

    Drwy gyd-ddigwyddiad mae'r deng mlynedd ar hugain rhwng dyddiad cychwynnol y drafodaeth a'i dyddiad clo yn cyfateb i hyd arferol y bwlch damcaniaethol rhwng un genhedlaeth a'r llall, ac mae'r un bwlch fel petai wedi'i ymgorffori'n symbolaidd yn y gwahaniaeth rhwng awyrgylch y Gymru gyn- ac ôl-Refferendwm. Serch hynny, ni fu'r ail gyfnod yn un marw, heb brotest nac enillion. Dyma gyfnod yr ymgyrch losgi ddeuddeng mlynedd (1979–91) a briodolid i Feibion Glyndŵr; a dyma, ar wastad gwahanol o weithredu, gyfnod buddugoliaeth sefydlu Sianel Pedwar Cymru (1982). Dywedwyd am y chwyldro cymdeithasol a diwylliannol a ymledodd drwy wledydd y Gorllewin yn ystod y chwedegau (neu'r chwedegau 'hir') na fyddai dim yn union yr un fath wedi hynny.[1] Mae'r un peth yn wir am y chwyldro cenedlaetholaidd a gyd-ddigwyddodd ag ef yng Nghymru.[2]

Efallai nad oedd dylanwad y chwyldro hwnnw lawn mor amlwg yn y nofel ag yr oedd yng nghanu protest gwladgarol y beirdd. Wedi dweud hynny, nid oes amheuaeth na ddylid cysylltu'r adfywiad yn hanes y nofel Gymraeg â'r cyffro cenedlaetholaidd.[3] Yn hynny o beth, nid yw hanes llenyddiaeth Cymru'n wahanol i hanes llenyddiaethau cenhedloedd eraill a fagodd awch am gael rheoli eu bywydau eu hunain. Bu rhyngweithiad llenyddiaeth ac imperialaeth yn ddylanwad grymus ar hanes mudiadau llenyddol a beirniadol yr ugeinfed ganrif yn gyffredinol.[4] A gwnaeth y nofel gyfraniad arbennig i dwf cenedlaetholdeb Ewropeaidd ddiwedd y ddeunawfed a dechrau'r bedwaredd ganrif ar bymtheg; hi oedd y ffurf lenyddol, yng ngeiriau Timothy Brennan, 'that was crucial in defining the nation as an "imagined community"'.[5] Cyflawnai'r nofel Gymraeg gynnar yr un gwaith o ddarlunio'r genedl i'r genedl ei hun, cyfrifoldeb yr arwydda amryw o'r nofelwyr eu bod yn ymwybodol ohono. Myn un awdur anhysbys ei bod yn hanfodol bwysig rhoi i'r 'ganghen ddylanwadol hon o lenoriaeth **nodweddiad cenedlaethol CYMREIG**'; testun balchder i Daniel Owen oedd 'Cymreigrwydd ei gymeriadau'; ac fe'i ceir yntau, a nofelwyr eraill fel Llew Llwyfo, yn pwysleisio'r angen am 'chwedloniaeth wir Cymreig'.[6] Ymdeimlai'r nofelwyr hyn yn reddfol â'r ail gymal, beth bynnag am y cyntaf, o'r syniad a leisiwyd yn ein cyfnod ni gan Fredric Jameson, sef bod y byd yn ei ddatgelu'i hun inni ar ffurf storïau, a bod storïau yn eu tro yn gyfrwng i droi'r byd yn brofiadau a delweddau torfol.[7]

Daeth haneswyr hefyd, fel y sylwodd Prys Morgan, i ymddiddori fwyfwy yn rôl y dychymyg a'i gynhyrchion diwylliannol yn natblygiad cenhedloedd fel creadigaethau dynol, bwriadus.[8] Gwyn A. Williams yw'r hanesydd Cymreig a enwir ganddo, a dwy gyfrol o waith yr hanesydd hwnnw, *The Welsh in their History* a *When Was Wales?*,[9] yw'r rhai y cyfeirir atynt. Ond mae'r un gogwydd i'w weld yng ngwaith un arall a fu'n bwrw golwg dros holl rychwant hanes Cymru: 'Eto, fe oroesodd y Cymry holl argyfyngau eu hanes, gan ailgreu eu cenedl drosodd a thro',[10] medd John Davies yn *Hanes Cymru*. A cheir dehongliad mwy unigolyddol o'r un safbwynt yn *Wales! Wales?* Dai Smith.[11] Tua'r un adeg dechreuodd rhai beirniaid llenyddol roi sylw i natur y ddelwedd o Gymru a ddadlennir mewn llenyddiaeth greadigol. Ymhlith eu cynnyrch y mae traethawd Ph.D. gan Ann Griffiths sy'n ymwneud â'r syniad o genedl yng nghyfnod y cywyddwyr;[12] adrannau o gyfrol Alan Llwyd *Barddoniaeth y Chwedegau*;[13] ac adrannau yn *Achub Cymru* Heini Gruffudd,[14] *Drych o Genedl* D. Tecwyn Lloyd,[15] a *The Taliesin Tradition* Emyr Humphreys.[16] Gellir ychwanegu atynt lyfryn Pennar Davies, *Cymru yn Llenyddiaeth Cymru*,[17] ynghyd ag *Arwr Glew Erwau'r Glo* Hywel Teifi Edwards[18] ac *Internal*

Difference M. Wynn Thomas[19] – cyfrol sydd ar dro yn trafod llenyddiaeth Gymraeg yn ogystal â'r llenyddiaeth Eingl-Gymreig sy'n brif bwnc iddi. Ond cael ei gwasgu i'r cilfachau yw ffawd y nofel Gymraeg o gymharu ei lle yn y trafodaethau hyn â'r gofod a neilltuir i'r ddrama, i farddoniaeth, ac i wahanol fathau o ryddiaith newyddiadurol. Ni ddywedir rhyw lawer chwaith, ac eithrio yng nghyfrol Alan Llwyd ac ym mhennod olaf M. Wynn Thomas, am y darlun o Gymru yn llenyddiaeth Gymraeg ail hanner yr ugeinfed ganrif. Nodwedd mwy nag un o'r ymdriniaethau llenyddol hyn yw eu bod yn cyflwyno, neu yn chwilio am, Gymru wrthrychol, organaidd, yn hytrach na Chymru oddrychol, wneuthuredig yr haneswyr a nodwyd. Amlygir hynny yng nghyfeiriad *Drych o Genedl* at yr awduron a drafodir ynddi fel rhai sydd 'wedi trafod a chynnig dehongliad inni o beth yw cymreictod a beth yw ein nodweddion fel cenedl'.[20] Ymhlyg yn y cyfeiriad hwnnw (yn enwedig o'i gyfuno â gwrthwynebiad ffyrnig yr un awdur mewn mannau eraill i'r ddelwedd o Gymru a gyflwynir yn y nofel Eingl-Gymreig)[21] y mae gweledigaeth o'r un wir Gymru 'roddedig'. Fe'i hategir gan sylw *Achub Cymru* ar y 'broses o ddarganfod Cymru' a 'diffinio'i chenedligrwydd'.[22] Tueddir at yr un weledigaeth yng nghyfrol Pennar Davies; hefyd yn *The Taliesin Tradition* – fel yr awgryma'r fannod yn is-deitl y gyfrol: *A Quest for the Welsh Identity*. Gall yr un Gymru hanfodol hon sydd, yng nghyfrolau Lloyd, Humphreys a Davies, fel petai'n gynnyrch consensws barn deallusion y canrifoedd, ymddangos yn gwbl groes i'r 'rich, but highly problematic diversity'[23] sy'n gymaint rhan o atyniad Cymru i M. Wynn Thomas, ac i'r argyhoeddiad a fynegir gan Dai Smith: 'Wales is a singular noun but a plural experience'.[24] Eto, nid yw coleddu delweddau lleol a gwahaniaethol, neu unigol a phersonol, yn anghydnaws o anghenraid (hyd yn oed mewn cymdeithas ddwyieithog) â bodolaeth delwedd dorfol. Tymherir amrywiaeth ac amrywiadau y gyntaf gan rym cydlynol a hegemonaidd yr ail drwy gyfrwng yr hyn a ddisgrifia Rob Shields fel 'the *force* of normative socialisation which structures and "frames" experience for us'.[25]

Amlinellu ffurf y ffrâm honno o ystyr gyhoeddus, ac olrhain rhywfaint ar ei datblygiad, yw pwrpas y bennod gyntaf, 'Creu a Chanfod Delwedd'. Er bod y cyflwyniad hwnnw'n ymwneud â'r priodoleddau a gyfrifir yn rhai cenhedlig, nid anelir at yr amhosibl drwy geisio diffiniad terfynol o hanfod cenedl. Nid eir ar ôl ond ambell un o'r llu ymdriniaethau â chenedl a chenedlaetholdeb a ymddangosodd yn y cyfnod wedi'r Ail Ryfel Byd, ac a fu'n cynyddu fwyfwy er y 1960au. Canolbwyntir gan mwyaf ar yr hyn y mae'r Cymry, ar wahanol adegau yn eu hanes, wedi'i ddweud amdanynt eu hunain. Gwneir hynny ar sail y gred fod pob cenedl yn hunanddiffiniedig a bod natur yr hunanddiffiniad yn bwysicach na'i 'gywirdeb'; yn y cyswllt hwn, o leiaf, derbynnir datganiad Walker Connor: 'what ultimately matters is not *what is* but *what people believe is*'.[26] Hunanddiffiniad y Cymry, a rhai elfennau ohono wedi ymsefydlogi dros y canrifoedd, yw'r cyfeirbwynt ar gyfer dehongli'r nofelau. Cydnabyddir mai creadigaeth haen fwyaf grymus, dylanwadol, neu benderfynol y gymdeithas yw'r hunanddelwedd gyhoeddus fel arfer, a dyna ffaith sy'n creu angen am fabwysiadu dehongliad dadleuydd y diafol weithiau. Anorfod yw'r osgo negyddol a ddaw bryd arall o chwilio am y bylchau arwyddocaol y gellir eu cysylltu â syniad Fredric Jameson fod naratif yn gweithredu fel 'the specific mechanism through which the collective consciousness represses historical contradictions'.[27] Yn bendifaddau, nid oes bwriad i ddisodli'r disgwrs imperialaidd Seisnig, a hwnnw'n destun gwrthwynebiad cynifer o'r nofelau, gan ddisgwrs unol, monolithig, imperialaidd arall. Bodola perthynas glòs rhwng y damcaniaethu beirniadol ynghylch y llenyddiaeth ôl-drefedigaethol y perthyn y nofelau hyn i gyd iddi – a derbyn 'ôl-drefedigaethol' fel ymadrodd sy'n rhychwantu profiad gwrthrych y broses imperialaidd yn ei grynswth[28] – a damcaniaethau llenyddol ôl-fodernaidd, ôl-strwythurol, Marcsaidd a ffeminyddol. Peth naturiol felly yw tynnu ar rai o'r damcaniaethau hynny o bryd i'w gilydd. Nid yw hynny'n golygu y bwriedir ailymgorffori'r ddelwedd o Gymru o fewn y rhwydwaith hwnnw o ddamcaniaethau ac ideolegau. Offer goleuo yn hytrach na diffinio ydynt.

Rhannwyd y traethawd Ph.D.[29] y bras-seilir y gyfrol hon arno yn ddwy brif adran, y gyntaf yn ymwneud ag amser neu hanes, a'r ail â lle neu ofod. Ni lynir yma wrth y rhaniad ffurfiol hwnnw, ond deil cynllun y gyfrol i adlewyrchu'r hyn a ddywed Rob Shields am y ddau ddimensiwn: 'Space forms a *"regime of articulation"* of cultural patterns which contrast with temporal *"regimes of succession"*'.[30] Mantais y dull cronolegol o drafod y nofelau hanes sy'n darparu testunau'r tair pennod wedi'r cyflwyniad cyffredinol yw ei fod yn dangos yn eglur y cyfnodau yr ymddiddorir ynddynt fwyaf; at hynny, fe gynnig gyfle i fachu'r detholiad wrth ddatblygiad hanesyddol y ddelwedd gyhoeddus o Gymru. Wrth gwrs, ni ellir didoli hanes a gofod yn y byd real, ac os gogwydda dehongliad y tair pennod olaf at y dimensiwn gofodol, mae hwnnw ynghlwm hefyd wrth ddatblygiadau hanesyddol – 'hanes gofodol'[31] yw'r ymadrodd a ddaw i'r meddwl. Mewn modd tebyg, cydfodoli a wna rhai o nodweddion gwrthgyferbyniol Cymru'r nofel hanes yn hytrach nag ymffurfio'n ddilyniant cronolegol. Bu tuedd i ystyried y nofel hanes fel dihangfa rhag 'tryblith y presennol', rhag 'problemau iaith ac arddull ein dyddiau ni',[32] chwedl John Rowlands yn 1976 (byddai'n rhaid aros am un mlynedd ar ddeg cyn cael anghonfensiynoldeb *Y Pla*). Ond o fanteisio ar synnwyr trannoeth gellir cysylltu'r nofel hanes draddodiadol â'r dyhead, a dyfodd fel caws llyffant o'r chwedegau ymlaen, am wybod mwy am hanes Cymru, ac ag ymdrech haneswyr proffesiynol ac eraill i'w ddiwallu.[33] Gellir ystyried ei hamlygrwydd, nid yn gymaint fel 'arwydd o reddf amddiffynnol cenedl mewn argyfwng',[34] ag fel arwydd o hyder, ac fel cyfraniad i'r ymdrech i ddatrefedigaethu hanes a diwylliant Cymru. Mae'r ymdrech honno bob amser yn edefyn ym mhatrwm adfywiad gwleidyddol cenhedloedd ôl-drefedigaethol; a hynny oherwydd, fel y dywed Frantz Fanon: 'colonialism is not simply content to impose its rule upon the present and the future of a dominated country . . . it turns to the past of the oppressed people, and distorts, disfigures, and destroys it'.[35] Ymateb y genedl sydd â'i bryd ar ennill ei rhyddid yw ceisio'r hawl i weld ei hanes, yng ngeiriau Edward W. Said y tro hwn, 'whole, coherently, integrally'.[36] Swyddogaeth arbennig y nofel hanes yw poblogeiddio hanes adferedig y genedl. Mater arall yw gofyn sut y detholwyd ac y dehonglwyd yr hanes hwnnw.

Rhoddir ffocws gofodol i'r bennod 'Y Gymru Imperialaidd' (y gyntaf o'r tair pennod sy'n ffurfio ail hanner y gyfrol, fel petai) gan y penderfyniad i ddianc o ymylon y wladwriaeth Seisnig i greu gwladfa Gymreig ym Mhensylfania, ac yna, ym Mhatagonia. Ar yr un pryd, gwelwn i'r penderfyniad i greu canol newydd mewn tiriogaeth ddieithr wthio eraill i'r ymylon. Eglur yn nofelau 'Y Gymru Ddiwydiannol' yw'r newid yng nghydbwysedd gofodol mewnol Cymru a ddaeth yn sgil y Chwyldro Diwydiannol; yr un mor eglur yw'r cysyniadau gofodol sydd ynghlwm wrth strwythur dosbarth y gymdeithas ddiwydiannol newydd. Mae dwy isadran i'r bennod olaf, 'Cymru'r Brotest: Newid Delwedd, Newid Nod'. Yn achos yr isadran gyntaf, gallwn grybwyll hoffter y byd ôl-fodern o roi'r flaenoriaeth i ofod yn wyneb ei ddrwgdybiaeth o'r gorffennol, ac yn arbennig, o ddeongliadau awdurdodol ohono. Mewn termau gofodol, mae gwrthryfel ôl-foderniaeth yn erbyn yr hen ganllawiau a'r hen ideolegau megis ymgyrch gan luosogrwydd amlddewis yr ymylon i ddileu unrhywiaeth orfodol y canol. Ymryson rhwng y canol a'r ymylon sydd hefyd ym mhrotest yr isadran arall – protest ôl-drefedigaethol, protest o blaid datrefedigaethu. Fodd bynnag, nid y frwydr i ddychwelyd y diriogaeth i feddiant ei hiaith frodorol, ac i'w sefydlu fel gofod cenhedlig hunanlywodraethol, yw'r unig agwedd ar y pwnc. Datgela'r frwydr raniadau mewnol sy'n codi cwestiynau ynghylch y berthynas rhwng ffiniau'r uned ddaearyddol a ffiniau'r uned genhedlig.

Bu dethol y nofelau eu hunain yn waith anodd, ac eto'n waith haws nag yr oeddwn wedi tybio. Da oedd cael cyfresi o nofelau, fel y rhai gan Rhiannon Davies Jones, Rhydwen Williams, Elwyn Lewis Jones ac R. Cyril Hughes, sy'n rhoi cyfle i nofelydd ddatblygu ei weledigaeth. Da, ar y llaw arall, oedd cael amrywiaeth safbwynt y nofelau gan awduron gwahanol a ymffurfia'n grwpiau o ran lleoliad (fel nofelau Caerdydd) neu bwnc – er i'r pwnc fy arwain ar ddau achlysur i gynnwys nofelau sydd ychydig y tu allan i ffiniau amseryddol y drafodaeth.[37] O fynd ar ôl y nofel hanes – ac ni allwn anwybyddu ffurf lenyddol a ddenodd gynifer o awduron – defnyddiol oedd cael dilyniant gweddol gyflawn o ran cronoleg hanes Cymru. Apêl rhai nofelau oedd eu bod yn ymdrin ag agweddau ar anian a phrofiad y Cymry, megis imperialaeth a diwydiannaeth – a esgeuluswyd i raddau helaeth yn ein llenyddiaeth. Apêl nofel *Y Pla* oedd ei bod yn ymdrin ag agweddau cyfarwydd mewn dull, ac o safbwynt, anghyfarwydd. Hepgorais waith ambell nofelydd, fel Jane Edwards er enghraifft, yn hollol fwriadol am y gwyddwn y byddwn yn cael fy nhemtio i neilltuo gormod o ofod iddo. Un o'm bwriadau oedd sicrhau nad oedd y detholiad terfynol yn ymdebygu'n ormodol i restr ddarllen ddethol cwrs ysgol neu goleg. Roeddwn am gyfosod yr adnabyddus a'r llai adnabyddus, cymysgu'r trwm a'r ysgafn, a rhoi sylw i'r nofelau a aeth yn angof yn ogystal â'r rhai a oroesodd chwitchwatrwydd ein chwaeth lenyddol. Nid oeddwn (ond efallai mai breuddwyd ffôl oedd hyn) am i'm dull o ddethol ychwanegu dim mwy nag oedd yn anochel at ddetholusrwydd y ddelwedd, neu'r delweddau, y gobeithiwn i'r nofelau eu dadlennu.

Fel y dywedwyd, nofelau ôl-drefedigaethol, drwy ddiffiniad, yw'r holl nofelau a drafodir yn y gyfrol hon. Mae hyd yn oed y rhai nad ydynt yn ymdrin â'r brotest genedlaetholaidd, nac yn union nac yn anuniongyrchol, eto yn amlygu amryfal agweddau ar realiti bywyd cenedl oresgynedig. Rhag i neb feddwl bod ymdrin â phrofiad yr 'ymylon' yn gyfystyr ag ymdrin â phrofiad ymylol, dylid ychwanegu bod bywyd mwy na thri chwarter o drigolion y byd cyfoes wedi'i liwio gan brofiad o ymyrraeth imperialaidd.[38] Mae llenyddiaeth greadigol yn gyfrwng pwysig ar gyfer mynegi'r profiad hwnnw. Fe all hefyd, yn rhinwedd ei bodolaeth yn unig, amodi'r hunanddelwedd genhedlig drwy drawsffurfio gofod ar gyrion y diwylliant imperialaidd yn ganolbwynt diwylliannol i'r genedl ôl-drefedigaethol ei hun.

(Dylwn nodi imi geisio atgynhyrchu pob dyfyniad yn union
fel y mae yn y gwreiddiol heb arfer *sic*.)

Nodiadau

1. Arthur Marwick, *The Sixties: Cultural Revolution in Britain, France, Italy and the United States, c.1958–c.1974* (Oxford, 1998), t. 806.
2. Pwyswyd ar nifer o ffynonellau gwahanol ar gyfer y ddau baragraff hyn. Ond dylwn nodi mai'r ffynhonnell ar gyfer nifer y Cymry ifainc a garcharwyd yw Dylan Phillips, *Trwy Ddulliau Chwyldro . . . ?: Hanes Cymdeithas yr Iaith Gymraeg, 1962–1992* (Llandysul, 1998), t. 68.
3. John Rowlands, 'Llenyddiaeth yn Gymraeg', *Y Celfyddydau yng Nghymru 1950–1975*, gol. Meic Stephens (Caerdydd, 1979), tt. 185–6.
4. Bill Ashcroft et al., *The Empire Writes Back: Theory and Practice in Post-colonial Literatures* (London, 1989), t. 156.
5. Timothy Brennan, 'The national longing for form', *Nation and Narration*, ed. Homi K. Bhabha (London, 1990), t. 48.
6. Digwydd y tri dyfyniad yn Edward Millward, *Tylwyth Llenyddol Daniel Owen/The Literary Relations of Daniel Owen*, Darlith Goffa Daniel Owen, IV (Yr Wyddgrug, 1979), t. 13.
7. Fredric Jameson, *The Political Unconscious: Narrative as a Socially Symbolic Act* (London, 1981), t. 23, lle y dywed mai adrodd storïau yw 'the supreme function of the human mind'. Eglur yw ei fod yn ystyried y ffwythiant hwnnw fel modd o ddehongli'r byd o'n cwmpas. Ond mae'n eglur hefyd, fel y dywed William C. Dowling amdano yn *Jameson, Althusser, Marx: An Introduction to 'The Political Unconscious'* (Ithaca, New York, 1984), t. 95:

   > [that] many of his insights depend on the notion that narrative, once floated loose from its instantiation in novels or myths or epic poems, is really not so much a literary form or structure as an epistemological category . . . This is not to make the conventional claim that we make up stories about the world to understand it, but the much more radical claim that the world comes to us in the shape of stories.

8. Prys Morgan, 'Keeping the legends alive', *Wales: The Imagined Nation*, ed. Tony Curtis (Bridgend, 1986), t. 19.
9. Gwyn A. Williams, *The Welsh in their History* (London, 1982); *When Was Wales?: A History of the Welsh* (London, 1985).
10. John Davies, *Hanes Cymru: A History of Wales in Welsh* (Harmondsworth, 1990), t. 661.
11. Dai Smith, *Wales! Wales?* (London, 1984). Cyhoeddwyd fersiwn diwygiedig o'r gyfrol dan y teitl *Wales: A Question for History* (Bridgend, 1999), lle gw. 'Producing Wales', tt. 70–96.
12. Ann Griffiths, 'Rhai agweddau ar y syniad o genedl yng nghyfnod y cywyddwyr 1320–1603' (Traethawd Ph.D. Prifysgol Cymru, Aberystwyth, 1988).
13. Alan Llwyd, *Barddoniaeth y Chwedegau: Astudiaeth Lenyddol-hanesyddol* (Caernarfon, 1986), yn enwedig penodau 1 a 3.
14. Heini Gruffudd, *Achub Cymru: Golwg ar Gan Mlynedd o Ysgrifennu am Gymru* (Talybont, 1983).

15 D. Tecwyn Lloyd, *Drych o Genedl* (Abertawe, 1987).
16 Emyr Humphreys, *The Taliesin Tradition: A Quest for the Welsh Identity* (London, 1983).
17 Pennar Davies, *Cymru yn Llenyddiaeth Cymru* (Llandysul, 1982).
18 Hywel Teifi Edwards, *Arwr Glew Erwau'r Glo (1850–1950)* (Llandysul, 1994).
19 M. Wynn Thomas, *Internal Difference: Literature in 20th-century Wales* (Cardiff, 1992).
20 D. Tecwyn Lloyd, *Drych o Genedl*, t. 5.
21 Er enghraifft, yn D. Tecwyn Lloyd, 'Tair arddull ar werth', *Barn*, 6 (Ebrill 1963), 178–9; 'Lle treigla'r don', *Barn*, 26 (Rhagfyr 1964), 55–6.
22 Heini Gruffudd, *Achub Cymru*, t. 9.
23 M. Wynn Thomas, *Internal Difference*, t. xi.
24 Dai Smith, *Wales! Wales?*, t. 1.
25 Rob Shields, *Places on the Margin: Alternative Geographies of Modernity* (London, 1992), t. 17.
26 Walker Connor, *Ethnonationalism: The Quest for Understanding* (Princeton, New Jersey, 1994), t. 93.
27 William C. Dowling, *Jameson, Althusser, Marx*, t. 115.
28 Fel y gwneir yn Bill Ashcroft, *The Empire Writes Back*, tt. 1–2, ac yn adrannau golygyddol Bill Ashcroft et al., *The Post-colonial Studies Reader* (London, 1995). Mae rhai sylwebyddion yn cyfyngu'r ymadrodd i'r cyfnodau hynny sydd yn llythrennol ôl-drefedigaethol. Gw. Helen Tiffin, Introduction, *Past the Last Post: Theorizing Post-Colonialism and Post-Modernism*, eds. Ian Adam and Helen Tiffin (Hemel Hempstead, 1993), t. vii. Gw. hefyd Chris Williams, 'Problematizing Wales: an exploration in historiography and postcoloniality', *Postcolonial Wales*, eds Jane Aaron and Chris Williams (Cardiff, 2005), tt. 3–22, lle y dadleuir nad yw Cymru'n 'post-colonial' yn ystyr y naill ddiffiniad na'r llall ar y sail iddi beidio â bod yn un o drefedigaethau Lloegr yn 1536. Yn y cyswllt hwnnw mae Chris Williams yn gwahaniaethu rhwng yr ymadroddion Saesneg 'post-colonial' a 'postcolonial', ond ni wneir hynny yma.
29 Enid Jones, 'Y ddelwedd o Gymru yn y nofel Gymraeg o ddechrau'r chwedegau hyd at 1990' (Traethawd Ph.D. Prifysgol Cymru, Aberystwyth, 1997).
30 Rob Shields, *Places on the Margin*, tt. 274–5.
31 Ymadrodd Paul Carter, *The Road to Botany Bay: An Essay in Spatial History* (London, 1987).
32 John Rowlands, 'Agweddau ar y nofel Gymraeg gyfoes', *YB*, IX (1976), t. 282. Gw. hefyd *idem*, 'Llenyddiaeth yn Gymraeg', tt. 190–1, a *Cnoi Cil ar Lenyddiaeth* (Llandysul, 1989), t. 80, lle y defnyddir 'nofel hanesyddol yn darlunio carchariad un o'r hen dywysogion Cymreig annwyl' fel gwrthbwynt i *Yma o Hyd* Angharad Tomos. Gw. yn ychwanegol Hywel Teifi Edwards, 'Peth rhyddiaith ddiweddar', *Porfeydd*, 6 (Tachwedd/Rhagfyr 1970), 172; Delyth George, 'Twrio gormod i'r gorffennol', *Barn*, 290 (Mawrth 1987), 100.

[33] Glanmor Williams, 'Local and national history in Wales', *Settlement and Society in Wales* (Cardiff, 1989), ed. D. Huw Owen, tt. 7–26. Gwyn A. Williams, *When Was Wales?* (reprint, Harmondsworth, 1991), t. 300. Sefydlwyd *Cylchgrawn Hanes Cymru* yn 1960; *Llafur* (cylchgrawn Cymdeithas Hanes Llafur Cymru, cymdeithas a sefydlwyd yn 1970) yn 1972; a mudiad Cofiwn yn 1977. O fewn yr un cyfnod sefydlwyd nifer o gymdeithasau hanes lleol.
[34] John Rowlands, 'Agweddau ar y nofel Gymraeg gyfoes', t. 282.
[35] Frantz Fanon, *The Wretched of the Earth*, trans. Constance Farrington (reprint, Harmondsworth, 1990), t. 169.
[36] Edward W. Said, *Culture and Imperialism* (London, 1994), t. 259.
[37] Rhiannon Davies Jones, *Adar Drycin* (1993), y nofel olaf yn nhrioleg yr awdur ar fywyd Llywelyn ap Gruffudd; Dafydd Andrews, *Llais y Llosgwr* (1994), sydd yn un o grŵp o nofelau'n ymwneud â dulliau treisiol o weithredu dros Gymru.
[38] Bill Ashcroft, *The Empire Writes Back*, t. 1.

1

Creu a Chanfod Delwedd:
cyflwyniad i'r cysyniad o genedl

Nid oes, yn ôl *Nations and States* Hugh Seton-Watson, unrhyw ddull gwyddonol o benderfynu pa nodweddion sydd gan genhedloedd yn gyffredin â'i gilydd,[1] a dyna safbwynt a fabwysiadwyd gan nifer o sylwebyddion eraill yn y maes. Efallai fod yr ansicrwydd hwnnw yn rhywbeth i ddiolch amdano gan mai Stalin piau un o'r diffiniadau mwyaf cynhwysfawr o ansoddau cenedl y digwyddais daro arno hyd yn hyn.[2] Fel y mae, disgynnodd y pwyslais bellach, nid yn gymaint ar geisio dadansoddi priodoleddau cenedl fel cysyniad cyffredinol, ag ar gydnabod y genedl unigol fel uned sydd (er y tir cyffredin rhyngddi a chenhedloedd eraill) yn endid hunangreedig, hunanddiffiniedig. Ond nid yw hynny'n newid y ffaith fod bodolaeth y cysyniad o genedl yn hanfodol i'r hunan-greu a'r hunanddiffinio, ac nid yw'n lleihau arwyddocâd y nodweddion y credir eu bod yn hanfodol i wneuthuriad cenedl.

Drwy geisio pennu'r priodoleddau *diffiniadol* hynny, a'u ffurfio'n gyfuniadau ystyrlon, cafwyd amryw byd o ddiffiniadau o'r hyn yw cenedl, neu'r hyn y gall cenedl fod. Ni cheisiaf eu dihysbyddu yma; ni allwn ddihysbyddu hyd yn oed yr hyn y bu cenedl fechan fel y Cymry yn ei ddweud ar y pwnc. Ni allaf wneud mwy na chyfosod rhai sylwadau, hanesyddol a chyfoes, a ymddengys i mi yn rhai arwyddocaol neu gynrychioliadol, gan gau'r glwyd ar y ffynonellau uniongyrchol – er nad yn gwbl dynn chwaith – tua'r un adeg ag y daeth o'r wasg y ddiwethaf o'r nofelau yr ymdrinnir â hwy yn y penodau a ddilyn. Y damcaniaethau mwyaf dylanwadol yn achos Cymru, mae'n debyg, yw'r rhai a gynigiwyd gan J. R. Jones. Yn 1961 credai J. R. Jones fel hyn: 'I fedru perthyn i genedl, rhaid bod yn rhan o gymundod o bobl, cymundod iaith, tiriogaeth a thraddodiad diwylliannol'.[3] Cysylltir y cymundod hwn â hanes y genedl drwy ei ymestyn i gwmpasu'r cenedlaethau blaenorol y bu'r priodol-eddau a grybwyllwyd yn rhan o'u bywyd. Erbyn 1966 newidiwyd y diffiniad gryn dipyn. Cynigir yn awr fod yn rhaid wrth leiafswm o dri chwlwm i greu cenedl, sef:

> (1) tiriogaeth ddiffiniedig, (2) priod iaith (neu, weithiau, briod ieithoedd) y diriogaeth a (3) crynhoad y diriogaeth dan un wladwriaeth sofran. Dyma glymau ffurfiant cenedl. Cymundod *trichlwm* ydyw.[4]

Wrth fynnu mai 'pobl' ac nid 'cenedl' a geir heb drydydd cwlwm y 'wladwriaeth sofran' mae J. R. Jones fel petai'n ymbellhau ryw ychydig oddi wrth genedlaetholdeb ethnig ei duedd a chlosio'n fwy at genedlaetholdeb sifig. Y cwestiwn yw, a fu Cymru erioed yn 'un wladwriaeth sofran'? Gallwn gynnwys teyrnasiad Llywelyn ap Gruffudd yn ein hamheuaeth – gan ychwanegu nad oedd chwaith gyfatebiaeth lawn rhwng terfynau ei dywysogaeth a therfynau'r cymdogaethau Cymraeg eu hiaith.[5] Felly, os derbyniwn y diffiniad diwethaf a ddyfynnwyd, rhaid derbyn hefyd, o bosib, na fu Cymru erioed yn genedl (ac nad yw awdurdod cyfyngedig y Cynulliad yn ei gwneud hi felly heddiw). Nid dyna, fodd bynnag, fyrdwn sylwadau R. R. Davies ar bwynt llywodraeth gwlad:

> A strong sense of common unity as a people is not incompatible with a highly particularized local identity. *Nor are the institutions of a unitary polity and of centralized governance a pre-requisite for the emergence of a sentiment of national identity.*[6] (Fy mhwyslais i.)

Barn Brynley F. Roberts yntau yw y gellid ystyried undod diwylliannol yn un 'mwy sylfaenol ac arhosol'[7] nag undod gwleidyddol. Ac er mai siarad yng nghyd-destun y Gymru ganoloesol a wna'r ddau, cyflwynir eu gosodiadau fel rhai cyffredinol wir.

Yn y cyswllt hwn mae Gwilym Prys Davies yn hollol argyhoeddedig fod gan y Gymru fodern 'nifer o'r nodweddion hanfodol at gynnal cymdeithas genedlaethol',[8] serch nad oes ganddi hunanlywodraeth. Y nodweddion y mae yntau'n eu rhestru yw tiriogaeth, buddiannau economaidd cyffredin, tras a hanes cyffredin, iaith arbennig yn achos lleiafrif sylweddol, a sefydliadau sy'n ein cysylltu â'n hanes. Y sefydliadau, mae'n debyg, yw un o'r dolennau gwannaf yn y gadwyn. Bu gan y Cymry, yng nghyfundrefn y beirdd, fath o sefydliad cenedlaethol a warchodai ddysg draddodiadol y genedl, ond roedd y gyfundrefn honno wedi dirywio'n ddim erbyn diwedd yr ail ganrif ar bymtheg. Dirywiodd yr eisteddfod hefyd yn ystod y ddeunawfed ganrif, a bylchog yw ei hanes fel gŵyl genedlaethol, a gynhaliwyd am y tro cyntaf yn 1861, nes ei hailsefydlu yn 1881. Am gyrff gweinyddol a chyfreithiol Cymru, diddymwyd Cyngor

Cymru a'r Gororau yn 1689, a Llys y Sesiwn Fawr yn 1830.[9] O ail hanner y bedwaredd ganrif ar bymtheg ymlaen y daeth i fodolaeth y rhan fwyaf o sefydliadau cenedlaethol modern Cymru, a bu'n rhaid aros tan ail hanner yr ugeinfed ganrif, bron iawn, cyn y cafodd eilwaith elfen o ddatganoli gweinyddol.[10] Bu'n rhaid aros tan tua'r un cyfnod cyn y daeth hanesyddiaeth Gymreig i'w hoed.[11] Yn ei ymdriniaeth â thwf y ddisgyblaeth honno cyfeiria Geraint H. Jenkins at yr honiad a wnaeth J. F. Rees yn 1951 nad oedd i hanes Cymru fawr o le yn natblygiad ei hymdeimlad o genedligrwydd.[12] Dywed R. R. Davies i ymwybyddiaeth y Cymry â'u hanes fynd ar goll, i raddau helaeth, gyda diflaniad y beirdd proffesiynol a fu'n geidwaid iddi.[13] A beth am fater sensitif tras? Gan fod Gwilym Prys Davies wedi'i chyplysu â hanes, mae'n annhebygol mai tras yn yr ystyr gul, fiolegol, brimordaidd sydd ganddo mewn golwg. Ar gydberthynas yr un ansoddau cenhedlig y mae pwyslais Brynley F. Roberts: 'Cwlwm tras, neu'r undod sy'n tarddu o gyd-amgyffrediad o hanes, fydd yr elfen gryfaf, efallai, yn yr ymwybyddiaeth genedlaethol'.[14] Rhaid nodi, fodd bynnag, ei fod ef, fel R. H. C. Davis,[15] yn cynnwys myth yn y cydamgyffrediad o'r gorffennol, oherwydd gwyddom i fythau tarddiad y Cymry, myth Brutus o Gaerdroea a myth Gomer fab Jaffeth fab Noa, ymsuddo'n ddwfn i ymwybod y genedl. Goroesasant yn hir gyda chymorth *Drych y Prif Oesoedd* (1716 a 1740) Theophilus Evans, cyfrol a oedd yn dal mewn bri fel llyfr hanes ym mlynyddoedd cynnar yr ugeinfed ganrif. Pa faint bynnag y gresynir i'r mythau tarddiad oroesi cyhyd ar draul astudiaeth academaidd ofalus o hanes Cymru, erys y ffaith eu bod yn arwydd o ddyhead am yr undod y cyfeiria Brynley F. Roberts ato. Maent yn arwydd hefyd, efallai, o ryw ddyhead am ddilysrwydd cenhedlig na all ond y cwlwm gwaed ei ddiwallu.

Roedd gwaed yn un o brif ansoddau diffiniadol y genedl mewn cyfnodau cynharach. 'Cymro mam tad yw bonheddig canhwynawl' meddir yn y Cyfreithiau Cymreig; ni roddent fawr o werth ar waed yr alltud, a dirmygid gwaed 'cymysg' gan y beirdd hwythau.[16] Gwyddom erbyn heddiw pa mor gyfeiliornus, a pheryglus, oedd yr hen syniadau ynghylch purdeb hil a gwaed. Eto, ni wn a beidiodd neb ohonom ag arfer 'gwaed coch cyfa' fel idiom gymeradwyol, ac mae tinc gwirionedd i honiad Steve Jones:

> Deny it though they might, most nations define themselves to some extent by virture of shared blood. They retain a vestige of the common descent that gave cohesion to the tribes and clans that preceded them.[17]

Mae ateg i hynny yn y farn a fynegodd J. R. Jones ar adeg yr Arwisgo mai 'mutholeg enbyd o rymus' i'r 'werin ddifeddwl' yw honno fod gan y Cymry dywysog 'o waed eich tywysogion *chwi eich hunain*'.[18] Fe'i hategir eto, o gyfeiriad gwahanol, gan argyhoeddiad Saunders Lewis y gellid cyfiawnhau tywallt gwaed yn achos yr iaith – 'Ond iddo fod yn waed Cymreig ac nid yn waed Saesneg'.[19] Yn y chwedegau y gwnaed y sylwadau hyn, ond nid yw'n anodd dod o hyd i adleisiau diweddarach ohonynt – nac ambell enghraifft ohonynt yn cael mynegiant ymarferol mewn cymdeithas.[20] Nid adlais yn union a geir gan Dafydd Glyn Jones yn 1987; eto, wrth drafod syniad Emrys ap Iwan fod pobl o bob cenedl yn rhannu'r un gwaed, mae fel petai'n teimlo rheidrwydd i gysoni hynny â'r gred wrthgyferbyniol (fel y tybia) fod i'r genedl unigol ei hanian unigryw ei hun. Ei ateb i'r broblem yw fod dehongliad Emrys ap Iwan o gyflwr Cymru yn ein symud 'at ddealltwriaeth newydd, gymdeithasegol yn ei hanfod'. Mae nodweddion, priodoleddau a chymeriad cenedl bellach wedi'u pennu gan ei hamgylchiadau a'i sefydliadau: 'Ac un sefydliad mawr hanesyddol y Cymry yw eu hiaith'.[21]

Mae'n dra hysbys fod 'iaith', yn yr Oesoedd Canol, hefyd yn golygu cenedl, a bod mytholeg yr iaith wedi'i chlymu'n dynn wrth fytholeg tras y Cymry. Mae myth Brutus yn dyrchafu'r Gymraeg yn gytras â'r ieithoedd clasurol, myth Gomer yn ei gwneud yn berthynas agos i'r Hebraeg, a'r cwbl unwaith eto wedi'i boblogeiddio'n hudol gan Theophilus Evans dros y rhan orau o ddwy ganrif. Serch hynny, nid yw'r Gymraeg yn 'sefydliad' yn niffiniad Gwilym Prys Davies, chwaethach yn sefydliad anhepgor fel yr oedd i Emrys ap Iwan: nodwedd ydyw y gall cenedl feddu arni 'yn aml'.[22] I eraill, iaith yw'r priodoledd pwysicaf oll. I Saunders Lewis mae dyfodol yr iaith, fel y datganodd yn *Tynged yr Iaith* (1962), yn bwysicach hyd yn oed na hunanlywodraeth[23] – ac mae'r datganiad hwnnw yn gwneud hunaniaeth sifig yn ddarostyngedig i hunaniaeth ddiwylliannol, neu i'r hunaniaeth y gellid efallai ei galw'n hunaniaeth ethnig.

Os yw Saunders Lewis yn bendant 'nad Cymru fydd Cymru heb Gymraeg',[24] ymgysura Bobi Jones fod yr iaith yn dal i ffurfio canolbwynt cymeriad y Cymry hyd yn oed yn achos y rhai hynny a gollodd yr iaith.[25] Dyna oedd cred J. R. Jones o'i flaen: er i'r Gymraeg glafychu, meddai ef, diogelir yr hunaniaeth Gymreig 'gan barhad cydymdreiddiad y tir a'r iaith yn y Gymru Gymraeg'. Mwy na hynny, bydd Saesneg y Cymry di-Gymraeg yn parhau i ddiogelu Cymru fel cymuned '"*weithrediadol*" wahanol' i'r graddau fod iddi gynnwys diwylliannol Cymreig, a rhyw 'adgof' neu 'eco' o'r Gymraeg a fydd yn ei gwahaniaethu oddi wrth 'y

Saesneg *fel y mae hi'n iaith y Saeson*'.[26] Cyfnerthir ei ddamcaniaeth gan gyffes Gwyn Thomas, awdur Eingl-Gymreig na fu erioed yn enwog am ei gefnogaeth i'r Gymraeg fel iaith fyw: 'Everything I have ever written . . . has had at the back of my idiom the language of people who have been talking a language for 2,000 years that I never knew . . .'.[27] Mae'r dystiolaeth i bwysigrwydd yr acen Gymreig yn ymwybyddiaeth y di-Gymraeg o'u hunaniaeth yn cynnal 'adgof' neu 'eco' mwy hyglyw fyth.[28]

O ddychwelyd at le'r iaith ym mlaenoriaethau'r rhai a'i medr, dylwn nodi mai yn y gyfrol *Fy Nghymru I* (1961), detholiad o ysgrifau gan awduron gwahanol, y cafwyd y sylwadau gan Gwilym Prys Davies a ddyfynnwyd uchod. Oherwydd un gwahaniaeth rhyngddi a'r gyfrol o'r un enw a gyhoeddwyd yn 1978[29] yw fod diffinio gwleidyddol a diwylliannol y gyntaf wedi'i ddisodli i raddau helaeth gan bwyslais yr ail ar yr iaith. Erbyn 1992 mae Gwilym Prys Davies yntau'n sicr y byddai Cymru 'o golli'r iaith . . . yn colli ei hanfod',[30] ac yn yr un flwyddyn cawn Harold Carter yn hyderus y bydd pobl Cymru yn yr oes ôl-fodern yn 'dechrau datgan eu Cymreigrwydd trwy gyfrwng ei *brif symbol* [fy mhwyslais i], sef yr iaith'.[31] Yn y flwyddyn honno unwaith eto, drwy gyd-ddigwyddiad, ymddangosodd detholiad arall o ysgrifau sy'n gosod yr iaith yn solet ar ben y rhestr o nodweddion cenhedlig. Gellid priodoli hynny, o bosib, i'r ffaith mai oedolion o ddysgwyr yw awduron *Discovering Welshness*; eto mae bodolaeth y fath gyfrol yn y lle cyntaf yn dangos y cynnydd a fu yn atyniad y Gymraeg. Yn Rhagair y gyfrol pwysleisir bod Cymreictod yn rhywbeth mwy na'r iaith yn unig, ond mae'n eglur hefyd mai hi, ym marn y golygyddion, yw'r allwedd iddo:

> Welshness, then . . . is a sense of community, identity, a world of culture, poetry, and proximity to the past, all of which draw upon the language, even in those areas in which Welsh is no longer spoken.[32]

Ni fyddai adlais arall o gymuned '"weithrediadol" wahanol' J. R. Jones yn ddigon, ynddo'i hun, i beri inni foeli ein clustiau; yr hyn sy'n ein taro yn awr yw cyd-destun newydd y cyflwyniad.

Gwelir, felly, fod y duedd i restru'r priodoleddau diffiniadol yn ôl eu pwysigrwydd tybiedig wedi'i gwrthbwyso gan y duedd i'r pwyslais newid o gyfnod i gyfnod. Nid y pwyslais yn unig chwaith, ond weithiau y priodoleddau eu hunain. O'r ddegfed ganrif tan yr unfed ganrif ar bymtheg bu Cyfraith Hywel yn un o'r rhwymau cryfaf yn hunaniaeth y Cymry, ac erbyn cyfnod tywysogion Gwynedd roedd wedi datblygu, fel y dengys Llinos Beverley Smith yng nghyd-destun teyrnasiad yr olaf ohonynt, 'yn lluman praff i'w ddyrchafu gerbron brenin ac eglwys megis hanfod y cenedligrwydd y bu'r olaf o'r llinach yn ei feithrin mor daer'.[33] Serch hynny, goroeswyd y Cyfreithiau Cymreig gan y cenedligrwydd y tybiwyd eu bod yn anhepgor iddo. Ystyriaeth arall yw'r parodrwydd i gymhwyso'r priodoleddau diffiniadol at ddibenion goddrychol ac unigolyddol. Mewn arolwg ar labeli cenhedlig a wnaed yng ngogledd-ddwyrain Cymru yn 1974–5,[34] cafwyd mai'r prif ystyriaethau wrth ateb y cwestiwn 'Pwy yma sy'n Gymro?' oedd iaith, perthnasau, gwreiddiau, a hyd yr arhosiad yn y pentref dan sylw – a'r tri phriodoledd olaf yn fersiynau microcosmig, fel petai, o dras, hanes a thiriogaeth. Ond amrywiai'r pwyslais yn ddirfawr. Un amrywiad yn y pentref a astudiwyd oedd fod medru'r Gymraeg yn faen prawf pwysicach i'r Cymry Cymraeg nad oeddent yn bobl leol nag ydoedd i'r Cymry Cymraeg â'u gwreiddiau yn yr ardal. Y rheswm am hynny, fe ddamcaniaethir, oedd y perygl na dderbynnid y newydd-ddyfodiaid fel aelodau llawn o'r gymdeithas Gymreig leol; roedd yn fanteisiol iddynt hwy felly 'amodi siarad Cymraeg fel *sine qua non* aelodaeth'.[35] Ceid hefyd gyfnewidiadau *ad hoc* wrth ddosbarthu'r Eingl-Gymry; weithiau fe'u halltudiwyd o gymdeithas y Cymry Cymraeg, dro arall fe'u cynhwyswyd 'ym mhresenoldeb dieithriaid neu fygythiad o'r tu allan'.[36]

Gellid cynnig yn y fan hon fod yr ymwybyddiaeth o genedl yn gynnyrch proses ddeuol – proses o *ymwahaniaethu* yn ogystal ag *ymuniaethu*. Bodolaeth cenhedloedd eraill, a'r gwahaniaethau rhyngddynt hwy a hi, sy'n gwneud y genedl unigol yn ymwybodol o'i harbenigrwydd. Mewn modd tebyg, y ffaith mai ffactorau megis tiriogaeth, tras, iaith, hanes a diwylliant yw'r rhai gwahaniaethol amlaf ac amlycaf sy'n rhoi iddynt eu harwyddocâd fel ffactorau ymuniaethu. Yn fyr, gellid dadlau bod ymwahaniaethu yn rhagamod ymuniaethu. Nid oes gwadu na fu i bresenoldeb yr Eingl-Sais a'r Norman, fel gelyn ac fel gorchfygwr, weithredu fel catalydd o ran twf yr ymwybyddiaeth genhedlig Gymreig. Dyna pam y cynnig Michael Richter i'r ymwybyddiaeth ymffurfio dan bwysau graddol y Goncwest Normanaidd o'r unfed ganrif ar ddeg drwy'r ddeuddegfed ganrif, a pham y cred Bobi Jones fod y cyfnod rhwng yr wythfed a'r ddegfed ganrif, gyda'i wrthdaro milwrol ar hyd y gororau, yr un mor bwysig.[37] Ac wrth ystyried gosodiad Kenneth O. Morgan nad oes ganddo amheuaeth yn y byd nad yw'r 'ymdeimlad o genedl cyn hyned â'r Cymry eu hunain',[38] defnyddiol yw cofio mai goresgyniad yr Eingl-Saeson ar deyrnasoedd Brythonig yr Hen Ogledd yn y seithfed ganrif, a bodolaeth Clawdd Offa o ddiwedd yr wythfed ganrif ymlaen, a grynhodd y Cymraeg eu hiaith o fewn tiriogaeth Cymru.[39]

Bu'r gwrthdaro rhwng y Cymry a'r Eingl-Saeson a'r Normaniaid yn allweddol nid yn unig o ran symbylu ymwybyddiaeth o genedl, ond hefyd o ran lliwio ei natur. I gyfeiriad uwchraddoldeb, fe ymddengys, y trodd gyntaf. Darlunnir y Saeson yn ein barddoniaeth a'n ffynonellau cynnar fel trawsfeddianwyr paganaidd di-dras;[40] caethweision a 'chechmyn'[41] twyllodrus a gormesol oeddent, a'r effaith oedd dyrchafu tras, crefydd, arferion a moesau y Cymry mewn gwrthgyferbyniad iddynt. Ond sut y bu i bobl mor israddol lwyddo i drechu'r Cymry? Yr esboniad a ffefrir gan Gildas yn *De Excidio Britanniae* (*c*.547) yw fod Duw yn cosbi'r genedl am ei phechodau – ei hanffyddlondeb iddo ef, a'i hanfoesoldeb. Crynhodd esboniad arall o gwmpas y syniad o frad: Brad y Cyllyll Hirion (fel y'i hadroddir yn yr *Historia Brittonum c*.830), a brad lladd Llywelyn ap Gruffudd.[42] Bu'r ail esboniad hwn – wrth fwrw'r bai yn bennaf ar y Saeson, a chyfyngu rôl y Cymry i ryw unigolyn, neu garfan fechan – yn eli ar falchder clwyfedig y Cymry yn wyneb methiant a sarhad. Yn anffodus gwnaeth hefyd feithrin delwedd negyddol o'r genedl fel gwrthrych diamddiffyn cynllwyn parhaus y gelyn. Cymhlethwyd y ddelwedd wrth i ymateb yr uchelwyr i'r Deddfau Uno, eu cydweithio awchus â chyfundrefn y credent iddi gael ei sefydlu er lles y Cymry, gael ei ddehongli fel Brad yr Uchelwyr. O'r Deddfau hynny, yn ôl Bobi Jones, y tardd yr ymdeimlad o israddoldeb sydd ar y tu arall i'r uwchraddoldeb y sylwasom arno. Ymdreiddiodd y diraddio a fu ar ei mamiaith i bob agwedd ar fywyd y genedl.[43]

Cofiwn, fodd bynnag, fod ymwybod â chyflwr anghydradd wedi'i amlygu eisoes yn y deisebau a gyflwynwyd gan Gymry dylanwadol i erchi cymundeb agosach â Lloegr.[44] Hawdd, yn ogystal, yw dychmygu effaith seicolegol deddfau penyd Harri IV, a'r gwaharddiadau a osodwyd ar y Cymry cyn hynny gan Edward I yng nghyswllt y bwrdeistrefi Seisnig a gododd yng Nghymru. Tueddf sefyllfa o'r fath fyddai gwneud statws Seisnig yn beth i'w geisio gan y Cymry. Ond naturiol hefyd fyddai i genedl a oedd yn amddifad o'r sefydliadau a fedrai ei chynysgaeddu ag undod mewnol deimlo'n israddol i'r genedl a'u meddai, a dymuno ei dynwared. Nid oedd gan Gymru'r modd i ddynwared Lloegr fel brenhiniaeth ganoledig a ddatblygodd yn ystod y 1530au yn wladwriaeth genedlaethol sofran. Yn lle hynny, daeth ei huchelwyr dan ddylanwad yr ymwybod cenedlaethol Seisnig a fu'n datblygu o gwmpas person brenin Lloegr. Llwyddodd amryw ohonynt i gyfuno gwrth-Seisnigrwydd â pharch at awdurdod brenin Lloegr, ac â pharodrwydd i'w wasanaethu.[45] Canai'r beirdd fawl iddo, ac i'r Cymry a'i gwasanaethai. Ac, a Gildas wedi darlunio'r Cymry fel cenedl y cwymp, a'u hanes traddodiadol wedi'u cyflyru o gyfnod yr *Historia Brittonum* ymlaen i ddisgwyl gwaredigaeth o rywle, bu'r beirdd yn taflu mantell y mab darogan dros ysgwyddau ambell uchelwr o Gymro a ddaeth i amlygrwydd yng ngwasanaeth brenin Lloegr, a thros ysgwyddau'r brenin ei hun.[46] Roedd esgyniad y Tuduriaid i orsedd Lloegr felly'n cyfreithloni dyheadau gwleidyddol pragmataidd ar yr un pryd ag y gwireddai hen fyth cenhedlig.

Nid oes gofod i fanylu mwy ar y broses o ymwahaniaethu, ond daethom yn ddigon agos at rai agweddau arni i fedru troi i ystyried y broses wrthgyferbyniol, a chyflenwol, o ymuniaethu. Ymhlyg yn y broses honno mae elfen o gyd-ddyheu; hynny a rydd iddi ei deinameg. Yn wir, ymddengys y gall cyd-ddyheu am briodoledd neu briodoleddau cyffredin wneud iawn – a hynny am gyfnod sylweddol, fel yn achos yr Iddewon – am ddiffyg y priodoleddau eu hunain. Hwyrach nad oedd symud tuag at undod gwleidyddol yn un o hanfodion y broses a esgorodd ar ymdeimlad y Cymry â chenedl. Er hynny, rhoddir mynegiant cynnar i'r cyd-ddyheu am adennill sofraniaeth dybiedig y Brythoniaid gynt ar Ynys Prydain gyfan, sef prif bwnc y canu brud.[47] Roedd myth coron Ynys Prydain yn rhoi cyfeiriad cyffredin i ysgogiad gwleidyddol a oedd, o ran tiriogaeth Cymru ei hun, yn fwy drylliedig. Ysgogiad gwyrdroëdig ydoedd yn ôl Gwyn A. Williams. Rhwystrodd Gymru rhag datblygu 'ffurf bolitcaidd wahaniaethol', ac anafodd ei hymwybyddiaeth genedlaethol drwy ei throi yn 'fecanwaith amddiffynnol, yn feddwl y gwarchae hir'.[48] Tebyg yw cred A. W. Wade-Evans i'r ffug-hanes am y diriogaeth goll greu darlun o'r genedl fel un 'wastad ar lwyr encil'.[49] Fodd bynnag, pan gyfeiria Ceri W. Lewis at yr 'overwhelming sense of national consciousness'[50] yng nghanu'r Gogynfeirdd, Cymru ac nid Prydain sydd ganddo mewn golwg. Felly hefyd D. Myrddin Lloyd wrth honni i'r 'ddelfryd o unoliaeth wleidyddol'[51] ddod i fodolaeth yn ystod teyrnasiad Gruffudd ap Cynan (ob.1137). Ac wrth ddehongli dylanwad y myth Prydeinig, dengys J. Beverley Smith sut y'i cymhwyswyd 'at wasanaeth realaeth wleidyddol'[52] yng nghenedlaethau olaf y tywysogion. Dechreuodd grym gwleidyddol ymganoli yng Nghymru, yn union fel y gwnaeth yn rhai o wledydd eraill Ewrop yn yr Oesoedd Canol, a bu'r hen draddodiadau Prydeinig yn rhwyddineb yn hytrach nag yn rhwystr. Cawn Owain Glyndŵr yn defnyddio'r union draddodiadau i hyrwyddo ei achos yntau, gyda'r nod o ennill annibyniaeth i Gymru.[53]

Ni ddaeth yr un arweinydd cenedlaethol arall i atgynhyrchu gorchest Glyndŵr. Eto, fe oroesodd yr amgyffrediad o'r Cymry fel trigolion gwreiddiol a chyn-lywodraethwyr Ynys Prydain, gan ddylanwadu yn arbennig ar wladgarwch a dadeni diwylliannol y ddeunawfed ganrif.

Gadawodd ei ôl ar feddylfryd Cymdeithas y Cymmrodorion a'r cymdeithasau Llundeinig a thaleithiol a'i dilynodd, a thrwy hynny, ar ddatblygiad yr Eisteddfod. Ymdonnodd hefyd drwy'r dychymyg aflonydd a ddyfeisiodd yr Orsedd – Gorsedd Ynys Prydain – a oedd i ddod yn rhan mor weladwy o'r Eisteddfod fel sefydliad cenedlaethol. 'Mewn rhyw ystyr', medd Dafydd Glyn Jones, 'y mae holl rwydwaith bywyd diwylliannol trefnedig modern y Cymry Cymraeg i'w olrhain i'r hen ymdeimlad a'r hen honiad Brytanaidd.'[54] Ond pwrpas yr 'hen honiad' yn y ddeunawfed ganrif oedd diogelu lle'r Cymry yn hanes Prydain, nid ceisio iddynt ddyfodol ar wahân. Derbynnir yn gyffredinol mai yn sgil y Chwyldro Ffrengig y datblygodd cenedlaetholdeb fel y 'ddamcaniaeth wleidyddol sy'n dadlau y dylai pob cenedl fod yn wladwriaeth, a bod cymuned genedlaethol hyfyw yn angenrheidiol i gyflawni dyheadau unigolion';[55] ac ni chafwyd fawr o ymateb i'r ddamcaniaeth yng Nghymru tan ail hanner y bedwaredd ganrif ar bymtheg. Bygythiad i'r ymtaeb hwnnw oedd bod cenedlaetholdeb cenedl 'hanesïol' fel Lloegr (*'big-nation' nationalism*) yn hybu'r gred mai peth llesol a naturiol oedd i'w gwladwriaeth gymhathu cenhedloedd eraill, 'lleiafrifol', ynysoedd Prydain. Onid oedd yn well i genedl o'r fath gael ei dwyn, yng ngeiriau John Stuart Mill yn 1861, 'into the current of the ideas and feelings of a highly civilised and cultivated people . . . than to sulk on its own rocks, the half savage relic of past times [. . .]'?[56] Yn wyneb yr agwedd honno y llwyddodd Cymru i gymryd dau o'r tri cham a oedd yn rhan o batrwm datblygiad cenedlaetholdeb (*'small-nation' nationalism*) ymysg cenhedloedd 'anhanesïol' Ewrop; sef, a benthyca geiriau John Davies, 'diddordeb ysgolheigaidd yn y traddodiadau cenhedlig', ac 'ailenedigaeth ddiwylliannol ymysg y lliaws', a'r ddau gam hynny'n arwain at 'genedlaetholdeb torfol' y trydydd cam.[57] Cynigiwyd nifer o resymau – defnyddiolaeth a Phrydeindod arweinwyr Anghydffurfiol Oes Ficotria, a Chatholigiaeth Saunders Lewis yn eu plith – pam y methodd Cymru'r cam olaf. Cynigiwyd hefyd i Gymru ei fethu oherwydd iddi gyrraedd yr ail gam yn rhy hwyr yn y dydd; hynny yw 'wedi buddugoliaeth cyfalafiaeth fel cyfundrefn economaidd-gymdeithasol'.[58] Beth bynnag y rheswm, neu resymau, awgryma ymateb Cymru'r saithdegau i bwnc datganoli i'r agwedd a amlygir yn sylwadau Mill ddal i danseilio hyder y genedl yn ei gallu i reoli ei dyfodol ei hun.

Ni chyfeiriodd un o'r diffiniadau a ddyfynnwyd hyd yn hyn at grefydd fel priodoledd cenhedlig; dichon ei bod wedi'i chynnwys o dan benawdau breision diwylliant a thraddodiad. Eto, fe haedda ei gofod ei hun. Oherwydd dengys hanes y gall yr ysgogiad crefyddol, neu'r cof amdano, fod yn rhwymyn gwydn yng nghyfansoddiad cenedl, gan gynnwys cenhedloedd sydd wedi'u gwasgaru o ran daearyddiaeth ac sydd yn amrywiaethol o ran eu diwylliant seciwlar.[59] Yng Nghymru, cydieuwyd Cymreictod a Christnogaeth o'r adeg y dechreuodd y Cymry grisialu'n genedl yng nghanol cyffro Oes y Saint.[60] O'r dechrau dehonglwyd ei hanes o safbwynt Beiblaidd. Neges lywodraethol *De Excidio Britanniae* Gildas yw mai Duw sy'n llywio hynt a helynt cenedl – drwy ei hymgeleddu pan ufuddha i'w orchmynion a'i chosbi pan gefna arno – ac mae'r un neges i'w chael yn yr *Historia Brittonum* ac yn *Historia Regum Britanniae* (c.1136) Sieffre o Fynwy.[61] Wrth ddirmygu'r gelyn paganaidd glynai'r Cymry wrth eu crefydd fel symbol o'u cenedligrwydd, ac roedd dimensiwn gwleidyddol i'r frwydr ddiweddarach i geisio diogelu annibyniaeth yr Eglwys Geltaidd rhag yr Eingl-Saeson. Gweithredai'r Eglwys, a hithau'n sefydliad cenedlaethol, fel ffocws i ddyheadau'r genedl, a daeth Dewi Sant yn ymgorfforiad o'i hundod.[62] Ni chyfyngid gwerth cenedl i'r byd tymhorol chwaith. Perthynai iddi arwyddocâd tragwyddol a enghreifftir yng ngeiriau enwog yr Hen Ŵr o Bencader wrth Harri II (fel y'u hadroddir gan Gerallt Gymro):

> 'Ac nid unrhyw genedl arall, fel y barnaf i, amgen na hon o'r Cymry, nac unrhyw iaith arall ar Ddydd y Farn dostlem gerbron y Barnwr Goruchaf pa beth bynnag a ddigwyddo i'r gweddill mwyaf ohoni, a fydd yn ateb dros y gongl fach hon o'r ddaear.'[63]

Cydiwyd o'r newydd yn nehongliad Gildas gan y dyneiddwyr Cymreig.[64] Yn yr un cyfnod lluniwyd myth newydd y Ddamcaniaeth Eglwysig Brotestannaidd er mwyn hyrwyddo derbyniad y Diwygiad Protestannaidd yng Nghymru. Roedd y ddamcaniaeth honno'n cadarnhau safle'r Cymry fel cenedl etholedig drwy honni bod Cymru, nid yn unig yn meddu ar Eglwys Brotestannaidd bur cyn dyddiau Eglwys lwgr Rhufain, ond ei bod yn mwynhau'r fendith honno o flaen y cenhedloedd eraill oll.[65] Mae darlun Charles Edwards o hanes Cymru yn *Y Ffydd Ddi-Ffuant* (1677) yn drwm ei ddyled i Gildas ac i'r Ddamcaniaeth Eglwysig Brotestannaidd; felly hefyd *Drych y Prif Oesoedd* Theophilus Evans.[66] O dan adain yr 'hen bersoniaid llengar' wedyn y meithriniwyd, yn hanner cyntaf y bedwaredd ganrif ar bymtheg, y cenedlaetholdeb diwylliannol a fraenarodd y tir ar gyfer y cenedlaetholdeb gwleidyddol a'i dilynodd.[67] Pan ddechreuodd hwnnw egino yn y trefi diwydiannol, o blith yr Anghydffurfwyr y cododd ei arweinwyr.[68] Parhaodd y cysylltiad rhwng cenedlaetholdeb a Christnogaeth tan ein cyfnod ni drwy gyfrwng argyhoeddiadau crefyddol cenedlaetholwyr blaenllaw. Parhaodd hefyd y cysyniad o'r genedl fel undod sy'n trosgynnu cyfyngiadau'r byd hwn, cysyniad y rhoddodd Rowan Williams, Archesgob Caergaint, fynegiant eglur iddo yn ei bregeth hanesyddol yn oedfa agoriadol Eisteddfod Genedlaethol Abertawe a'r Cylch 2006:

> Pobl sy'n cyfranogi o'r un sefyllfa yw cenedl, pobl sy'n sefyll heddiw ynghyd gerbron Duw a'i alwad – cenhedlaeth, cymuned o'r un cyfnod, hyd yn oed os ydyn nhw'n byw mewn canrifoedd gwahanol.[69]

Mae yma genedl weledig ac anweledig, a'i haelodau cyfoes wedi'u hamgylchynu gan gwmwl o dystion ar lun aelodau'r Eglwys Gristnogol. Am y gweddill di-gred a ollyngodd afael ar y syniad fod y Cymry'n genedl 'trwy ordeiniad Duw',[70] gall eu cenedlaetholdeb, serch hynny, lenwi'r bwlch a grewyd gan anffyddiaeth yr oes. Gallant ymgysuro hefyd, os dyna eu tueddfryd, yn y syniad mai yng ngwahanrwydd eu cenedl y ceir yr 'ansawdd briod' sydd, yng ngeiriau J. R. Jones, yn 'cydio eu bychanfyd hwy wrth ei darddiad yng ngharn a ffynhonnell bywyd'.[71]

Daeth hi'n bryd cydnabod bod i'r priodoleddau diffiniadol y buom yn eu trafod hefyd rym negyddol ym mywyd y genedl. Yng nghyswllt tiriogaeth dywedir mai lleol, neu ranbarthol ar y mwyaf, oedd teyrngareddau pobl tan y bedwaredd ganrif ar bymtheg. Awgrymwyd yn ogystal fod cysylltiad rhwng brogarwch y Cymry a'r ymwybod â sancteiddrwydd cymdogaeth a oedd ynghlwm wrth y duwiau lleol niferus a addolwyd gan y Celtiaid.[72] Fe'i hybwyd gan dopograffi a dueddai, tan ddyfodiad y rheilffyrdd i gefn gwlad Cymru, i wahanu ei chymunedau bychain, gwasgaredig oddi wrth ei gilydd. Brigodd y brogarwch hwn i'r wyneb yn ein llenyddiaeth mor gynnar â'r nawfed ganrif yn yr awdl 'Edmyg Dinbych' o Lyfr Taliesin.[73] Fe ddeil i weithredu fel un o brif symbyliadau ein llenyddiaeth gofiannol a hunangofiannol doreithiog (math o lenyddiaeth a gynyddodd o'r chwedegau ymlaen),[74] ac i gyfrannu at lwyddiant y papurau bro.[75] Ymestyniad ar frogarwch yw cenedlgarwch mewn llawer achos (er bod y naill yn bosibl heb y llall), ond heb elfen weithredol dirywia brogarwch yn sentimentaleiddiwch, a heb empathi ag eraill try'n siofinistaidd (bron yn ystyr wreiddiol yr ansoddair). Yr agweddau hynny arno a gythruddodd E. G. Millward ar ddechrau'r chwedegau i ymosod ar gariad 'cul, angerddol'[76] Cymry cyffredin at fro fel emosiwn sy'n peri iddynt bwysleisio'r gwahaniaeth rhwng y De a'r Gogledd, rhwng yr ardaloedd gwledig a'r rhai diwydiannol, ac sy'n eu hatal rhag ymrwymo'n genedlaetholwyr.

Nid oes dwywaith na fu'r gwahaniaethau tybiedig rhwng natur pobl y De a'r Gogledd yn gyndyn i ollwng eu gafael ar ddychymyg y Cymry.

Ceir Emyr Humphreys yn atgynhyrchu'n fwriadol fanwl yn 1981 yr hen gymhariaeth rhwng y Deheuwyr 'siriol, lliwgar, huawdl, blaengar ac ymosodol-ffraeth' a phobl 'dawedog, geidwadol, ddrwgdybus, felancolaidd'[77] y Gogledd. Efallai nad yw hynny'n ddim ond cyffredinoli diniwed. Eto, fe ddâl inni gofio bod y diffyg dealltwriaeth rhwng y De a'r Gogledd ymhlith y rhesymau pam yr aeth mudiad Cymru Fydd i'r gwellt yn 1896, ac iddo fod yn rhwystr wedi hynny i'r Ymgyrch Senedd i Gymru (1950–6).[78] O ran y rhwyg rhwng gwlad a thref, dichon fod a wnelo hwnnw â phatrwm gwledig y diwylliant Celtaidd, â natur gymharol ddiddinas y Gymru Rufeinig, ac â gormes Seisnig trefi Normanaidd Cymru. Beth bynnag ei thras, goroesodd y gred fod y Cymry'n genedl gynhenid anhrefnol ac mai mewn amgylchedd gwledig yn unig y gallai ei rhinweddau ffynnu. Braidd yn eironig, o gofio trydedd gŵyn E. G. Millward, yw i'r gred honno gael ei hymgorffori'n rhan o athroniaeth gychwynnol Plaid Genedlaethol Cymru.[79]

Nid yw'r ddrwgdybiaeth hanesyddol o'r bywyd dinesig yn unigryw i'r Cymry ac, ar yr olwg honno, nid yw'n syndod fod pregeth a draddodwyd yn 1941 gan y Canon J. M. Lloyd Thomas, Ficer Llannarth, yn anelu ei neges at y ddynoliaeth gyfan:

> Un o achosion cwymp pob gwareiddiad oedd yr ysfa i greu dinasoedd mawrion. Dyna Babel. Nid oes i drefi a dinasoedd le ond fel cyfryngau gwasanaeth i'r ardaloedd gwledig . . . a dyna paham yr oedd trefi a dinasoedd Ewrop yn awr yn cael eu bomio allan o fodolaeth, er mwyn gyrru gwareiddiad yn ôl i'r tir, yn ôl cynllun dwyfol Duw ar gyfer y ddynoliaeth.[80] (Crynodeb Dyfnallt Morgan.)

Y syndod yw i lif y ddrwgdybiaeth redeg mor gryf, ac mor ddiweddar, mewn gwlad a oedd wedi profi crynodiad poblogaeth anhygoel yn ei chymoedd diwydiannol, a Chaerdydd wedi'i dyrchafu'n ddinas i deyrnasu drostynt yn 1905. Bu'r hollt rhwng 'cosmopolitaniaid y meysydd glo'[81] a'r Cymry gwledig yn rhwystr i ymdrechion Plaid Cymru a'r Ymgyrch Senedd i Gymru, yn union fel y bu cyn hynny i ymdrechion Cymru Fydd. Cyrhaeddodd cwlt yr etifeddiaeth wledig ei uchafbwynt yn y chwedegau,[82] a chyfuniad o'r cwlt hwnnw a myth y werin yw'r rhesymeg y tu ôl i ranbarthu mudiad Adfer. Ar y pegwn arall, ymledodd damcaniaeth enwog Brinley Thomas mai'r ardaloedd diwydiannol a ddiogelodd ddyfodol iaith a diwylliant Cymru yn ystod y bedwaredd ganrif ar bymtheg drwy ddarparu gwaith i'w thrigolion o fewn eu gwlad eu hunain.[83] Ers hynny cafwyd llawer o ymchwil a dymhera'r ddamcaniaeth honno.[84] Un o ganlyniadau'r holl sylw a roddwyd i'r pwnc, fodd bynnag, yw cadarnhau bod diwydiannu a threfoli yn ganolog i hanes y Cymry, ac nid yn ddatblygiadau sy'n ymylol i brofiad y 'wir' genedl yn y parthau gwledig.

Roedd i frogarwch gysylltiadau gwleidyddol o'r dechrau; roedd ynghlwm wrth deulu a chenedl (yn yr hen ystyr) a noddwr ac, yn y pen draw, wrth yr arglwydd neu'r brenin a oedd yn eu rheoli oll. Erbyn y ddeuddegfed ganrif roedd prif allu brenhinol y Cymry wedi ei ganoli mewn tair brenhiniaeth – Gwynedd, Powys a Deheubarth[85] – ond y ddelwedd a gydiodd oedd honno o Gymru fel 'crugyn o deyrnasoedd bychain lladronllyd'.[86] Diau y bu disgrifiad Gerallt Gymro o'i diffyg undod yn fodd i gadw sglein ar y ddelwedd honno serch iddo fesur Cymru, mae'n rhaid, yn ôl 'normalrwydd' trefn gymdeithasol wahanol Lloegr.[87] A pha faint bynnag o wirionedd sydd yn ei ddarlun, rhaid talu sylw i esboniad gofalus Beverley Smith ei fod:

> ... yn adlewyrchu'r syniadau a ddaeth yn rhan o gynhysgaeth y llenorion yn y traddodiad clasurol a ddisgrifiai nodweddion y barbariaid a fodolai ar ymylon tiriogaethol a deallusol gwledydd Cred. Nid oedd y gynneddf i drefnu teyrnas yn rhan o arfogaeth y rhain, a buasai Cymru'r cyfnod hwn yn enghraifft deg i'w chymeradwyo i gynulleidfa ddeallus y gwledydd mwy breintiedig.[88]

Llawer iawn yn ddiweddarach, ond mewn gwrthgyferbyniad o hyd i'r dybiaeth mai diffyg undod yw craidd cymeriad gwleidyddol Cymru, gwelir ei thueddiadau radicalaidd a sosialaidd yn ei gwaddoli ag undod egwyddor am ganrif a mwy. Ni holltwyd yr unoliaeth a ddatblygodd yn chwedegau'r bedwaredd ganrif ar bymtheg tan ddiwedd y saithdegau a dechrau wythdegau'r ganrif ddilynol, pryd y gwelwyd y Blaid Lafur a'r Rhyddfrydwyr yn colli tir i'r Ceidwadwyr, a Phlaid Cymru yn cilio'n ôl o'r ardaloedd diwydiannol i'w chadarnleoedd yn y Gymru Gymraeg. Serch hynny, mae'r cyntaf a'r olaf o'r tri rhanbarth gwleidyddol yn nehongliad Denis Balsom o'r sefyllfa – y 'Gymru Brydeinig', y 'Gymru Gymreig', a'r 'Gymru Gymraeg'[89] – yn adleisio rhaniadau llawer iawn hŷn.

Y rhaniad rhwng y Cymry Cymraeg a'r Cymry di-Gymraeg a ychwanegodd drydydd rhanbarth at y ddau a oedd yn olyniaeth *Pura Wallia* a Mers y Gymru ganoloesol. Yn ogystal â chreu ffiniau daearyddol bendant rhwng y naill iaith a'r llall, megis yn achos y *Landsker* yn sir Benfro, gall y rhaniad hwn greu ffiniau ieithyddol o fewn yr un gymuned. Erbyn y cyhoeddwyd y gynharaf o'r nofelau a drafodir gennym, roedd y ffiniau hyn eisoes yn dechrau gwahanu cymunedau Cymraeg y bu eu hundod daearyddol yn sail i gysyniad y 'Fro Gymraeg'. Dwysáu a wna'r dryllio drwy weddill y cyfnod dan sylw.[90] Ar y gwastad gwleidyddol nid oes amheuaeth na fu'r rhaniad rhwng y ddwy iaith yn rhwystr i ymdrechion yr ugeinfed ganrif i uno Cymru o blaid hunanlywodraeth.[91] Ar y gwastad economaidd teimlai'r di-Gymraeg fod y gydnabyddiaeth gynyddol i hawliau'r Gymraeg yn eu gosod o dan anfantais ym myd cyflogaeth.[92] Ar y gwastad diwylliannol bu'r rhaniad yn achos cryn chwerwder ac anghydweld. Nodweddiadol o hinsawdd yr oes yw i D. Tecwyn Lloyd ac Aneirin Talfan Davies fwrw iddi'n syth yn rhifynnau cyntaf *Barn* i gynnal dadl ar bwnc llenyddiaeth Eingl-Gymreig (fel y'i gelwid bryd hynny). Cyff gwawd i D. Tecwyn Lloyd yw'r 'Eingl-Gymreigiaith'[93] a'r darlun 'cwbl wirion ac anghyfrifol'[94] o'r Gymru Gymraeg a wêl yng ngweithiau'r Eingl-Gymry o gyfnod Oes Fictoria hyd at lenorion ei genhedlaeth ef – fe'u tebyga i wenyn yn ymosod gyda'r gelyn ar eu cwch eu hunain. Ymhellach, a Saunders Lewis wedi rhoi ateb negyddol yn 1939 i'w gwestiwn ei hun *Is There an Anglo-Welsh Literature?*,[95] mae D. Tecwyn Lloyd yn 1963 fel petai'n ei eilio: "Does dim cwch gwenyn yng Ngardd Neb am nad oes y fath ardd'.[96] Mwy sensitif yw Aneirin Talfan Davies i sefyllfa amwys yr Eingl-Gymry; ei gwestiwn yntau, wrth gydnabod dirmyg y naill grŵp at y llall, yw: 'A oes rhaid iddi barhau felly?'[97]

Ni ddisgwyliem ateb gor-optimistaidd pe dibynnem ar gondemniad Ned Thomas – ddeng mlynedd yn ddiweddarach – o'r 'synthetic identity'[98] a geir, medd ef, mewn math arbennig o lenyddiaeth Eingl-Gymreig. Ond roedd consýrn Aneirin Talfan Davies wedi'i rannu gan eraill ymhell o'i flaen. Yn ôl yn 1894 cefnogai O. M. Edwards y dyhead am 'a literature that will be English in language but Welsh in spirit',[99] a phrif amcan yr *Anglo-Welsh Review* (1949–88) oedd gweithio i gyfannu'r rhwyg rhwng llenorion y ddwy iaith.[100] Bu sawl ymgais wedi hynny i ennyn cyd-ddealltwriaeth rhyngddynt.[101] Arbedodd D. Tecwyn Lloyd ei wialen wrth gyfeirio at Glyn Jones ac Emyr Humphreys, dau lenor a ymroddodd i ddysgu neu ailddysgu'r Gymraeg; noda Ned Thomas yntau fodolaeth carfan o awduron Eingl-Gymreig a oedd yn closio at y diwylliant Cymraeg.[102] Sefydlwyd Adran Saesneg yr Academi Gymreig yn 1968, a phan ymddangosodd yn 1986 y ddwy gyfrol gyfochrog a gomisiynwyd gan yr Adran honno, sef *Cydymaith i Lenyddiaeth Cymru* a *The Oxford Companion to the Literature of Wales*, testun llawenydd i amryw oedd fod holl bobl Cymru wedi'u darparu â ffordd 'of looking at their common heritage as a unified whole'.[103]

Eto, fel y bu ambell lenor Eingl-Gymreig yn ddrwgdybus o groeso'r Academi,[104] amodol fu croeso rhai Cymry Cymraeg i'r *Cydymaith*. Ar wahân i'r achwynion fod anghydbwysedd rhwng y sylw a roddwyd i'r diwylliant Cymraeg a'r diwylliant Eingl-Gymreig,[105] gall disgwyliadau adolygwyr y *Cydymaith*, o ran natur a manylder yr wybodaeth a gynhwysir, fod yn dra gwahanol i eiddo adolygwyr yr *Oxford Companion*.[106] Yn wir, buasai'n well gan Vaughan Hughes weld cyfeirlyfr a fyddai'n canolbwyntio ar lenyddiaeth Gymraeg, yn hytrach na chyfrol gyfochrog i'r *Oxford Companion*.[107] Ni ellir llai na chofio haeriad Bobi Jones na fu dwy lenyddiaeth Cymru erioed yn ffenomenau cyfochrog. Ar y llaw arall, mae dadl sylfaenol Bobi Jones, sef mai cynnyrch abnormal cyflwr ôl-drefedigaethol Cymru yw llenyddiaeth Eingl-Gymreig, yn cynysgaeddu'r llenyddiaeth honno â lle penodol, sicr (os dyna'r gair) mewn perthynas â 'the cohesive national dilemma of Wales'.[108] Yn ddiweddarach cawn *Internal Difference* (1992) M. Wynn Thomas ac *Arwr Glew Erwau'r Glo* (1994) Hywel Teifi Edwards, wrth gyfuno sylwadau ar ddwy lenyddiaeth Cymru o fewn cloriau'r un gyfrol, yn arwyddo parhad yr ysbryd a gynhyrchodd y *Cydymaith* a'r *Oxford Companion*. Roedd cefndir ehangach i'r gyd-ddealltwriaeth newydd, wrth gwrs. Erbyn diwedd cyfnod ein trafodaeth mae nifer cynyddol o oedolion di-Gymraeg yn dysgu'r iaith, llawer yn brwydro ysgwydd yn ysgwydd â Chymry Cymraeg dros addysg Gymraeg i'w plant, a'r uniaith Saesneg fel petaent, ar y cyfan, yn dechrau magu agwedd fwy cadarnhaol tuag at y Gymraeg – mewn ymateb efallai i'r cynnydd a welwyd yn statws yr iaith.[109] Ni chawn ffarwelio â'r hen ragfarnau yn y fan hon, fodd bynnag. Goroesasant yn hir ym maes hanes Cymru a bydd rhaid dychwelyd atynt yn y cyd-destun hwnnw.

Cystal cydnabod cyn hynny nad yw'r Cymry Cymraeg wedi'u huno bob amser gan gytundeb barn ar bwnc eu mamiaith, na chan deyrngarwch tuag ati. Weithiau ceir anghytundeb nad yw ond yn fater o flaenoriaethau – mater o 'sut', fel petai, yn hytrach na 'pam'. Dro arall mae'r anghytundeb yn llusgo allan i olau dydd bob math o gymhlethdodau cudd ynghylch yr iaith, a Chymreictod yn ei grynswth. Nid ydym yn brin o enghreifftiau yng nghyswllt protestiadau cyhoeddus Cymdeithas yr Iaith Gymraeg (o 1963 ymlaen) o Gymry Cymraeg yn pleidio'r grymoedd sy'n gweithio tuag at ddifodiant eu hiaith. Yn fwy penodol, bu rhai Cymry Cymraeg yn amlwg eu cefnogaeth i'r Language Freedom Movement yn y 1970au ac i Education First ar ddiwedd y 1980au a dechrau'r 1990au, a'r ddau fudiad yn rhannu'r un nod o rwystro datblygiad addysg Gymraeg.[110] Ond nid ffenomen ddiweddar yw adwaith o'r fath. Ceir tystiolaeth helaeth i'w bodolaeth yng nghyfnod y Dadeni Dysg,[111] a thebyg iddi ddod i fodolaeth cyn gynted ag y dechreuwyd gwerthfawrogi'r manteision materol a ddeilliai o fedru'r Saesneg ac i synied ei bod hi o'r herwydd yn gynhenid uwchraddol i'r Gymraeg. Trodd y 'sgarmesi' ynghylch yr iaith 'yn faes rhyfel cartref',[112] chwedl Hywel Teifi Edwards, wedi adroddiad y Llyfrau Gleision yn 1847. Cyflymodd y duedd i gyfyngu'r Gymraeg i diriogaethau ieithyddol y cartref, y capel, a chylchoedd cyfathrebu answyddogol;[113] uniaethwyd hi â'r bywyd gwledig, â meddylfryd anghynyddgar ac â gwerthoedd y gorffennol.[114] Yr iaith Saesneg bellach oedd y cyfrwng cymwys ar gyfer galwadau'r byd cyfoes, ac ar gyfer llawer iawn o'i bleserau.

Ni chollodd yr hadau a heuwyd yn Oes Victoria y gallu i gynhyrchu cnwd yn negawdau olaf yr ugeinfed ganrif. Wrth geisio hyrwyddo achos Education First myn Alan Williams fod y Gymraeg yn rhwystr i blant ddeall cysyniadau gwyddonol.[115] Bu disgyblion yr ysgolion cyfun dwyieithog newydd, ynghyd ag athrawon a darlithwyr Cymraeg eu hiaith, weithiau'n rhoi'r argraff eu bod hwythau hefyd yn argyhoeddedig mai Saesneg yw priod iaith gwyddoniaeth.[116] Gwaeth na hynny, bu parodrwydd rhai o'r disgyblion i ollwng eu Cymraeg wrth ddod allan drwy glwyd yr ysgol yn creu ofn na all cynnydd yr iaith ym myd addysg wneud mwy na'i chadw'n iaith addysg yn unig.[117] Nid yw hynny'n golygu na fu addysg drwy gyfrwng y Gymraeg yn fodd i luosogi ac ehangu meysydd yr iaith. Estynnodd ei libart hefyd ar wefusau'r Cymry a fudodd i weithio yn sefydliadau Cymreig y brifddinas, ac mewn amrywiaeth o swyddi proffesiynol eraill yn y de-ddwyrain. Ond nid y di-Gymraeg yn unig a deimla'n anfodlon ar dra-niferedd y Cymry Cymraeg dinesig, ffyniannus hyn;[118] daeth 'crachach' a 'trendies' Caerdydd[119] yn ffocws newydd yr hen ymosodiadau ar y dosbarth canol. Crwydrasant yn rhy bell o'u gwreiddiau gan golli gafael ar ddiwylliant y werin – crwydrasant mor bell, ym marn Dafydd Iwan, fel y teimlai fod gofyn iddo, ar drothwy lansio S4C, gynghori'r 'criw bychan o bobl ddosbarth-canol wedi-cael-coleg' a'i rheolai i barchu chwaeth ac iaith y bobl 'gyffredin'.[120]

Mae ei feirniadaeth yn ein harwain at gwestiwn arall. Beth am y rhaniad rhwng yr iaith lafar â'i hamryw dafodieithoedd, ar y naill law, a'r iaith lenyddol a'r iaith lafar safonol ar y llaw arall? Ymddengys fod y rhaniad tafodieithol yn un hen iawn gan i'r un ffactorau daearyddol a roddodd hwb i frogarwch y Cymry ddylanwadu ar ddatblygiad eu hiaith yn ogystal.[121] Digwydd ffurfiau tafodieithol deheuol yn Y Pedair Cainc,[122] ac fe all mai nodweddion tafodieithol sydd gan Gerallt Gymro mewn golwg wrth ganmol iaith ardal Ceredigion fel yr iaith 'arbenicaf'.[123] Bu nifer o awduron crefyddol y Dadeni Dysg a'r ail ganrif ar bymtheg yn barod i ddefnyddio 'y gymraeg arferedig'[124] er mwyn cyrraedd eu cynulleidfa, ac aeth Gruffydd Robert ymhellach fyth wrth seilio ei Ramadeg (1567) ar 'y geiriau sydd sathredig eusus, ymysc y cyphredin'.[125] Arall oedd ymateb Dr John Davies, Mallwyd, wrth lunio ei Ramadeg (1621) yntau. Iddo ef roedd tafodiaith yn anghydnaws â chywirdeb iaith, ac mae'n arbennig o lawdrwm ar ffurfiau tafodieithol y De. Cynysgaeddodd ag awdurdod yr ieithydd y syniad a ledaenwyd eisoes gan Humphrey Llwyd yn yr unfed ganrif ar bymtheg fod Cymraeg y Gogledd yn rhagori ar Gymraeg gweddill Cymru,[126] a cheir awduron y De yn ymddiheuro'n aml yn yr ail ganrif ar bymtheg am eu Cymraeg bratiog.[127] Datblygiad arall oedd i lenorion y bedwaredd ganrif ar bymtheg, yn Ogleddwyr a Deheuwyr, dreisio cystrawennau naturiol gywir yr iaith lafar ac anwybyddu ei hidiomau yn eu hymgais i greu iaith lenyddol rwysg-fawr.[128] Roedd mawr angen felly am yr ymdrech a gafwyd ar ddechrau'r ugeinfed ganrif i safoni orgraff a gramadeg y Gymraeg, ond yn ei sgil condemniwyd o'r newydd yr hyn a elwir gan John Morris-Jones yn 'different corruptions'[129] yr amrywiol dafodieithoedd. Efallai, gan hynny, fod rhywfaint o wirionedd yn y traddodiad a oroesodd, mewn un ardal ddiwydiannol o leiaf, fod tensiynau rhwng ffurfiau llafar a llenyddol yn elfen yn nirywiad y Gymraeg yno.[130] Yn sicr, nid peth anghyffredin ymysg ieithoedd lleiafrifol yw beio gorbwyslais ar gywirdeb llenyddol am elyniaethu siaradwyr 'cyffredin'.[131]

Tyfodd diffyg hyder Cymry 'cyffredin' ynghylch safon eu hiaith yn ffenomen genedlaethol yn ôl Beth Thomas a Peter Wynn Thomas yn *Cymraeg, Cymrâg, Cymrêg . . . Cyflwyno'r Tafodieithoedd* (1989). Cysylltant y diffyg ag ymdeimlad siaradwyr 'a chanddynt Gymraeg digon praff'[132] fod eu tafodiaith yn Gymraeg iselradd, llygredig, a'r un tarddiad sydd i'w hamharodrwydd i ysgrifennu yn Gymraeg. Ar berthynas gyfoes y gwahanol dafodieithoedd ac acenion â'i gilydd, barn Beth Thomas a Peter Wynn Thomas yw fod symudoledd yr oes, gwasanaeth S4C, a diflaniad y genhedlaeth uniaith Gymraeg yn tueddu i lefelu'r hen wahaniaethau.[133] Ar yr un pryd ofnant ei bod hi'n bosib na fydd dod ag acenion eraill i gatrefi'r wlad drwy gyfrwng y datblygiadau darlledu newydd yn gwneud dim, 'heb gynllunio ieithyddol gofalus',[134] ond cadarnhau hen ragfarnau. Nid oeddent yn siarad ar eu cyfer a barnu oddi wrth amheuon ambell sylwebydd tuag adeg lansio S4C, ac achwynion ynghylch naws 'ddeheuol' neu 'ogleddol' rhaglenni radio a theledu a fodolai eisoes.[135] Er yr ymgais i lunio iaith lafar safonol a esgorodd ar Gymraeg Byw y chwedegau, dal i ddyheu a wnâi rhai yn yr 1980au am glywed ar y cyfryngau 'iaith syml, uniongyrchol, gywir y gall pawb ei deall'.[136] Bratiaith yn hytrach na thafodiaith sydd dan yr ordd gan amlaf; disgrifir iaith cyflwynwyr radio a theledu fel 'Cymraesneg',[137] a chynydda'r achwynion ar y pen hwnnw yn sgil ymgyrch y cyfryngau i ennill cynulleidfa fwy amrywiol ei hoed a'i chefndir.[138] Adlewyrchant ofidiau ynghylch safonau isel Cymraeg llafar trwch y boblogaeth, safonau a gysylltir â chyndynrwydd i ddarllen ac ysgrifennu Cymraeg. Llafar yw'r llun a beintir gan un adolygydd wrth gymeradwyo cyfrol o storïau i ddysgwyr fel un 'braf' ar gyfer Cymry iaith gyntaf na fedrant ddarllen Cymraeg 'dwfwn'.[139] Ond nid yw iaith dysgwyr heb greu peth anesmwythyd chwaith: rhai Cymry iaith gyntaf yn credu mai dysgwyr sy'n siarad Cymraeg cywir – 'Cymrâg llifir'[140] – gan deimlo'n israddol o'r herwydd; eraill yn sicr na all Cymraeg dysgwyr fyth fod mor naturiol â'r iaith a ddaw gyda 'llaeth y fam'.[141]

Ond rydym yn ymwneud yn awr â chyfnod o newid carlamus yn hanes y Gymraeg. A hynny nid yn unig oherwydd y llu o eiriau newydd a fathwyd wrth i'r Gymraeg fentro i feysydd anghyfarwydd; mae ei chystrawennau a'i phriod-ddulliau hefyd fel petaent am newid, yn enwedig ymhlith yr ifanc.[142] Fel y rhybuddia Martin Davis yn 1998, mewn fforwm i awduron, mae 'realiti ieithyddol darpar-ddarllenwyr yn dra gwahanol i realiti ieithyddol yr awduron eu hunain'.[143] Nid yw Islwyn Ffowc Elis, a fu'n gennad mor effeithiol dros ddefnyddio Cymraeg Byw yn lle Cymraeg llenyddol traddodiadol, yn teimlo dim ond ansicrwydd yn wyneb '"Cymraeg Mwy Byw Fyth", y gymysgiaith sy'n ffynnu yn ysgolion dwyieithog y De-ddwyrain a'r Gogledd-ddwyrain, Cymraeg *Pam Fi, Duw?*'[144] Aeth John Owen (awdur *Pam Fi, Duw?*), ac awduron eraill, i'r afael yn eiddgar â'r her o gyflwyno 'cymysgiaith'. Er hynny, dengys profiad Islwyn Ffowc Elis mor anodd yw sefydlogi, heb sôn am gau'n barhaol, y bylchau rhwng gwahanol fathau o 'realiti' ieithyddol. Mae'r pwysau ar deithi traddodiadol yr iaith – yn deithi tafodieithol yn ogystal â llenyddol – a'r penderfyniad cyfatebol i'w wrthsefyll, yn nodi'r ffiniau rhwng cenedlaethau a dosbarthiadau gwahanol o siaradwyr. Maent hefyd yn nodi newidiadau yn niwylliant (yn ystyr ehangaf y gair) a moesau'r Cymry Cymraeg. Yn 1962 dywed Islwyn Ffowc Elis y bydd yn rhaid i bawb sy'n siarad ar y radio a'r teledu ddysgu'r iaith lafar safonol y mae 'pob pregethwr deallus yn ei ddefnyddio eisoes'.[145] Yn 1982 dywed Glyn Ifans fod 'patrymau pwlpudol llwyfannol' ei blentyndod yntau wedi diflannu, ac mai gwŷr a gwragedd y cyfryngau bellach 'yw ceidwaid safon yr iaith lafar'.[146] Yr hyn y glynir wrtho, yng nghanol y newid, yw'r syniad fod safon ieithyddol unffurf eto'n bosibl, ac yn rhywbeth i'w ddymuno a gweithio tuag ato.

Gallai'r deongliadau o orffennol Cymru fod yn fwy niferus ac amrywiol na'i thafodieithoedd hyd yn oed. Mewn theori gallent fod mor niferus â'r haneswyr sy'n ei ddehongli. Yn ymarferol, fodd bynnag, tuedda haneswyr i ymrannu'n garfanau cymharol bendant yn ôl y cyfnod y maent yn byw ynddo, ac yn ôl eu tueddiadau athronyddol a gwleidyddol. Nid ymddengys i haneswyr Cymru gael eu cynhyrfu i unrhyw raddau arwyddocaol chwaith gan yr ymosodiad ôl-fodernaidd ar wrthrychedd yr hanesydd a realiti hanes.[147] Gwir i bwnc gwrthrychedd godi ei ben yn yr anghytundeb a wyntyllwyd yn y chwedegau rhwng y dehongliad efengylaidd a'r dehongliad seciwlar o hanes; serch hynny, effaith y dehongliad Duw-ganolog a bleidir gan Bobi Jones yw dyrchafu ei 'Hanes Go Iawn'[148] uwchlaw cyrraedd unrhyw feirniadaeth seciwlar. Gan mai gweithiau Charles Edwards a Theophilus Evans yw'r unig rai a nodir gan Bobi Jones fel enghreifftiau o 'hanes go iawn', gall ymddangos iddo esgyn i lwyfan a fu'n segur ers hir amser; ond os yw'r olyniaeth yn wan a'r gwmnïaeth yn brin yng Nghymru, cyffelyb i'w neges ef yw un Herbert Butterfield yn *Christianity and History* (1949) a *God in History* (1958).[149] Mae'r alwad ar i Gymru ddychwelyd at y rhagdybiaeth Feiblaidd y dywed Bobi Jones iddi ei choleddu tan ganol y bedwaredd ganrif ar bymtheg wedi'i chwyddo hefyd ar dro gan leisiau Cristnogion eraill o Gymry. Dyfynnwyd eisoes gred y Canon J. M. Lloyd Thomas fod 'trefi a dinasoedd Ewrop yn awr yn cael eu bomio allan o fodolaeth . . . *yn ôl cynllun dwyfol Duw ar gyfer y ddynoliaeth*' (fy mhwyslais i). Ceir adlais llai brawychus o'r un safbwynt Gildasaidd bob tro y bydd rhywun fel Dewi Watkin Powell yn galw ar Gymru i ddychwelyd i'r gorlan Gristnogol 'o'i gwyro gwamal'.[150]

Y datblygiad newydd erbyn dechrau'r wythdegau yw nad pleidwyr hanes 'diduedd' yn unig sy'n codi amheuon ynghylch y dehongliad efengylaidd o hanes. Nid oherwydd ei safbwynt diwinyddol na'i ddiffyg gwrthrychedd chwaith y beirniedir cyfrol gyntaf *Ffydd ac Argyfwng Cenedl* (1981) R. Tudur Jones gan Dafydd Elis Thomas. Ei gŵyn yn hytrach yw mai 'golwg rhannol' a gafwyd gan yr awdur ar argyfwng y genedl: ynysodd yr argyfwng crefyddol-ddiwylliannol oddi wrth argyfyngau eraill Cymru – ei hargyfwng cymdeithasol, ei hargyfwng gwleidyddol, 'ac yn arbennig', ei hargyfwng economaidd – yn lle 'mynd i'r afael â holl argyfwng y genedl yn feddyliol a materol *ar yr un pryd*'.[151] Os amheuwn nad yw'r sylwadau hyn ond yn ceisio codi bwa esboniadol newydd dros hanes Cymru, mae'r dehongliad bellach yn agosach at un Marx nag un Gildas. Mae'r dylanwad Marcsaidd yn eglur eto yn yr ymateb i *Rebirth of a Nation* (1981) Kenneth O. Morgan, cyfrol a lwyddodd i gythruddo ambell sosialydd Marcsaidd ac ambell genedlaetholwr ar yr un pryd.[152] Er hynny, ac er amlygrwydd y blaenoriaethau gwleidyddol hyn, nid ideoleg sy'n ledio'r ffordd yng nghynnwrf mwyaf yr wythdegau ym maes hanes Cymru. Efallai fod yr haneswyr Eingl-Gymreig ar y naill ochr i'r rhaniad yn tueddu i ymdrin â'u deunydd o safbwynt sosialaidd neu Farcsaidd, a bod yr academyddion Cymraeg ar yr ochr arall iddo yn fwy traddodiadol genedlaetholaidd eu bryd. Ond ceir rhagarweiniad i'r hyn sy'n gwir gynhyrfu'r Cymry Cymraeg mewn sylwadau ar gynnwys *Rebirth of a Nation* nad ydynt yn ymwneud â'i hathroniaeth wleidyddol fel y cyfryw. Eu byrdwn yw ansicrwydd yr hanesydd yng nghyswllt crefydd Cymru, ei esgeulustod o'r traddodiad Cymraeg, a'i orbwyslais ar gymoedd diwydiannol y de-ddwyrain.[153]

Wrth iddo achwyn ar ddiffygion haneswyr Eingl-Gymreig yn gyffredinol, anela J. E. Caerwyn Williams yn syth at galon y gofid. Ni ellir ymddiried 'yng ngallu haneswyr i gadw mewn cof fywyd na gwlad na diwylliant nad ydynt yn deall eu hiaith'.[154] Mae'r Gymru Gymraeg, medd, yn annealladwy i 'Gymro Saesneg'[155] o hanesydd fel Gwyn A. Williams. Fe'i dilynir yn y man gan Bobi Jones, ond ei fod ef yn dwyn y cyrch gam ymhellach: mae haneswyr o'r fath nid yn unig 'yn amddifad o wir adnabyddiaeth (o'r tu-fewn) o'r Gymraeg', maent 'yn dewis gosod eu Hanes ym mhlaid y rhai sy'n hyrwyddo Seisnigrwydd'.[156] Yr ymboeni hwn am le'r Gymraeg yn hanes y Cymry – ac fel sianel i'w hanes – sydd wrth wraidd y rhan fwyaf o'r anfodlonrwydd ar y Gymru a ddarlunnir gan yr haneswyr Eingl-Gymreig. Maent yn ddall, fe achwynir, i'r modd y lluniwyd hunaniaeth y genedl mewn cyfnodau ac ardaloedd y tu allan i gwmpas profiad y de-ddwyrain diwydiannol,[157] ac yn ddwbl ddall i'r bywyd Cymraeg a oroesodd y tu mewn iddo.[158] Dilyn y trywydd hwnnw a wna D. Tecwyn Lloyd yn *Drych o Genedl* (1987) cyn ein hannog: 'cymharer gwaith Dr. Tudur Jones fel hanesydd â gwaith Kenneth O. Morgan; gellid meddwl nad ydynt yn sôn am yr un wlad'.[159] Dyna Emyr Davies wedyn yn lledu'r bwlch i'w fan eithaf wrth fentro dweud 'nad oes llawer o wahaniaeth rhwng Cymru'r hanesydd Dai Smith, er enghraifft, a rhai ardaloedd yng Ngogledd Lloegr'.[160] Gwahanwyd y ddwy Gymru gan gefndir economaidd, cymdeithasol a diwylliannol, yn ogystal â chan iaith; ond mae cyfraniad allweddol yr iaith i'r ysgariad yn ei daflunio yn ôl cyn belled â genedigaeth y Gymraeg ei hun. Mae'r iaith yn caniatáu i'w siaradwyr fynediad i orffennol Cymru a waherddir i'r di-Gymraeg, a'r Cymry Cymraeg felly â'r hawl i gystwyo eu cyd-wladwyr anghyfiaith yn null un o gymeriadau Salman Rushdie:

> *Outsider! Trespasser! You have no right to this subject! . . . Poacher! Pirate! We reject your authority. We know you, with your foreign language wrapped around*

you like a flag: speaking about us in your forked tongue, what can you tell but lies?[161]

Gwrthachwyniad Dai Smith yn erbyn 'the denigrators of Wales' majority culture' yn *Wales! Wales?* (1984) yw eu bod yn darlunio'r Gymru ddiwydiannol ddi-Gymraeg fel 'a half-baked, imported substitute'.[162] Mwy cymodlon, efallai, yw cywair y fersiwn diwygiedig o'r gyfrol a gyhoeddwyd dan deitl newydd yn 1999. Ymgroesa yn honno rhag awgrymu nad oedd y Gymraeg yn hydreiddio profiad hanesyddol y Gymru fodern; er hynny, deil i fynnu mai Saesneg oedd iaith y llenyddiaeth, y bywyd gwleidyddol a'r gyfathrach gymdeithasol a nodweddai ddatblygiad y Gymru honno. Wrth atgynhyrchu dwy restr gyfochrog a gyhoeddwyd yn *Sbec* – fel rhyw fath o arweiniad i brif fannau'r ugeinfed ganrif yn hanes y Gymru Gymraeg ar y naill ochr, a'r Gymru ddi-Gymraeg ar yr ochr arall – mae'n barod i gydnabod dilysrwydd ffeithiau'r naill restr fel y llall. Yna, fe ddaw'r goleddfu: 'Equal validity, yes. Equal impact, no, for as [Aneurin] Bevan once insisted "There is no democracy of facts." Democrats and citizens cannot allow history to be derailed by patriots.'[163] Dyna fynegiant cryno o'r gwrthwynebiad sosialaidd traddodiadol i genedlaetholdeb ethnig – y cenedlaetholdeb yr ofnid y byddai, o'i weithredu gan genhedloedd bychain 'dihanes', yn 'Balcaneiddio'r' gwladwriaethau mawrion a'u llyncodd. Ynghlwm wrth yr ymwrthod hwnnw y mae'r argyhoeddiad di-sigl fod ymwybyddiaeth o ddosbarth yn bwysicach (yn fwy *dilys*, mewn gwirionedd) nag unrhyw ymwybyddiaeth o genedl.[164] Diau fod y gwrthdaro rhwng y ddau safbwynt hwn rywle y tu ôl i sylw Dafydd Elis Thomas fod 'rhaid hefyd ysgrifennu hanes Cymru a'r iaith Gymraeg o safbwynt dosbarth gweithiol Cymraeg a di-Gymraeg Cymru'.[165] Mae eraill, ddeng mlynedd yn ddiweddarach, fel petaent o'r farn y byddai'n haws ysgrifennu'r fersiwn hwnnw o hanes petai ambell hanesydd di-Gymraeg yn troi i gydweithredu. Medd D. Hywel Davies (Cymro Cymraeg â'i wreiddau ym Morgannwg Ganol) wrth adolygu *Aneurin Bevan and the World of South Wales* (1993) Dai Smith: 'My south Wales happily incorporates Dai Smith's South Wales; but his South Wales apparently has little place for mine.'[166]

Trown yn awr oddi wrth faes hanesyddiaeth at faes crefydd. Er inni bwysleisio'r gydberthynas rhwng crefydd Cymru a'i hymwybyddiaeth o genedligrwydd nid unoli yw unig rym cred. Afraid dweud ei bod yn gallu creu rhwygiadau enwadol, a bod hynny'n nodwedd annihangol o fywyd Cymru byth er y Diwygiad Protestannaidd. O blith y rhagfarnau crefyddol yr esgorwyd arnynt, y ffyrnicaf a'r fwyaf hirhoedlog, yn enwedig ymysg yr enwadau Ymneilltuol, yw'r rhagfarn wrth-Gatholig. Goroesodd yn hir hyd yn oed ymysg y rhai a oedd bellach yn gapelwyr mewn enw yn unig;[167] serch hynny, dywedir bod y rhagfarn ar drai erbyn y 1960au, a diau fod hynny'n wir.[168] Ychydig, beth bynnag, oedd y crefyddwyr a roddodd fynegiant gwironeddol annymunol i'w gwrthwynebiad i'r 'Butain Fawr'[169] ar achlysur ymweliad y Pab Ioan Pawl II â Chymru yn 1982. Eto, 'prin iawn yw arwyddion brwdfrydedd yn ein plith'[170] medd un o weinidogion blaenllaw yr Annibynwyr. Cafwyd cyfraniadau i'r wasg a ddangosai fod seiliau'r gwahaniaethau diwinyddol yn dal yn ddisigl,[171] a dadlennwyd math arall o amheuaeth yn honiad y Datganiad ar ran Eglwysi Rhyddion De Cymru fod mwy o 'sawr ymerodrol' na 'gweddau ecwmenaidd'[172] i'r ymweliad. Cysgod gwan iawn yw'r cwbl – diolch am hynny – o rym y rhagfarn a fu, ond mae'n rhoi rhyw syniad o ystyfnigrwydd y teimlad y nofiodd cynifer o arweinwyr cynnar Plaid Genedlaethol Cymru yn ei erbyn wrth droi'n Gatholigion, ac a barodd i Saunders Lewis roi'r gorau i lywyddiaeth y Blaid yn 1939.[173] Ers canol y bedwaredd ganrif ar bymtheg bu'r sefydliad Cymreig yn ymfalchïo yn nelwedd unol y Gymru Anghydffurfiol. Roedd yr ailgydio yn y ffydd Gatholig, a'r gred ei bod yn allwedd dadeni diwylliannol a chenedlaethol[174] (a rhaid cofio bod y fath beth â rhagfarn Gatholig wrth-Ymneilltuol yn bod hefyd)[175] yn bygwth darnio'r ddelwedd honno.

Delwedd gamarweiniol ydoedd ar fwy nag un cyfrif. O ran Cymreictod, dengys Cyfrifiad Crefydd 1851 fod Eglwys Loegr yng Nghymru yn cynnal y Gymraeg i helaethach graddau nag a dybir yn aml;[176] o ran niferoedd, dengys mai lleiafrif oedd yr Anghydffurfwyr o osod y Cymry digrefydd a'r Anglicaniaid ynghyd.[177] Ond ychydig o gyhoeddusrwydd a gafodd Anglicaniaeth gan ein haneswyr hyd at ddiwedd cyfnod ein trafodaeth, ac ni chafodd y digrefydd nemor ddim. Nid yn ein hanesyddiaeth yn unig yr aethant ar goll. Er ffyrniced gwrthryfel llenorion Rhamantaidd troad y ganrif yn erbyn y traddodiad Anghydffurfiol, llenyddiaeth adweithiol yn hytrach na llenyddiaeth anghrediniol (neu Anglicanaidd neu Gatholig) a gafwyd ganddynt. Prin eu bod yn cynrychioli'r Cymry hynny na fuont erioed yn rhan o gyfundrefn Ymneilltuaeth. Mor ddiweddar â 1961 ofnai eglwyswr o lenor fel R. Gerallt Jones y gallai'r pwyslais ar y traddodiad Anghydffurfiol ei ddifreinio fel Cymro:

> Yn ystod y ganrif a hanner ddiwethaf, bu'r syniad o Gymreigrwydd bron yn gyfystyr â'r syniad o reoleidd-dra Ymneilltuol ... A phe bai'r Biwritaniaeth Fictoraidd yma'n hanfodol i Gymreigrwydd, neu hyd yn oed pe bai'r unigolyddiaeth, yr 'enthusiasm' Ymneilltuol yn hanfodol iddo, yna byddai'n anodd i mi a'm tebyg fod yn Gymry da.[178]

Hollol groes i hynny, ar yr wyneb, yw datganiad Emrys ap Iwan: 'Yr wyf i yn Gymro yn ogystal ag yn Fethodist, ac ni fynnwn addaw dim oll fel Methodist a'm rhwystrai i deimlo a siarad fel Cymro.' Yn ôl dehongliad Dafydd Glyn Jones, fodd bynnag, yr hyn a olygai oedd: '"Yr wyf i yn Gymro *yn ogystal* ag yn Fethodist"; nid *trwy* fod yn Fethodist.' Roedd 'am wrthod yn y fan mai yn unig trwy ei sefydliadau crefydd yr oedd yn bosibl neu'n briodol i Gymru fyw'.[179] Pa un a yw'r darlleniad yn gywir neu beidio, mae'n sicr fod Dafydd Glyn Jones ei hun, fel R. Gerallt Jones, am naddu hollt yn y ddelwedd fonolithig a wnaeth gapel a Chymreictod yn un.

Wrth gwrs, nid agwedd enwadol yn unig sydd i'r tyndra a all fodoli rhwng crefydd a Chymreictod. Fe'i hamlygwyd yn y gwrthwynebiad cynnar i'r grefydd Brotestannaidd fel 'ffydd Saysons',[180] ac yn y diffyg croeso i Biwritaniaeth Seisnig ei tharddiad – a'i dulliau, i raddau helaeth – yr ail ganrif ar bymtheg. Yna, yn ymgyrch yr 'Inglis Côs'[181] gwelir y symbyliad crefyddol Ymneilltuol yn cynhyrchu tyndra ieithyddol yng nghalon y Gristnogaeth Gymreicaf ei delwedd. Mae pob newid ym meddylfryd crefyddol cenedl yn debygol hefyd o greu bylchau yn ei holyniaeth ddiwylliannol, a dyna ffynhonnell math arall o dyndra. Er y gorbwyslais a fu ar y niwed uniongyrchol a wnaeth y Diwygiad Methodistaidd i ddiwylliant traddodiadol Cymru,[182] teg dweud i'r tueddfryd Methodistaidd fygu cydymdeimlad sawl cenhedlaeth â'r Hen Gymru Lawen gynt. Teimlai Saunders Lewis yn 1925 fod yna 'fur uchel iawn'[183] rhwng ei Gymru gyfoes yntau a'i gorffennol Catholig, ac ers hynny cododd mur llawer uwch o annealltwriaeth wrth i oes gynyddol seciwlar golli pob amgyffrediad o brofiad a bywyd crefyddol. Ni phallodd yr arfer o gyfeirio at agweddau ar fywyd y genedl yn nhermau ysbryd ac enaid, ond daw'n anos i'w lleoli yn erbyn cefndir Cristnogol. Er bod gafael y Gymraeg a gafael Ymneilltuaeth ar Gymru fel petaent yn cydlacio, yr argraff lywodraethol yw fod goroesiad yr iaith yn ofid dwysach i lawer mwy o'i thrigolion nag yw goroesiad crefydd. Nid Ymneilltuaeth yw prif gaer y Gymraeg bellach. Yn wir, daeth amryw i gredu i'r 'goruniaethu parlysol'[184] a fu rhwng yr iaith a diwylliant capel gyfyngu ar gylch dylanwad yr iaith, a gwanhau ei gallu i oroesi. Sylwyd hefyd cyn lleied o drafod a fu ar oblygiadau trai Cristnogaeth i fywyd y genedl.[185] Yn ôl pob golwg, felly, parhau i ymledu a wna'r bwlch rhwng crefydd ac iaith ym mlaenoriaethau'r genedl.

O'r braidd fod angen ychwanegu nad yw'r drafodaeth uchod yn dihysbyddu'r holl raniadau ym mywyd a hanes y Cymry. Da cofio, cyn troi at agwedd arall ar ein pwnc, mor gyffredin yw rhaniadau o'r fath. Dyfynnaf Leonard W. Doob:

Creu a Chanfod Delwedd

> Probably no society of any size is ever completely unified. Some form of rivalry appears, whether it is between members of different classes, associations, sects, or regions. Such local groups can command fierce loyalties; they consider themselves distinctive; in short they have all the attributes of a nation with one exception: the members recognize that they share a common culture with their rivals (though they differ on small points) and that they live in the same society.[186]

Gwell fyth yw cofio damcaniaeth M. Gluckman fod 'ymrannu mewn cymdeithas ar un lefel yn uno'r gymdeithas ar lefel arall'.[187] Tybed, gofynna Trefor M. Owen wrth gyflwyno'r ddamcaniaeth honno, nad oes 'rhyw fath o reidrwydd cymdeithasegol'[188] y tu ôl i raniadau o'r fath, a hwnnw yn codi o, neu yn diogelu, undod y gymdeithas. Efallai y gallem ddamcaniaethu mewn modd tebyg fod rhaniadau mewnol yn hanfodol i ddatblygiad a goroesiad cenedl.

Buom yn ymdrin, hyd yn hyn, â'r priodoleddau diffiniadol a gyfrifir yn hanfodol i ffurfiant y cymeriad cenhedlig. Bodola yn ogystal briodoleddau *disgrifiadol*, sef yr ansoddau a gynhwysir o fewn y ffrâm genhedlig, fel petai, ond sydd heb fod yn rhan o'r ffrâm ei hun. I'r dosbarth hwn o briodoleddau y perthyn y stereoteipiau cenedlaethol o Gymru fel Gwlad y Cymanfaoedd, Gwlad y Menig Gwynion, Gwlad y Gân; gwlad o chwaraewyr rygbi a chorau meibion, o byllau glo a defaid, o wyredigion rhywiol a thwpsod . . . Mae'r rhestr, fel y gŵyr pawb, yn faith. Mae rhai o'r stereoteipiau yn gymeradwyol, rhai yn gellweirus ac eraill yn wawdlyd; coleddir rhai ohonynt yn bennaf gan genhedloedd eraill, ac arddelir amryw gan y Cymry eu hunain. Ond maent i gyd yn greadigaethau cymdeithasol, ac maent i gyd yn araf newid gyda threigl amser – wedi'r cwbl, pwy bellach fyddai'n delweddu Cymru fel gwlad y menig gwynion? Fe all fod perthynas rhwng y disgrifiadol a'r diffiniadol, megis y berthynas rhwng rhai stereoteipiau cenhedlig ac agweddau ar hanes cenedl. Er hynny, yr hanes cyffredin yw'r hanfod, nid *cynnwys* yr hanes; a'r un yw'r egwyddor yn achos diwylliant a thraddodiad. Mae'r gwahaniaethu hwn yn agos iawn at ddosbarthiad J. R. Jones o'r gwastad ffurfiannol a'r gwastad gweithredol:

> Y golau a gawn o wahanu'r ddau wastad yw gweld ei bod hi'n bosibl i'n hynt a'n 'gyrfa' fel Pobl ar y gwastad 'gweithrediadol' droi i unrhyw gyfeiriad (a fo, wrth gwrs, yn hanesyddol ddichonadwy) heb i hynny *ynddo'i hun* ddiffeithio mo'n ffurfiant.[189]

Heb inni wahaniaethu rhwng y ddwy lefel mae perygl inni gredu bod nodweddion megis israddoldeb a brad ymysg amodau ein cenedligrwydd yn hytrach nag yn ganlyniad damweiniau hanesyddol. Bron na ddylid neilltuo trydydd dosbarth ar gyfer nodweddion fel y ddwy a nodwyd ddiwethaf, a'i alw yn ddosbarth y priodoleddau cyflyredig. Priodoleddau seicolegol yw'r rhain sy'n ffrwyth uniongyrchol perthynas y gorchfygedig â'r gorchfygwr. Hawdd cysylltu ag adroddiadau'r Llyfrau Gleision y syniad cyfarwydd o'r Cymry fel pobl ddifenter, anfedrus ym myd masnach a gwyddoniaeth. Ac nid oes raid derbyn mai 'crugyn o deyrnasoedd bychain lladronllyd' oedd Cymru'r Oesoedd Canol cynnar er mwyn deall sut y gallai'r gwrthgyferbyniad rhwng amryw freniniaethau annibynnol Cymru ac un frenhiniaeth gref Lloegr esgor ar y syniad fod y Cymry'n fwy anghytûn na'r rhelyw o genhedloedd. Esiamplau yw'r rhain o hunanddelwedd y Cymry'n cael ei ffurfio gan barodrwydd yr ymylon ôl-drefedigaethol i'w diffinio'u hunain yn ôl safonau a galluoedd y canol imperialaidd. Y duedd arall yw i'r ymylon dderbyn darlun y canol ohonynt, ac ymroi i gydymffurfio ag ef. Ni fwriedir mynd ar ôl y stereoteipiau di-rif a greodd y Saeson o'r Cymry, ond ni ellir peidio â chyfeirio at y darlun enwog o'r Celt a gafwyd gan Matthew Arnold yn y ganrif ddiwethaf:

> . . . his sensibility gives him a peculiarly near and intimate feeling of nature and the life of nature; here, too, he seems in a special way attracted by the secret before him, the secret of natural beauty, and natural magic, and to be close to it, to half-divine it.[190]

Rhaid wrth y cyfeiriad gan mor eiddgar y bu'r Cymry i groesawu damcaniaethau Tylwyth Teg Arnold.[191] Bodlonasant ar fod yn ysbryd ac yn enaid i gyd, a dyrchafwyd hil, neu athrylith gynhenid y gwaed, uwchlaw'r priodoleddau cenhedlig Cymreig sy'n ffrwyth datblygiadau hanesyddol a chyfathrach ddynol.

Ni wneir hynny yng ngweithiau T. Gwynn Jones a'i gyd-feirdd Rhamantaidd, ond y mae tebygrwydd rhwng syniadau Arnold a'r rhamanteiddio a'r ysbrydoleiddio ar fyd natur a welir yn eu cerddi. Pwynt pwysicach yw fod y beirdd hynny, yn eu delfrydu ar y Gymru werinol a'r Gymru ganoloesol fel ei gilydd, yn ein troi i gyfeiriad dosbarth yn y naill achos, a chyfnod yn yr achos arall, a gysylltir â dau o fythau mwyaf dylanwadol ein cyfnod ni. Y naill yw myth y werin Gymraeg, Ymneilltuol, radicalaidd, ddiwylliedig – 'y fwyaf llenyddol ei chwaeth o bob gwerin byd'[192] – a boblogeiddiwyd gan O. M. Edwards. Y llall yw myth y Gymru bendefigaidd, Gatholig a gafwyd gan Saunders Lewis.[193] Ffrwyth yr adwaith yn erbyn collfarn y Llyfrau Gleision yw'r naill i raddau helaeth, tra bo gorffennol euraid y llall yn nodweddiadol o gynnyrch y dychymyg ôl-drefedigaethol pan ddechreuir breuddwydio am ddiosg hualau'r presennol. Yn y ddau achos gellir cysylltu'r elfennau stereoteipaidd â'r awydd am orchuddio'r genedl â chlogyn undod – bron na ellir tybio i'r hanfodaeth genhedlig a seilir ar hil gael ei thrawsffurfio yn hanfodaeth genhedlig a seilir ar haen gymdeithasol benodol. Serch mai'r werin wledig yw gwrthrych myth O. M. Edwards, darparodd batrwm ar gyfer stereoteipiau eraill mwy lleol eu ffocws megis y ddelwedd a grewyd o'r chwarelwr, ac o weithiwr diwydiannol y de-ddwyrain. At hynny, roedd ei argyhoeddiad fod gweithwyr 'English Wales', o ran diwylliant a meddylgarwch, yn llusgo hanner canrif, fan leiaf, y tu ôl i werin 'Welsh Wales',[194] yn lliwio'r llif a redai yn ôl i chwyddo'r prif fyth eilwaith. Atgynhyrchwyd hwnnw yn ei holl ysblander gan D. Tecwyn Lloyd wrth iddo wahaniaethu rhwng y *peasant* Seisnig a'r tyddynnwr Cymreig sydd, i'r Cymro, 'yn arwr, yn ffigur llenyddol, yn rhan bwysig o'r mudiad addysg; yn symbol o rinweddau a fawr berchir yng Nghymru hyd yn oed heddiw'.[195]

Ymglymodd y ffydd hon yn y werin bobl wrth ideoleg y Blaid Lafur yn nychymyg Gwilym Prys Davies, gŵr a fyn mai un o'r ddwy elfen arbennig a gadwodd y Cymry yn genedl ar ôl y drydedd ganrif ar ddeg oedd eu 'hamgyffred cymdeithasol gwerinol'.[196] Yr iaith Gymraeg oedd yr elfen arall, ond mae'n amlwg nad honno, yn 1961, oedd y bwysicaf o'r ddwy iddo. Credai bryd hynny mai'r tanseilio a fu ar yr amgyffred gwerinol yw'r bygythiad mwyaf i fywyd y genedl, a bod y tanseilio hwnnw yn isorweddol i'r dirywiad ieithyddol. Ar yr un pryd, mae'r elfen werinol yn trosgynnu iaith drwy weithredu fel ffactor diffiniadol yng nghenedligrwydd y Cymry Cymraeg a'r Cymry di-Gymraeg fel ei gilydd. Un o sefydlwyr Mudiad Gweriniaethol Cymru sy'n siarad yma, wrth gwrs. Ond plaid a dorrodd yn rhydd o Blaid Cymru oedd y Mudiad Gweriniaethol; cyn-aelod o'r Blaid Lafur oedd yr unig ymgeisydd seneddol a fu ganddi yn ei hoes fer; ac wedi iddi ddiflannu yng nghanol y pumdegau ailymunodd nifer o'i haelodau â Phlaid Cymru, tra trodd Gwilym Prys Davies at y Blaid Lafur.[197] A beth bynnag arall y bu'n rhaid ei ollwng wrth symud o'r naill aelwyd wleidyddol i'r llall, ymddengys fod croeso i fyth y werin ymhob un ohonynt. Nid oes trwch blewyn rhwng sentimentau Gwilym Prys Davies ac eiddo Dewi M. Lloyd, aelod o gyngor Undeb Cymru Fydd, wrth iddo yntau fynnu bod rhaid cael gwared ar yr *'establishment'* Cymreig ac ailennyn yr 'ymdeimlad o fod yn perthyn i genedl o werin ddi-ddosbarth'.[198] Sail ddigyfnewid y genedl yw ei bod yn gymdeithasol gydryw, a bod hynny rywsut yn ei gwneud yn ddiwylliannol gydryw hefyd. Mewn gwirionedd, ni fu'r gymdeithas

Gymreig erioed yn un ddiddosbarth: cynhwysai'r gymdeithas gynddiwydiannol sawl gradd gymdeithasol,[199] a bu'r Chwyldro Diwydiannol yn fodd i greu yng Nghymru yr un math o adeiledd dosbarth ag a greodd yng ngweddill Prydain. Dyrchafwyd y werin yn graidd Cymreictod, fodd bynnag, ac un o'r canlyniadau oedd diraddio'r dosbarth canol yn greadigaeth anadferadwy Anghymreig.[200]

Gan fod pendefigaeth Gatholig Saunders Lewis wedi hen beidio â bod, seiliau ei ddiwylliant a gafodd y sylw yn achos y myth a greodd ef. Bu hynny'n gam pwysig yn yr adfeddiannu athronyddol ar orffennol Cymru, ond un o'r sgil-effeithiau fu alltudio i'r cysgodion agweddau ar ei thraddodiad llenyddol nad oeddent yn gydnaws â'r dehongliad uchelwrol, ceidwadol, Cristnogol. Bu ychydig o wrthryfela yn erbyn y traddodiad dethol hwnnw, a bu Wiliam Owen Roberts ac Iwan Llwyd Williams mor hy â'n hatgoffa o imperialaeth yr Ewrop y buwyd mor chwannog i ymuniaethu'n ddiwylliannol â hi.[201] Er hynny, nid oedd yr ail o'r ddau wrthryfelwr yn ei wir elfen ar faes y gad. Yn 1990 Iwan Llwyd – y protestiwr yn erbyn y 'pwysau affwysol ar lenorion ifanc i gydymffurfio', a'r 'fframwaith anachronistaidd'[202] a'u cyfyngai – oedd enillydd y goron yn Eisteddfod Genedlaethol Cwm Rhymni. Am y traddodiad Ewropeaidd ffuguwchraddol, gollyngodd y bardd ei fflangell yn llwyr o'i law wrth ganmol gweithgareddau diwylliannol Cymraeg penodol am fod 'o safon fedrith rhywun fod yn falch ohoni trwy Ewrop'.[203] Anodd, mewn gwirionedd, fu i'r teimlad gwrth-Ewropeaidd wrthsefyll apêl y weledigaeth genedlaetholaidd o Gymru fel gwlad rydd o fewn Ewrop unedig,[204] ac i bwrpas y weledigaeth honno defnyddiol o hyd yw'r myth a weodd Saunders Lewis o gwmpas traddodiad llenyddol Cymru. Ieuan Wyn Jones a ddywedodd mor ddiweddar â 1996 (yn *Ewrop: y Sialens i Gymru*): 'Roedd Saunders Lewis yn llygad ei le wrth bwysleisio bod llenyddiaeth Cymru o'r Oesoedd Canol hyd heddiw yn rhan o brif lif diwylliant Ewrop'.[205]

Erbyn hynny cefnwyd ar elfennau eraill o'r cymhwysiad gwleidyddol ar fyth Saunders Lewis. Cefnwyd yn arbennig ar ei wrthbroletariaeth a'i wrth-ddiwydiannaeth (elfennau a oedd hefyd yn bresennol, ar ffurf ddiwylliannol, yng ngweledigaeth O. M. Edwards).[206] Yn 1981 penderfynodd Plaid Cymru goffeidio Sosialaeth Ddatganoledig, gan gyfuno cenedlaetholdeb, radicaliaeth a sosialaeth am y tro cyntaf erioed yng ngwleidyddiaeth Cymru.[207] Un esboniad a daflwyd i enau amheuwyr oedd nad oedd y newid yn gwneud fawr mwy na chydnabod polisïau a basiwyd eisoes yng nghynadleddau'r Blaid,[208] ond y tro a roddodd Gwynfor Evans ar yr esboniad hwnnw sydd o ddiddordeb i ni yma. Ychwanegwyd y gair 'sosialaidd' at amcanion y Blaid, meddai, fel y gallai'r 'rhai a dderbyniodd ddelwedd gwbl gamarweiniol ohonom edrych o'r newydd ar ein polisïau a gweld ynddynt yr ateb i anghenion Cymru'.[209] Dyma fynegi'r awydd am newid, neu am addasu delwedd i gyd-fynd â newidiadau a ddigwyddodd eisoes, a fu'n achos cyfrannol yn y rhaniadau a welsom ym mywyd Cymru cyfnod ein trafodaeth. Llwyddodd ymweliad y Pab i gynhyrfu rhywbeth amgenach na'r hen ddrwgdybiaethau; bu hefyd yn achlysur galw ar enwadau Cymru i ddangos bod cariad yn bodoli rhyngddynt 'ar draws y ffiniau eglwysig'.[210] Bu refferendwm 1982 ar agor neu gau'r tafarnau ar y Sul yn alwad i rai amddiffyn 'y ffordd draddodiadol Gymreig o fyw';[211] bu'n gyfle i eraill geisio diddyfnu'r Cymry o'u cred fod y 'Sul sych' a dirwest yn rhan o hanfod Cymreictod, a'u cael i ffeirio 'moesoldeb gul' eu Hanghydffurfiaeth ddirywiedig am grefydd yn ymwneud ag 'angenrheidiau dyfnaf dyn'.[212] Rhaid cyfaddef na chlywyd fawr ar lais anffyddiaeth (neu leisiau unigolion a fyddai'n barod i siarad ar ei rhan, sy'n beth gwahanol) yn yr ymryson; serch hynny, mae'r hinsawdd ddeallusol yn gynyddol gynhwysol. Mae'r rhaniadau ym maes hanes yn cydredeg â galwad am hanes 'yn ei holl amrywiaeth'[213] a fydd yn gwneud lle i'r rhai a wthiwyd gan Draddodiad i gyrion y maes. Yn cydredeg â'r cwyno ynghylch safonau'r iaith ysgrifenedig y mae anogaeth i ymddiried yn fwy yng nghywirdeb arferion llafar, i gynhyrchu amrywiaeth o arddulliau yn lle dibynnu ar yr un 'ieithwedd glasurol',[214] i gydnabod bod i 'iaith sathredig'[215] ei swyddogaeth.

Rywle ar y gorwel y mae delwedd annelwig y 'Gymru ôl-genedl' yn dechrau ymffurfio, delwedd â'i sail yn y syniad ei bod yn amser i unigolion ymwrthod â'r 'imperative of seeking validation by attachment to a broader collectivity.'[216] Ond yr hyn sydd dan sylw yn awr, gan ddyfynnu Iwan Llwyd yn ei briod le, yw 'ffyrdd o barhau sy'n golygu newid, sy'n golygu datblygu'.[217] Ymhlith y rhai a fyddai'n cydsynio ag ef y mae unigolion o amryw ddiddordebau, tueddiadau a galwedigaethau. Dymuna John Rowlands weld Cymry'n tramwyo llwybrau newydd ym maes beirniadaeth lenyddol er chwilio iachâd oddi wrth y clefyd diwylliannol a achosir gan orhoffter o 'faeth y gorffennol';[218] dyhead Phil Williams yw ein haddysgu ynghylch cyfraniad y Cymry i'r byd gwyddonol;[219] a throeon mewn mannau eraill fe ymdeimlir â'r awydd am 'greu syniad ehangach o Gymru', a'i addasu 'at ryw fyd newydd'.[220] Nid pawb fyddai'n cytuno â syniadaeth *Traddodiadau Fory*[221] (1983) Dafydd Elis Thomas, ond mae llawer fel petaent am gyfuno'r ddau air yn alwad am newid. Rhesymol fyddai disgwyl i'n nofelwyr ymateb i'r alwad honno, ynghyd ag i apêl y priodoleddau y bu'n arfer eu hychwanegu i'r cymysgedd pan geisir distyllu hanfodion hunaniaeth genhedlig.

Nodiadau

1 Hugh Seton-Watson, *Nations and States: An Enquiry into the Origins of Nations and the Politics of Nationalism* (Colorado, 1977), t. 5.
2 Digwydd diffiniad Stalin yn J. V. Stalin, 'Marxism and the national question' (er i rai gredu mai Lenin oedd y tu ôl i'r erthygl) a gyhoeddwyd gyntaf yn 1913 yn *Proveshcheniye*. Gw. *www.marxists.org* lle y digwydd y dyfyniad yn adran 1 o'r erthygl. Gw. hefyd J. V. Stalin, *Works* (1954) ar *www.marx2mao.com*, 307:

> A nation is a historically constituted, stable community of people, formed on the basis of a common language, territory, economic life, and psychological make-up manifested in a common culture.

3 J. R. Jones, 'Y syniad o genedl', *EA*, XXIV (1961), 6.
4 *Idem*, *Prydeindod* (Llandybïe, 1966), tt. 9–10.
5 J. Beverley Smith, *Llywelyn ap Gruffudd: Tywysog Cymru* (Caerdydd, 1986), t. 236; *idem*, 'Llywelyn ap Gruffudd a chenedligrwydd Cymru', *CC*, IV (1989), t. 20.
6 R. R. Davies, *The Age of Conquest: Wales 1063–1415* (Oxford, 1991; cyhoeddwyd gyntaf yn 1987 fel *Conquest, Coexistence, and Change*), t. 15.
7 Brynley F. Roberts, 'Sieffre o Fynwy a myth hanes cenedl y Cymry', *CC*, VI (1991), t. 4.
8 Gwilym Prys Davies, 'Sylfeini cenedl', *Fy Nghymru I: Nifer o Agweddau Personol ar Gymru a Chymreigrwydd Hanner Ffordd drwy'r Ugeinfed Ganrif*, gol. R. Gerallt Jones (Dinbych, 1961), t. 25.
9 Ar yr Eisteddfod, gw. Hywel Teifi Edwards *Yr Eisteddfod: Cyfrol Ddathlu Wythganmlwyddiant yr Eisteddfod 1176–1976* (Llandysul, 1976); am ddyddiadau'r sefydliadau eraill gw. Geraint H. Jenkins, *Hanes Cymru yn y Cyfnod Modern Cynnar 1530–1760* (Caerdydd, 1983), tt. 91, 102, 234; John Davies, *Hanes Cymru: A History of Wales in Welsh* (Harmondsworth, 1990), t. 350.
10 John Davies, *Hanes Cymru*, tt. 422, 477, 599, 641. Sefydlwyd Coleg Aberystwyth yn 1872; cafodd yr Amgueddfa Genedlaethol a'r Llyfrgell Genedlaethol eu siarteri yn 1907. Sefydlwyd Cyngor Cymru yn 1948, a'r Swyddfa Gymreig yn 1964.
11 Geraint H. Jenkins, 'Clio and Wales: Welsh remembrancers and historical writing, 1751–2001', *THSC 2001*, 8 (2002), 119–36.
12 Ibid., 126.
13 R. R. Davis, 'On being Welsh: a historian's viewpoint', *THSC 2002*, 9 (2003), 35.
14 Brynley F. Roberts, 'Sieffre o Fynwy a myth hanes cenedl y Cymry', t. 4.
15 R. H. C. Davis, *The Normans and their Myth* (London, 1976), tt. 15–16.
16 Morfydd E. Owen, 'Y cyfreithiau – (1) natur y testunau', *Y Traddodiad Rhyddiaith yn yr Oesau Canol* (Llandysul, 1974), gol. Geraint Bowen, t. 218. Ar agwedd y beirdd, gw. Ann Griffiths, 'Rhai agweddau ar y syniad o genedl yng nghyfnod y cywyddwyr 1320–1603' (Traethawd Ph.D. Prifysgol Cymru, Aberystwyth, 1988), 164–5.
17 Steve Jones, *In the Blood: God, Genes and Destiny* (London, 1997), t. 126. Yn yr un gyfrol, ac yn 'Sexual encounters on the Web', *The Daily Telegraph*,

4 November 2006, 21, dangosodd fod gan bobl ledled y byd yr un cyd-hynafiaid.
[18] J. R. Jones, 'Yr Arwisgo: mutholeg y gwaed', *Barn*, 80 (Mehefin 1969), 208.
[19] Saunders Lewis, 'Treiswyr sy'n ei chipio hi'. Cyfweliad gan Meirion Edwards, 'Y Gwrandawr', *Barn*, 74 (Rhagfyr 1968), ii.
[20] Er enghraifft, Rhys Williams, 'Pwy yw'r "hanner Cymry"', *YF*, 11 Rhagfyr 1987, 10; Jonathon Scourfield and Andrew Davies, 'Children's accounts of Wales as racialized and inclusive', *Ethnicities*, 5 (1) (2005), 83–107.
[21] Dafydd Glyn Jones, 'Traddodiad Emrys ap Iwan' (Darlith Flynyddol Cymdeithas Emrys ap Iwan, Abergele, 1987), *Agoriad yr Oes: Erthyglau ar Lên, Hanes a Gwleidyddiaeth Cymru* (Talybont, 2001), t. 63.
[22] Gwilym Prys Davies, 'Sylfeini cenedl', t. 24. Roedd Gwilym Prys Davies yn un o sefydlwyr Mudiad Gweriniaethol Cymru. Un o'r rhesymau y gadawsant Blaid Cymru oedd gorbwyslais y Blaid, fel y credent, ar y Gymraeg ac ar yr ardaloedd gwledig: John Davies, *Hanes Cymru*, t. 600; Alan Butt Philip, *The Welsh Question: Nationalism in Welsh Politics 1945–1970* (Cardiff, 1975), tt. 261–3.
[23] Saunders Lewis, *Tynged yr laith* (London, 1962), t. 30.
[24] Ibid., t. 5.
[25] Bobi Jones, 'The roots of Welsh inferiority', *Planet*, 22 (March 1974), 54.
[26] Digwydd y pum dyfyniad yn J. R. Jones, *Prydeindod*, tt. 27–8.
[27] Dyfynnwyd (o gof) gan Aneirin Talfan Davies yn 'Ar ymyl y ddalen', *Barn*, 6 (Ebrill 1963), 169.
[28] Richard Y. Bourhis, Howard Giles, Henri Tajfel, 'Language as a determinant of Welsh identity', *European Journal of Social Psychology*, 3 (1973), 447–60.
[29] John Jenkins (gol.), *Fy Nghymru I* (Abertawe, 1978).
[30] Gwilym Prys Davies, *Cymru ar Drothwy'r Ganrif Newydd*, Darlith Flynyddol Adran Gwleidyddiaeth a Hanes Cyfoes Urdd y Graddedigion 1992, t. 3. Gw. hefyd Menna Baines, '"Llwybr y llaturwr", holi Gwilym Prys Davies', *Barn*, 348/349 (Ionawr/Chwefror 1992), 6.
[31] Harold Carter, *Yr Iaith Gymraeg mewn Oes Ôl-Fodern*, Darlith Eisteddfodol y Brifysgol, Eisteddfod Genedlaethol Cymru Ceredigion, Aberystwyth 1992, t. 12.
[32] Oliver Davies and Fiona Bowie (eds.), *Discovering Welshness* (Llandysul, 1992), ail dudalen yr *Introduction* (heb rif).
[33] Llinos Beverley Smith, 'Pwnc yr iaith yng Nghymru, 1282–1536', *CC*, I (1986), t. 21.
[34] G. C. Wenger, 'Pwy yma sy'n Gymro?: labeli cenhedlig mewn cymdeithas wledig yng ngogledd-ddwyrain Cymru', *Y Gwyddonydd*, 13, 3/4 (Medi/Rhagfyr 1975), 134–8.
[35] Ibid., 135.
[36] Ibid., 137.
[37] Bobi Jones, 'Astudio israddoldeb y Cymry', *Barn*, 253 (Chwefror 1984), 12. Yno hefyd y ceir y cyfeiriad at Michael Richter.
[38] Kenneth O. Morgan, 'Twf cenedlaetholdeb fodern yng Nghymru', *CC*, I (1986), t. 150.

39 William Rees, *An Historical Atlas of Wales* (Cardiff, 1951), tt. 16–18.
40 Wendy Davies, *Wales in the Early Middle Ages* (Leicester, 1982), tt. 169, 172.
41 Ifor Williams (ed.), *Armes Prydein: The Prophecy of Britain*, English version by Rachel Bromwich (Dublin, 1982), t. 4, ll. 40; t. 14, ll. 184.
42 Ann Griffiths, 'Rhai agweddau ar y syniad o genedl yng nghyfnod y cywyddwyr', 50–1. Er gwaethaf y traddodiad mai cyd-Gymry Llywelyn a gyflawnodd y weithred, cafodd ei chynnwys gan y beirdd 'ymhlith y gweithredoedd bradwrus a gyflawnyd gan y Saeson yn erbyn y Cymry'.
43 Bobi Jones, 'The roots of Welsh inferiority', 54–5.
44 Hugh Thomas, *A History of Wales 1485–1660* (Cardiff, 1972), t. 46. Geraint H. Jenkins, *Hanes Cymru yn y Cyfnod Modern Cynnar*, t. 96.
45 Pwysais ar Ann Griffiths, 'Rhai agweddau ar y syniad o genedl yng nghyfnod y cywyddwyr', 40 ym., 355–68, am agwedd y cywyddwyr, ymwybod cenedlaethol y Saeson, a gwrth-Seisnigrwydd a breningarwch yr uchelwyr. Ond fi piau'r cyfrifoldeb am y dehongliad a weais o'u cwmpas.
46 Er enghraifft, Lewis Glyn Cothi ar sail yr ychydig waed Cymreig yng ngwythiennau Edward IV: H. T. Evans, *Wales and the Wars of the Roses* (Stroud, 1998), t. 7.
47 Glanmor Williams, 'Proffwydoliaeth, prydyddiaeth a pholitics', *Taliesin*, 16 (Gorffennaf 1968), 32–9.
48 Gwyn A. Williams, 'Twf hanesyddol y syniad o genedl yng Nghymru', *EA*, XXIV (1961), 21.
49 A. W. Wade-Evans, 'Rhagarweiniad i hanes cynnar Cymru', *Seiliau Hanesyddol Cenedlaetholdeb Cymru*, gol. D. Myrddin Lloyd (Caerdydd, 1950), t. 35.
50 Ceri W. Lewis, 'The court poets, their function, status and craft', *A Guide to Welsh Literature*, eds. A. O. H. Jarman and Gwilym Rees Hughes (2 gyfrol, Swansea, 1976–1979), I, t. 128.
51 D. Myrddin Lloyd, 'Gwareiddiad Cymru yn yr Oesau Canol', *Y Traddodiad Rhyddiaith yn yr Oesau Canol*, t. 21.
52 J. Beverley Smith, 'Llywelyn ap Gruffudd a chenedligrwydd Cymru', t. 26.
53 Glanmor Williams, *Owain Glyndŵr* (Cardiff, 1993), t. 59; R. R. Davies, *The Revolt of Owain Glyn Dŵr* [*ROGD* am weddill y gyfrol] (Oxford, 1995), tt. 158–60.
54 Dafydd Glyn Jones, 'Cyfrinach Ynys Brydain' (Darlith Radio Flynyddol BBC Cymru, 1992), *Agoriad yr Oes*, t. 101.
55 *CLC*, t. 99. Gw. Richard Wyn Jones, *Rhoi Cymru'n Gyntaf: Syniadaeth Plaid Cymru*, Cyfrol 1 (Caerdydd 2007), tt. 8–9, ar ddeongliadau sy'n ôl-ddyddio dechreuad y broses i'r unfed ganrif ar bymtheg.
56 Cefais y dyfyniad yn Jim MacLaughlin, *Reimagining the Nation State: The Contested Terrains of Nation-building* (London, 2001), t. 20. Tynnais ar y drafodaeth honno o nodyn 55 tan y nodyn hwn.
57 John Davies, *Hanes Cymru*, t. 401. Gw. Richard Wyn Jones, *Rhoi Cymru'n Gyntaf*, tt. 29–30, am drafodaeth fwy manwl (Miroslav Hroch piau'r ddamcaniaeth).

58 Richard Wyn Jones, *Rhoi Cymru'n Gyntaf*, t. 30. Gw. tt. 30–2 am weddill y ddamcaniaeth.
59 Ninian Smart, *The World's Religions* (second edition, Cambridge, 1992), tt. 346, 350, 448, 449, 574, 578, 586–8, ymhlith mannau eraill.
60 Hynny yw, o ran iaith a thiriogaeth. Hefyd (gyda dadfeiliad Prydain Rufeinig) o ran twf mesur o ymreolaeth. Gw. John Davies, *Hanes Cymru*, pennod 3, am y darlun cyffredinol. Am fwy o fanylion ar rai pwyntiau, gw. Kenneth H. Jackson, *Language and History in Early Britain* (Edinburgh, 1953), t. 690; T. Arwyn Watkins, *Ieithyddiaeth* (Caerdydd, 1961), tt. 49, 51; William Rees, *An Historical Atlas of Wales*, tt. 14–18; Wendy Davies, *Wales in the Early Middle Ages*, pennod 4.
61 Glanmor Williams, *Religion, Language, and Nationality in Wales* (Cardiff, 1979), tt. 1, 3, 8.
62 Idem, *Yr Eglwys yng Nghymru o'r Goncwest hyd at y Diwygiad Protestannaidd*, trosiad T. M. Bassett (Caerdydd, 1968), tt. 9–14. Ar bwysigrwydd Dewi, gw. idem, 'The tradition of Saint David in Wales', *Religion, Language and Nationality in Wales*, tt. 109–26.
63 Thomas Jones (gol.), *Gerallt Gymro: Hanes y Daith Trwy Gymru a'r Disgrifiad o Gymru* (Caerdydd, 1938), tt. 231–2. Diweddariad CLC, t. 327.
64 Er enghraifft, William Salesbury yn Rhagymadrodd *Oll Synnwyr Pen Kembero Ygyd* (1547), *Rhagymadroddion 1547–1659* (Caerdydd, 1976), gol. Garfield H. Hughes, tt. 11–12.
65 Saunders Lewis, 'Damcaniaeth eglwysig Brotestannaidd', *Meistri'r Canrifoedd: Ysgrifau ar Hanes Llenyddiaeth Gymraeg*, gol. R. Geraint Gruffydd (Caerdydd, 1973), tt. 116–39.
66 Derec Llwyd Morgan, 'Hanes y ffydd yng Nghymru', *Barn*, 85 (Tachwedd 1969), 24; idem, 'Charles Edwards', *Y Traddodiad Rhyddiaith*, gol. Geraint Bowen (Llandysul, 1970), t. 215 ymlaen; D. Ellis Evans, 'Theophilus Evans a hanes cynnar Prydain', *Y Traethodydd*, CXXVIII (Ebrill 1973), 92–113; Saunders Lewis, 'Drych y Prif Oesoedd', *Meistri'r Canrifoedd*, tt. 232–47.
67 R. T. Jenkins, *Hanes Cymru yn y Bedwaredd Ganrif ar Bymtheg* (Caerdydd, 1933), tt. 112–16; Bedwyr Lewis Jones, 'Yr Hen Bersoniaid Llengar' (Dinbych, 1963), t. 51; idem, 'Yr Offeiriaid Llengar', *Gwŷr Llên y Bedwaredd Ganrif ar Bymtheg*, gol. Dyfnallt Morgan (Llandybïe, 1968), tt. 42–53.
68 Kenneth O. Morgan, 'Twf cenedlaetholdeb fodern yng Nghymru', tt. 152–4.
69 *www.archbishopofcanterbury.org/709*
70 Emrys ap Iwan (R. Ambrose Jones), '"Y ddysc newydd" a'r hen', *Homiliau* (Dinbych, 1906), t. 53.
71 J. R. Jones, *Prydeindod*, t. 61.
72 D. Myrddin Lloyd, 'Gwareiddiad Cymru yn yr Oesau Canol', t. 17.
73 R. Geraint Gruffydd, 'The early court poetry of south-west Wales', *SC*, XIV–XV (1979–80), 95–7.
74 Dafydd Glyn Jones, 'Tueddiadau yn ein llên ddiweddar', *Y Traethodydd*, CXXVII (Gorffennaf 1972), 172–3; Alan Llwyd, *Barddoniaeth y Chwedegau: Astudiaeth Lenyddol-hanesyddol* (Caernarfon, 1986), tt. 2–42.
75 Hynny er bod cylchrediad cyhoeddiadau cenedlaethol yn crebachu: Huw Williams, 'Papurau bro', *Planet*, 83 (October/November 1990), 55–61;

D. Roy Thomas, 'Welsh-language publications: is public support effective?', *CW*, 9 (1996), yn enwedig 48, 50.

[76] E. G. Millward, 'Tystiolaeth y ddafad ddu', *Fy Nghymru I*, tt. 102–3.

[77] Emyr Humphreys, 'Etifedd y Glyn', *LlLl* (Hydref 1981), 8.

[78] Kenneth O. Morgan, 'Twf cenedlaetholdeb fodern yng Nghymru', t. 167, Alan Butt Philip, *The Welsh Question*, tt. 259–61. Am fanylion ymgecru mewnol Cymru Fydd gw. Dewi Rowland Hughes, *Cymru Fydd* (Caerdydd, 2006), tt. 158–62, 172–82.

[79] Pyrs Gruffudd, 'Yr iaith Gymraeg a'r dychymyg daearyddol 1918–1950', *'Eu Hiaith a Gadwant'? Y Gymraeg yn yr Ugeinfed Ganrif*, goln Geraint H. Jenkins a Mari A. Williams (Caerdydd, 2000), t. 118 ym.

[80] Dyfnallt Morgan, *Y Wlad Sydd Well* (Llandysul, 1984), t. 27.

[81] 'Kenneth O. Morgan, 'Twf cenedlaetholdeb fodern yng Nghymru', t. 167. Gw. hefyd Alan Butt Philip, *The Welsh Question*, t. 259; Dewi Rowland Hughes, *Cymru Fydd*, tt. 158–62, 172–82.

[82] Alan Llwyd, *Barddoniaeth y Chwedegau*, tt. 28–33.

[83] Brinley Thomas 'Wales and the Atlantic economy', *Scottish Journal of Political Economy*, VI, 3 (November 1959), 169–92. Glynodd wrth ei ddamcaniaeth mewn cyhoeddiadau diweddarach gan gynnwys 'A cauldron of rebirth: population and the Welsh language in the nineteenth century', *CHC*, 13, rhif 4 (1987), 418–37.

[84] Rhagymadrodd, *Iaith Carreg fy Aelwyd: Iaith a Chymuned yn y Bedwaredd Ganrif ar Bymtheg*, gol. Geraint H. Jenkins (Caerdydd, 1998), tt. 11–13. Ceir yn y gyfrol honno nifer o ysgrifau yn ymdrin â thynged yr iaith yng ngwahanol ardaloedd diwydiannol Cymru, ac yn gosod eu casgliadau yng nghyd-destun damcaniaeth Brinley Thomas.

[85] J. Beverley Smith, *Llywelyn ap Gruffudd*, tt. 6–8.

[86] Gwyn A. Williams, 'Twf hanesyddol y syniad o genedl yng Nghymru', 20.

[87] Thomas Jones, *Gerallt Gymro*, t. 230. Gw. R. R. Davies, *The Age of Conquest*, tt. 68–70 ar y gwahaniaeth cymdeithasol.

[88] J. Beverley Smith, *Llywelyn ap Gruffudd*, tt. 13–14.

[89] Denis Balsom, 'The three-Wales model', *The National Question Again: Welsh Political Identity in the 1980s*, ed. John Osmond (Llandysul, 1985), tt. 2–17. Gw. John W. Aitchison a Harold Carter yn 'Yr iaith Gymraeg 1921–1991: persbectif geo-ieithyddol', *'Eu Hiaith a Gadwant'?*, tt. 27–106, am ddehongliad gwahanol.

[90] John W. Aitchison a Harold Carter, 'Yr iaith Gymraeg 1921–1991', tt. 53–4. (Am fathiad y term 'Y Fro Gymraeg' gw. Dylan Phillips, *Trwy ddulliau chwyldro . . .?: Hanes Cymdeithas yr Iaith Gymraeg 1962–1992* (Llandysul, 1998), t. 146.)

[91] Denis Balsom, 'The three-Wales model', tt. 15–16. Alan Butt Philip, *The Welsh Question*, tt. 259–60. Ond nid oedd Plaid Cymru ei hun yn hollol gytûn ar y pwnc, gw. Richard Wyn Jones, *Rhoi Cymru'n Gyntaf*, gan ddilyn y cyfeiriadau at 'annibyniaeth' yn y mynegai, t. 261.

[92] David Blackaby and Stephen Drinkwater, 'Welsh-speakers and the labour market', *CW*, 9 (1996), 158; John Giggs and Charles Pattie, 'Wales as a plural society', *CW*, 5 (1992), 35; Roland Mathias, 'Cymru ddwyieithog!', *YF*, 21 Hydref 1977, 6–7.

[93] D. Tecwyn Lloyd, 'Tair arddull ar werth', *Barn*, 6 (Ebrill 1963), 179.
[94] *Idem*, 'Nid "peasant" yw tyddynnwr', *Barn*, 1 (Tachwedd 1962), 20.
[95] Saunders Lewis, *Is There an Anglo-Welsh Literature?* (Caerdydd, 1939). Gw. John Harris, 'Rhyfel y tafodau: ymatebion Eingl-Gymreig cynnar i ddiwylliant llenyddol Cymru', *'Eu Hiaith a Gadwant'?*, tt. 434–5.
[96] D. Tecwyn Lloyd, 'Cynddaredd rhai gwenyn', *Barn*, 3 (Ionawr 1963), 79. Dywed mai 'rhagymadrodd i ateb' yw'r gosodiad hwn i'r cwestiwn a ofynnodd ar ddiwedd 'Dail y pren pwdr', *Barn*, 2 (Rhagfyr 1962), 59: 'Ond beth am y bobl hynny yng Nghymru na allant siarad Cymraeg: pobl sy'n siarad *argot* a dim arall? Sut y mae eu trafod hwy?'
[97] Aneirin Talfan Davies, 'Ar ymyl y ddalen', *Barn*, 4 (Chwefror 1963), 101.
[98] Ned Thomas, *The Welsh Extremist: Modern Welsh Politics, Literature and Society* (adargraffiad, Talybont, 1991), t. 21.
[99] Owen M. Edwards (ed.), *Wales: A National Magazine for the English Speaking Parts of Wales*, I, 2 (1894), iii.
[100] *Dock Leaves* oedd enw gwreiddiol yr *Anglo-Welsh Review: CLC*, t. 16.
[101] Glyn Jones, 'Yr Eingl-Gymry heddiw', *YF*, 6 Mai 1977, 12–13; John Harris, 'Rhyfel y tafodau', tt. 421–44.
[102] Ned Thomas, *The Welsh Extremist*, t. 114.
[103] Greg Hill, *The Anglo-Welsh Review*, 83 (1986), 154.
[104] Bobi Jones, 'Anglo-Welsh: more definition', *Planet*, 16 (February/March 1973), 20. Naw mlynedd yn ddiweddarach myn Roland Mathias, 'Cymru ddwyieithog!', 7, fod y beirdd Eingl-Gymreig iau yn dal i deimlo bod drysau'r Gymru Gymraeg wedi'u cau yn eu herbyn.
[105] Adolygiadau Vaughan Hughes, *LlLl* (Gwanwyn 1986) 7; Brynley F. Roberts, *Y Traethodydd*, CXLII, 604 (Gorffennaf 1987), 163–5. Mae A. M. Allchin yn cyfeirio'n fyr at y broblem yn ei adolygiad ar *The Oxford Companion* yn *Planet*, 56 (April/May 1986), 99–101. Achlysurol yw unrhyw anghydbwysedd medd M. Wynn Thomas, *BN* (Spring 1986), 3–4.
[106] Er enghraifft, Roy Stephens, 'Ein Cydymaith', *Taliesin*, 56 (Gorffennaf 1986), 68–72 ar y traddodiad llenyddol Cymraeg. Hefyd adolygiadau J. E. Caerwyn Williams, *LlLl* (Gwanwyn 1986), 4–6; a Vaughan Hughes, ibid., 6–8.
[107] Vaughan Hughes, adolygiad ar *Cydymaith i Lenyddiaeth Cymru*, 6.
[108] Bobi Jones, 'Anglo-Welsh: more definition', 22.
[109] Ceir cyflwyniad hylaw i'r cefndir yn Janet Davies, *The Welsh Language* (Cardiff, 1999), pennod 3, tt. 69–110. Gw. hefyd D. Gareth Evans, 'Education, cultural activities and the media', *A History of Wales 1906–2000* (Cardiff, 2000), tt. 245–78.
[110] Cyplysir enw un o ddarlithwyr Adran y Gymraeg yng Ngholeg Prifysgol Aberystwyth ag enwau dau o sylfaenwyr y Language Freedom Movement yn *Tafod y Ddraig*, 123 (Mehefin 1979), 13. Un o gefnogwyr amlycaf ymgyrch Education First yn erbyn polisi iaith Adran Addysg Cyngor Sir Dyfed oedd y Cymro Cymraeg Alan Williams, AS Caerfyrddin. Athrawes Gymraeg ei hiaith oedd y cadeirydd, Blodwen Griffiths. Gw. *WM* a *CJ* o ddechrau Mehefin 1990 ymlaen.
[111] Garfield H. Hughes, *Rhagymadroddion 1547–1659*: Gruffydd Robert, t. 47; anhysbys, t. 53; Siôn Dafydd Rhys, t. 64; Maurice Kyffin, tt. 90–1; Ifan

Llwyd ap Dafydd, t. 103; Thomas Wiliems, t. 115. D. J. Bowen, 'Y cywyddwyr a'r dirywiad', *BBGC*, XXIX (Tachwedd 1981), 473–95.
112 Hywel Teifi Edwards, 'Y Gymraeg yn y bedwaredd ganrif ar bymtheg', *CC*, II (1987), tt. 123–4.
113 Ieuan Gwynedd Jones, *Ar Drywydd Hanes Cymdeithasol yr Iaith Gymraeg/ Towards a Social History of the Welsh Language* (Aberystwyth, 1994). Hefyd nifer o drafodaethau gan awduron unigol yn *Iaith Carreg fy Aelwyd*. Gw. ysgrifau W. T. R. Pryce, tt. 50, 51, 52; David Llewelyn Jones, t. 95; Russell Davies, tt. 106, 117–20; Ioan Matthews, tt. 128, 134, 135–41; Philip N. Jones, tt. 145, 175–6; Owen John Thomas, t. 188; Sian Rhiannon Williams, tt. 199, 203, 207, 222; Emrys Jones, t. 237.
114 Geraint H. Jenkins a Mari A. Williams, Rhagymadrodd, *'Eu Hiaith a Gadwant'?*, tt. 1–25.
115 'Children may fail "innocently"', *WM*, 16/4/91, 3. Gw. hefyd *WM* (Dyfed Mail), 24/4/1991, 10; *CJ*, 15/5/91, 6; *CJ*, 29/5/91, 6; *CJ*, 12/6/1991, 6.
116 Heini Gruffudd, 'Young people's use of Welsh: the influence of home and community', *CW*, 10 (1997), 213; Mel R. Williams, 'Yr hen iaith 'na eto', *Barn*, 232 (Mai 1982), 120.
117 Heini Gruffudd, 'Young people's use of Welsh', 200–18; *idem*, 'Y tu hwnt i furiau'r stiwdio', *Barn*, 358 (Tachwedd 1992), 14–16; hefyd Marion Löffler, 'Mudiad yr iaith Gymraeg a dwyieithrwydd: beth all cymdeithasau lleol ei gyflawni?', *'Eu Hiaith a Gadwant'?*, tt. 493, 494, 497–505.
118 John Giggs and Charles Pattie, 'Wales as a plural society', 58–60; John Aitchison and Harold Carter, 'Language and social class in Wales', *Planet*, 105 (June/July 1994), 14–16; David Blackaby and Stephen Drinkwater, 'Welsh-speakers and the labour market', 166, 167–8.
119 G. Llwyd (llythyr), *YF*, 12 Mawrth 1982, 3; Edward Morgan, 'Teledu Cymru', *YF*, 5 Tachwedd 1982, 15.
120 Dafydd Iwan, 'S4C – ein sianel ni', *YF*, 15 Hydref 1982, 3.
121 Beth Thomas a Peter Wynn Thomas, *Cymraeg, Cymrâg, Cymrêg . . . Cyflwyno'r Tafodieithoedd* (Caerdydd, 1989), t. 9.
122 *PKM*, Nodiadau, tt. 131–2, ll.14.2.
123 Thomas Jones, *Gerallt Gymro*, t. 176.
124 Maurice Kyffin, *Deffynniad Ffydd Eglwys Loegr* (1595) yn *Rhagymadroddion 1547–1659*, gol. Garfield H. Hughes, t. 89.
125 G. J. Williams (gol.), *Gramadeg Cymraeg gan Gruffydd Robert* (Caerdydd, 1939), t. cxviii.
126 *Idem*, 'Hanes ysgolheictod Cymraeg yng nghyfnod y Dadeni 1550–1700', *Agweddau ar Hanes Dysg Gymraeg*, gol. Aneirin Lewis (Caerdydd, 1969), t. 76.
127 Gwerfyl Pierce Jones, 'Lle'r Gymraeg yng ngweithiau llenyddol 1660–1710', *YB*, IX (1976), t. 183.
128 T. J. Morgan, 'Cymraeg naturiol gywir', *YB*, V (1970), tt. 254–75.
129 John Morris-Jones, *An Elementary Welsh Grammar* (Oxford, 1921), t. v.
130 Sian Rhiannon Williams, 'Y Gymraeg yn y sir Fynwy ddiwydiannol c.1800–1901', *Iaith Carreg fy Aelwyd*, t. 223.

131 Rhisiart Hincks, 'Yr iaith lenyddol fel bwch dihangol yng Nghymru ac yn Llydaw, *http://www.uhb.fr/langues/klask/documentations/Iaith_lenyddol.pdf*. Traddodwyd y papur gyntaf, yn Saesneg, yn y gynhadledd 'Centred on Mann: issues in sociolinguistic theory and method', Gorffennaf 1998, yn Doolish, Ynys Manaw.

132 Beth Thomas a Peter Wynn Thomas, *Cymraeg, Cymrâg, Cymrêg* . . ., t. 6. Gw. hefyd Beth Thomas, 'Accounting for language shift in a south Wales mining community', *Cardiff Working Papers in Welsh Linguistics No. 5*, (Cardiff University College, 1987), 77–80.

133 Beth Thomas a Peter Wynn Thomas, *Cymraeg, Cymrâg, Cymrêg* . . ., t. 9.

134 Ibid., t. 7.

135 Er enghraifft, 'Sylwadau'r mis' (dienw), *Barn*, 237 (Hydref 1982), 293; Aled Lewis Evans, 'Gall S4C greu chwyldro', *YF*, 9 Gorffennaf 1982, 12; Elinor a John Davies, 'Radio Cymru', *YF*, 25 Mehefin 1982, 15.

136 Elfyn a Nansi Pritchard, 'Radio Cymru', *YF*, 10 Medi 1982, 13.

137 Aled Rhys Wiliam, 'Sgrifennu Saesneg yn Gymraeg', *YF*, 14 Mai 1982, 5.

138 Robert Smith, 'Darlledu a'r iaith Gymraeg', *'Eu Hiaith a Gadwant'?*, t. 327.

139 G. Maxwell Evans, 'Cymraeg Byw', *Barn*, 26 (Rhagfyr 1964), 56–7; John Giggs and Charles Pattie, 'Wales as a plural society', 30 – roedd 20.1% o oedolion Cymraeg eu hiaith yn methu â darllen nac ysgrifennu Cymraeg yn ôl Cyfrifiad 1981.

140 Beth Thomas a Peter Wynn Thomas, *Cymraeg, Cymrâg, Cymrêg* . . ., t. 6.

141 J. Gwyn Griffiths (llythyr), *YF*, 2 Ebrill 1982, 5, yn amddiffyn Pennar Davies a Gwynfor Evans yn erbyn honiad a wnaed gan Alun Page na fedrir byth anghofio, wrth wrando ar leferydd y ddau ŵr hynny, mai dysgu'r Gymraeg a wnaethant. Digwydd yr honiad yn 'Pennar: "plentyn yr oes newydd"' (adolygiad ar *Cyfrol Derynged Pennar Davies*), *YF*, 5 Mawrth 1982, 11.

142 Dafydd Glyn Jones, 'Dal y geiriau ynghyd' (Darlith i gynhadledd Cymdeithas Cyfieithwyr Cymru, Mehefin 2003), *www.cyfieithwyrcymru.org.uk/cymraeg/adnodd/pdf*.

143 Martin Davies, 'Priodol iaith y llenor', *Taliesin*, 102 (Haf 1998), 26.

144 Islwyn Ffowc Elis, ibid., 28.

145 *Idem*, 'Siarad', *Barn*, 2 (Rhagfyr 1962), 44.

146 Glyn Ifans, 'Gair yn ei bryd – cyn dyfod S4C', *YF*, 19 Mawrth 1982, 17.

147 Geraint H. Jenkins, 'Clio and Wales', 135.

148 Bobi Jones, 'Hanes seciwlar a hanes go iawn', *Barn*, 35 (Medi 1965), 312–13. Ceir yr ymateb seciwlar yn Philip Henry Jones, 'Ai hanes "hanes go iawn"?', *Barn*, 37 (Tachwedd 1965), 10, 17; Prys Morgan, 'Y ddau Theophilus', *Taliesin*, 19 (Nadolig 1969), 36–45.

149 John Warren, *History and the Historians*, Access to History series (London, 2004), t. 69.

150 Dewi Watkin Powell, 'Etholedigaeth a'r genedl Gymreig: rhai sylwadau', *Y Gair a'r Genedl: Cyfrol Deyrnged i R. Tudur Jones*, gol. E. Stanley John (Abertawe, 1986), t. 200.

151 Dafydd Elis Thomas, 'Wynebu gwir argyfwng Cymru', *YF*, 23 Hydref 1981, 21.

[152] Gw. Robert Griffiths, 'Llyfr hanes – golwg ar y beiau', *YF*, 5 Chwefror 1982, 8; Robin Okey, 'Ystrydebau y mandarin gwleidyddol', *Y Ddraig Goch*, Hydref 1981, 4.
[153] Ifan Bebb (llythyr), *YF*, 2 Hydref 1981, 4; Alun Page (llythyr), *YF*, 23 Hydref 1981, 5; D. Ben Rees, 'Cip ar hanesyddiaeth '81', *YF*, 15 Ionawr 1982, 7; Emyr Price, 'Pigion pigog', *YF*, 12 Mawrth 1982, 9.
[154] J. E. Caerwyn Williams, Golygyddol, *YB*, X11 (1982), t. 10.
[155] Ibid., t. 10. Dylid nodi i Gwyn A. Williams ailgydio yn ei Gymraeg: Geraint H. Jenkins, 'Dau fachan bêch o Ddowlish: Glanmor Williams a Gwyn Alfred Williams', *Merthyr a Thaf*, Cyfres y Cymoedd, gol. Hywel Teifi Edwards (Llandysul, 2001), tt. 195, 216.
[156] Bobi Jones, 'Yr ateb i frad ac i israddoldeb', *Barn*, 260 (Medi 1984), 325.
[157] Emyr Price, Golygyddol, *YF*, 2 Mawrth 1984, 3.
[158] Bobi Jones, 'Darostyngiad iaith a greddfau'r bol', *Barn*, 259 (Awst 1984), 273.
[159] D. Tecwyn Lloyd, *Drych o Genedl* (Abertawe, 1987), t. 55.
[160] Emyr Davies, 'Pam achub iaith', *Y Traethodydd*, CXLV (Hydref 1990), 185.
[161] Salman Rushdie, *Shame* (Picador edition, London, 1984), t. 28.
[162] Dai Smith, *Wales! Wales?* (London, 1984), t. 8.
[163] Idem, *Wales: A Question for History* (Bridgend, 1999), tt. 25, 29.
[164] Jim MacLaughlin, *Reimagining the Nation State*, t. 14.
[165] Dafydd Elis Thomas, *Traddodiadau Fory*, Darlith Lenyddol Eisteddfod Genedlaethol Ynys Môn (Caernarfon, 1983), t. 28.
[166] D. Hywel Davies, 'South Wales history which almost excludes the Welsh', *The New Welsh Review*, 26 (Autumn 1994), 13.
[167] Trystan Owain Hughes, 'Anti-Catholicism in Wales, 1900–1960', *JEH*, 53, 2 (April 2002), 312–25. Gw. hefyd, *idem*, 'When was Anti-Catholicism? A response', *JEH*, 56, 2 (April 2005), 326–33; Paul O'Leary, 'When was Anti-Catholicism? The case of nineteenth- and twentieth-Century Wales', *JEH*, 56, 2 (April 2005), 308–24. Er anghytundeb Hughes ac O'Leary ar rai pwyntiau, tystiant rhyngddynt i fodolaeth ymdeimlad gwrth-Gatholig yng Nghymru yn y bedwaredd ganrif ar bymtheg, ac i'w barhad tan y 1960au.
[168] Trystan Owain Hughes, 'Anti-Catholicism in Wales, 1900–1960', 324.
[169] Iwan Rhys Jones, 'Ymweliad y Pab', *Seren Cymru*, 12 Chwefror 1982, 3; *Y Tyst*, 11 Chwefror 1982, 3. Cyfeiria W. J. Edwards, 'Rhown groeso i'r Pab', *YF*, 28 Mai 1982, 14, at bamffledyn gwrth-Gatholig a gyhoeddwyd gan fyfyrwyr o Goleg Bala-Bangor, ac at garfan o efengylwr yn ceisio rhwystro cynrychiolydd Eglwys Bresbyteraidd Cymru rhag mynd i gwrdd â'r Pab. Mae sôn hefyd yn 'Gorau barn . . . gorau chwedl', *Barn* 232 (Mai 1982), 125, am rai o arweinwyr crefyddol Cymru yn gwrthod mynd i gwrdd â'r Pab.
[170] Iorwerth Jones, 'Ymneilltuwyr ac ymweliad y Pab', *Y Tyst*, 20 Mai 1982, 3 (ymddangosodd hefyd yn *Y Goleuad*, 30 Ebrill 1982, 4–5).
[171] Er enghraifft, Siôn Aled, 'Grym yr efengyl gyflawn', *YF*, 14 Mai 1982, 6; Dewi Evans (llythyr) *Y Tyst*, Chwefror 18, 1982, 5. Gwneir hynny'n eglur hefyd yn 'Ymneilltuwyr ac ymweliad y Pab', ac 'Ymateb i ymweliad y

Pab' (Datganiad Adran De Cymru Cyngor yr Eglwysi Rhyddion), *Y Tyst*, 18 Mawrth 1982, 3.
[172] 'Ymateb i ymweliad y Pab', 3.
[173] Ofnai na fyddai cael eu harwain gan Babydd yn dderbyniol i bobl Cymru. Dengys D. Hywel Davies, *The Welsh Nationalist Party 1925–1945* (Cardiff, 1983), tt. 198–200, fod sail gadarn i'w ofn. Gw. hefyd T. Robin Chapman, *Un Bywyd o Blith Nifer: Cofiant Saunders Lewis* (Llandysul, 2006), tt. 159, 222, 223.
[174] Trystan Owain Hughes, 'Anti-Catholicism in Wales, 1900–1960', 323.
[175] Am agwedd Saunders Lewis at Anghydffurfiaeth gw. Richard Wyn Jones, *Rhoi Cymru'n Gyntaf*, tt. 78–9; T. Robin Chapman, *Un Bywyd o Blith Nifer*, t. 134.
[176] Russell Davies, 'Iaith a chymuned yn ne-orllewin Cymru *c*.1800–1914', *Iaith Carreg fy Aelwyd*, t. 102.
[177] John Davies, *Hanes Cymru*, t. 412. Ond roedd canran yr addolwyr yn uwch yn ôl eraill. Gw. W. P. Griffith, '"Preaching second to no other under the sun": Edward Matthews, the Nonconformist pulpit and Welsh identity during the mid-nineteenth century', *Religion and National Identity: Wales and Scotland c.1700–2000*, ed. Robert Pope (Cardiff, 2001), tt. 62–3.
[178] R. Gerallt Jones, 'O Arfon i Loegr i Fôn', *Fy Nghymru I*, t. 71.
[179] Dafydd Glyn Jones, 'Traddodiad Emrys ap Iwan', t. 63.
[180] Geraint H. Jenkins, *Hanes Cymru yn y Cyfnod Modern Cynnar*, t. 143. Pwysleisir Seisnigrwydd Piwritaniaeth gynnar ym mhennod IX, 'Y Diwygiad Piwritanaidd', tt. 184–202.
[181] Frank Price Jones, 'Yr achosion Saesneg', *CCHMC*, 47, 3 (Hydref 1972), 66–80; 48, 1 (Mawrth 1973), 2–11.
[182] G. Nesta Evans, *Religion and Politics in Mid-Eighteenth Century Anglesey* (Cardiff, 1953), tt. 115–16. Ymddengys fod yr Hen Gymru Lawen yn dihoeni ymhell cyn i'r mudiad Methodistaidd dyfu'n ddigon nerthol i allu gwasgu ar ei hanadl.
[183] Saunders Lewis, 'Dafydd Nanmor', *Meistri'r Canrifoedd*, t. 81.
[184] Philip N. Jones, 'Y Gymraeg yng nghymoedd Morgannwg *c*.1800–1914', *Iaith Carreg fy Aelwyd*, t. 145. Hefyd, yn yr un gyfrol, Ioan Matthews, 'Yr iaith Gymraeg yn y maes glo carreg *c*.1870–1914', t. 134; Sian Rhiannon Williams, 'Y Gymraeg yn y sir Fynwy ddiwydiannol', t. 208.
[185] Richard Wyn Jones, 'Cymru ôl-Gristnogol', *Barn*, 486/487 (Gorffennaf/Awst 2003), 11.
[186] Leonard W. Doob, *Patriotism and Nationalism: Their Psychological Foundations* (New Haven, 1964), t. 250. Dyfynnwyd yn Ann Griffiths, 'Rhai agweddau ar y syniad o genedl yng nghyfnod y cywyddwyr', 141, nodyn 1.
[187] Trefor M. Owen, 'Rhai agweddau ar astudio cymdeithas yng Nghymru', *Trafodion Economaidd a Chymdeithasol 1956–1963*, goln M. J. Jones ac R. O. Roberts (Caerdydd, 1966), t. 39. Tynnu y mae ar M. Gluckman, *Custom and Conflict in Africa* (Oxford, 1956).
[188] Ibid., t. 39.
[189] J. R. Jones, *Prydeindod*, t. 21.

190 Matthew Arnold, *On the Study of Celtic Literature* (London, 1867), t. 108.
191 D. Tecwyn Lloyd, *Drych o Genedl*, tt. 21–6, 30–2.
192 O. M. Edwards, *Cymru* I, 2 (15 Medi 1891), 55. Ymdrinnir â'r myth yn Alun Llywelyn-Williams, 'Hen werin y graith', *Y Nos, y Niwl, a'r Ynys: Agweddau ar y Profiad Rhamantaidd yng Nghymru 1890–1914* (Caerdydd, 1960), tt. 141–61; Prys Morgan, 'Gwerin Cymru – Y ffaith a'r ddelfryd', *THSC* (1967), Rhan I, 117–31.
193 Ceir amlinelliad enwog o'r myth yn Saunders Lewis, 'Dafydd Nanmor', tt. 80–91.
194 Owen M. Edwards, *Wales*, I, 2 (1894), iii.
195 D. Tecwyn Lloyd, 'Nid "peasant" yw tyddynnwr', 20.
196 Gwilym Prys Davies, 'Sylfeini cenedl', t. 16.
197 Alan Butt Philip, *The Welsh Question*, tt. 261–3; Menna Baines, 'Holi Gwilym Prys Davies', 3–7; Gwilym Prys Davies, *Llafur y Blynyddoedd* (Dinbych, 1991).
198 Dewi M. Lloyd, 'Nyni oedd i amddiffyn', *Fy Nghymru I*, t. 89. Am grynodeb o hanes a gweithgareddau Undeb Cymru Fydd, gw. *CLC*, t. 743.
199 Wendy Davies, *Wales in the Early Middle Ages*, tt. 60–7; Geraint H. Jenkins, *Hanes Cymru yn y Cyfnod Modern Cynnar*, tt. 20–50.
200 Digon Seisnigaidd ei agwedd oedd y dosbarth canol newydd yn aml. Gw. Hywel Teifi Edwards, 'Y Gymraeg yn y bedwaredd ganrif ar bymtheg'; *idem*, *Gŵyl Gwalia* (Llandysul, 1980).
201 Wiliam Owen Roberts ac Iwan Llwyd Williams, 'Myth y traddodiad dethol', *LlLl* (Hydref 1982), 10–11; 'Mae'n bwrw yn Toremolinos', *YF*, 14 Rhagfyr 1984, 6–7.
202 *Idem*, 'Mae'n bwrw yn Toremolinos', 7.
203 Menna Baines, 'Cerddi gobaith a pharhad: holi dau brifardd Cwm Rhymni', *Golwg*, 2, 50, (30 Awst 1990), 22. Digon confensiynol oedd ysgogiad ei bryddest fuddugol, sef adwaith yn erbyn y clodfori barddol ar 'yr hen fywyd yn yr hen froydd Cymraeg'.
204 Er enghraifft, gweledigaeth Ewropeaidd iwtopaidd Aneirin Hughes, *Beth fydd yma ymhen deng mlynedd?*, Darlith Urdd y Graddedigion Eisteddfod Cwm Rhymni (Caerdydd, 1990), tt. 9–11.
205 Ieuan Wyn Jones, *Ewrop – y Sialens i Gymru/Europe – the Challenge for Wales* (Bodedern, 1996), t. 10.
206 Emlyn Sherrington, 'O. M. Edwards, culture and the industrial classes', *Llafur*, 6, 1 (1992), 28–41.
207 John Davies, 'Plaid Cymru in transition', *The National Question Again*, tt. 125–54.
208 Dafydd Wigley, 'Y llywydd yn chwalu'r pryderon', *YF*, 15 Ionawr 1982, 12.
209 Gwynfor Evans (llythyr), *Barn*, 229 (Chwefror 1982), 6.
210 Gwilym O. Williams (Archesgob Cymru), 'Neges yr archesgob', *Y Goleuad*, CX, 16 (23 Ebrill 1982), 5.
211 Jennie Eirian, Golygyddol, *YF*, 8 Hydref 1982, 1.
212 Angharad Tomos, 'Crefydd y Sul sych', *YF*, 29 Hydref 1982, 4. Gw. hefyd, yn yr un rhifyn, Derec Llwyd Morgan, 'Cwrw pa achos?', 3.

213 Dafydd Elis Thomas, *Traddodiadau Fory*, t. 29.
214 Gwyn Erfyl, Golygyddol, *Barn*, 183 (Ebrill 1978), 121–2.
215 Dafydd Jenkins, 'Cymraeg Coleg Bangor', *Barn*, 229 (Chwefror 1982), 13.
216 Chris Williams, *Wales the Post-Nation* (Prifysgol Morgannwg, 2003), t. 19.
217 Menna Baines, 'Cerddi gobaith a pharhad', 22.
218 John Rowlands, *Cnoi Cil ar Lenyddiaeth* (Llandysul, 1989), t. 12.
219 Phil Williams, 'Gwlad beirdd . . . a gwyddonwyr', cyfweliad gan Dylan Iorwerth, *Golwg*, 2, 39 (14 Mehefin 1990), 6–7.
220 R. Gerallt Jones, 'Dywediadau'r flwyddyn', *Arolwg 1968* (Lerpwl, 1968), t. 112; Prys Morgan, 'Llenorion yn wynebu peryglon', *Barn*, 84 (Hydref 1969), 322. Dylwn nodi mai prif thema *Fy Nghymru I* yn 1961 oedd anfodlonrwydd ar y ddelwedd gyfoes o Gymru.
221 Gw. nodyn 165.

2
Cymru'r Goncwest a'r Gwrthryfel (1)

Y drych dwyochrog

Yr un peth sicr ynghylch gwahanol gyfnodau hanes yw'r hyn a ddywed C. B. Cox ac E. E. Dyson amdanynt: 'Every age builds up an image of itself, a myth which future historians have to modify or even reject'.[1] Prin y byddai'r un hanesydd yn gwadu hynny. Ond ffarweliwn â gwrthrychedd honedig yr hanesydd traddodiadol, ac â'r hanes 'naturiol' sydd 'yno' yn barod iddo ei ddarganfod, os dechreuwn amau mai'r hanesydd sy'n cynysgaeddu'r amryfal gyfnodau â'u harwyddocâd – mai creu ei fersiwn ei hun o hanes a wna wrth ddehongli'r ffeithiau moel. Onid yw'n bosibl i bobl wahanol gynysgaeddu'r un ffeithiau â phob math o werthoedd gwahanol? Sut felly y gallwn benderfynu pa un o'r aneirif ddeongliadau sy'n 'gywir'? Beth am y ddadl fod pob fersiwn o hanes mor 'wir' â'i gilydd? Mae'r ffaith ein bod yn gofyn y cwestiynau hyn o gwbl yn dangos y closio cynyddol a fu rhwng hanes a llenyddiaeth greadigol, ac yn y closio hwnnw ni ellir dau bartner agosach na hanes a'r nofel hanes.

    Pe derbyniem yr honiad na allwn gyffwrdd â'r gorffennol ond drwy ddyfeisiau ffuglennol, a'r rheini bob amser yn gwasanaethu buddiannau a phwerau penodol,[2] yna fe welem yn aml ac yn agored yn y nofelau hanes broses a guddir oddi wrthym yn y math o hanes a gyflwynir fel darlun amhleidiol, diduedd o'r gorffennol. Yn wir, bron na ddynwaredir yn nhrioleg Rhiannon Davies Jones ar fywyd Llywelyn ap Gruffudd (*Cribau Eryri, Barrug y Bore* ac *Adar Drycin*) union ddull yr hanesydd o weithio. Yn y tair nofel hynny, gwelir y cofnodion cronicl a gynhwysir ar frig rhai o'r penodau – a'r cronicl, wrth gwrs, yn un o ffynonellau sylfaenol yr hanesydd a fyn astudio'r cyfnod canoloesol – yn cael eu cysylltu a'u chwyddo gan ddeunydd ychwanegol i ffurfio'r naratif. Y syndod, efallai, yw cyn lleied o'r holl nofelau a drafodir y gellir eu dosbarthu fel difyrion rhamantaidd ysgafn, 'anhanesyddol'. Tebycach yw nifer ohonynt i ffeithlen na ffuglen, yn enwedig y rhai a lunnir o gwmpas llythyrau a darnau o ddyddiaduron go-iawn. Rhywbeth difrifol, i'r rhan fwyaf o'r nofelwyr, yw nofel hanes. Fe ellir cysylltu hynny â'r sêl genedlaetholaidd neu ôl-drefedigaethol dros ddiogelu cof cenedl y cyfeiriwyd ati yn y Rhagymadrodd. Gellir ei gysylltu yn ogystal â'r penderfyniad ôl-fodernaidd i ysgwyd ymaith awdurdod yr hen naratifau imperialaidd; am fynd ati i ysgrifennu, nid hanes bellach, ond hanesion – hanesion grwpiau lleiafrifol neu ormesedig o bob math na chawsant erioed gyfle teg i adrodd eu stori. Nid fy mod yn haeru i'r nofelwyr a drafodir yn y bennod hon gael eu dylanwadu gan ddamcaniaethau diweddar ynghylch hanes a hanesyddiaeth, ond efallai y bydd ymwybyddiaeth o'r cyd-destun damcaniaethol yn ein galluogi i weld yn eglurach yr hyn sydd gan y nofel hanes Gymraeg i'w gynnig.

Hoff gan haneswyr ystyried y gorffennol yn nhermau concwest am fod hynny'n eu galluogi i rannu eangderau anhrefnus hanes yn gyfnodau destlus a hydrin.[3] Yng Nghymru gellir olrhain apêl y dull hwn o hanesydda yn ôl i *De Excidio Britanniae* Gildas yn y chweched ganrif a'r *Historia Britonnum* yn y nawfed. Yna, yn nhriawd y 'Tair Gormes a ddaeth i'r Ynys hon, ac nid aeth yr un drachefn',[4] ac yng Nghyfranc Lludd a Llefelys, ceir dau fersiwn cysylltiedig o'r un myth hanesyddol lle y gwelir hanes Ynys Prydain fel cyfres o ymosodiadau arni gan estroniaid. Rhaid cofio, fodd bynnag, am y triawd arall – 'Tri chyfor a aeth o'r Ynys hon ac ni ddaeth drachefn yr un ohonynt'[5] – sy'n ffurfio pâr gyda'r triawd uchod, a lle y cyfeirir, yn ôl Rachel Bromwich, at Gaswallon yn ymlid y Rhufeiniaid i'r môr. Rhaid cadw mewn golwg hefyd y chwedl am fuddugoliaeth Draig Goch Cymru dros Ddraig Wen Lloegr sy'n gweithredu fel dolen gyswllt rhwng Triawd y Tair Gormes a Chyfranc Lludd a Llefelys.[6] Hydreddir yr ymdeimlad o golled gan y cof am yr ymdrech arwrol i'w gwrthsefyll, a chan yr elfen ddaroganol fythol-obeithiol – dyna sy'n creu patrwm cydlynol a dealladwy o orffennol, presennol a dyfodol y Cymry. Fe adawodd y patrwm hwnnw ei ôl yn drwm ar nofelau'r bennod hon. Eu tuedd yw patrymu hanes Cymru o gwmpas hanes yr arwyr cenedlaethol enwocaf – Cynddylan, Gruffudd ap Cynan, Owain Gwynedd, y ddau Lywelyn ac Owain Glyndŵr – ac un o'u nodweddion amlycaf yw eu hoffter o gloddio'r gorffennol arwrol am ddeunydd y gellir ei ailgylchu i gwrdd ag anghenion y presennol. Neu, o edrych ar y duedd o'r cyfeiriad arall, o gynysgaeddu'r gorffennol â'r un anghenion â'r presennol. Pa un bynnag, un o effeithiau'r ailgychu yw cynhyrchu ymdeimlad o barhad, ac mae'r ymdeimlad hwnnw yn llwyddo i atal aml awr ddu yn hanes y genedl rhag ymddangos fel ei hawr olaf.

Mae'r tueddiadau hyn yn bresennol hyd yn oed wrth ymdrin â chyfnod mor gynnar ag OC 56–68, fel y gwneir yn *Y Ddau Bren* Tom Parry Jones. Pwnc y nofel yw goresgyniad Ynys Môn gan y Rhufeiniaid, ac fe dynn ar yr wybodaeth mai'r ynys oedd prif ganolfan derwyddon Prydain, a phrif ganolfan yr ymdeimlad gwrth-Rufeinig ymysg llwythau Celtaidd Prydain. Dyfais gyfrwys *Y Ddau Bren* yw benthyca enwau Arthur a Myrddin, dau gymeriad mytholegol neu led-fytholegol a gysylltir ag oes ddiweddarach, i dynnu gwrthsafiad Brythoniaid Ynys Môn i mewn i gylch arwyr Cymru. Neidir dros lawer mwy o ganrifoedd er mwyn cyflwyno eu gwrthwynebiad i'r Rhufeiniaid yng ngwisg cenedlaetholdeb y 1960au a'r 1970au. Gweithredir drwy gyfrwng byddin gudd amaturaidd; trefnir protest lle y cludir baner ac arni'r neges 'Rhyddid i'r Brythoniaid' (82) (neges na fyddai'r Brythoniaid yn medru ei darllen, na'r Rhufeiniaid yn medru ei deall); a defnyddir mawn gwlyb i ddileu enw Lladin oddi ar fynegbost. Niferus hefyd yw'r anacroniaethau sy'n darlunio crefydd y derwyddon fel rhagbaratoad ar gyfer Cristnogaeth. Ymhlith pethau eraill, dilynir patrwm hanes Abraham ac Isaac – hanes sydd, yn ei dro, yn rhagfynegi aberth y Groes – yn yr episod lle y disgwylir i Meinir aberthu ei chyntafanedig i dduw yr haul. Nid yw'r dehongliad hwn o'r berthynas rhwng derwyddiaeth a Christnogaeth heb ei sail hanesyddol,[7] ond yn y nofel mae'r Rhufeiniaid a ymosododd ar Ynys Môn eisoes yn Gristnogion, a'u byddin wedi ei harfogi'n ysbrydol â'i chaplan ei hun. Nid yw o bwys na ddaeth Cristnogaeth i Brydain am tua chanrif a hanner arall, ac na dderbyniwyd Cristnogaeth fel crefydd swyddogol yr Ymerodraeth Rufeinig am agos i ddwy ganrif wedi hynny. Y pwynt yw dangos nad yw'r grefydd dderwyddol, wrth iddi fachlud, ond yn ymsuddo'n rhan o'r wawr Gristnogol a fydd yn torri dros Gymru yn y man. Blaenffrwyth y broses hapus honno yw Llifon, y llanc a addysgwyd wrth draed Myrddin, ac a gafodd ei groeshoelio gan y Rhufeiniaid, ond sy'n 'atgyfodi' – yn gorfforol ac yn ysbrydol – dan ofal y *padre*.

Gan fod arweinydd y fyddin gudd yn dwyn yr un enw ag Arthur, y Mab Darogan traddodiadol, gwaredwr y genedl, mae i'r ymgyrch wrth-Rufeinig hefyd gynodiadau mytholegol yn ymwneud ag adfywiad a iachâd. Ond cefnu ar yr achos cenedlaetholaidd a wna'r mwyafrif llethol. Gorwedd gwir waredigaeth y genedl yn y gobaith y bydd i'r ffydd Gristnogol – 'Pren y Rhufeinwyr' – gyflawni'r un swyddogaeth warcheidiol yn hanes y Brythoniaid ag a gyflawnai'r hen grefydd – 'Pren y Brythoniaid' – ac nid oes fawr o arwydd y bydd y pren newydd yn cynnig ei gysgod i'r protestwyr gwleidyddol. I'r gwrthwyneb, mae'r gwrthryfel yn erbyn y Rhufeiniaid hefyd yn wrthryfel 'yn 'i erbyn O' (104): dyna sy'n parlysu braich Arthur a'i gadael 'fel cangen grin' (120). Efallai mai cenedlaetholdeb diwylliannol a gymeradwyir gan fod y gweithgareddau sy'n llygru diwylliant syber y brodorion yn rhyfedd o debyg i 'sothach' Seisnig neu Eingl-Americanaidd ein cyfnod ni, ond hyd yn oed wedyn mae'r hyn a enillir yn grefyddol yn bwysicach na'r hyn a beryglir yn ddiwylliannol. Mae dau beth yn eglur: y naill yw fod yma alwad ar i Gymru, yn 'oes y gwacter ystyr' (79), ailgyfannu drwy droi at Grist, y llall yw fod yma ymgais i ddidoli crefydd a gwleidyddiaeth. Pan fyn un o'r canwriaid Rhufeinig na ddylai'r Brythoniaid halogi'u llwyn cysegredig â phrotest wleidyddol – 'Temel crefydd yr haul oedd fan'ma, nid llawr dyrnu politicaidd' – ceir neb llai nag Arthur, yr arweinydd ymroddedig, yn synhwyro ei fod 'yn llefaru'r gwirionedd' (83).

Yr eironi yw fod y didoli hwnnw yn gwbl groes i'r modd y defnyddir Cristnogaeth gan y Rhufeiniaid eu hunain fel arf i wastrodi'r brodorion. Cydnabyddir hynny yn y golygfeydd lle y gwelir y *padre* yn codi ei gledd fel croes ac, wedi hynny, yn rhoi ei gledd wrth droed y groes a blennir ganddo yng nghanol llwyn cysegredig y Brythoniaid. Yn ddigymell fe ddaw i'r meddwl yma eiriau Charles Edwards yn *Y Ffydd Ddi-ffuant* wrth iddo olrhain sut y bu i'r Saeson a ystyrid gynt yn 'fleiddiaid rheibus' gael eu trawsnewid, ar gyfrif eu cymwynasgarwch ysbrydol, yn 'fugeiliaid ymgeleddgar'.[8] Os ymddengys inni lamu yn rhy sydyn o'r Gymru Rufeinig i Gymru'r Diwygiad Protestannaidd, nid ydym yn *Y Ddau Bren* ond yn cyfarfod am y tro cyntaf â phroblem – problem dyled grefyddol y Cymry i'r goresgynnydd – sydd yn cynhyrchu croesebau a thyndra tebyg mewn nifer o nofelau eraill diweddarach eu cefndir. Nid dyma'r unig dro chwaith y defnyddir y goresgyniad Rhufeinig i gyfiawnhau ymyrraeth imperialaidd yn enw crefydd, fel y cawn weld wrth ymdrin â'r Genhadaeth Dramor yn nofelau pennod 5. Efallai i Tom Parry Jones gael ei hudo gan y teyrngarwch traddodiadol i fendithion tybiedig y goresgyniad Rhufeinig i droedio llwybr na fynnai ei ddilyn i'r pen. Yn ffodus, nid yw dan orfodaeth i wneud hynny. Fe'i hachubir gan y ffaith ragluniaethol i'r Rhufeiniaid gilio'n ôl i'w tiriogaeth eu hunain, fel y gwnânt tua diwedd y nofel, gan ddioddef tranc eu gwareiddiad. Hynny, gellid dadlau, yw'r prif wahaniaeth rhyngddynt a'r Normaniaid a arhosodd yma i ffynnu; hynny hefyd yw'r rheswm pam nad yw athroniaeth *Y Ddau Bren* yn un y gellid yn hawdd ei thrawsblannu o gyfnod y naill oresgyniad i'r llall. Fel nifer o'i gymheiriaid, ecsbloetiodd Tom Parry Jones i'w bwrpas ei hun hawl y nofelydd i agor a chau llenni hanes lle a phryd y myn – ac i guddio weithiau yn eu plygion.

Nofel arall sy'n ymwneud â'r goresgyniad Rhufeinig yw *Orpheus* Gweneth Lilly. Fel yn *Y Ddau Bren*, defnyddir profiad y Brythoniaid o dan reolaeth Rhufain i ddal drych i brofiad y Gymru gyfoes o dan reolaeth Lloegr; y gwahaniaeth yw fod darlun *Orpheus* o'r profiad yn llai amwys, a'i dadansoddiad o seicoleg y goresgynedig gryn dipyn yn fanylach. A hithau bellach yn ddechrau'r bedwaredd ganrif OC, mae profiad y prif gymeriad fel petai'n darparu microcosm cronolegol o ymateb y Brythoniaid i'r profiad o goncwest:

> Roedd Drystan pan oedd yn fachgen wedi syllu'n aml ar gerflun Sextus Valerius ar gefn ei geffyl, â'i darian a'i waywffon, yn sathru ar elyn o Frython. Yn blentyn, byddai Drystan yn tosturio wrth y Brython druan, ond wrth brifio daeth i edmygu'r marchog buddugoliaethus ac i deimlo'n eiddigeddus braidd o Marc, disgynnydd i'r fath gawr– . . . (29)

Mae'r hunandosturi cynnar, a'r ysfa am ymgymathu sy'n ei ddilyn, yn gyd-ddibynnol. Heb ymwybyddiaeth Serena, y gaethferch, o'i chyflwr amlwg symbolaidd – 'Wn i ddim beth ydi rhyddid, wsti' (104) – ni fyddai lle gan fam Drystan i ymfalchïo, o'i safle cymdeithasol uwchraddol: 'Rydan ni i gyd yn Rhufeiniaid bellach' (23). Mewn gwirionedd, nid yw parodrwydd y fam i ffeirio'i hunaniaeth genhedlig am un y gorchfygwr ond yn amlygiad cymdeithasol barchus o'r cariad sy'n clymu Serena wrth y meistr a fu mor ddiegwyddor â manteisio ar ei diymadferthedd – y cariad afiach sy'n symbylu Drystan i fyfyrio'n dorcalonnus: 'Pa iws oedd "codi" rhywun a honno'n mynnu gorwedd yn y llaid?' (146). Yn y diwedd, ni ellir bod yn sicr ai cyflawni hunanladdiad a wnaeth Serena neu gael ei llofruddio. Un peth sy'n sicr, mae ei thrueni a'i marwolaeth i'w priodoli yn gymaint i ofn, eiddigedd a ffalsedd dwy gyd-Frythones (un ohonynt yn berthynas iddi) ag i ormes y gorchfygwr.

Ni oroesodd tystiolaeth i feddyliau a theimladau'r Brythoniaid hynny a drigai, o'u bodd neu o'u hanfodd, y tu allan i gylch y byd Rhufeinig. Diddorol, felly, eu bod wedi eu cynrychioli yn *Orpheus* gan y gwladwr, Llywernawc, sy'n dehongli Rhufeineiddio'r Brythoniaid fel cyfaddawd cywilyddus, ac sy'n mynnu cadw'n fyw y cof am frad hen frenin y llwyth a 'werthodd ein talaith ni i'r Rhufeiniaid' (23). Gan fod diwylliant y Rhufeiniaid yn un trefol, a'i ddylanwad yn llawer cryfach yn y trefi a'r dinasoedd a sefydlwyd ganddynt nag yn y wlad o'u cwmpas, fe ddilyn mai cefn gwlad Corun, trigfan Llywernawc, yw caer diwylliant y Brython. Mae Llywernawc ei hun yn ymgorfforiad o'r gred yn rhagoriaeth diwylliant 'naturiol' yr ardaloedd gwledig; yn wir o'r braidd nad yw, yn ei ymlyniad ystyfnig wrth ffurfiau brodorol yr enwau priod a Ladineiddiwyd, ac yn ei wisg ymwybodol Geltaidd, yn ymddangos fel rhyw aelod cynnar o fudiad Adfer. Cadarnhad o'i rôl warchodol yw ei fod yn un o'r Gofalwyr cyfrin sy'n delio yn ôl ei haeddiant â'r gwas cyflog o Rufeiniwr y bu iddo ran ym marwolaeth Serena. Nid bod disgwyl inni gofleidio delfryd Adferaidd Llywernawc yn ei grynswth: bodoli y mae mewn gwrthgyferbyniad i deyrngarwch Drystan i 'ysbryd cysegredig' (170) y ddinas sydd yn gymaint o ryfeddod iddo, a'r nod yw dwyn y ddau safbwynt yn agosach at ei gilydd. A Drystan eisoes yn ymfalchïo 'yn nyfnder enaid ei fod yn perthyn i dalaith a wyddai sut i godi dinas, ac hefyd sut i drin y tir' (170), daw yn barod, o dan ddylanwad Llywernawc, i ystyried posibiliadau y cefn gwlad i grefftwr dinesig fel yntau. Gall ddychmygu llif y diboblogi gwledig yn cael ei atal gan fewnfudwyr o Frythoniaid sydd 'wedi dysgu byw yn foethus 'r un fath â'r Rhufeiniaid, a'u plant nhw'n siarad Brythoneg bur a Lladin da – ' (171). Daw Llywernawc, ar yr un adeg yn union, i deimlo mai pechod fyddai i Drystan gau drws yr hen weithdy dinesig a fu yn y teulu ers tair cenhedlaeth. I'r ci sy'n fath o fasgot crefyddol i fusnes brithwaith Drystan y cyffelybir Llywernawc tua diwedd y nofel – 'Roedd ei wallt llwynogaidd yr un lliw yn union â chot Rufinus' (171) – ac mae'r ci, fel y'n hatgoffir gan Llywernawc ei hun, yn 'gysegredig i Nodens, yr Iachäwr' (171).

Defnyddir crefft Drystan i ddatblygu thema arall. Crefft ydyw a ddysgodd ei gyndadau gan y Rhufeiniaid ond a drawsffurfir gan yr athrylith greadigol Geltaidd:

> ... ni chredai Drystan y medrai unrhyw feistr o Rufain na Groeg drin cerrig yn well na'i dad, Brython glân. Roedd Brocagnus wedi ymhelaethu'r cynllun â phatrymau cyrliog a chadwynog ... yn gwbl wahanol i'r allweddau Groegaidd a'r addurniadau eraill syth, mathemategol yn y llyfrau patrymau. (15)

Mwy creadigol fyth yw gwaith y mab. Yn y brithwaith sy'n darlunio Orpheus crea gynllun trawiadol o wreiddiol; cynllun 'mentrus' a 'mawreddog' (100), cyfoethog ei fanylion ond unol ei weledigaeth; cynllun yn llawn sicrwydd ac ynni. Os yw rhai o'r nodweddion hyn yn adlewyrchu personoliaeth Lucius Plautius, y swyddog Rhufeinig a gomisiynodd y gwaith, erys y brithwaith ei hun yn brawf fod iddynt hefyd wreiddiau – a photensial – yng nghymeriad y Brython. Prawf yw y gellir tynnu ar yr anian frodorol i droi i bwrpas hollol wahanol yr hyn a fenthyciwyd gan y goresgynnydd. Dyna a wna Drystan wrth ddefnyddio brithwaith Orpheus i brynu rhyddid Serena. Gwir fod perthynas Serena â Lucius Plautius wedi ei chyflyru i wrthod ei rhyddid, a gwir fod gan y gŵr hwnnw yr hawl i 'sathru a chyfogi' (171) dros y brithwaith, fel y gwnaeth yn ffigurol dros fywyd Serena. Serch hynny, mae Drystan yn ffyddiog fod modd 'golchi'r budreddi i gyd i ffwrdd' (171) ac adfer ei gampwaith i'w lendid gwreiddiol. Yn ôl y dystiolaeth a oroesodd, ymddengys nad yw'r brithwaith Orpheus go-iawn (sydd ar gael a chadw yn Amgueddfa Corun, Cirencester) mor unigryw o ran ei grefft a'i weledigaeth ag y'i darlunnir yn *Orpheus*.[9] Mae i'r awdur ei ddarlunio felly yn dangos ei phenderfyniad i ddyrchafu cyn uched ag y medr ei neges obeithlon ynghylch dyfodol Cymru.

Duw o darddiad Groegaidd yw Orpheus, a'i hanes yn nhyb Cristnogion Rhufeinig y nofel yn rhag-gysgod o hanes Crist. Ar yr un pryd, cysylltir Orpheus â'r duwiau Celtaidd drwy gyfrwng urddol ben Bendigeidfran, ac mae adleisiau Taliesinaidd – 'Bûm yn llanc ac yn forwyn, yn berth, yn aderyn, ac yn bysgodyn mud y môr' (37) – i gred cwlt Orpheus ym mhererindod ymberffeithiol yr enaid o'r naill gorff i'r llall. Arweinir Drystan gan fyth Orpheus, a chan ei ffydd mewn duwiau Paganaidd eraill, ar drywydd profiadau y gellir yn hawdd eu disgrifio fel rhai Cristnogol. Ond nid yw ef, nac un o'r prif gymeriadau Brythonaidd eraill, yn profi tröedigaeth Gristnogol fel y cyfryw. Ar dduwiau'r Hengaer gyn-Rufeinig y gweddïa am gymorth 'i frwydro dros ryddid fy enaid' (167) pan yw wedi'i ddal ym magl llofrudd Serena, a daw'r ateb ar ffurf ymyrraeth Llywernawc a'r Gofalwyr Paganaidd. Ffrwyth ei waredigaeth yw'r ymdeimlad ag undod y cread cyfan – 'Plentyn wyf fi i'r ddaear, a'r nef serennog' (172) – sy'n medru cofleidio'r grefydd Gristnogol newydd fel un o'i elfennau oesol. Nid ar gyflwyno Paganiaeth fel rhagbaratoad ar gyfer Cristnogaeth, yn null *Y Ddau Bren*, y mae'r pwyslais yn y diwedd, ond ar y berthynas gyfrin barhaol rhwng y gwahanol grefyddau. Yn *Orpheus* cynigir delfryd o gymdeithas y mae bywyd dinesig yn ogystal â'r Fro Gymraeg yn cyfrannu at ei ffyniant; cymdeithas ddwyieithog a ymhyfryda yn nheithi'r ddwy iaith; cymdeithas y mae ei diwylliant cynhenid yn barod i elwa ar ddylanwadau newydd; cymdeithas eciwmenaidd – neu amlgrefydd – a hynodir, nid gan amrywiaeth ei dogmâu, ond gan ei hymdeimlad unol â'r ysbrydol. Yn anad dim, mae'n gymdeithas a ddysgodd sut i ymdopi â methiant, ac i fyw mewn heddwch â hi ei hun:

> . . . wedi treiddio i waelodion y boen, gwyddai [Drystan] nad oedd dim gwenwyn ynddi bellach. Roedd Serena'n ddiniwed. Bu hi fel yntau yn aberth i drachwant eraill . . . Heli ar gig noeth neithiwr, ond llifai dŵr oer o hyd o Lyn Atgof. (166)

Mae'r darlun hwnnw yn un tra chalonogol o gofio i'r nofel gael ei chyhoeddi bum mlynedd wedi Refferendwm 1979.

O gefnu ar y Brydain Rufeinig, fel y gwneir yn awr, collir y ffrâm barod ar gyfer arddangos Cymru fel gwlad dan lywodraeth cenedl estron. Nid oes dwywaith er hynny na fwriedir inni adnabod y Gymru honno yn *Eryr Pengwern* (1981), nofel a ysgrifennwyd gan Rhiannon Davies Jones yn ystod yr ymgyrch dros sianel deledu Gymraeg. Manteisia ar yr ansicrwydd ynghylch y cefndir hanesyddol i Ganu Llywarch Hen a Chanu Heledd, ac ar y tywyllwch sy'n gorchuddio cymaint o'r cyfnod (640–2) a ddarlunnir, i lunio cyfatebiaethau rhwng gwlad Pengwern – y deyrnas a driga dan fygythiad parhaus 'hil Hors' – a Chymru cyfnod yr ysgrifennu. Ym Mhowys, mae'r genedl Frythonaidd eisoes wedi'i gwanhau'n llechwraidd gan ddylanwad y genedl estron am y ffin â hi. Dirywiodd yr iaith yn llediaith a 'bratiaith bastardied Hors' (149); llygrwyd y llinach drwy briodasau cymysg fel na fydd y bobl yn fuan 'na Hors na Brython' (162); a chyfaddawdir yn wleidyddol drwy ymgynghreirio â Penda Fawr, brenin Mersia. O fewn y darlun du ond digon cyffredinol hwn, un elfen sy'n atgynhyrchu awyrgylch yr ymgyrchu dros yr iaith a thros y sianel Gymraeg yw amlygrwydd yr ifainc fel gwarchodwyr y genedl. Fel Llywarch Ifanc, y 'disgybl-barddol gore a ddaeth o Bowys ers cenhedlaeth a mwy' (123), cynrychiolant genhedlaeth nodedig iawn. Manylyn arwyddocaol arall, o gofio'r ymgyrch losgi hir a ddechreuodd yn 1979, yw teithiau nos answyddogol Caranmael a'i wŷr ifainc i losgi bythynnod a thai y Saeson ar gyrion tir y Brythoniaid. Gadawodd yr ymgyrch losgi ei hôl ar amryw o'n nofelau hanes, oherwydd er bod llosgi rhybuddiol neu ddialgar yn un o dacteagu arferol rhyfel, yn ein nofelau mae'n weithred a gyflawnir bron bob amser gan garfan answyddogol neu eithafol sy'n gweithredu heb ganiatâd amddiffynwyr swyddogol y genedl. Efallai y dylem gofio'n benodol hefyd am yr ymchwydd Toriaidd a gafwyd yng Nghymru yn Etholiad Cyffredinol 1979, a'r modd y bu i'r blaid honno fanteisio ar ei llwyddiant i geisio torri'i haddewid i sefydlu sianel Gymraeg. Oherwydd lle y cynigiodd Ifor Williams mai agwedd drahaus Heledd at eraill oedd yn gyfrifol am gwymp Pengwern,[10] pechod Heledd yn *Eryr Pengwern* yw rhwymo buddiannau Pengwern wrth rym Penda Fawr. Mae'r canlyniad i'w ragweld o'r cychwyn, ac o'r braidd y gellid rhybudd eglurach i'r Gymru gyfoes: 'A phan fo cenedl yn dechrau cynghreirio ag un garfan o'r gelyn, hyn fydd dechreuad ei chwymp' (70).

Yn gefndir i hyn i gyd y mae myth sofraniaeth goll Prydain. Ecsbloetir y myth hwnnw drwy gyfrwng Ethne, y ffoadures o hil yr Hen Ogledd, i ddyrchafu delwedd o undod a pharhad cenhedlig yn wyneb dirywiad a dinistr. Yn y dyrchafu hwnnw datgelir yr ansoddau y cyfrifir eu bod yn ffurfio hanfod y genedl. Wedi cwymp Pengwern, cludir mab Ethne a Cynddylan – y baban sy'n uno Pengwern â'r Hen Ogledd – i ddiogelwch Llys Mathrafal gan grŵp bychan o bobl ifainc. Un aelod o'r grŵp yw Llywarch Ifanc, ceidwad y traddodiad barddol; aelod arall yw Bryden, y llanc a fu'n copïo *Ystorya* Llys Pengwern dan gyfarwyddyd Heledd. Dyma'r ddau y cyfrifai Heledd eu bod yn cyflawni dros enaid y genedl yr hyn a gyflawnai'r milwyr dros ei thiriogaeth – ond bod Bryden, wrth benderfynu cyfnewid ei gwilsyn am waywffon, yn arwydd fod galw am weithredu mwy uniongyrchol mewn cyfnod o argyfwng. Dwy o'r morynion llys a ddaeth o'r Eglwys Wen sy'n ffurfio gweddill y grŵp bychan o oroeswyr. Mae'r ddwy yn fedrus 'yn hen grefft eu tadau' (182) o wau patrymau celfydd, yn eu mysg 'hen arfer arwyddluniau hil Cyndrwyn' (184); ond pwysicach na hynny yw'r ffaith na ddifwynwyd eu hiaith erioed gan 'iaith Hors'. I'r cnewyllyn cenhedlig diwylliedig, ymrwymedig a di-lwgr hwn yr ymddiriedir y gwaith o sicrhau goroesiad y genedl.

Er mor addas yw cywair Canu Llywarch Hen a Chanu Heledd ar gyfer delweddu'r Gymru ôl-Refferendwm, ni chaniateir i anobaith ein llethu. Ni chynhwysir y cerddi na'r penillion hynny y gellid eu dehongli fel 'gwyriad oddi wrth y delfryd arwrol'.[11] Cyflwynir 'Cân yr Henwr' fel rhan o dristwch anorfod y cyflwr dynol yn hytrach na'i chysylltu'n benodol â gwae Powys, a dyfynnir darnau sylweddol o Ganu Taliesin er mwyn gofalu na phorthir unrhyw amheuon ynghylch gwerth brwydro hyd at angau dros wlad a chenedl. Er bod yn *Eryr Pengwern* drychineb ar raddfa ddynastig, fel yng Nghylch Heledd ei hun, ni cheir ond ambell gyfeiriad at y cerddi lle y rhoddir mynegiant llawn i'r golled. Ni chofnodir drannoeth y drin o safbwynt yr Heledd orffwyll ychwaith; Llywarch Ifanc – y bardd y syniai hi amdano fel 'ymgorfforiad o'i llwyth a'i chenedl dros y canrifoedd' (145–6) – piau'r gair olaf:

> Ryw ddiwrnod pan fyddai Owain fab Cynddylan yn cyrraedd oed gŵr, fe gyflwynai Llywarch Ifanc iddo y gadwyn aur a ddaethai Garwen Rheged o'r Hen Ogledd.
> Felly y byddai dolennau'r cenedlaethau yn parhau. (226)

Wrth gwrs, ni all y diweddglo gobeithlon ddileu'r ffaith mai darlun sydd yma o genedl yn encilio'n ddaearyddol o'r naill gadarnle i'r llall, ac nid yw'r awdur heb sylwi mor agos yw ymyl y dibyn. Dechreuir estyn terfynau gobaith y genedl, yn union fel y gwnaed yn y Gymru yr anela Rhiannon Davies Jones ei neges ati, drwy i Bryden – y llanc a wneir yn wrthrych drwgdybiaeth oherwydd ei waed cymysg – *ddewis* bod yn Frython wrth weithredu dros genedl ei fam. Gwrthbwysir tuedd

Rhiannon Davies Jones i wneud purdeb yn amod parhad gan ei chynnig mai ymrwymiad, yn y pen eithaf, yw'r priodoledd sy'n diffinio cenedligrwydd. Y peth rhyfedd efallai yw fod Ethne yn absennol o'r diweddglo. Drwy ei hymwybod hi y crisielir y cyswllt rhwng y Cristnogol a'r Paganaidd: 'Rywle yng nghraidd ei bodolaeth fe gredai mai yr un oedd y Pŵer mawr o gylch y Clas â duwies afon Gwefrddwr a fu'n eu harwain bob cam i Lys Pengwern' (100). Mwy na hynny, hithau yw'r ferch sydd i Cynddylan yn symbol byw o'i 'genedl etholedig' (168). Yn y cyswllt hwn, fodd bynnag, mae'n bosibl synhwyro rhywfaint o rybudd gan mai un o ddelweddau mwyaf trawiadol y nofel yw'r un o Ethne yn treulio oriau a diwrnodau bwygilydd yn syllu'n hunanfwythus ar ei llun ei hun yn afon Gwefrddwr: 'Hi oedd duwies yr afon bryd hynny' (94). Fe ddichon fod yn yr olygfa awgrym o hunanaddoliad, neu – gan gofio unwaith eto mai Ethne sy'n ymgorffori 'holl nodweddion yr hil a gollwyd' (188) – awgrym o genedlgarwch mewnblyg, hunanganolog nad oes lle iddo yng nghynllun terfynol yr awdur.

Ni cheir yn *Gwres o'r Gorllewin* Ifor Wyn Williams yr ymdrech amlwg a welwyd hyd yn hyn i gydredeg y gorffennol a'r presennol. Er hynny, mae'n anorfod i ddull yr awdur o drin ei ddeunydd ddadlennu blaenoriaethau cyfoes. Perthyn Gruffudd ap Cynan – yr arwr hanesyddol sicr cyntaf inni gyfarfod ag ef yn y nofelau hyn – i ganol y cyfnod cyffrous ac addawol hwnnw rhwng 800 a 1282 a welodd ymgais ar ôl ymgais i fowldio Cymru yn undod gwleidyddol. Dyma'r gŵr a lwyddodd i ailsefydlu llinach brenhinoedd Gwynedd, ac i ailgodi Gwynedd fel teyrnas gref a ffyniannus. Roedd yn filwr dewr ac yn noddwr hael, yn wleidydd a diplomydd craff, ac yn ŵr diwylliedig a oedd yn gyfarwydd â diwylliannau pedair iaith (Cymraeg, Gwyddeleg, Norseg a Lladin). Yn ben ar y cwbl, dan ei arweiniad ef profodd Cymru lwyddiannau milwrol yn erbyn y Norman a esgorodd ar adfywiad yn ei bywyd crefyddol a llenyddol.[12] Eurwyd ei yrfa â mwy o *glamour* o bosib nag eiddo yr un tywysog Cymreig arall. Yn gymaint felly, fel y cyffelybir gyrfa y 'Welsh Viking'[13] hwn gan Gwyn A. Williams i ryw 'implausible Hollywood epic'.[14]

Ar ôl y fath ragymadrodd, braidd yn annisgwyl yw cael Ifor Wyn Williams yn ymgyfyngu bron yn llwyr i'r chwe blynedd a dreuliodd Gruffudd ap Cynan fel carcharor y Normaniaid, ac i'r achlysur a arweiniodd at ei garchariad – episodau nad ydynt ond yn llenwi dau baragraff yn *Historia Gruffud vab Kenan*, prif ffynhonnell ein gwybodaeth amdano.[15] Mantais neilltuo cymaint o ofod i brofiad Gruffudd o garchar yw'r cyfle a grëir i archwilio ei oblygiadau seicolegol. Ar ei fwyaf eithafol, mae'n brofiad a ddefnyddir gan y gelyn i geisio dwyn ei ddynoliaeth, yn ogystal â'i statws, oddi arno; i geisio ei ddiraddio yn 'greadur', yn 'ful', yn 'gi drewllyd'. Tra bo nifer o gyd-Gymry Gruffudd yn bodloni ar 'fyw trwy ganiatâd y Ffrancwyr' (6), dan amodau carchar gwelir mai gwir ystyr 'caniatâd' yw 'gorthrwm'. Wedi dweud hynny, y prif nod yw dathlu'r adnoddau – hunan-barch ac ystyfnigrwydd, amynedd a gofal, yr ewyllys i ymgadw rhag digalonni a'r dewrder i weithredu pan ddaw'r cyfle – sy'n agor drws rhyddid. Afraid manylu ar arwyddocâd symbolaidd y profiad o garchar yn hanes Cymru, ac mae'n amlwg berthnasol i'r hyn oedd yn digwydd yng Nghymru tua chyfnod ysgrifennu nofel a gyhoeddwyd yn 1971. Carcharwyd dau ŵr ifanc yn nechrau'r chwedegau am weithredu yn erbyn y cynllun i foddi pentref Capel Celyn; fe'u dilynwyd yn 1966 gan yr aelod cyntaf o Gymdeithas yr Iaith i gael ei garcharu, ac o hynny ymlaen bu gweithredwyr ifainc y Gymdeithas yn ymweld yn rheolaidd â phlasau'r frenhines.[16] Gwneir gyrfa Gruffudd ap Cynan yn fwy perthnasol fyth drwy ei ddangos yn gorfod ymdrechu i ailafael yn y Gymraeg y bu bron iddo ei cholli yn sgil colli tiriogaeth.

Eglur yw i Ifor Wyn Williams dylino'i ddeunydd yn ddyfal i'w addasu at ei amcanion. Pwysir ar thema draddodiadol twyll y gelyn i esbonio'r carchariad ei hun, a'i gyfuno â brad mewnol y cynffonwyr a'r cyfaddawdwyr sydd o blaid 'i ni ddysgu byw hefo nhw [y Normaniaid] . . . Er lles dy deyrnas' (17–18), heb gynnwys un awgrym o dueddiadau bradwrus y Gruffudd hanesyddol yn ei berthynas yntau â rhai o'i gyd-frenhinoedd Cymreig.[17] Yn yr un modd, caniateir i'w boenydiwr yn y carchar, a'r Powysiaid eraill sy'n ymosod arno, esbonio eu hymddygiad – 'Ti a dy Northmyn ddinistriodd bentrefi Powys! Y cythreuliaid barbaraidd!' (126) – heb i'r awdur fanylu ymhellach ar drylwyredd dial Gruffudd yn ei 'greulonder i'w wrthwynebwyr o ddefod buddugol'[18] fel y'i cofnodir yn yr *Historia*. Sicrheir ein cydymdeimlad â brwydr Gwynedd fel rhag-gysgod o frwydr genedlaetholaidd ein cyfnod ni, ac mae gwers felly yn y newid a welir yn agwedd Gruffudd at ei garcharwyr cyn iddo ddianc o'u gafael. Teimla iddo ennill buddugoliaeth foesol dros ei brif elyn, Robert o Ruddlan, drwy gadw ei urddas hyd yn oed dan fygythiad hwnnw i'w ddallu â heyrn eirias. Wedi profi'i hun bryd hynny, daw 'dangos ei hyfdra' yn llai pwysig iddo 'nag ymddwyn yn ddoeth – neu, o leiaf, na bod yn gyfrwys' (134). Gall gogio cyfaddawdu, a chadw ei hunan-barch ar yr un pryd drwy daflu llwch i lygaid y gormeswr.

Mae'n debyg mai un o amcanion hyn yw cyfiawnhau'r bragmatiaeth wleidyddol a barodd i D. Simon Evans ddweud am lwyddiant diweddarach Gruffudd: 'mae'n amlwg ddigon nad drwy rym arfau y llwyddodd yn y diwedd i ymsefydlu yng Ngwynedd. Fel yr awgrymir yn wir gan yr

Historia, gyda bendith y brenin Henri yr enillodd ei deyrnas.'[19] Er hynny, nid cyfrwystra gwleidyddol yw'r unig wers a gynigir. Yn ystod ei garchariad dysgodd Gruffudd feddwl heb gywilydd am y diwrnod tyngedfennol hwnnw yn y Rug pan syrthiodd i grafangau'r Normaniaid. Dysgodd gofio beiau'r gorffennol heb ei gosbi'i hun; dysgodd hefyd beidio â gwastraffu'i egni ar hiraeth am a gollodd – am Angharad (ei gariad), ac am y milwyr a laddwyd – ar draul ei obeithion am ddianc. Wedi iddo gael ei ryddhau o'i garchar mae'n gryfach yn ei wendid corfforol nag a fu erioed, a'i golledion wedi tynhau'r rhwymau rhyngddo a'r dyrnaid Cymry a fu'n ffyddlon iddo yn ystod cyfnod hir y 'llonydd ofnadwy' (190). Y neges yw eu bod yn barod i'r frwydr, a'i bod yn argoeli'n dda am fuddugoliaeth. Felly, yn ddiau, yr ymddangosai erbyn 1971 gyda Chymru, fel y tybid, ar drothwy'r 'Chwyldro Mawr'.[20]

Y peth arall yw i Ifor Wyn Williams lwyddo, er gwaetha'r holl fanylu ar fywyd carchar, i greu darlun o gymdeithas liwgar, amlieithog a chyffrous: cymdeithas allblyg, hyderus, a'i golygon tua Môr Iwerddon a'r byd y tu hwnt iddo, ond gyda mynyddoedd Cymru yn gefn iddi. Medd Gruffudd wrth Angharad, wrth drafod eu cynlluniau i briodi: 'A deall di hyn, fy mrenhines ifanc, ymhen dau fis i heddiw mae Gwynedd a'r byd, a'r Cymry i gyd a'r Ffrancwyr am gael gwybod y newydd . . . Ie, a phobl Iwerddon' (15). Bron na ellir dychmygu bod yma adlewyrchiad o'r ehangu anorfod a gafwyd ar y cyd-destun gwleidyddol a diwylliannol wrth i Gymru ddisgwyl – nid heb rywfaint o betruster, mae'n wir – i Brydain gael ei derbyn i'r Gymuned Ewropeaidd.[21] Ond yn lle'r Gymru Ewropeaidd y'n dysgwyd i'w hanwylo gan Saunders Lewis, a'i fyth yn sugno cymaint o'i faeth o dir Gorllewin Ewrop, cynigir darlun tra amheuthun o'r byd Celtaidd-Sgandinafaidd y perthynai Cymru iddo cyn hynny. Cyd-ddigwyddiad, ond cyd-ddigwyddiad diddorol dros ben, yw i Ddenmarc, Iwerddon a Phrydain gael eu derbyn i'r Gymuned Ewropeaidd yn yr un flwyddyn.

Lle yr edrychai *Gwres o'r Gorllewin* tua Môr Iwerddon mewn gobaith, mae *Llys Aberffraw* Rhiannon Davies Jones yn edrych i'r un cyfeiriad mewn dychryn. Ymfalchïir, mae'n wir, fod peth o waed Sitric Farf Sidan yn rhedeg yng ngwythiennau Angharad, y prif gymeriad, a chyfeirir mwy nag unwaith at ddysg, diwylliant, a deallusrwydd gwŷr Llychlyn. Llawer mwy byw, er hynny, yw'r atgofion am eu cyrchoedd treisgar, a'r ofn parhaol y bydd iddynt hwy, neu'r Gwyddyl, ddod eto'n ddirybudd 'o'r môr mawr fel yn y dyddiau pell pan losgwyd y Berffro' (75). Nid ffaith i'w diystyru yn y cyswllt hwn yw i *Llys Aberffraw* gael ei symbylu gan ddigwyddiad penodol yn ymgyrch wrth-Arwisgo 1967–9, sef marwolaeth y ddau lanc a laddwyd wrth geisio gosod bom yn Abergele. Roedd trais yn dew yn yr awyr yn 1969, oherwydd blwyddyn yr Arwsigo oedd hefyd y flwyddyn y ffurfiwyd yr IRA Answyddogol yng Ngogledd Iwerddon, a'r flwyddyn y ffrwydrodd i'r wyneb yno y gwrthdaro gwaedlyd a'i rheibiodd cyhyd. Mae'n sicr, felly, nad yn ddifeddwl y cyfeirir at y Gwyddelod mewn cyd-destun o glefyd heintiol, ac o fraw rhag yr haint a gysylltir, yn anad un arall, â dinistr cymdeithasau cyfain:

> Ond yn ddirybudd fe ddaeth y tes mawr ag afiechyd yn ei sgil. Buasai farw dau o blant Mathau'r Geilwad o Benlla'rgaer a brawd Cadell Hir. Sobrodd hynny beth ar Cadell . . . Beiai'r bobl y Gwyddelod a fuasai'n marchnata mewn lledr a chrwyn a meirch trwy borthladd Aber Menai. Pan ddôi afiechyd byddem yn ofni'r Pla. (76)

Atgynhyrchir tyndra annioddefol blwyddyn yr Arwsigo yng Nghymru[22] yn yr aros hir am ymosodiad byddin Harri II, gydag ysbïwyr yn frith o gwmpas y glannau, a bradwyr ymysg y Cymry a benodwyd i amddiffyn y llys. Ac ni ellir methu'r eironi cyhuddgar ym mhob cyfeiriad at Owain Gwynedd fel 'y Tywysog' neu 'ein Tywysog ninnau', yn enwedig o wybod iddo'n ddiweddarach (mewn cyfnod y tu allan i rychwant y nofel hon) fabwysiadu'r teitl *princeps Wallensium*, 'tywysog y Cymry'.[23] Arbennig o amlwg yw'r cyfatebiaethau rhwng marwolaeth Alwyn Jones a George Taylor yn Abergele a merthyrdod dau lanc y nofel: nid yn unig y mae Cadell Hir a Gwrin yn aelodau o fyddin gudd a gwaharddedig o daeogion a ffurfiwyd i ymladd y gelyn, ond fe'u merthyrir hefyd gan amddiffynwyr swyddogol eu gwlad. Mae'r darlun yn gyflawn ar gyfer ein hatgoffa o'r rhwygiadau dwfn a ymddangosodd yng Nghymru'r Arwsigo rhwng pobl y sefydliad a'r gweithredwyr anghyfansoddiadol ac ymosodol, yn enwedig y rhai a berthynai i fudiadau lled-filitaraidd megis Byddin Rhyddid Cymru a Mudiad Amddiffyn Cymru. O gofio'r anghytuno ffyrnig a fu ynghylch dau weithredwr Abergele, hawdd fyddai tybio bod y dyfyniad o gerdd 'baganaidd' [24] Bobi Jones, 'Merthyron Cyntaf y Mudiad Cenedlaethol',[25] a ddefnyddir i gyflwyno *Llys Aberffraw* yn datgan mai fel merthyron, yn hytrach na therfysgwyr, yr ystyrir hwy gan Rhiannon Davies Jones. Fe'n harbedir gan gymeriad Cadell Hir – hwnnw'n ennyn trueni a gwrthuni yn ogystal ag edmygedd – rhag dod i'r fath gasgliad twt. Yn y diwedd, diogelir buddiannau Gwynedd yn wyneb ymgyrch Harri II gan ddulliau traddodiadol amddiffynwyr arferol y gymdeithas – ond nid cyn i'r arglwydd Hywel ab Owain gael cyfle i gadw cefn Gwrin a Cadell: 'Mi roddwn i fy ffydd yn y taeog cyn y gwnawn i ymddiried mewn gŵr rhydd a werthai Gymro i Norman!' (169).

Mae'n amlwg i Rhiannon Davies Jones fyfyrio tipyn ar y cwestiynau ynghylch moesoldeb dulliau treisiol o weithredu a gododd yn sgil Abergele. Yn *Eryr Pengwern*, fe fyn wahaniaethu'n ofalus rhwng y milwyr sydd 'yn brwydro i gadw cenedl' a'r rhai sydd 'yn lladd i borthi chwant' (30). Yn *Llys Aberffraw*, cyflwynir gweithredoedd y math cyntaf o ryfelwr fel ffrwyth naturiol y cariad mwyaf greddfol, mwyaf hunanaberthol posib. Yng ngeiriau'r Tad Pawl: 'Mae cariad at wlad, weldi, fel cariad mam yn eiddigeddus. Mi all mam ladd i achub ei mab' (60). Ar achlysur arall, dyrchefir gweithgarwch milwrol Owain Gwynedd i dir uchel crefydd gan adleisiau Beiblaidd ei haeriadau:

> 'Ni biau'r ffiniau. Ni biau Eryri, ac ni ddaw'r un blaidd o Norman i gorlannu'n defaid ni mwy! Ni biau'r porfeydd gwelltog a dyfroedd tawel yr afonydd. Fe gedwir yr hil.' (107)

Rhodd ddwyfol yw'r pethau hyn, a thrwyddynt y diriaethir perthynas dyn â Duw:

> 'Fyddach chi'n marw dros Dduw a'r Forwyn Fair, y Tad Pawl?' gofynnais. Edrychodd yntau mewn syndod arnaf.
> 'Welais i erioed Dduw na'r Forwyn Fair, Angharad . . . ond mi welais fynyddoedd Eryri dan hugan eira a'r môr yn las. Mi glywais Bencerdd yn canu i delyn ac mi welais gynnwrf y llanciau wrth fyned i ryfel.' (60–1)

Nid mater o reddf yn unig yw i lanciau 'fyned i ryfel' ond mater o reidrwydd moesol: 'Rhaid i genedl wâr ryfela i gadw'i hurddas, ond i'r gorchfygedig, gwastraff ydy lladd' (61). Cysylltu ychydig yn wahanol sydd i amddiffyniad Owain Gwynedd: 'Pan dorrir i lawr y canghennau fe'u cleddir rhwng gwreiddiau'r pren a bydd y mêr yn adnewyddu'r rhuddin o'i fewn' (106). Digon hyglyw, er hynny, yw'r adlais o linellau Euros Bowen yn y gerdd a gyhoeddodd gyntaf dan y teitl 'Dau Wron Abergele': 'oblegid/bydd gwreiddiau'r gwaed hwn/yn y tir/yn blodeuo'n wyrdd'.[26] Rhaid i genedl wrth ei merthyron os yw am oroesi, ond mae Rhiannon Davies Jones hefyd yn cyflwyno arwr newydd annisgwyl ym mherson yr uchelwr ifanc a fu'n rhangyfrifol am grogi Gwrin. Gwell gan hwnnw hyrddio 'ei ieuenctid dros glogwyni Eryri' (190) na gorfod rhoi'r gorau i ymladd y gelyn, ac wrth daflunio'r stori ar gefndir cymdeithas arwrol a rhyfelgar – lle nad yw dulliau gweithredu ond yn fater o hawliau gwahanol haenau o'r gymdeithas – nid yw'n anodd ymestyn yr un nenlen gysgodol dros lanciau'r fyddin gudd ag a godir dros ymdrechion y garfan swyddogol.

Cynigir yr ifanc eto ar ddiwedd y nofel fel ernes o'r parhad a'r adnewyddiad y goleuwyd Angharad a Rhun yn eu cylch yn gynharach gan Tâl, yr hen of:

> 'Mae hi'n fora'r byd arnoch chi eich dau yn union fel yr oedd byd Gruffudd ap Cynan i minna', a byd Rhodri mawr i'n hen deidia . . .
> Tydi ieuenctid byth yn marw. Dyn sy'n marw. Ieuenctid sy'n breuddwydio breuddwydion ac yn dyheu am y peth yma a'r peth arall nes bod y cwbwl yn dolennu o un genhedlaeth i'r llall yn union fel criba' mynyddoedd Eryri, o'r Eifl i'r Carneddau.' (119–20)

Y clo ar y cwbl yw Angharad ei hun – y ferch o linach y llys a fagwyd ymysg y taeogion, y ferch a gadwodd gyfrinach y fyddin gudd ac a gludodd ei chydymdeimlad â'i haelodau gyda hi i gylch y gwarchodwyr traddodiadol. Drwy i Rhiannon Davies Jones leoli ei Chymru ifanc, herfeiddiol, hunanaberthol newydd yn olyniaeth amddiffynnol y tywysogion, cynysgaeddir cymhellion cymysg y cyfnod hwnnw â rhywfaint o ddelfrydiaeth unplyg gweithredwyr ifainc y 1960au. Ar yr un pryd, defnyddir cyfnod y tywysogion i symleiddio'r cymhlethdodau ym mywyd y Gymru gyfoes ac i leihau ei hanundod hithau. Daw *Llys Aberffraw* i'w therfyn gyda phriodas wleidyddol – dwy o bosib – ar y gweill rhwng Gwynedd a Phowys. Daw penceirddiaid y ddwy dywysogaeth ynghyd i foli Owain Gwynedd ac i goffáu Madog ap Maredudd, gan greu awyrgylch o gyfamod, ac o undod diwylliannol. Ac ar daith briodasol yr arglwyddes Gwenllian o Wynedd i Bowys, myn un o'r osgordd iddo glywed mynyddoedd Eryri yn bloeddio 'Mi orchfygwn ni' (202–3); rhagarwydd, yn ddiau, o'r fuddugoliaeth unol fawr a gafwyd yn 1165 dan arweiniad Owain Gwynedd. Nid yw rhaglen amseryddol y nofel yn ei gorfodi i gofnodi y bydd i Owain Cyfeiliog, gŵr Gwenllian, droi wedi'r fuddugoliaeth i gefnogi brenin Lloegr.[27] Hepgorir hefyd y ffaith i Owain Gwynedd ymyrryd ym Mhowys wedi marwolaeth Madog ap Maredudd mewn dulliau llai heddychlon na'r rhai a gofnodir yn y nofel.[28] Mae ei oruchafiaeth i weithredu fel ffocws i ddyheadau cenhedlig y darllenydd, beth bynnag am ddyheadau Cymru'r ddeuddegfed ganrif.

Lleian Llan Llŷr yw'r drydedd nofel erbyn hyn sy'n ymwneud â hanes tywysogion Gwynedd, ac o ran cyfnod ei stori ffurfia ryw fath o ddilyniant i *Llys Aberffraw*. Clymir y naill arwr cenedlaethol wrth y llall drwy anwybyddu'r cyfnod cythryblus, diarweinydd rhwng marwolaeth Owain Gwynedd a theyrnasiad ei ŵyr, Llywelyn ap Iorwerth (Llywelyn Fawr). O ran dyddiadau cyhoeddi'r ddwy nofel, fodd bynnag, mae *Lleian Llan Llŷr* (1965) yn gynnyrch cyfnod deuddeng mlynedd yn gynharach, ac mae ei hawyrgylch yn wahanol iawn i hyder heriol *Llys Aberffraw*. Un o'i hynodion yw mai hi yw'r unig un o nofelau amlwg wleidyddol Rhiannon Davies Jones nad yw'n cyflwyno rhan helaeth o'r darlun drwy ymwybyddiaeth yr ifainc, neu yn ei lunio o gwmpas eu gyrfa. O'r braidd chwaith fod eu presenoldeb yn ffynhonnell gobaith. Maent yn marw o salwch (Dafydd ap Gwion) neu drwy ddamwain (Rhys Bach), yn cyflawni hunanladdiad (rhyw ferch o'r enw Bronwen) neu'n gorffwyllo (y Chwaer Victoria) ar raddfa frawychus. Naddu ofnau y mae hyd yn oed y plentyn sy'n naddu coed i ddifyrru'r amser mewn gwasanaeth eglwysig:

> 'Llun neidr ... ffured ... llyngir ... a llun y ddraig sy'n poenydio Tim Taicoch yn Uffern am iddo ladd gafr Beti Llain-hir, ynte nain?' [. . .]
> Pefriodd llygaid y plentyn gan ofn [. . .] Ar fôn y pren nid oedd ond arwyddluniau digon di-siâp a di-lun fel y bydd meddyliau tryblith pechadur ar wely angau. (96)

Am y Chwaer Anna ganol oed; ail-fyw yr ing o golli Peredur, ei chariad cyntaf, a wna hithau yn bennaf wrth edrych dros ei hysgwydd yn ei dyddiadur. Prin yw'r arwyddion ei bod, o wastadeddau emosiynol canol oed, yn hiraethu am 'danbeidrwydd gwyllt ieuenctid' (72).

Cyfeirio at berthynas Anna â Gruffudd, abad Ystrad-fflur, y mae'r dyfyniad diwethaf, ond mae bron pob agwedd ar ei chyflwr meddwl yn rhan o'r cyswllt cyfrin rhwng gyrfa Anna a ffawd Gwynedd. Bu derbyn marwolaeth Peredur – a laddwyd yn un o frwydrau Llywelyn ap Iorwerth – fel aberth anorfod i ddelfryd Gwynedd yn drobwynt ysbrydol yn ei hanes. Nodir y trobwynt gan ei pharodrwydd i fynd yn nofis i Lanllŷr, y lleiandy yng Ngheredigion a fu unwaith dan nawdd yr Arglwydd Rhys ond sydd bellach o dan adain Llywelyn, a chyd-ddigwydd hynny â'r 'awr fawr' (52) yn hanes Gwynedd pan fu i goron Lloegr gydnabod cyfran helaeth o enillion tiriogaethol Llywelyn ym Mhowys a'r Deheubarth.[29] Mae hynny i gyd yn y gorffennol, fodd bynnag. Cefnlen yw llwyddiannau Llywelyn ab Iorwerth yn *Lleian Llan Llŷr* ar gyfer arddangos amheuon Anna 'fod ystof ac anwe patrwm gwleidyddol Gwynedd eisoes yn dechrau breuo' (71) dan ofal ei fab, Dafydd. Dechreua Anna glafychu rywbryd cyn yr adeg y clywir am y bygythiad o du Lloegr i dywysogaeth Dafydd; wedi'r newyddion i Dafydd orfod ildio i Harri III, fe'i cawn yn cofnodi: ''Rwyf innau'n llesg megis tir fy mhobl yng Ngwynedd' (117). Gwna hynny gyda'r dimensiwn cenedlaethol, a fu'n rhan o'r is-destun o'r dechrau, wedi'i ddwyn i'r wyneb eisoes wrth restru colledion Gwynedd: 'O! Fair Fam Iesu! Cadw Gymru fy ngwlad!' (114).

Yn y cyfwng hwn, ac Anna yn ôl pob golwg yn nesáu at ei gwely angau, gorfodir y ddau lwybr cyfochrog yn sydyn i ddau gyfeiriad hollol wahanol:

> Bydd fy meddwl yn ffoi weithiau i Draeth y Lafan lle caf orwedd ar y tywod i aros i'r llanw ddod i mewn. Hwyrach mai fel yna y mae ar Wynedd hefyd ac y daw rhyw lanw mawr eto efo'r nawfed don, a hwnnw o hil Llywelyn Fawr. Fe roed i genedl godi ei phen eilwaith, ond nid i ddynion. (117)

Ond mae'n amheus a yw'r dull dirybudd hwn o ddargyfeirio llwybr y genedl i gyrchfan fwy gobeithiol yn ddigon i ddisodli'r athronyddu pesimistaidd a gafwyd yn gynharach yn y nofel:

> Y dderwen, meddai'r beirdd, yw cadernid Gwynedd. Yn ei changhennau preiffion a dirifedi rif ei dail y mae rhuddin uchelwriaeth a lletygarwch yr hen bendefigaeth. Mae parhâd i draddodiad, ond rywdro, rywsut, bydd farw'r dderwen hefyd. Oblegid y mae popeth byw yn darfod. (51)

Er i *Lleian Llan Llŷr* fynnu gwasgu diferyn o obaith cyn y diwedd o sefyllfa Cymru wedi marwolaeth Llywelyn Fawr, go denau yw ei flas gan cyn lleied o faeth a gafodd ar hyd y ffordd. Gwelsom mor wahanol yw dull Rhiannon Davies Jones yn *Eryr Pengwern* a *Llys Aberffraw* o gludo gobaith y genedl ar gefn y genhedlaeth ifanc. Nid oes ond angen cymharu'r darn yr ydym newydd ei ddyfynnu â'r dyfyniad a nodwyd eisoes o *Llys Aberffraw* sydd hefyd yn defnyddio'r dderwen fel symbol:

> 'Pan dorrir i lawr y canghennau fe'u cleddir rhwng gwreiddiau'r pren a bydd y mêr yn adnewyddu'r rhuddin o'i fewn' (106).

Oherwydd y gorgyffwrdd amseryddol rhwng cynnwys y ddwy nofel, mae'r gwahaniaeth rhwng *Lleian Llan Llŷr* a *Cribau Eryri* (1987) yn fwy trawiadol fyth. Yn *Lleian Llan Llŷr* nid yw Llywelyn ap Gruffudd (Llywelyn y Llyw Olaf) yn bod ar wahân i'r un cyfeiriad sydd ymhlyg yn y gobaith 'y daw rhyw lanw mawr eto efo'r nawfed don, a hwnnw o hil Llywelyn Fawr'. Yn *Cribau Eryri* mae yn un o'r prif gymeriadau, ac yn nodedig o'r dechrau am ei ddoniau. Er na ddaw i'w oed tan dudalennau olaf y nofel, rhagfynegir ymhell cyn hynny mewn llawer dull a modd – gan gynnwys arfer Gwenhwyfar ac Owain (ei frawd) o'i alw yn 'Llyw' – yr orchest sydd i ddod. Wrth wneud, ni ellir dileu cysgod y trychineb sy'n aros Llywelyn ar ddiwedd ei yrfa ond yn hytrach na cheisio ei anwybyddu dros dro fe'i wynebir benben – a'r nofel ond ar ei hanner – yn rhagweledigaeth ddrychiolaethus Gethin Fychan:

> Wrth y porth yr oedd gŵr cydnerth canol oed yn marchogaeth a chudynnau ei wallt brith yn disgyn yn gynhinion o waed dros ei ysgwyddau. Gwaywffon yn ei law dde. Eiliad arall ac fe syrthiodd ei ben a'r gwallt gwaedlyd yn belen i'r llawr . . . Eto, marchogodd y corff ymlaen yn cario gwaywffon yn ei law dde. Unwaith y cafodd ddrws yr Abaty diflannodd i sŵn llafarganu'r mynaich . . . Profiad erchyll oedd hwn . . . (129)

Profiad erchyll, yn wir. Pwysicach na'r erchylltra, fodd bynnag, yw'r ffaith i'r corff di-ben farchogaeth yn ei flaen 'yn cario gwaywffon yn ei law dde'. Fel ysbrydoliaeth i'r Gymru gyfoes, yn ddiau, y bwriedir y ddelwedd, ac fe'i hatgyfnerthir gan sylw Gethin wrth Lywelyn drannoeth y ddrychiolaeth: 'Mi wn i na fedar neb byth dy goncro di rŵan na gneud llanast ohonat ti' (128).

A *Lleian Llan Llŷr* yn gynnyrch Eisteddfod Genedlaethol 1964, anodd gorbwysleisio effaith rhybuddion araith *Tynged yr Iaith* (Chwefror 1962) Saunders Lewis. Allan o'r dirgryniadau a ledodd drwy'r Gymru Gymraeg y cododd Cymdeithas yr Iaith Gymraeg i fodolaeth, ond ni fyddai'r Gymdeithas wedi cael fawr o gyfle erbyn cyfnod cyfansoddi'r nofel i brofi'i stamina fel grym newydd ym mywyd Cymru. Dyna esbonio, efallai, argyhoeddiad Anna fod traddodiad ei phobl ar daith anorfod angau, a'r naws unfed awr ar ddeg sydd i'r cynnig y gall cenedl 'godi ei phen eilwaith'. Hyd yn oed wedyn, olyniaeth amddiffynnol draddodiadol 'hil Llywelyn Fawr' yn unig a grybwyllir. Mae'r gwahaniaeth trawiadol rhwng *Lleian Llan Llŷr* a *Llys Aberffraw* yn dyst i'r newid yn yr hinsawdd wleidyddol a welodd Gymry cyfrifol yn cydymdeimlo fwyfwy â'r rhwystredigaeth y tu ôl i wahanol ddulliau o weithredu 'ysbryd chwyldro'[30] y cyfnod. Nid yw Rhiannon Davies Jones yn *Lleian Llan Llŷr* ond megis dechrau ar ei gyrfa fel nofelydd ymrwymedig, didactig. Er hynny, anelu'n fyr fyddai peidio â chydnabod mor addas yw amharodrwydd y Gymru ganoloesol i uno dan oruchafiaeth tywysogaeth Gwynedd ar gyfer delweddu amharodrwydd Cymru cyfnod Rhiannon Davies Jones i uno dan oruchafiaeth y weledigaeth genedlaetholaidd. Ar ei hymweliad â Phowys ysgytir Anna gan y sylweddoliad 'nad hon oedd y Gymru a wybûm i' (92). Hynny, serch mai'r un cefndir diwylliannol, yr un traddodiad barddol – yr un cerddi, yn wir – yw ei gwaddol hithau ag eiddo gwŷr bryniau Powys Isaf. Achos yr ysgytiad yw iddi hithau, a fagwyd ar ddelfryd gwleidyddol arbennig, ddod wyneb yn wyneb am y tro cyntaf â chyd-wladwyr nad ydynt yn rhannu'r delfryd hwnnw: 'Ac eto fel y teithiem ymlaen, meddyliais fel yr oedd Ffawd wedi rhoi i Gymru, nid un breuddwyd ond llawer a'r naill yn llethu'r llall' (102).

Y pwynt a wneir yw na all rhwymau diwylliant na chrefydd nac iaith na thras, pa mor gryf bynnag y bônt, wneud iawn am ddiffyg cyd-ddyhead gwleidyddol. Mae gwneud y pwynt hwnnw yn golygu cymryd yn ganiataol fod amrywiaeth o freuddwydion yn beth annymunol – hyd yn oed yn y cyd-destun hanesyddol. Rhaid inni gredu ym modolaeth un breuddwyd sy'n rhagori ar y lleill, ac mae pob un o'r nofelau sy'n ymwneud â thywysogion Gwynedd yn edrych ar Gymru'r cyfnod o safbwynt rhaglen wleidyddol y dywysogaeth honno. Mae'n wir i amheuon Hywel ab Owain ynghylch y tiroedd Cymreig a enillwyd drwy 'raib gwyr Gwynedd' (*Llys Aberffraw*, 104) ein hatgoffa o'r elfen fanteisgar ac imperialaidd ym mholisi Owain Gwynedd. Ond ni ddatblygir ei safbwynt. Ni chrybwyllir beirniadaeth ambell fardd cyfoes, ac ni roddir sail athronyddol i feirniadaeth, sef bod y ffiniau rhwng y breniniaethau wedi'u hordeinio gan Dduw.[31] Yn bendifaddau, nid awgrymir i'r Hywel hanesyddol wneud mwy na 'gwarchod' tiroedd Ceredigion ar ran Gwynedd – iddo, yn wir, ymladd ei hun gyda'r Normaniaid yn erbyn yr Arglwydd Rhys,[32] sef gwir berchennog Ceredigion yn ôl Hywel calon-dyner ac egwyddorol y nofel. Er i'r nofelau dynnu sylw drachefn a thrachefn at raniadau gwleidyddol mewnol a dynastig Cymru, ni chawn ond y cipolwg mwyaf brysiog ar safbwynt y rhai sydd ar yr ochr 'anghywir' i'r rhaniad. Nid ymddiddorir yn eu cysyniad hwy o Gymru fel cyfundeb o wledydd bychain – cysyniad sydd yn fwy 'Cymreig', gellid yn hawdd honni, na'r weledigaeth ohoni fel un llywodraeth ganoledig ar batrwm Lloegr. Cymeradwyir polisi ehangol tywysogion Gwynedd o bersbectif gwleidyddol a gyflyrwyd yn anochel erbyn ein cyfnod ni gan y delfryd Ewropeaidd modern o'r genedl-wladwriaeth.

Ar ddechrau *Cribau Eryri* fe'n cyflwynir i gymeriadau sydd eto, fel yn *Lleian Llan Llŷr*, mewn sefyllfa ymneilltuedig; ond ar herw y mae'r rhain, ac nid colli cariad a'u gyrrodd i droi cefn ar gymdeithas ond ofn colli cenedl. Nid ei cholli i frenin Lloegr, chwaith, yn gymaint â'i cholli i'r garfan fewnol sydd yn bygwth troi'r Cymry yn 'hanner cenedl' (91). Unwaith neu ddwywaith yn *Lleian Llan Llŷr* cyfeiriwyd at Dafydd ap Llywelyn fel 'hanner Norman', gan ddangos ffafriaeth i'r hanner brawd, Gruffudd ap Llywelyn, sydd 'o waed coch cyfa' (7). Pan ddychwelir at y pwnc yn *Cribau Eryri* ymleda'r agen rhyngddynt yn agendor. Nod Elystan, yr Ymennydd Mawr, yw sicrhau nad Dafydd ap Llywelyn fydd etifedd ei dad: rhaid sicrhau'r olyniaeth i Gruffudd, y mab gordderch, ac i'w feibion yntau; pob un ohonynt 'o waed pur Cymreig' (13). Oddeutu'r cysyniad hwn – gan gadw mewn golwg bob amser fod bod yn 'hanner Norman' yn golygu bod yn 'hanner Cymro' – ymranna'r cymeriadau yn ddwy garfan, nid annhebyg i'r ddwy yn *Llys Aberffraw*. Ar y naill ochr i'r rhaniad saif yr Ymennydd Mawr, 'gŵr y brotest a'r cynllwynio a'r malurio o bell' (14), a'i Wylliaid; ar yr ochr arall, fe'u hwynebir gan bleidwyr 'perswadio trwy gynghreirio' (14), 'cynffonwyr y Norman yn llys Abar' (16). Ni all fod llawer o amheuaeth na wnaeth Rhiannon Davies Jones fanteisio ar y rhaniad hanesyddol rhwng Dafydd a Gruffudd ap Llywelyn i greu fersiwn ffuglennol o'r hyn a fu'n digwydd o'i hamgylch. I'r rhai a bleidiai weithredu uniongyrchol roedd siomedigaethau 1979 yn brawf pendant nad oedd glynu wrth y dulliau cyfansoddiadol, etholiadol ond megis anelu peli meirwon yng ngêm wleidyddol llywodraeth Lloegr. Dechreuwyd ar yr ymgyrch llosgi tai haf, ac yn 1981 cododd mudiad tanddaearol o'r enw WAWR (Workers Army of the Welsh Republic) ei ben. Wedi hynny, bu parodrwydd Mudiad Sosialaidd Gweriniaethol Cymru (mudiad arall a sefydlwyd yn 1981) i fynegi ei gydymdeimlad â chymhellion y llosgwyr yn ddigon i'r heddlu ei uniaethu â WAWR, ac â'r gyfres o ddyfeisiau ffrwydrol a oedd i esgor ar Achos Cynllwyn 1983.[33] Cafwyd gormod o sôn am 'gynllwynio', a gormod o 'falurio o bell' yn y blynyddoedd cyn, neu o gwmpas, yr adeg y byddai Rhiannon Davies Jones yn gweithio ar *Cribau Eryri*, inni beidio â gweld adlewyrchiad ohono yn y nofel.

Beth felly am y dehongliad? 'Adar brith o'r unlliw' (68) yw llawer o'r Gwylliaid yn ôl disgrifiad y nofel ohonynt, ac nid yw Gwgon y Cripil yn brin o atgoffa'r Ymennydd Mawr mai un gwyllt 'heb adnabod cyfraith a threfn' (15) yw Gruffudd ap Llywelyn, y gŵr y dymunant ei ddyrchafu'n ben ar Wynedd. Cyfeddyf yr Ymennydd Mawr fod ei ddelfrydiaeth yntau 'yn gallu bod yn drech na synnwyr y foment' (15). Eto, drwy ei wneud ef yn symbylydd i 'garfan fileinig' y Gwylliaid gyda'u 'greddf i ddinistrio ac i ladd', mae modd gwahaniaethu rhwng y cymhelliad – 'y dyhead angerddol oedd yn nghalon yr Ymennydd Mawr i gadw gwlad' (109) – a'r dulliau a ddefnyddir i'w weithredu. Mae modd hefyd ein cymell i ddeall rhywfaint ar y rhwystredigaeth a bair i'r Gwylliaid weithredu fel y gwnânt: 'Am na all dynion fyw ar ddelfrydau yn unig yr oedd y fintai arw hon o benboethiaid yn mynnu rhoi gwybod i'r Tywysog fod ysbryd gwrthryfel o hyd yn y tir' (109). Cymharol ddof, a dweud y gwir, yw'r rhan fwyaf o weithredoedd 'byddin gudd annosbarthus' (176) y Gwylliaid mewn oes lle roedd tywysogion yn barod i garcharu a dallu ac ysbaddu eu perthnasau eu hunain. Unwaith yn unig y ceir gan y Gwylliaid enghraifft o'r hyn y gellid ei ddisgrifio fel lladd 'anghyfreithlon'. Taro a wna'r Gwylliaid y tro hwnnw yn erbyn byddin swyddogol Dafydd ap Llywelyn (a hwythau wedi ymuno â hi am y tro) oherwydd i Dafydd ddod i gytundeb â Harri III yn hytrach nag ymroi i frwydro hyd yr eithaf. Hynny yw, y mae achos i gyhuddo'r sefydliad o 'compromise politics',[34] chwedl hunangyhuddiad Plaid Cymru wedi methiant yr ymgyrch dros ddatganoli. Y sefydliad y mae 'cymedroldeb', ac 'amynedd', a 'gras i ymatal' (176) yn arwyddeiriau iddo yn ei ymwneud â brenin Lloegr sydd hefyd yn meithrin drwy gyfrwng carchar wylltineb cynhenid yr Owain ap Gruffudd ifanc. Yr un sefydliad, drwy geisio amddiffyn ei fuddiannau ei hun, sydd yn gyfrifol wedi hynny am ddodi Gruffudd ap Llywelyn a'i deulu 'yng nghaethiwed hanner moethus carchar y brenin' (199).

Ni ellir peidio ag edmygu medrusrwydd yr awdur wrth iddi gadw'r ddysgl yn wastad rhwng y ddwy garfan. Ei thacteg ddisgleiriaf yw defnyddio Llywelyn ap Gruffudd fel pont rhyngddynt. Down i'w adnabod fel mab i ddewis aer yr Ymennydd Mawr a'i ddilynwyr, ond ni chafodd y Llywelyn ap Gruffudd hanesyddol erioed ei garcharu fel ei dad a'i frawd, ac fe gefnogodd Dafydd ap Llywelyn pan fu hwnnw'n gwrthwynebu byddin Harri III yn 1245. Felly, os ef yw edling y gwrthryfelwyr, gellir ei gyflwyno ar yr un pryd fel un sy'n cymryd Llywelyn ap Iorwerth (ei dad-cu) fel ei eilun, ac sy'n ymuniaethu ag amcanion a dulliau'r llys. Ond nid dyna'r darlun cyfan chwaith. Os breuddwyd am gyfanrwydd gwleidyddol a thiriogaethol a goleddir gan y Llywelyn ifanc, ymddengys weithiau fod gan yr Ymennydd Mawr flaenoriaethau eraill. Fel prawf o hynny caiff draddodi araith Saunders Lewisaidd i'r Gwylliaid, lle y rhoddir y sylw pennaf, nid i'r bygythiad milwrol i annibyniaeth y Cymry, ond i'r cymathu diwylliannol ac ieithyddol y tybia ei fod eisoes ar waith:

> 'Os nad awn ni i'r frwydr, fe fydd yr iaith Gymraeg yn fratiaith ac yn gymysgedd o iaith y gelyn . . . Mae'r rhybudd ar y mur pan fo swyddogion Llys Aber a gosgordd y Tywysog yn dysgu cerddi'r Norman i'w plant a'r Tywysog yn priodi'i blant â thylwyth yr estron!' (69)

Pa faint bynnag o sail sydd i ddamcaniaethu rhai haneswyr i'r Ffrangeg ddod yn iaith llys Aberffraw, gallwn fod yn weddol hyderus mai gwir symbyliad y sylwadau hyn yw'r mewnlifiad Seisnig cyfoes. Erbyn diwedd yr 1980au roedd wedi creu sefyllfa yng nghefn gwlad Cymru lle, yng ngeiriau Aitchison a Carter, 'there is no longer a *Bro Gymraeg* in the sense in which it was originally conceived'.[35] Byrdwn *Cribau Eryri* yn wyneb yr argyfwng hwnnw yw mai carfan o brotestwyr answyddogol sydd ar flaen y gad o hyd.

Mwy optimistaidd yw'r rhagolygon ar ddiwedd *Cribau Eryri* nag ar ei dechrau. Bu farw Gwgon y Cripil, y cymeriad rhyfedd hwnnw a anwesid gan yr Ymennydd Mawr fel 'arwyddlun o'r hil archolledig' (19), a llenwir ei le yn serchiadau'r Ymennydd Mawr gan Braint, swyddog Normanaidd o dras Gymreig ddeheuol; gŵr y dywedir mai 'calon Cymro' sydd ganddo 'ond bod iaith y Norman wedi'i ynysu o oddi wrth ei bobol' (201). Gwrthdroir y duedd i Normaneiddio a welwyd tan hynny, gyda 'thynfa'r gwaed' (197) yn denu Braint i chwilio am ei etifeddiaeth goll. Caiff ei ddallu yn yr ymdrech ond daw'r Ymennydd Mawr i'w ddiddosi, i roi olew yn ei glwyfau, ac i'w gymryd ef i'w ofal:

> 'Yno, yn cysgu wrth ei draed yr oedd y gŵr clwyfedig dall a achubwyd o ddolur y rhyfel. Gŵr a aeth yn ysglyfaeth i raib yr estron oedd hwn wrth iddo geisio darganfod ei wreiddiau.' (235)

Hollol amlwg yw'r symbolaeth, ac nid llai amlwg yw'r cyswllt rhyngddi a'r newid yn agwedd y di-Gymraeg at yr iaith yn y Gymru yr ysgrifennwyd *Cribau Eryri* ar ei chyfer, a'r newid yn cynnwys cynnydd yn nifer y siaradwyr Cymraeg yn rhai o'r ardaloedd yn ne-ddwyrain Cymru a gollodd eu hetifeddiaeth drwy 'raib yr estron'.[36] Nid *Cribau Eryri* yw'r nofel gyntaf lle y ceir Rhiannon Davies Jones yn consurio ar ei diwedd yr ymdeimlad gobeithiol "Does wybod beth fydd gan yfory i'w gynnig!' (208), ond dyma'r tro cyntaf iddi ei ymestyn i gynnwys y Gymru ddi-Gymraeg.

Cymhlethir y sefyllfa yn *Barrug y Bore* (1989), y dilyniant i *Cribau Eryri*. Cawn wybod mai ei gyd-Gymry – y milwyr y bu'n ymladd ysgwydd yn ysgwydd â hwy – a ddallodd Braint am iddynt dybio mai Norman ydoedd. Hwy a'i gwnaeth hi mor anodd 'gan faint ei glwyfau' i'r Ymennydd Mawr amgyffred 'pa un ai gelyn ai câr oedd y gŵr' (*Cribau Eryri*, 225), a serch parodrwydd yr Ymennydd Mawr i'w ymgeleddu fe deimla yntau ddallineb Braint fel maen melin am ei wddf ar adegau. Mewn un man, yn wir, gwyntyllir y syniad mai 'partneriaeth anghymarus' (*Barrug y Bore*, 149) yw honno rhwng yr Ymennydd Mawr a Braint, sef rhwng y delfryd cenedlaetholaidd a'r Gymru a gollodd ei gwreiddiau. Mae hunaniaeth Braint yntau yn llawn croesebau. Cyffesa iddo'i hun 'mai acen y Norman balch oedd felysaf i'w galon am mai honno oedd yr unig iaith y bu iddo ei llwyr feistroli' (22); ni all ymryddhau chwaith o'r dieithrwch daearyddol sy'n gwneud iddo deimlo mai 'Cymro mewn tir estron' (24) ydyw yn ei famwlad. Ond datodir clymau'r gwahanol densiynau yn *Adar Drycin* (1993), nofel olaf y drioleg sy'n ymwneud â bywyd Llywelyn ap Gruffudd. Daw Braint o hyd i Mererid, wyres y forwyn llys a'i cychwynnodd ar ei ymchwil am ei wreiddiau, ac esmwytheir dolur ei hen greithiau gan ei thriniaeth fedrus. Arwyddir ei dawelwch meddwl ymhellach drwy ei osod cyn diwedd y nofel yng ngwisg Urdd y Sistersiaid. Goleuir ei fywyd, mewn gair, gan ffydd a pharhad. Nid yw sgitsoffrenia cenhedlig Braint yn rhan o brofiad Siencyn Sbïwr, cymeriad symbolaidd tebyg iddo yn *Adar Drycin* sy'n fab i Gymraes a dreisiwyd gan Norman 'o dros y Clawdd' (132). Testun rhyfeddod i Lywelyn yw ymlyniad di-ildio Siencyn wrtho, ac felly hefyd ddyfalbarhad Cymry'r Gororau yn wyneb y gorthrwm estron a ddioddefwyd gan genedlaethau ohonynt. Y neges derfynol a gyflwynir yng nghyswllt unigolion a chymunedau o'r fath yw sylweddoliad Llywelyn 'nad oedd dim o fewn Amser yn gallu lladd cof cenedl' (104).

Am yr Ymennydd Mawr, wedi i Gruffudd ap Llywelyn gyflawni hunanladdiad (neu dyna'r awgrym) fe ddychwel i blith yr amddiffynwyr swyddogol. Â ymlaen yn *Barrug y Bore* i weithredu o bell fel gweledydd, neu gynghorydd gwleidyddol, i Lywelyn ei hun, a chludir Llywelyn i uchafbwynt ei yrfa ar gefn ton o weithredu unol. Cyn dod i ddiwedd chwarter cyntaf *Adar Drycin*, fodd bynnag, clywir sibrydion am garfanau newydd yn crynhoi yn yr ucheldiroedd, ac yn fuan wedyn fe'n cyflwynir i Feibion Uthr Wyddel. Nid yw'r dirgelwch sy'n amgylchynu'r Meibion, na'r cysylltiad Gwyddelig, yn brin o daro tant – nac ychwaith y sôn am fflam, a thân a llosgi yng nghyswllt atyniad y Meibion i Lywelyn a'r rhybuddion iddo beidio ag ildio i atyniadau Collen, un o ferched Uthr Wyddel. Digamsyniol yw'r cliw yn y disgrifiad o'r Meibion 'yn cynna' coelcerthi i rybuddio'r Norman mai "dynion dwad" ydyn nhw' (223). Nid rhyfedd felly fod i Feibion Uthr Wyddel, fel i'r Gwylliaid, eu hochr anwar, wrthgymdeithasol. Eto, yn ei ymwneud â'r 'eithafwyr' (67) hyn, ymdeimla Llywelyn â chynhesrwydd 'calon gwir Gymro' nes bod 'gwefr cenedlaethau a fu yn ireiddio'i waed' (68). A cheir yn llys Uthr Wyddel yr holl amlygiadau o'r diwylliant Cymreig – y telynorion a'r beirdd, y canu a'r chwedleua – y mae Llywelyn ei hun mor dueddol i'w hesgeuluso yng nghanol ei deithio a'i frwydro diflino.

Wrth i Rhiannon Davies Jones ddychwelyd unwaith yn rhagor at broblem a fu'n ei phoeni yn gyson er *Llys Aberffraw*, gellir synhwyro ei bod wedi newid ychydig ar ei chân. Lle mae gobeithion yr amddiffynwyr swyddogol, traddodiadol yn darparu'r ffocws ar ddiwedd *Llys Aberffraw*, diweddir *Adar Drycin* gyda darlun o hiraeth ingol Collen ar ôl 'ei Thywysog' (305). Er y clod i ddewrder y Deunaw ifanc o blith ei osgordd a syrthiodd yn ymgyrch olaf Llywelyn, ac er i'r broliant eu cysylltu â'r ysbryd o wrthryfel ymysg 'ieuenctid Cymru heddiw', Collen yw'r 'brigyn briw' y dywed Llywelyn amdani ar drothwy ei gwymp:

'Rwyt ti fel yr hen genedl yma, Collen, yn wydn. Bron na ddywedwn i mai ti *yw'r* genedl. O leiaf fel Collen, yr efell, ferch Uthr Wyddel, y carwn i gofio am genedl y Cymry.' (282)

Nid yw cymodi tueddiadau croes i'w gilydd yn ddim newydd yn nofelau Rhiannon Davies Jones. Eto, mae'n debyg i rwystredigaethau'r 1980au ddarparu'r llosgwyr â sail letach o gydymdeimlad, pa mor anfoddog bynnag, nag a fwynheid gan y mudiadau cudd a fu'n gweithredu cyn hynny. Yn sicr, mae'r sylw a roddir yn y drioleg i garfanau'r ymylon yn adlewyrchu sut y cydiasant yn nychymyg Cymru'r cyfnod. Mantais Rhiannon Davies Jones fel nofelydd yw iddi allu eu hadleoli mewn oes fwy cydnaws â'u dulliau – a bod saith canrif yn glustog go effeithiol rhyngddi a goblygiadau'r honiad a wneir yn *Adar Drycin*: 'Mae rhai yn y llys yn deud bod yn rhaid i genedl y Cymry wrth ddynion felly – dynion yn mynd y filltir arall' (90).

Efallai yr ymddengys imi ddefnyddio crib ry fân wrth nodi'r cyfatebiaethau sy'n taflunio darlun o'r Gymru gyfoes ar y cefndir canoloesol. Mewn gwirionedd, bu'n rhaid hepgor amryw o enghreifftiau eraill a fyddai wedi gwneud y darlun yn fwy cyflawn byth. Gwahanol ar yr wyneb, yw dull Marion Eames o weithio yn y *Y Gaeaf Sydd Unig*, nofel arall am Lywelyn ap Gruffudd, ac un y mae ei chynnwys yn gorgyffwrdd yn amseryddol â gyrfa Llywelyn yn *Adar Drycin*. Ymgyfynga Marion Eames yn llawer llymach i ffeithiau gwybyddus hanes, neu i ddamcaniaethau cyfarwydd yn eu cylch. Nid oes yn *Y Gaeaf Sydd Unig* fudiadau cudd na ddywedir dim amdanynt yn ein llyfrau hanes, na'r cyfochredd agos rhwng episodau dychmygol a digwyddiadau cyfoes. Er hynny, rhy niferus yw'r elfennau cyfatebol rhwng digwyddiadau 1282 a digwyddiadau 1979 i neb fedru credu nad oedd yr awdur yn ymwybodol ohonynt wrth gyfansoddi nofel a gyhoeddwyd ychydig dros dair blynedd wedi'r Refferendwm. A barnu wrth ymateb rhai, gellid tybio bod canlyniad y Refferendwm ar ddatganoli yn drychineb ar raddfa debyg i farwolaeth Llywelyn y Llyw Olaf. 'Daethom yn bur agos at ddinistrio'n hun fel cenedl', meddai Gwilym Prys Davies,[37] a chafwyd llu o gyfeiriadau tebyg at 'chwalfa'r Refferendwm', ac at arwyddion 'o ddryswch llwyr, o fethiant ac anobaith'.[38] Ni wn pryd y dewisodd Marion Eames bwnc *Y Gaeaf Sydd Unig,* ond hawdd dychmygu nofelydd mor ymrwymedig, yn y 'diwrnodau tywyll'[39] a ddisgrifiwyd, yn troi i fyfyrio ar un o'r profiadau dwysaf o alar a cholled yn holl hanes y genedl.

Wrth ail-greu cwymp Llywelyn, cafodd Marion Eames, fel Rhiannon Davies Jones, gyfle i roi mynegiant i ymdeimlad y datganolwyr o dwyll a brad. Y syndod yw mor debyg yw'r cyhuddiadau yn y ddau achos. Dull cyfrwys oedd y Refferendwm, meddid, o alluogi'r llywodraeth i ymddangos fel petai'n parchu hawliau Cymru tra'n sichrau na châi yr hyn a ddymunai.[40] Ystryw debyg ei heffaith a fabwysiadwyd gan Edward I yn yr achos hir rhwng Llywelyn a Gruffudd ap Gwenwynwyn ynghylch yr hawl i arglwyddiaeth Arwystli. Llwyddodd y brenin i osgoi penderfynu'r achos yn unol â chyfraith Cymru fel y dymunai Llywelyn, ac fel yr ordeiniwyd yng Nghytundeb Aberconwy (1277), tra'n rhoi'r argraff ei fod yn gweithredu mewn dull cyfiawn a rhesymol. Rhoddir sylw arbennig o fanwl i dactegau gohirio'r brenin yn *Y Gaeaf Sydd Unig*, ac yn y nofel honno ei ateb olaf – un sy'n golygu y byddai'n rhaid i Lywelyn ddechrau o'r dechrau eto – sy'n gyrru Llywelyn i ymuno â gwrthryfel Dafydd. Y penderfyniad hwnnw, wrth gwrs, a'i harweiniodd yn y pen draw i'w farwolaeth. Yn *Adar Drycin*, ymateb Llywelyn yw mynd ar ei union i drefnu'r hyn a ddisgrifir gan Beverley Smith fel 'y cytundeb mwyaf annisgwyl iddo ei wneud erioed',[41] sef ei gytundeb heddwch â Rhosier Mortimer. Ni allai mesur datganoli y llywodraeth Lafur, na'r gwrthwynebiad huawdl iddo ymysg aelodau Cymreig y blaid,[42] fod ymhell o feddwl y nofelwyr yng nghyswllt y cytundeb hwnnw. Oherwydd ym mherson Rhosier Mortimer cyflwynir i'n hystyriaeth y gelyn a gytunodd i anghofio ffraeon y gorffennol er mwyn tynnu i gyfeiriad cyffredin, ond a gyflawnodd weithred o frad dan gochl y gydymddiriedaeth newydd.

Dosbarth arall o fradwyr yw'r Cymry hynny y mae eu buddiannau materol yn agosach at eu calonnau na gweledigaeth Llywelyn o'r Gymru unol, annibynnol. Yn *Y Gaeaf Sydd Unig* mae'r cyswllt rhwng brad a materoliaeth yn hollol ddiamwys. Wedi'r gwladgarwch a gynhyrfwyd gan Gytundeb Trefaldwyn, buan yr oera brwdfrydedd y mân arglwyddi pan sylweddolant y pris a ofynnir gan frenin Lloegr am gydnabod hawliau Llywelyn fel tywysog Cymru. Fel y myfyria Tegerin wedi'r cwymp: 'cyn sicred ag y cwyd arwr, bydd bradwr o blith ei bobl ef ei hun hefyd yn codi, a hunan-les yn sarnu'r freuddwyd' (287). Nid anghyfarwydd yw'r thema hon i'r neb a ŵyr am y parodrwydd i briodoli pleidlais nacaol 1979 i 'ysbryd cwbl faterol y cyfnod',[43] i'r ofn y collid swyddi, pensiwn, grant a sybsidi,[44] ac i oruchafiaeth 'materoldeb yr hen gynhysgaeth Brydeinig'.[45] Ar ben hynny, mae Marion Eames, wrth ychwanegu elfennau newydd o frad, gan gynnwys y ddrwgdybiaeth fod Dafydd ap Gruffudd ei hun â'i fys rywle yn y briwes, yn atgynhyrchu'r argraff o frad hollgwmpasog a grëir gan rai sylwebyddion cyfoes – yr ymdeimlad nad oedd yr ymgyrch dros Gynulliad i Gymru yn ddim o'r dechrau i'r diwedd ond 'cynllwyn i ddwyn anfri ar y Cenedlaetholwyr'.[46]

Pa un a yw hynny'n wir neu beidio, nid oes dwywaith nad oedd elfen o hunan-dwyll yn uchel obeithion ambell ddatganolwr ar drothwy'r Refferendwm. Ymgysurai eraill, drannoeth y drin, fod y bleidlais nacaol wedi'i dylanwadu gan amgylchiadau gwleidyddol y gellid eu diystyru gyda golwg ar y dyfodol. Cynhyrchir rhyw rith tebyg o obaith gan ddychymyg Mabli wedi marwolaeth Llywelyn:

> Ac yna, fe'i gwelodd yn dod tuag ati. Yr oedd ei farch yn disgleirio fel haul, ac yntau ei hun mor danbaid ei olwg fel na allai ei weld yn eglur. Ond fe wyddai'n iawn pwy ydoedd. Daliodd ei breichiau allan i'w gyfarch a theimlai'r llygaid glas yn treiddio trwyddi. Daeth y fath hapusrwydd drosti, fel bod arni awydd gweiddi o orfoledd.
> Neidiodd i lawr oddi ar ei march, a rhedodd i'w gyfarfod.
> 'Arglwydd Dywysog . . . !' (291)

Arbedir Mabli gan ei marwolaeth rhag darganfod mai mynach cyffredin yw gwrthrych ei gorfoledd, ond nid yw hynny ond yn atgyfnerthu'r ddelwedd o'r teyrngarwch diffrwyth, drysedig y tyfodd yn symbol ohono. Gwrthbwysir y ddelwedd i raddau gan obaith Tegerin am ddyfodol ei blant:

> Gwyddai, pe codai Llywelyn newydd, y byddai am i hwn, a chwaraeai wrth ei draed, ei wasanaethu fel y gwasanaethodd ef Lywelyn ap Gruffudd . . . Mor dlawd y wlad nad oes gan ei dynion ifainc eu gweledigaethau, meddyliodd. Eifion, ei frodyr a'i chwiorydd, hwy oedd wedi etifeddu'r darn hwn o'r Cread, ac am hwn y byddent yn gyfrifol yn Nydd y Farn. (287)

Ond ym meddwl y Tegerin canol oed, blinderus yr adleisir y fersiwn llai herfeiddiol o ddatganiad Hen Ŵr Pencader, ac unig ddymuniad Tegerin bellach yw 'llonyddwch i ofalu am ei wraig a'i deulu' (286). Gyda'r canol oed hefyd y diweddir y nofel – gyda Mabli wedi'i rhyddhau o'i hir rwystredigaeth a'i hartaith, a Tegerin yn gwylio'r mynach o abaty Cwm Hir yn gosod canhwyllau o gwmpas ei chorff.

Newidiwn gryn dipyn ar ein byd wrth droi at dudalennau olaf *Adar Drycin*. Yno, anogir cynulleidfa ifanc gan Llywelyn ei hun ychydig wythnosau cyn ei ddiwedd:

> 'Wŷr ifanc yr osgordd! Fe'ch ganed yn freintiedig, yn gryf o gorff, yn finiog o feddwl, yn anturus ac fe roed arnoch gyfrifoldeb i amddiffyn gwlad a'i gwerin rhag gormes estron . . . Fynnwn ni ddim gwerthu ein treftadaeth am bris yn y byd er mwyn cenedlaethau o bobl na wyddom ddim oll amdanynt eto a rhag i'r rheini fod yn dannod ein heiddilwch ni i'w gilydd.' (281)

A chyda'r to ifanc yr arhosir y tro hwn. Gyda'r ddau aelod o'r osgordd a lwyddodd i oroesi cyflafan Pont Orewyn; gyda'r plant a ddarlunnir yn gosod torch ar feddrod Llywelyn; ac, yn olaf oll, gyda Collen, y ferch ifanc y dywedir bod ei hysbryd yn dal i chwilio, ganrifoedd yn ddiweddarch, am ei Thywysog. Yno hefyd, yn gwarchod corff Llywelyn, y mae Hal, y meddyg hoyw. Mae'n siŵr fod Hal yn gyrru ar ei ganol oed erbyn hyn, ond ymdebyga i'r Collen ifanc yn gymaint â'i fod yn un o drigolion ymylon y gymdeithas barchus-swyddogol a dynnwyd fwyfwy i ganol y ddigwyddiadaeth. Yma, gyda'r ifanc, y gwahanol, a'r ymylol y gorwedd y gobaith am barhad gweledigaeth Llywelyn, a Hal gaiff yr anrhydedd o gysuro'r ddau filwr ifanc a amddifadwyd o'u harweinydd: 'Mi fydd y Cymry yn sôn am Lywelyn ap Gruffudd am amser hir . . .' (303). Gwelir felly sut yr adlewyrchir yn nofel Rhiannon Davies Jones dueddiadau cynhwysol cenedlaetholdeb yr wythdegau; tueddiadau a gludwyd i reng flaen y frwydr pan etholwyd Dafydd Elis Thomas yn llywydd Plaid Cymru yn 1984,[47] ac a oedd yn rhan o'r ymateb positif i siom y Refferendwm.

Oherwydd y duedd a fu i ganolbwyntio ar ddatblygiad cyfansoddiadol a gweinyddol gwladwriaethau ar draul agweddau eraill ar hanes, ychydig a ysgrifennodd ein haneswyr tan yn ddiweddar am y cyfnod rhwng cwymp Llywelyn yn 1282 a Brwydr Bosworth yn 1485. Ni fylchir yr hirlwm ond gan y sylw cyson a roddir i Owain Glyndŵr o'r unfed ganrif ar bymtheg ymlaen.[48] Adlewyrchu'r un blaenoriaethau – sefydliadol ar y naill law ac arwrol (yn ystyr lac y gair) ar y llaw arall – a wna ein nofelwyr. Er bod Beti Hughes yn eithriad, yn gymaint ag iddi ddewis Dafydd ap Gwilym fel prif gymeriad *Aderyn o Ddyfed*, ni fodlonodd ar y dehongliad arferol o'i yrfa fel arloeswr ym maes cerdd dafod. Cydlinynnir y ddeuoliaeth yn ymateb y Cymry i'r concwerwr â'r ddeuoliaeth y sylwodd rhai beirniaid llenyddol arni yng nghywyddau Dafydd ap Gwilym. Canolbwyntir ar y tyndra rhwng yr eglwys a chrefydd 'y gwŷdd a'r gog' (81),[49] rhwng y bendithion sanctaidd a phleserau serch, a'i ymestyn i gynnwys teimladau tybiedig y bardd tuag at ei genedl. Cyn iddo'i gael ei hun ym mwlch yr argyhoeddiad,[50] digon tebyg yw canmoliaeth Dafydd ap Gwilym i'r drefn a sefydlwyd wedi cwymp Llywelyn y Llyw Olaf – 'Mae angen Brenin arnom i'n huno. Fuom ni erioed mor unol ac mor fawr ag yr y'm ni heddiw' (52) – i'r Prydeindod brenhingar a fu mor hyglyw o gwmpas cyfnod yr Arwisgo yn 1969. Fe'n hatgoffir o'r achlysur hwnnw gan gyfeiriadau aml y nofel at y Tywysog Du, a chan sylw'r Dafydd ap Gwilym annychweledig am y llw o ffyddlondeb a dyngodd ei ewythr i'r Tywysog Du: 'Pam lai? Onid ef yw'n Tywysog ni?' (52). Nid dyna'r unig fater cyfoes a adleisir yn *Aderyn o Ddyfed*, ond yr hyn a'i cysyllta â'r thema arwrol a red drwy nofelau eraill y bennod hon yw'r disgwyl am arweinydd cenedlaethol newydd. Cawn Dafydd ap Gwilym ei hun yn datgan at y diwedd y bydd ei 'atgofion am Lywelyn a'r hen dywysogion' yn ei ddilyn i'w fedd yn Ystrad-fflur, 'a bydd y gobaith am arweinydd a deffroad newydd yn gynghanedd i'm henaid, a chaf nefoedd, nefoedd bardd o Gymro' (121).

Prif swydd *Aur y Llinyn* Beti Hughes yw gwireddu'r dyhead am arweinydd cenedlaethol a fynegir yn ei rhagflaenydd. Mwy arwyddocaol, o ran penderfyniad yr awdur i fenthyca gwisg y gorffennol ar gyfer y presennol, yw ei bod hefyd yn gwireddu proffwydoliaeth abad Ystrad-fflur ynghylch cyfraniad yr ifanc:

> 'Fe gyfyd gwaedd a fydd yn atseinio yn Nolwyddelan, Aberconwy a Llanfair-ym-muallt, ac etyb y bobol ifainc – pobol debyg i chi, Dafydd ap Gwilym, a bydd daear Ystrad Fflur yn llawenhau o'r newydd wrth wylio'r atgyfnerthiad hwn.' (*Aderyn o Ddyfed*, 120)

Erbyn iddo godi mewn gwrthryfel yr oedd Owain Glyndŵr eisoes yn ŵr canol oed, ond neilltuir y gyntaf o ddwy ran *Aur y Llinyn* i'w hanes yn fyfyriwr coleg yn ei ugeiniau cynnar, lle y'i ceir yn breuddwydio am 'y sefydliadau hynny' (45) a fyddai'n rhoi i'r Cymry yr un ymdeimlad naturiol o genedligrwydd â'r Sais. Y sefydliadau a olygir, yn ddi-os, yw'r rheini a oedd ymhlith gofynion Polisi Pennal. Lluniwyd y Polisi chwe blynedd wedi i'r Glyndŵr hanesyddol gychwyn ei wrthryfel, ac fe'i cysylltir fel arfer â phrofiad a chyngor y swyddogion a fu'n gymaint o gymorth iddo yn ei rôl fel gwleidydd a gwladweinydd.[51] Ond mae Glyndŵr y nofel yn genedlaetholwr yn nhoriad ei fogail. Yn fwy penodol, mae'r darlun ohono fel un o 'bobl ifanc y Prifysgolion' (12) – fel un o'r ieuenctid sydd 'yn medru bod mor ffyddlon, mor ardderchog ffyddlon i bridd eu gwreiddiau' (28), ac sydd yn ysu am gael gweithredu – yn cyfateb yn agos i broffil y protestwyr a oedd yn denu cymaint o sylw yn y blynyddoedd o gwmpas cyhoeddi nofel Beti Hughes. Estyniad o'r un darlun yw'r tyndra rhwng yr ifanc a'r genhedlaeth hŷn: 'Beth a wnaeth eich cenhedlaeth chi, beth wnaethon nhw yn eu hieuenctid?' (12–13). Y ffrâm o gwmpas y cwbl yw fod y Glyndŵr ifanc yn synied am genedl – 'Onid pobl a wewyd yn un gan hanes, iaith a daear, pobl ag iddynt yr un cefndir a'r un traddodiadau yw cenedl?' (45) – yn union dermau ymdrechion cyfnod yr awdur i'w diffinio.

Mewn modd tebyg clytweithir syniadau ac ymadroddion J. R. Jones a Saunders Lewis ynghyd yng nghyswllt ffrae Glyndŵr â'r Arglwydd Grey:

'Darn o dir yw Rhos Croesau, a rhaid imi ei amddiffyn a'i gadw yn ei lendid a'i burdeb i'r cenedlaethau sy'n dod.' (56)

'. . . darn o grud yr iaith . . . rhan o'n troedle ni fel cenedl ar y ddaear'. (86)

Ac nid oes raid chwilio'n rhy ddyfal am fygythiadau i diriogaeth y Gymru y trigai Beti Hughes ynddi. Cofiwn am y bwriad i foddi Cwm Dulas, a hynny'n dilyn yn dynn ar sodlau Tryweryn a Chlywedog; am y cynllun i ychwanegu maes tanio at y sefydliadau milwrol eraill yr honnwyd iddynt eisoes lyncu rhyw 16,000 erw ar arfordir Bae Caerfyrddin; ac am drachwant brawychus y Comisiwn Coedwigaeth.[52] Ar ben fflamau'r dicter a gyneuwyd gan yr achosion hyn, ffrwtiai'r anniddigrwydd mwy cyfffredinol 'fod dieithriaid yn dyfod ac yn meddiannu tiroedd a fu'n perthyn erioed i ni'.[53] Weithiau hefyd fe ffrwydrai'r anniddigrwydd hwnnw yn weithredu uniongyrchol yn erbyn mewnfudwyr unigol – fel y gwna yn *Aur y Llinyn* yn achos y tir a fu 'yn eiddo i gyndadau Owain Fychan ers cyn co' (69). Mae'r un perthnasedd cyfoes i sylw Iolo Goch ynghylch ansawdd daear Rhos Croesau: 'Does fawr o borfa arno, dyw e fawr mwy gwerthfawr na rhos gyffredin, ac . . . ac . . . efallai mai gwell fyddai ei adael i'r Arglwydd' (55). Gan fod dadl y tir 'di-werth' fel tôn gron yn hanes y darnau o ddaear Cymru a feddiannwyd ar wahanol adegau gan lywodraeth Lloegr, nid yw'r sylw ond yn cadarnhau ein bod yn ymwneud â sefyllfa dra chyfarwydd.

Ychydig o sôn sydd yn y nofel am draddodiad teulu Glyndŵr o gydymffurfio a chydweithio â'r gyfundrefn Seisnig. Arbennig o arwyddocaol yw'r bwlch o un mlynedd ar hugain rhwng rhan gyntaf y nofel a'r ail gan fod y bwlch hwnnw'n rhychwantu'r cyfnod pan fu Glyndŵr yn ymladd dros Risiart II yn erbyn yr Alban, Ffrainc ac, o bosib, Iwerddon.[54] Darparu cyfle i'w hesbonio a'i chyfiawnhau a wna'r cyfeiriadau diweddarach at ei yrfa filwrol, ac mae agwedd y nofel yn gyson wrthwynebus i ryfel. O ganlyniad, nid yw'n gordrethu'r dychymyg i weld yn effaith andwyol y Rhyfel Can Mlynedd ar ymlyniad 'ein bechgyn' wrth 'bridd eu gwreiddiau' ryw gysgod o'r dirywiadau a ddaeth i fywyd Cymru yn sgil yr Ail Ryfel Byd. Cadarnhau'r awgrym a wna'r Brawd Llywarch wrth fyfyrio (mewn nofel a gyhoeddwyd yn 1973): 'Rhyfedd fel y mae craith deng mlynedd ar hugain yn dal i grebachu calon dyn o'i chyffwrdd ag atgof' (16). Beth, at hynny, am agwedd arwr Beti Hughes tuag at y genedl y cynghreiriodd y Glyndŵr go-iawn â hi yn ddiweddarach: 'Peth creulon iawn yw rhwystro awydd cenedl i fyw fel uned. Dyna'r unig friwsionyn a ddeisyfai'r Ffrancod o wledd ddiflas gwareiddiad . . .'? (86). Anodd credu i'r awdur ddisgwyl, o ddifri calon, inni wylo dros y Ffrainc a dyfodd yn y man yn rym arswydus o imperialaidd. Fodd bynnag, nid oedd yn 1973 ond ychydig flynyddoedd oddi ar i filwyr Prydeinig gael eu hanfon am y tro cyntaf i gadw'r heddwch yng Ngogledd Iwerddon, ac – a'r gred ar led mai Lloyd George oedd 'tad y cawl'[55] – mae'n eglur i'r Helyntion yn Iwerddon gyffwrdd â man arbennig o ddolurus yn yr ymwybyddiaeth genedlaethol Gymreig. Tyfodd yr argyhoeddiad hefyd fod y Cymry, fel dinasyddion Prydeinig, yn gyfrannog o droseddau milwrol a gyflawnwyd gan Loegr ac America mewn rhannau eraill o'r byd – Anguila a Fiet-nam yn eu plith.[56] Gwyddom i'r Rhyfel Can Mlynedd gynhyrchu peth anniddigrwydd ynghylch arfer brenhinoedd Lloegr o ddefnyddio Cymru fel ffynhonnell milwyr i'w byddinoedd. Serch hynny, mae gwrthwynebiad yr awdur i ryfeloedd a helyntion milwrol ei chyfnod hi ymhlyg ym mhob un o gyfeiriadau'r nofel at listio bechgyn i ymladd dros y Lloegr imperialaidd sy'n 'chwalu gobeithion cenhedloedd eraill' (13).

Tebyg i ogwydd pasiffistaidd y mudiad cenedlaetholaidd cyfoes ddylanwadu rhywfaint hefyd ar gyflwyniad Beti Hughes o'r gwrthryfel ei hun. Wrth ddwyn ei nofel i ben yn fuan wedi i ddilynwyr Glyndŵr ei gyhoeddi yn Dywysog Cymru, sicrheir bod y gwrthgyferbyniad yn eglur rhwng y dyrchafu ar y Cymro olaf i ddwyn y teitl hwnnw a'r dyrchafu ar dywysog estron yn 1969. Brithid areithiau a llenyddiaeth y brotest wrth-Arwisgo â chyfeiriadau at Owain Glyndŵr, a bu i rai o'r protestwyr bwyso ar ei yrfa i ddadlau na ddylai Cymru aros yn hwy i 'wleidyddiaeth etholiadol' ddwyn ffrwyth, ond mynd ati i weithredu 'gwleidyddiaeth chwyldro'.[57] Yn *Aur y Llinyn*, fodd bynnag, gofelir ein bod yn gwybod mai'r llwybr cyfansoddiadol oedd dewis cyntaf Glyndŵr yn ei gweryl â'r Arglwydd Grey; y darganfyddiad mai llwybr pengoll yw'r llwybr hwnnw sy'n ei wasgu i gornel lle nad oes dim amdani ond brwydro i 'lenwi pwll' caethiwed Cymru 'â meini coelcerth a gwrthryfel' (89). Hyd yn oed wedyn, ni chyfieithir yr iaith ffigurol liwgar yn weithredu llythrennol. Daw diwedd y nofel fel dihangfa rhag gorfod cynnal y cyfochredd clòs rhwng y gorffennol a'r presennol yng nghanol gwrthryfel gwaedlyd go-iawn.

Yr ymgilio hwnnw rhag trais maes y gad yw un o'r prif wahaniaethau rhwng *Aur y Llinyn* a *Betws Hirfaen* J. G. Williams, nofel arall sy'n ymdrin â rhan o yrfa Owain Glyndŵr. Y prif wahaniaeth arall – ac efallai fod y ddau ynghlwm wrth ei gilydd – yw nad yw J. G. Williams agos mor chwannog â Beti Hughes i gyflwyno'r hanes yn nhermau adfywiad gwleidyddol y cyfnod y trig ynddo. Prin y gellid cyflwyniad cydymdeimladwy o amcanion Glyndŵr heb gynhyrchu naws genedlaetholaidd, ond ychydig o athronyddu a geir ar y pwnc yn *Betws Hirfaen*, a llai fyth o'r math o athronyddu camamserol a gafwyd gan Beti Hughes. Cyflwynir cenedlaetholdeb yn nhermau realiti ymarferol y cyfnod a ddarlunnir yn y nofel – fel adwaith yn erbyn trethi gormesol ac ecsbloetio materol Lloegr yn bennaf. Yn achos y Rhyfel Can Mlynedd wedyn nid myfyrio a wneir ar ei effeithiau andwyol ar Gymreictod y milwyr o Gymru. Canolbwyntir yn hytrach ar ddangos imperialaeth Seisnig ar waith mewn 'cyrch ar ôl cyrch o ddim ond difetha a llofruddio a threisio – a llwythi llongau o ysbail yn croesi byth beunydd i Loegr' (22), a'i thrachwant yn cyrraedd uchafbwynt ei greulondeb yn y lladdfa 'ddiafolaidd' a oruchwyliwyd gan y Tywysog Edwart yn Limoges. Er nad yw'r dyfyniad a ddilyn ond yn ddetholiad o'r hunllef a ddioddefa Dafydd ap Gwgan (y prif gymeriad ifanc) ar ôl clywed yr hanes, mae'n llawn ddigon i esbonio ei ddadrith â'r delfryd sifalrïaidd, ac i symbylu'r penderfyniad teuluol i wrthsefyll gorfodaeth filwrol. Sef y penderfyniad a weithreda, yn y diwedd, fel catalydd y gwrthryfel yn Eifionydd:

> Ni allaf yn fy myw ddygymod â meddwl amdanaf fy hun yn sefyll wrth furiau dinas Limoges, ac yn gorfodi'r trigolion i benlinio ar y llawr ac ymostwng eu pennau a minnau'n codi cleddyf Najera yn uchel, uchel, gan gydio ynddo â dwy law ac yna'n ei daro i lawr â'm holl egni nes bod y llafn yn hollti trwy wegil y wraig, a'i phen yn disgyn yn rhydd ar y gwelltglas a'i gwaed yn tasgu'n gochddu allan o'i gwddf. Wedyn torri pennau'r ddau blentyn. Wedyn yr hen ŵr. A'r hen wraig. Wedi hynny, ychwaneg o ferched [. . .] daw oglau'r ffrydiau gwaed a'r geudod a sŵn sgrechfeydd trigolion y ddinas a chrochlefain y milwyr i lenwi fy mhen nes fy mod yn methu anadlu [. . .] edrychaf ar fy nghleddyf, yn waed drosto, a'm dwylo a'm breichiau hefyd yn waed diferol, teimlaf y gwaed yn llifo hyd fy wyneb, i lawr fy mreichiau, ac o dan fy nillad . . . 'rwyf wedi blino'n arw, wedi blino hyd at lewygu, a theimlaf fy hun yn syrthio ymlaen ar fy wyneb i ganol y gwaed. (23–4)

Nid oes angen i J. G. Williams bensynnu uwchben problem trais, fel y mae Rhiannon Davies Jones yn hoff o wneud, na throi at Awstin Sant a Thomas Acwin am gymorth, fel y gwna Marion Eames yn *Y Gaeaf Sydd Unig*. Mae'r llwyfan wedi'i osod yn ofalus o'r dechrau ar gyfer y gwrth-gyferbyniad cyfiawnhaol rhwng milwyr Glyndŵr a'r Cymry sy'n ymladd dros frenin Lloegr yn Ffrainc:

> Mae hi mor wahanol arnom ni. Am ein bod ni ar ein tir ein hunain. Am fod ein nod a'n hamcanion ni mor wahanol, ac am fod ein huchelgais ni mor anrhydeddus. Am hynny mae ein hamynedd ni yn dal yn dirf, a'n dyfalbarhad yn ddiddiwedd. (219)

Erys cleddyf Najera – cleddyf tad Dafydd – yn dyst mai yng ngwasanaeth Lloegr yr enillwyd llawer o'r medrau a droir mewn dull mor effeithiol yn ei herbyn. Ond ymhyfrydu yn yr eironi hwnnw a wneir yn *Betws Hirfaen*, gan adael i'r wybodaeth fod Glyndŵr unwaith wedi brwydro ochr yn ochr â Harri IV roi blas ychwanegol ar ei fuddugoliaethau drosto.

Nid yw hyn oll yn golgyu nad yw *Betws Hirfaen* yn adlewyrchu ysbryd y cyfnod a'i cynhyrchodd. Mentraf gynnig ei bod yn aml – yng nghyffro a straen y paratoi dirgel ar gyfer y gwrthryfel, yn yr hwyl a'r cellwair sydd yn gymaint rhan o *camaraderie* byddin Glyndŵr ag yw'r cydfrwydro a'r cyd-ddioddef, ac yn yr holl ymdeimlad cymysg o antur a difrifoldeb – yn dod yn agosach nag unrhyw un arall o'r nofelau hanes at atgynhyrchu awyrgylch gweithredu'r 1960au a'r 1970au. Hollol gydnaws hefyd â gobeithion Cymru tua chanol y saithdegau yw i'r nofel orffen pan yw gwrthryfel Glyndŵr ar 'gyrraedd uchafbwynt ei lwyddiant' (295).[58] Trawiadol yw'r newid cywair yn yr unig ddarn a gyhoeddwyd o'r dilyniant i *Betws Hirfaen*.[59] Ni wn yn union pa bryd y dechreuodd J. G. Williams weithio ar y dilyniant; un peth sy'n sicr yw ei fod yn gweithio ar ryw ran ohono yn y cyfnod ôl-Refferendwm, ac mai ei bwnc agoriadol yw brad. Gan nad yw thema brad yn un a ymlynodd wrth hanes Glyndŵr – yn wir, mae ei habsenoldeb yn un o hynodion ei yrfa – dewisodd yr awdur y pwnc o'i wirfodd, a dyna sy'n ei wneud mor arwyddocaol. Ni chawn fanylion y brad, ond fe'i cyflawnir gan gyfaill bore oes, a hwnnw yn un y credai Dafydd ap Gwgan (gwrthrych y brad) ei fod yn ymladd ar yr un ochr ag ef. Daeth brad mewnol i darfu ar wynfyd y Gymru a oedd fel 'gwlad newydd'.[60] Nid yw'n bosib barnu i ba raddau y bwriadwyd i frad Siaspar y Rhosgyll daflu cysgod dros y sefyllfa wleidyddol yn nilyniant J. G. Williams. Eto, ni all lai na chreu rhagargoel o barodrwydd uchelwyr Cymru i droi eu cefnau, ar ddiwedd y gwrthryfel, ar 'holl ddraddodiad politicaidd Owain Fawr a Llywelyn Fawr ac Owain Glyndŵr'. I barhau i ddyfynnu Saunders Lewis: 'Bellach rhan o deyrnas Lloegr oedd Cymru.'[61] Dehongliad amryw a siomwyd gan ganlyniadau'r Refferendwm oedd i Gymru arwyddo'n derfynol ei bod yn fodlon aros felly.

Er hynny oll, nid yw J. G. Williams yn caniatáu inni aros â'n cefn i'r golau. Daw gobaith newydd o gyfeiriad annisgwyl Mary Dominic, y Saesnes a ryddhaodd Dafydd o garchar castell Crugiaeth yn *Betws Hirfaen*: 'Carcharor oeddet ti, Dafydd, pan welais di gyntaf erioed . . . ac mi wnes i ngorau . . . i dalu am y drwg a wnaeth fy mhobol i . . . i dy bobol di . . . ac mi wna i eto hefid' (274). Cywira ei haddewid ar ddechrau'r dilyniant drwy ddatgelu brad Siaspar, a'r modd y mae ei eiddigedd yn bygwth y briodas rhyngddi a Dafydd – y cwbl wedi'i fynegi yng Nghymraeg herciog y ddysgwraig. Ymddengys fod y cenedlaetholdeb mwy cynhwysol y sylwyd arno yn nofelau diweddarach Rhiannon Davies Jones i'w ymestyn ymhellach fyth gan J. G. Williams. Mae'r ysbryd cymodlon tuag at Saeson o ewyllys da ynghlwm wrth y penderfyniad i gymodi hefyd â gŵr fel Ieuan ap Maredudd a fu'n ymegnïo yn erbyn y gwrthryfel bob cam o'r ffordd. 'Gwna dy orau i Ieuan, Dafydd ap Gwgan' (275) yw ple Mary yn *Betws Hirfaen*, a'r gladdedigaeth anrhydeddus a roddir iddo 'yn nhir ei dadau' (290) yw 'Cyflawniad a therfyn ein holl helyntion ni yn Eifionydd' (284). Symbol ydyw o benderfyniad Glyndŵr i ymwrthod â dialedd dall a hunanddinistriol eithafwr fel Emwnt Arth, ac i gladdu ymgecru'r gorffennol.

Pa fath bynnag o ddiweddglo oedd gan J. G. Williams mewn golwg ar gyfer ei ddilyniant, mae'n sicr mai prif bwrpas y nofel honno, fel *Betws Hirfaen*, fyddai cynnig hanes Glyndŵr fel ysbrydoliaeth i'r presennol. Bwriedir arwriaeth ac aberth enwogion ein nofelau hanes fel sbardun i'r Gymru gyfoes gwblhau'r gwaith a ddechreuwyd ganddynt, fel anogaeth iddi sicrhau na fu'r cyfan yn ofer. Gall y nofelau hanes a drafodwyd ymddangos yn annhebyg iawn i'r nofelau protest cyfoes eu cefndir, mwy cignoeth eu mynegiant. Ond yn y bôn mae'r ddau fath o nofel yn gweithredu fel cerrig ateb i'w gilydd. Symbylir nofelau'r ddau grŵp gan yr un dyheadau a'r un pryderon; yr un digwyddiadau yn hanes diweddar Cymru sy'n pennu eu cywair; ac o gwmpas yr un Gymru wleidyddol effro, weithredol ei chenedlgarwch, y llunnir eu naratif. Un gwahaniaeth mawr yw fod ambell broblem gyfoes yn profi'n llawer mwy hydrin o'i halltudio i'r gorffennol. Hawdd, wedi'r cwbl, yw i J. G. Williams greu nyth mor gynnes ar gyfer Mary Dominic a hithau yr unig un o'i chenedl i oroesi'r gwrthryfel yn Eifionydd. Llawn mor hawdd yw cynnig atebion boddhaol i gwestiynau dyrys eraill, fel y cwestiwn ynghylch dulliau gweithredu y cyfeiriwyd ato droeon erbyn hyn. Wrth ymdrin ag arwyr y gorffennol, y mae cyfle i lunio eu hanes yn unol â delfryd y weledigaeth bur ddilychwin, ac mae'r mawrygu a fu yng nhof y genedl ar gynifer o gymeriadau hanesyddol y nofelau yn sicrhau y cynhelir delwedd o ddewrder ac arwriaeth hyd yn oed yng nghanol methiant.

Nodiadau

1. C. B. Cox and A. E. Dyson (eds), *Twentieth Century Love Poems, Critical Quartertly Poetry Supplement*, 4 (diddyddiad [1964?]), Introduction, t. 2.
2. Keith Jenkins, *Why History?: Ethics and postmodernity* (London, 1999), t. 3. Mae Jenkins yn ddyledus yma i Jacques Derrida.
3. R. R. Davies, *Domination and Conquest: The Experience of Ireland, Scotland and Wales, 1100–1300* (Cambridge, 1990), t. 3.
4. *TYP*, rhif 36, t. 84. Hefyd tt. lxviii, 86.
5. Ibid., rhif 35, t. 75. Hefyd tt. cviii–cix.
6. Ibid., tt. xciii–xcv. Gw. hefyd Brynley F. Roberts (ed.), *Cyfranc Lludd a Llefelys* (Dublin, 1975), tt. xvi–xviii; Ifor Williams (gol.), *Cyfranc Lludd a Llevelys* (Bangor, 1923), tt. xvii–xix.
7. Anne Ross, 'Y diwylliant Celtaidd', *Y Gwareiddiad Celtaidd*, gol. Geraint Bowen (Llandysul, 1987), tt. 103–4.
8. Charles Edwards, *Y Ffydd Ddi-ffuant sef Hanes y Ffydd Gristianogol a'i Rhinwedd*, gol. G. J. Williams (Caerdydd, 1936), t. 210.
9. *The Orpheus Mosaic, Barton Farm, Cirencester* (taflen) (Corinium Museum, Cirencester).
10. *CLlH*, tt. lxviii–lxix.
11. A. O. H. Jarman, 'Y delfryd arwrol yn yr hen ganu', *LlC*, VIII (Ionawr–Gorffennaf 1965), 149.
12. Seilir y disgrifiad o Gruffudd ap Cynan ar *HGK*, tt. xxvi, xxviii, lxvii, lxxxiv–vi. Am yr adfywiad llenyddol a chrefyddol, gw. tt. xxix, xlvii–lvii.
13. Gwyn A. Williams, *When Was Wales?: A History of the Welsh* (reprint, Harmondsworth, 1991), t. 57.
14. Ibid., t. 65.
15. Am gyfeiriadau ato mewn mannau eraill, gw. *HGK*, tt. cxx–cxxx.
16. Dylan Phillips, *Trwy ddulliau chwyldro . . .? Hanes Cymdeithas yr Iaith Gymraeg 1962–1992* (Llandysul, 1998), tt. 29, 230, am y tri achos. Am y ddau achos cyntaf gw. hefyd Owain Williams, *Cysgod Tryweryn* (Caernarfon, 1979).
17. *HGK*, tt. xxiv, xxviii; D. Simon Evans, 'Y Bucheddau', *Y Traddodiad Rhyddiaith yn yr Oesau Canol*, gol. Geraint Bowen (Llandysul, 1974), t. 256. Nid yn unig y bu Gruffudd ap Cynan yn amharod i ganiatáu lloches i Gruffudd ap Rhys o'r Deheubarth ac, ar achlysur arall, i Maredudd ap Bleddyn o Bowys, ond ymddengys iddo hefyd geisio bradychu'r cyntaf o'r ddau i frenin Lloegr.
18. *HGK*, t. 16, ll. 22.
19. Ibid., t. xxvi. Gw. hefyd D. Simon Evans, 'Y Bucheddau', tt. 254–6; David Moore, 'Grufudd ap Cynan and the medieval Welsh polity', *Gruffudd ap Cynan: A Collaborative Biography*, ed. K. L. Maund (Woodbridge, 1996), tt. 32–4.
20. Alan Llwyd, *Barddoniaeth y Chwedegau: Astudiaeth Lenyddol-hanesyddol* (Caernarfon, 1986), t. 129.
21. Amheuon sydd amlycaf ym mhapurau newydd a chylchgronau Cymru'r cyfnod. Ond awgryma canlyniadau Refferendwm 1975 nad oeddent yn

adlewyrchu barn y Cymro cyffredin. Gw. J. Barry Jones, 'Wales and Europe', *The National Question Again: Welsh Political Identity in the 1980s*, ed. John Osmond (Llandysul, 1985), tt. 60–2.

22 Alan Llwyd, *Barddoniaeth y Chwedegau*, t. 111.
23 J. Beverley Smith, *Llywelyn ap Gruffudd: Tywysog Cymru* (Caerdydd, 1986), t. 14. Ar arwyddocâd y teitl 'tywysog', a 'Tywysog y Cymry', gw. Huw Pryce, 'Grym y gair ysgrifenedig: tywysogion Cymru a'u dogfennau', 1120–1283', *CC*, XXII (2007), tt. 12–15.
24 Llythyr gan y Parchg Iorwerth Jones, Llanelli, *YF*, 13 Tachwedd 1969, 5.
25 Ymddangosodd y gerdd am y tro cyntaf yn *YF*, 24 Gorffennaf 1969, 1.
26 Euros Bowen, 'Dau wron Abergele', *YF*, 24 Gorffennaf 1969, 4.
27 Idris Ll. Foster, 'The Welsh awakening', *Wales Through the Ages: From the Earliest Times to 1485*, Volume 1, ed. A. J. Roderick (2 gyfrol, Llandybïe, 1959), t. 95.
28 J. Beverley Smith, 'Owain Gwynedd', *TCHSG* (1971), 15.
29 Ymddengys mai Cytundeb Caerwrangon sydd dan sylw yma, gw. John Davies, *Hanes Cymru: A History of Wales in Welsh* (Harmondsworth, 1990), t. 133. Am y dehongliad ohono, gw. J. Beverley Smith, *Llywelyn ap Grufudd*, tt. 22–3.
30 Saunders Lewis, 'Malltod yw'r mudiadau Cymreig', *YF*, 22 Mawrth 1962, 1.
31 D. Myrddin Lloyd, 'Gwareiddiad Cymru yn yr Oesau Canol', *Y Traddodiad Rhyddiaith yn yr Oesau Canol*, tt. 17–18, 30. Anghymeradwywyd polisi Gwynedd yn ystod teyrnasiad Llywelyn ap Iorwerth gan Elidir Sais, 'Dadolwch Llywelyn ab Iorwerth', *Gwaith Meilyr Brydydd a'i Ddisgynyddion*, Cyfres Beirdd y Tywysogion I, gol. J. E. Caerwyn Williams gyda chymorth Peredur I. Lynch (Caerdydd, 1994), 17, ll. 22–5, tt. 347–52. Gw. hefyd 'I'r Tad Cyfarchaf', 16, ll. 24–8, tt. 336–8, a sylwadau'r Rhagymadrodd, tt. 320–2 ar y ddwy gerdd; ac 'Ateb a fydd Rywddydd Raid', *HGCr*, XXXII, tt. 78–80, ll. 23 ymlaen.
32 J. E. Lloyd, *A History of Wales from the Earliest Times to the Edwardian Conquest* (2 volumes), II (new impression, London, 1948), t. 511.
33 Ceir y cefndir yn John Davies, 'Plaid Cymru in transition', *The National Question Again*, tt. 145–50; John Osmond, *Police Conspiracy?* (Talybont, 1984), y ddwy bennod gyntaf yn bennaf.
34 John Davies, 'Plaid Cymru in transition', tt. 147–8. Gw. hefyd Richard Wyn Jones, *Rhoi Cymru'n Gyntaf: Syniadaeth Plaid Cymru*, Cyfrol 1 (Caerdydd, 2007), t. 190.
35 John Aitchison and Harold Carter, *A Geography of the Welsh Language 1961–1991* (Cardiff, 1994), t. 113. Gw. hefyd idem, 'Yr iaith Gymraeg 1921–1991: perspectif geo-ieithyddol', *'Eu Hiaith a Gadwant'?: Y Gymraeg yn yr Ugeinfed Ganrif*, goln Geraint H. Jenkins a Mari A. Williams (Caerdydd, 2000), tt. 27–106.
36 Ar y datblygiadau hyn gw. Dylan Phillips, *Trwy Ddulliau Chwyldro . . . ?*, tt. 211–12; Richard Wyn Jones, *Rhoi Cymru'n Gyntaf*, tt. 244, 246–7. Dylid nodi amheuon John Aitchison a Harold Carter ynghylch y cynnydd yng Nghymraeg y de- a'r gogledd-ddwyrain yn *A Geography of the Welsh Language*; ac yn 'Yr iaith Gymraeg 1921–1991'.

[37] Gwilym Prys Davies, 'Golchfa mewn euogrwydd', *YF*, 16 Mawrth 1979, 6.
[38] Phylip Rosser, 'Gwleidyddiaeth '79 a'r dyfodol', *Y Ddraig Goch*, (Rhagfyr 1979), 6.
[39] Gohebwyr Barn, 'Cymru a'i phobl', *Barn*, 196 (Mai 1979), 630.
[40] Thomas Parry (llythyr), *YF*, 16 Mawrth 1979, 4; Phylip Rosser, 'Gwleidyddiaeth '79 a'r dyfodol', 6.
[41] J. Beverley Smith, *Llywelyn ap Gruffudd*, t. 343.
[42] J. Barry Jones, R. A. Wilford, 'The Referendum campaign: 8 February–1 March 1979', *The Welsh Veto: The Wales Act 1978 and the Referendum*, eds David Foulkes et al. (Cardiff, 1983), tt. 118–51; D. Gareth Evans, *A History of Wales 1906–2000* (Cardiff, 2000), tt. 222–6. Wedi'r Refferendwm, collfarnwyd hefyd y 'cenedlaetholwyr yn eu dyddiau coleg' a ymunodd â'r Blaid Lafur; a daeth Wyn Roberts, 'mab y mans' o Geidwadwr, dan y lach am wrthwynebu Deddf Cymru: Gwyn Erfyl, Golygyddol, *Barn*, 194 (Mawrth 1979), 549–53.
[43] Jennie Eirian Davies, Golygyddol, *YF*, 9 Mawrth 1979, 2.
[44] Gwilym Prys Davies, 'Golchfa mewn euogrwydd', 6.
[45] Tom Ellis, 'Y cwch imperialaidd Prydeinig', *YF*, 16 Mawrth 1979, 9.
[46] John Davies, *Hanes Cymru*, t. 652. Dyfynnu Phil Williams y mae.
[47] Nid na fu hynny'n achos anghydfod mewnol, gw. Richard Wyn Jones, *Rhoi Cymru'n Gyntaf*, tt. 228–9.
[48] John Davies, *Hanes Cymru*, tt. 156–7; *ROGD*, tt. 325–42; J. Beverley Smith, *Llywelyn ap Gruffudd*, tt. 395–6.
[49] Daw'r dyfyniad o'r cywydd 'I'r Lleian' a briodolir i Ddafydd ap Gwilym yn Saunders Lewis, *Braslun o Hanes Llenyddiaeth Gymraeg* (Caerdydd, 1932), t. 84. Priodolir y cywydd i fardd anhysbys gan Thomas Parry, *BRh*, rhif 60, tt.106–7.
[50] Fe all mai datblygu awgrym a wnaed gan D. J. Bowen y mae Beti Hughes yn nhröedigaeth wleidyddol ei Dafydd ap Gwilym hi. Gw. *GDG*, t. xxi.
[51] Glanmor Williams, *Yr Eglwys yng Nghymru o'r Goncwest hyd at y Diwygiad Protestannaidd*, trosiad T. M. Bassett (Caerdydd, 1968), tt. 104–6; *ROGD*, tt. 116, 121, 213. Am awduraeth Polisi Pennal, gw. John Davies, *Hanes Cymru*, tt. 193–4.
[52] Detholiad byr, *YF* yn unig. Gwilym R. Jones yw'r golygydd. (Cwm Dulas): Golygyddol, 22 Mai 1969, 5; Golygyddol, 14 Awst 1969, 5; llythyr, 28 Awst 1969, 1; llythyr, 4 Medi 1969, 4; J. E. Jones, 'Yma a thraw', 4 Medi 1969, 5. (Maes tanio arfaethedig Pen-bre): Golygyddol, 23 Hydref 1969, 5; 'Protest syfrdanol yn sir Gâr', 30 Hydref 1969, 1; 'Cynghorwyr yn ofni'r maes tanio', 13 Tachwedd 1969, 1. (Y Comisiwn Coedwigaeth): 'Lledled Cymru', 4 Medi 1969, 5; Golygyddol, 4 Rhagfyr 1969, 5.
[53] 'Protest pentrefwyr', *YF*, 6 Tachwedd 1969, 7 (eitem am bentrefwyr Cemaes, Môn yn mynd ati i ddinistrio pyst a mur a godwyd gan newydd-ddyfodiaid er mwyn rhwystro'r cyhoedd rhag cael mynediad i ddarn o dir a berthynai i'r pentref).
[54] R. Rees Davies, 'Ar drywydd Owain Glyn Dŵr', *CC*, II (1987), tt. 10–11; Glanmor Williams, *Owain Glyndŵr* (Cardiff, 1993), tt. 15–16; *ROGD*, tt. 52–3; A. D. Carr, *Cymru a'r Rhyfel Canmlynedd* (Caernarfon, 1987), tt. 14–18, 26–31.

55 Gwerinwr, 'Cwrs y byd', *YF*, 11 Rhagfyr 1969, 2.
56 Enghreifftiau *YF*: 'Cymru hefyd yn euog o drais yn Anguila', 27 Mawrth 1969, 1; Gwynfor Evans, 'Celwyddau'r Americanwyr yn Fiet-nam', 25 Ionawr 1968, 1; Gwerinwr, 'Cwrs y byd', 1 Chwefror 1968, 2; ibid., llythyr, 6; Gwynfor Evans, 'Dylai America adael Fiet-nam' (araith yn Nhŷ'r Cyffredin), 18 Rhagfyr 1969, 1.
57 Emyr Llewelyn, 'Sut chwyldro', *YF*, 20 Mawrth 1969, 1.
58 Daw'r dyfyniad o'r paragraff o waith Colin A. Gresham a gynhwysir wedi'r diweddglo.
59 J. G. Williams, 'Dilyniant i Betws Hirfaen', *Barn*, 295 (Awst 1987), 312–16.
60 Ibid., 313. Cf. sylwadau Gwyn Erfyl, Golygyddol, *Barn*, 161 (Mehefin 1976), 169, ynghylch 'y newid syfrdanol' a fu yn hinsawdd wleidyddol y genedl.
61 Saunders Lewis, 'Gyrfa filwrol Guto'r Glyn', *YB*, IX (1976), t. 85.

3

Cymru'r Goncwest a'r Gwrthryfel (2)

Ymyrraeth Y Pla

Wrth imi ymdrin â'r nofel *Y Pla* am y tro cyntaf, mynnais nad nofel yw hi i'w chynnwys yn llinach y nofel hanes arwrol, 'dywysogol', draddodiadol.[1] Un rheswm am hynny yw fod iddi ddwy ffrwd storïol gyfochrog, un yn ymwneud â bywyd trigolion Dolbenmaen yn Eifionydd, a'r llall â chrwydriadau cyfandirol yr Arab Mwslemaidd, Ibn al Khatib. Y nod yw cyflwyno Cymru yng nghyd-destun newydd a gwahanol y berthynas rhwng Ewrop a'r Dwyrain. A'r canlyniad yw fod y 'Gŵr Tywyll' sy'n wrthrych ofn a dirmyg y Gymru Ewropeaidd[2] ar yr un pryd yn dirprwyo drosti fel cynrychiolydd cenedl 'farbaraidd', 'anwar' y clywodd ei gormeswyr alwad ddwyfol i'w goleuo, a'i hachub o'i thrueni.

Er hynny, rhaid imi gyfaddef nad yw'r drafodaeth a adeiledais ar gefn y gwrthgyferbyniad rhwng *Y Pla* a'r nofelau mwy confensiynol yn gwneud cyfiawnder ag agweddau ar y nofelau hynny sydd hefyd yn ymgysylltu â phrofiad cenhedloedd eraill a fu dan fawd yr imperialydd. Nid yw'r ffaith nad yw'r cysylltiad yn un bwriadol (hyd y gellir barnu) ond yn brawf na ellir osgoi nodweddion cyffredin yr ymateb amddiffynnol a gwyd yn ddigymell o'r isymwybod pan fo hunaniaeth cenedl dan fygythiad. Ymysg y nodweddion hynny y mae'r elfen o fyth a mytholeg, chwedl ac ofergoel, breuddwyd a gweledigaeth – a'r ysbrydion a'r drychiolaethau cysylltiedig – sy'n ymnyddu drwy gynifer o'r nofelau dan sylw. Yn *Eryr Pengwern* dewisir myth lled-hanesyddol yr Hen Ogledd i amlygu'r dyhead cyffredin am olrhain hanes cenedl yn ôl i ryw gyfnod o burdeb diflanedig. Defnyddir chwedl Cantre'r Gwaelod yn *Llys Aberffraw* i gyflwyno fersiwn arall o'r un thema. Symbol o'r cwymp oddi wrth y purdeb a'r ffyniant gwreiddiol yw'r Penbwl hefyd yn *Barrug y Bore*. Yntau, mab llosgach 'hanner yn hanner' (229) Marigena a'i thad, yw cynrychiolydd diraddiedig y mab ifanc a gysylltir â ffrwythlondeb ym mytholeg Rhiannon ac Epona. Cynhelir yr un cywair anghynnes drwy ddehongli'r gyfathrach rywiol symbolaidd rhwng Llywelyn a Marigena – yr ail Riannon rithiol y plethir fersiwn o'r myth sofraniaeth Celtaidd o'i chwmpas – fel 'ymyrraeth aflan' (244) â chorff y tywysog. Yr effaith, serch hynny, yw cynysgaeddu'r diriogaeth y ceisir ei gwarchod, neu ei hadfeddiannu, ag ias elfennol y goruwchnaturiol ac â math o ddirgelwch sydd, yn y pen draw, yn gaer yn erbyn ymyrraeth anghyfreithlon. Llwydda Rhosier Mortimer i gipio Castell Dolforwyn o feddiant Llywelyn, ond erys mytholeg y diriogaeth – ei hysbryd os mynnir – y tu hwnt i'w afael:

> Yno, yn y bwthyn ger y porth mawr roedd y wraig ganol oed [Marigena] a'r penbwl, y ci yn cyfarth a'r ferlen yn pori fel tae dim wedi digwydd. Roedd rhywbeth oesol yn y rhai hyn fel tir Powys ei hunan. Mynd a dod yr oedd eraill. Nhw yn unig oedd yn aros. (*Adar Drycin*, 196)

Tynnir ar yr un cymhlethdod cyntefig o arswyd ac arial yn niweddglo *Adar Drycin* lle yr adleisir myth Sofraniaeth Teyrnas unwaith eto yn hir chwilio ysbryd amddifad Collen am ei thywysog.

Trawiadol yw absenoldeb myth coron goll Ynys Prydain o'r ddwy nofel am Owain Glyndŵr, ac yntau wedi pwyso'n drwm ar y myth hwnnw yn ei gynlluniau ar gyfer y Gymru annibynnol.[3] Nid oes fawr o le chwaith i'r gweledyddion a'r brudwyr y bu'r Owain hanesyddol yn ymgynghori â hwy fel pe baent yn 'political pundits'.[4] Ond ni ddylid diystyru'r elfen weledigaethol 'answyddogol', anwleidyddol. Oherwydd y mae hithau hefyd yn rhan o'r 'counter-culture of the imagination'[5] a all, mewn diwylliannau eraill, gofleidio traddodiadau herfeiddiol fel *Vodun* (*voodoo*) a dawns y *limbo*. Yn *Betws Hirfaen*, cydweithia proffwydoliaethau a chynghorion y ddewines Efa Ddu â'r elfen oruwchnaturiol Gristnogol, eglwysig, 'swyddogol' er lles Dafydd ap Gwgan. Llinyn arall yn yr un patrwm yw'r tylwyth teg sy'n chwarae ac yn dawnsio yn nychymyg Myfanwy'r Gwynfryn, ac sy'n ategu, meddai hi, gyngor Efa Ddu ynghylch dyfodol ei pherthynas â Dafydd ap Gwgan. Mae ei yrfa yntau, a'i dynged garwriaethol, ynghlwm wrth lwyddiant y gwrthryfel ac wrth dynged y genedl, a holl ddigwyddiadau'r nofel o'r herwydd fel pe baent yn ufuddhau i ofynion yr un cynllun cyfochrog. Yr ymdeimlad eu bod yn cyflawni rhyw batrwm cyfriniol, cudd, rhagosodedig a rydd iddynt eu pwrpas a'u gwefr.

'Sometimes,' medd Salman Rushdie yn *Midnight's Children*,[6] 'legends make reality, and become more useful than the facts.' Tyst i rym ei gred yw fod ei nofel yn un gybolfa o'r holl elfennau y buom yn eu trafod. Ei phrif ryfeddod, fodd bynnag, yw'r modd y datblyga bywyd Saleem Sinai, a anwyd ar yr un eiliad yn union â'r India annibynnol, yn ddrych i fywyd y genedl ar ei newydd wedd. Llacach a llai amrywiol yw'r 'modes of connection'[7] rhwng gyrfa y Chwaer Anna a hanes Gwynedd yn *Lleian Llan Llŷr*. Eto, yr un yw'r syniad sylfaenol o'r unigolyn y rhagordeiniwyd ei hynt a'i helynt personol i fod yn ddelwedd ficrocosmig o hanes y genedl. Llawer hynotach yw'r amlygiadau corfforol yn achos Saleem nag yn achos Anna, mae'n wir, ond mae ganddo gymheiriaid agosach yn rhai o nofelau eraill Rhiannon Davies Jones. Os yw trwyn enfawr Saleem yn gweithredu fel math o drosglwyddydd telepathig yn ei gyfathrach ag eraill o blant yr hanner nos, yn *Eryr Pengwern* mae clustiau Gwrychyn Oge – clustiau ysgyfarnogaidd a allai'n hawdd fod yn eiddo un o'r cynorthwywyr rhyfeddol yn *Culhwch ac Olwen* – yn rhan o'i gyfarpar corfforol arbenigol yntau fel ysbïwr ar ran teyrnas Pengwern. Am y ffansi fod amlinelliad o fap India ar wyneb Saleem, cymar iddi yw'r gyffelybiaeth ym meddwl yr Ymennydd Mawr rhwng daearyddiaeth Cymru a chorff Gwgon y Cripil; corff sydd 'yn esgyrnog fel cribau Eryri, yn grebachlyd fel ei dyffrynnoedd' (*Cribau Eryri*, 122). Cyffredin mewn llenyddiaeth ôl-drefedigaethol yw'r ddyfais o ddefnyddio'r corff dynol i ddelweddu'r profiad o ormes imperialaidd, ac mae Gwgon yn dwyn yn ei gorff bregus arwyddion o gyflwr gwleidyddol y Gymru sydd 'yn ddiffrwyth o dan iau'r Norman' (122), ac 'a aeth yn llesg yn nyddiau deheulaw'r Tywysog mawr ei hun' (119). Tardd o ffynhonnell brofiad na all fod ymhell iawn o ffynhonnell *pays natal* anffurfiedig Aimé Césaire, y bardd o'r Caribî.[8]

Awdur perthnasol arall yw Frantz Fanon ac yntau, yn ei waith arloesol *The Wretched of the Earth*,[9] yn cyflwyno'r alwad am chwyldro yn nhermau corff adfywiedig. Yr un yw'r motiff, er nad y cywair efallai, yn y darlun o berthynas yr Ymennydd Mawr â'r Cripil:

> Ond sut y gellid adfer bywyd i gorff oedd eisoes yn hanner marw? . . . arwyddlun o'r hil archolledig oedd y Cripil, y llwythau hynny o bobl y rhoddai Elystan unrhyw beth am allu eu hysgwyd o'u diymadferthwch a rhoi anadl newydd ynddynt. (*Cribau Eryri*, 19)

Wedi marwolaeth y Cripil, cyplysir ysbryd adferol yr Ymennydd Mawr â chorff anafus Braint:

> 'O! Dduw! O! Fair! Bydded i chwi gadw y gŵr hwn rhag marwolaeth ac esmwytháu ei ddoluriau . . . Cymerwyd Gwgon Gam y Cripil oddi arnaf a mynnaf gadw y claf hwn, yn ddall fel ag y mae, i'w gysgodi a'i goleddu.' (226)

Gellir canfod amrywiad ar yr un thema ym mherthynas Llywelyn ap Gruffudd â'r efeilliaid Collen a Llwyfen. Cyffroir Llywelyn gan anabledd Llwyfen i fyfyrio mai 'brigyn brau bellach oedd ei Gymru yntau' (*Adar Drycin*, 227), ond wedi iddi farw daw i uniaethu Cymru â'r efell a oroesodd: 'y brigyn briw' sydd eto yn wydn, 'fel yr hen genedl yma' (282). Yn neuoliaeth y ddwy hyn llecha rhyw rith o allu hudol Marigena i newid ei gwedd, ac o fodolaeth ddeuol Efa Ddu fel Efa'r ferch ac Efa'r fam. Diau fod yn yr aryneilio rhwng y naill gyflwr corfforol a'r llall awgrym o gyflwr ansefydlog Cymru. Cryfder y dehongliad mythaidd, fodd bynnag, yw ei fod yn trosgynnu ffiniau hanes, ac o'i fewn mae adnewyddiad ac adferiad yn bosibiliadau bythol.

Mae a wnelo hyd yn oed yr amlygiadau mwyaf annymunol o'r goruwchnaturiol â'r Gymru ddiamser hon. Atgynhyrchir yr un ymwybod digymell â gorgyffwrdd beunyddiol dau fyd ag a amlygir yn ein chwedlau canoloesol. Ond ymestyn y cysylltiadau y tu hwnt i Gymru a'r gwledydd Celtaidd, ac mae lle arbennig i rith, lledrith a drychiolaeth ym mhrofiad rhai o'r gwledydd a drefedigaethwyd yn ddiweddarach gan ymerodraethau Ewrop. Pwrpas y dimensiwn 'ffantasmig' yn eu profiad hwy yw creu ymdeimlad o'r hyn a ddisgrifir gan Frantz Fanon fel 'the everlasting world which belongs to me [yr unigolyn goresgynedig], and the perenniality which is thereby affirmed of the world belonging to us [y genedl oresgynedig]'.[10] Cyflawna'r arallfydol swyddogaeth amddiffynnol debyg yn y nofelau Cymraeg ond ei fod wedi'i gynnwys o fewn fframwaith y ffydd Gatholig. O fewn y fframwaith hwnnw mae'r llen rhwng y Gymru ddiriaethol, 'real' a'r Gymru gyfriniol, anweledig mor denau â'r ffin rhwng y byd hwn a'r byd a ddaw: 'Yr ydym yn byw beunydd ar riniog Tragwyddoldeb . . .' (*Lleian Llan Llŷr*, 118). Os y'n gadewir â llygedyn o obaith neu gysur ar ddiwedd y nofelau hyn, ei wir sail yn amlach na heb yw'r Gymru dragwyddol na welir mohoni ond â llygaid ffydd.

Nid yr un rôl sydd i'r goruwchnaturiol yn *Y Pla*, fel y dengys fersiwn y nofel o chwedl Rhiain y Glasgoed.[11] Nid un o fodau uwchnaturiol hawddgar a diniwed *Betws Hirfaen* mo'r rhiain hon. Ymdebyga tylwyth teg J. G. Williams i'r ddelwedd Fictoraidd ohonynt a dardd o ddelfryd y plentyn perffaith, angylaidd; aelod yw Rhiain y Glasgoed o griw bygythiol y demoniaid a'r ellyllon a gonsuriwyd gan ofnau cyfnodau cynharach.[12] Ni ellir ei chynnwys chwaith yn rhengoedd y drychiolaethau a'r cymeriadau lledrithiol hynny sy'n elfen 'answyddogol' ym modolaeth ysbrydol y genedl. Fe'i defnyddir yn hytrach i ddadlennu'r ddrwgdybiaeth wrywaidd o'r ferch a blennir gan y Brawd Gwyn yng nghalon

Chwilen Bwm 'fel dail poethion yng ngardd ei gariad' (118). Gwneir hynny drwy gysylltu'r chwedl â'r darlun diweddarach o gariad Chwilen Bwm, Nest ferch Iorwerth Gam, fel sarff yn diosg ei chroen, a hwnnw'n amrywiad Beiblaidd ar fotiff yr ellyll sydd ynghudd dan wedd allanol y rhiain hudolus. Nid pwrpas sarff *Y Pla*, serch hynny, yw dinoethi pechadurusrwydd y ferch; pwrpas y sarff yno yw dinoethi'r rhagfarn eglwysig yn ei herbyn. Un yn unig yw agwedd yr Eglwys at y ferch o amryw o agweddau gormesol ar ei hawdurdod yr ymosodir arnynt yn *Y Pla* – ond mae'n ddigon i awgrymu bod cocynnau hitio ei hawdur wedi'u sodro yn agosach at seiliau'r adeilad eglwysig na'r rhai yr anelir atynt ar dro yn y nofelau eraill.

Ymglywir yn achlysurol yn y nofelau hynny â'r gwrthgerrynt cnawdol sy'n bygwth aflonyddu ar lif llyfn y bywyd crefyddol ymneilltuedig. Ond bach o waith fyddai darparu catalog llawn o'r camweddau sy'n weddill, ac mae'n amheus a ydynt yn werth y drafferth. O'r braidd fod yr 'afradlonedd' y cyhuddir brodyr Abaty Ystrad-fflur ohono yn *Lleian Llan Llŷr* ar yr un raddfa â'r 'serious irregularities' a'r 'brawls and excesses'[13] y clywir amdanynt yn y tai Sistersaidd Cymreig o chwarter olaf y ddeuddegfed ganrif ymlaen. Rhyfedd hefyd, o wybod mor gyffredin oedd 'priodasau' offeiriadol yng Nghymru, na cheir yn y nofelau oll (hyd y sylwais) ond un offeiriad a chanddo 'feistres' (*Lleian Llan Llŷr*, 83). Cymeriadau cefndirol fel yr offeiriad hwnnw yw'r rhan fwyaf o'r troseddwyr eraill. Y prif eithriad yw hen 'felltigedig Abades' (14) *Lleian Llan Llŷr*, ac rydym yn ddibynnol ar y nofel honno am y rhan fwyaf o enghreifftiau'r paragraff hwn. Llawer iawn llai beirniadol yw ei chymheiriaid. Yn wir, yn *Y Gaeaf Sydd Unig* gwneir pwynt o ddangos mai gŵr i'w barchu, os nad i'w edmygu, yw Anian o Lanelwy hyd yn oed – er ei fod yn un o'r esgobion a gytunodd i ysgymuno Llywelyn yn 1277. Ymhell o fod yn fradwr, gŵr ydyw a arweinir bob amser gan ei gydwybod; ym marn Tegerin, 'un o'r gwŷr mwyaf unplyg a adnabu erioed' (280).

Ofer fyddai chwilio *Y Pla* am gymeriad tebyg. Tybed hefyd i ble y diflannodd yr offeiriaid a'r mynachod dysgedig, cydwybodol, defosiynol, pur eu moesau a fu'n tywys cynifer o'n prif gymeriadau drwy wahanol fathau o fedydd ffydd? O ddechrau gyda'r Pab amlwynebog, a symud i lawr drwy'r graddau, nid oes dim i oleuo'r twyll a'r trachwant a'r bydolrwydd ond ffrwydriadau o hysteria grefyddol. Eithaf y darlun dychanus o bersonél yr Eglwys yw mai Iolyn, truan cnawdol a diaddysg o offeiriad lleol – ond gŵr sy'n ddigon gonest i ddymuno bod yn 'daeog dwl' fel ei dad, yn hytrach na bod yn 'rhagrithiwr cnawdol' (220) o offeiriad – yw'r unig un sydd â rhywfaint o hawl ar ein teyrngarwch. Ni ellir gorbwysleisio yma i Wiliam Owen Roberts fwriadu *Y Pla* fel gwrthbwynt i'r nofelau 'canoloesol' eraill, ac mai'r ddwy nofel a enwir ganddo'n benodol yw *Y Gaeaf Sydd Unig* a *Betws Hirfaen*.[14] Nid yw manylyn mor bitw â'r wybodaeth fod Iolyn â 'chlamp o ddwylo rhawiog' (18) i'w ddiystyru, a ninnau wedi sylwi ar ddwylo Anian, 'asetig ac ysgolhaig' (*Y Gaeaf Sydd Unig*, 131) â'u bysedd 'annaturiol o hir a gwyn' (27). Cofiwn hefyd am urddas tawel gwasanaethau eglwysig *Betws Hirfaen*, dau ohonynt yn dathlu Gŵyl Fihangel, pan ddarllenwn am Iolyn yn dathlu'r un achlysur – yn adrodd yr offeren 'fel pe bai ganddo dysan boeth yn ei geg' (18), ac yn gorfod cystadlu â brefu a thwrw yr anifeiliaid a ddygwyd i'w bendithio.

Cwblheir golygfa *Y Pla*, fel y digwydd, ar nodyn anarferol o delynegol:

> . . . ac yna fe ai'r gwŷr rhydd i gyd i mewn i'r eglwys hefo'u hysgubau ŷd, eu sypynnau o rawn a'u coflaid o wair i'w dodi ger yr allor, yna penlinio a gweddïo i'r Forwyn . . .
> Disgleiriodd yr haul trwy'r ffenestri ac yn llewyrch yr heulwen gellid gweld miloedd ar filoedd o ronynnau llwch a hadau yn ymdroelli'n chwrligwgan yn y llafnau goleuni. (18)

Mae'n sicr, fodd bynnag, mai un o swyddogaethau'r nodyn hwnnw yw tanlinellu mor wahanol yw cyd-destun y darn i'r hyn a geir yn *Betws Hirfaen*. Yno, mae'r dathlu yn rhan o naturioldeb llawen crefydda'r gymdeithas. Mae'r gwasanaethau eglwysig, a'r gosber ar yr aelwyd, yn gymaint rhan o fywyd teuluol a chymdogol â chydfwyta a chyfnewid hanesion; y ddelw o'r Forwyn Fair wen yn cymryd ei lle ymysg dodrefn neuadd Talhenbont; gwrando am leisiau'r saint ar ben y mynydd mor angenrheidiol â chadw gwyliadwriaeth ar fynd a dod dynion. Yn *Y Pla*, cyfosodir y dathlu â manylion priddlyd a diramant megis clwy marchogion y dirprwy siryf ac ysgyfeinwst un o'r ceffylau a fendithiwyd. A deuir allan o'r gwasanaeth, nid i glywed sôn am 'y Bobol Bach' (*Betws Hirfaen*, 86) ac am gasglu blodau ffárwel haf, ond i glywed plant yn llafarganu mewn defod ofergoelus wrth boeri ar gelanedd gwylan. Pwysicach na hynny, cynhwysir yn hyfrydwch y disgrifiad a ddyfynnwyd awgrym sy'n taro at galon y Gymru Gatholig, unol, organaidd, sef yr awgrym mai'r gwŷr rhydd yn unig gaiff fynychu'r Offeren Fawr a gwasanaeth gosber yr ŵyl. Dod i'r fei yn sgil anifeiliaid y tircyfri a wna'r taeogion. Ni wn a yw hynny'n adlewyrchiad cywir o arfer eglwysig y dydd, ond gwn nad oes sôn am daeog nac am raniad cymdeithasol o unrhyw fath yng nghapel bach *Betws Hirfaen*. Ynghudd yn nisgrifiad *Y Pla* y mae'r neges mai dim ond drwy anwybyddu darnau helaeth o realiti'r oes y gellir cynhyrchu'r telynegolrwydd cymdeithasol hyfryd a nodwedda Gymru J. G. Williams.

Ailbwysleisir hynny ym mherfformiad taeogion *Y Pla* o ddrama'r Geni lle y try'r dychan yn ffars bur. Gwelwn gynulleidfa feddw yn chwerthin, yn gweiddi, ac yn difenwi'r actorion; ceir rhai o'r perfformwyr a'r gwylwyr yn ymosod yn gorfforol ar ei gilydd; a cheir Mair yn defnyddio'r 'baban Iesu newyddanedig' (143) fel arf, a'r crud yn cael ei luchio i ganol y côr. Yng nghanol y cythrwfl a'r mwstwr, cyflawnir mwy nag un weithred rywiol anweddus, ac esgyn llanc o daeog i'r pulpud i watwar yr offeiriad gwadd. Nid yw'r olygfa yn gwbl ddi-sail. Yr *oedd* gwasanaethau'r eglwys yn achlysuron lle y gwelid pobl yn gwneud pob math o bethau anghymwys.[15] Ar adeg Gŵyl y Ffyliaid roedd y sefyllfa'n llawer iawn gwaeth yn ôl tystiolaeth adroddiad a ysgrifennwyd tua chanrif a hanner wedi dyddiad cefndirol *Y Pla*:

> Priests and clerks may be seen wearing masks and monstrous visages . . . They dance in the choir dressed as women . . . They eat black puddings at the altar while the celebrant is saying mass . . . They cense with stinking smoke from the soles of old shoes.[16]

Y peth sy'n rhaid ei ychwanegu yw fod episod drama'r Geni yn adlewyrchu'r anhrefn *carnivalesque* y gellir ei holrhain yn ôl i wyliau cyn-Gristnogol fel y Satwrnalia Rhufeinig. Y rhyddid anarferol a ganiateid i'r iselradd a'r caeth fel rhan o'r anhrefn honno a esbonia pam mai taeogion yn unig (hyd y deellir) sy'n bresennol yn nathlu'r nofel. A'r rhag-gysgod o derfysg a chwyldro yn eu hymateb i'r rhyddid hwnnw yw holl bwynt yr episod.

Dyna led-awgrymu'r ddwy agwedd bwysicaf ar ddychan crefyddol *Y Pla*: fe'i hanelir yn syth at wraidd Cristnogaeth, a safle lawnsio ei saethynnau yw byd-olwg Marcsaidd yr awdur. Llawer mwy radicalaidd yw ei beirniadaeth na'r wrthglerigiaeth a leisir o dro i dro yn y nofelau eraill. Nid bod gwadu grym y gwrthgrefyddoldeb a gynhyrfir weithiau, fel yn *Lleian Llan Llŷr*, gan galedi ac annhegwch bywyd:

> 'Uffern dawel ydi'r cwbwl i gyd a'r dyfnderoedd yn ddychrynfeydd. Meddyliwch am fynd i uffern heb arlliw o nefoedd ynddo. Wel, dyna be ydi byw yn y lle yma. I beth y gweddïwch chi ar Dduw a hwnnw ddim yn bod?' (101)

Y pwynt, yn hytrach, yw fod profiad y Chwaer Anna yn ymffurfio'n ffrâm ddiogel o gwmpas chwerwder y tyddynnwr tlawd. Nid oes dim yn un o'r nofelau hanes traddodiadol i gymharu â'i chabledd hithau – 'Fair Butain!', 'Duw ddiawl!' (44) – wedi iddi golli ei chariad. Eto, goroesa Anna ei chymundeb ag 'ysbrydion y tywyllwch' (47), i'w chludo 'hyd at Borth

Paradwys' (77) gan angerdd gweddïau y Chwaer Elinor. Yn y pen draw mae rhwyd ddiogelwch ffydd yno i ddal yr amheuwr. Nod *Y Pla* yw ei hysgubo ymaith.

Craidd y dehongliad Marcsaidd y pwysir arno yn *Y Pla* yw mai ffrwyth newidiadau yn sylfaen economaidd cymdeithas yw datblygiadau arwyddocaol hanes. Nid oes yn y nofel y lle lleiaf i'r goruwchnaturiol fel grym yn natblygiad hanes, chwaethach y syniad fod y Duw Cristnogol yn ymyrryd ynddo, ac yn rheoli'i rediad. Amlygiadau ar y syniad hwnnw yw gwrthrychau ei dychan ffyrnicaf. Yn ffrwd storïol gyfandirol y nofel, parodi ar yr Atgyfodiad yw'r episod ffarsaidd lle y dianc Ibn al Khatib o feddrod yr Archesgob Egano Anichino Arriguccio. Parodi ar yr Ailddyfodiad wedyn yw'r hirddisgwyl hysteraidd yng Nghwfaint Sant Angelo di Contorta am ddyfodiad rhywun neu rywbeth a ddatgelir i'r darllenydd o'r diwedd fel *jiraff*. Yn ôl yng Nghymru llwydda'r Arglwyddes Angharad ferch Madog i'w hargyhoeddi ei hun, a phawb arall ym maerdref Dolbenmaen, ei bod wedi'i beichiogi gan angel ac y bydd i'w phlentyn eu gwared rhag poen a phechod, a rhag arswyd y pla. Y gwir yw mai gŵr gwahanglwyfus, un a welwyd cyn hynny 'wrthi'n bwchio ei afr' (135), a ymwelodd â'i gwely, ac mae ei mab – 'y baban Iesu' (334) – yn farwanedig.

Y mwyaf arswydus o'r parodïau hyn yw hanes marwolaeth Iolyn. Ef yw'r bwch dihangol a orfodir i wneud iawn am yr holl bechodau y tybir iddynt ddenu i Ddolbenmaen y 'Gŵr Tywyll' (Ibn al Khatib) sy'n rhagredegydd y Farwolaeth Ddu. Gwna hynny drwy weithredu ar ei gorff ei hun y gosb eglwysig ar gyfer offeiriad anniwair:

> A phan udodd Iolyn Offeiriad, trodd pawb –
> – i'w weld –
> – â chryman waedlyd –
> – mewn un llaw –
> – a'i gŵd yn y llall – (301)

Wedi iddo'i sbaddu ei hun, cesglir y 'gwaed drudfawr' o'i glwyfau a'i drosglwyddo mewn calis 'o geg i geg' er mwyn i bawb yn eglwys Dolbenmaen 'gael yfed o'i nerth dwyfol . . . i'w cadw'n bur a'u harbed rhag cosb yr Anghrist'. Ysywaeth, nid oes atgyfodiad i Iolyn; marw a wna yntau 'ar fore'r trydydd dydd' (330). Symudir yr aberth symbolaidd o fyd y goruwchnaturiol a gofal Duw am dynged dragwyddol dyn, a'i adleoli yn y gymdeithas 'naturiol' lle yr ecsbloetir ufudd-dod y di-rym a'r diniwed er lles y gweddill. Nid diarwyddocâd yw'r ffaith mai'r un gosb a groga uwchben y taeog Chwilen Bwm am iddo feiddio caru â merch rydd:

> – mi dorrwn ni dy bidlan di! –
> – a bwydo dy gerrig di i'r moch! –
> – cymysgu gwaed isel ac uchel waed! – (225)

Y ddau hyn yw cynrychiolwyr y rhai yr anffurfir ac y diffrwythir eu bywydau gan y gyfundrefn gymdeithasol uchelwrol, Gatholig.

Ar ryw olwg, un parodi hir yw *Y Pla* ar y dyheadau milflynyddol a gyffroir gan y Farwolaeth Ddu. Yn lle gwaredigaeth oruwchnaturiol yr Ailddyfodiad daw ymyrraeth ar ffurf 'naturiol' tanciau a hofrenyddion rhyfel America. Dyma'r pla ffigurol. Y grym cyfalafol arswydus hwn yw cnwd y gyfalafiaeth fasnachol gynnar a welir yn glasu yn y ddaear a gliriwyd gan chwalfa gymdeithasol y pla go-iawn. Cyd-ddioddefwyr ei ormes yw trigolion Dolbenmaen ac Ibn al Khatib; cynrychiolwyr holl wledydd dibynnol y Gorllewin a'r Dwyrain fel petai. Ond gormes hefyd yw'r imperialaeth grefyddol, ddiwylliannol a geidw y ddau fyd hynny ar wahân. Mae Ibn yn fodd i'n hatgoffa o haeriadau crefyddau heblaw Cristnogaeth fod ganddynt fonopoli ar 'yr unig Wirionedd' (65) – ac o'r trais a'r dioddefaint y bu hanes yn dyst iddynt o'r herwydd. Wedi'r cwbl, pwrpas crwydriadau Ibn ar draws cyfandir Ewrop yw lladd brenin Ffrainc (sy'n Gristion) i ddial cam ei dad (sy'n Fwslim). Nid bendith yw crefydd ym mywyd cenedl; nid ymgorfforiad o'i hansoddau gorau a ffynhonnell ei gobeithion puraf. Carchar meddyliol ac ysbrydol ydyw; rhwystr rhag i'r ddynoliaeth gyrraedd ei llawn dwf: '*Mewn cymdeithas Dduw ganolog does ganddon ni mo'r ewyllys i ymladd ei Ewyllys O, felly, pa obaith sydd inni gael atebion a ninnau wedyn heb yr hyder i hyd yn oed ofyn y cwestiynau?*' (273).

Yng nghyswllt ymateb truenus o annigonol ac anoleuedig yr Eglwys i'r Farwolaeth Ddu y gofynnir y cwestiwn uchod, ond nid yw Wiliam Owen Roberts yn brin o gysylltu'r Eglwys â thwf y pla ffigurol chwaith. Ymysg baneri'r seintiau yng ngorymdaith angladdol yr Archesgob Egano Anichino Arriguccio y mae 'baner newydd sbon' (66) urdd Masnachwyr Gwlân Fflorens 'yn dangos Crist â ffon fagl yn ei law'n bugeilio praidd o ddefaid gwlanog' (67). Gartref yn Nolbenmaen cynghreiria Dafydd Offeiriad ag arglwydd y faerdref i atal chwyldro cymdeithasol. Gyda diflaniad yr hen gyfundrefn ffiwdal llwyddant, rhyngddynt, i ddiogelu eu hawdurdod rhag 'mynd dan draed taeogion barus' (339) fel Chwilen Bwm. Gellir bwrw iddi wedyn i ddyfeisio ffyrdd newydd o gadw'r taeogion yn eu lle yn oes newydd 'y farchnad a chynhyrchu' (350). Mewn gwirionedd nid yw llwncdestun yr arglwydd, y masnachwr a'r Cwnstabl i'r dyfodol yn gwneud fawr mwy na chydnabod yn agored p'un yw'r uwch-bartner mewn hen hen bartneriaeth:

> Cododd yr arglwydd ei gwpan:
> 'Er mwyn Duw ac elw?'
> Cododd y ddau arall eu cwpanau;
> 'Er mwyn elw a Duw.' (349)

Yn y rhwydwaith o ffosydd sbwriel a charthion dan balas y Pab yn Avignon, buom eisoes yng nghwmni'r llygod mawr; o dan ysblander a chyfoeth yr Eglwys Gatholig, bu cludwyr y pla cyfalafol, parasitig wrthi yn 'cenhedlu'n boeth' (200) 'ers oes Adda' (201).

Y Pla yw'r unig un o'r nofelau i roi'r flaenoriaeth i berthynas economaidd a chymdeithasol dynion â'i gilydd, yn hytrach nag i hynt a helynt arweinwyr gwlad. Yn bendifaddau, hi yw'r unig un i roi'r flaenoriaeth i fyd y taeog, ac fe all yr ymgolli gwirfoddol yn y bywyd pendefigaidd ymddangos braidd yn rhyfedd mewn cenedl a gafodd ei maeth ar fron y Gymru werinol, radicalaidd am ganrif a hanner a mwy. Rhan o'r esboniad, mae'n debyg, yw'r gred a fodolai tan bumdegau a chwedegau'r ugeinfed ganrif fod trwch poblogaeth Cymru gynt yn wŷr rhydd.[17] Yn sicr, nid yw'r Gymru uchelwrol-werinol heb ei hapêl a hithau'n llwyddo, fel y dengys darlun Gwynfor Evans ohoni, i gyfuno dau fyth tra phoblogaidd:

> Yr uchelwyr oedd ar frig 'hen frodorion y tir'; hwy oedd haen uchaf y dosbarth bonheddig mawr a gynhwysai'r rhan fwyaf o'r genedl . . . Ymhen pedair canrif byddai llawer iawn o'r dosbarth hwn ymhlith y werin, er mawr les i'w hansawdd hi.[18]

Y genedl un dosbarth neu *ddi*ddosbarth hon yw'r un y gorbrintir ei delwedd ar gymdeithas Geltaidd gyn-Gristnogol *Y Ddau Bren*: cymdeithas lle nad oes sôn am bennaeth llwyth na dosbarth llywodraethol; cymdeithas y chwaraeir rhan flaenllaw ynddi gan bysgotwyr a thorwyr mawn; a lle yr esgyn mab torrwr mawn i fod yn ddisgybl derwyddol ac yna yn 'Brifdderwydd'. Ni chyfetyb mewn unrhyw fodd i'r gyfundrefn hierarchaidd, bendefigaidd a ddisgrifir gan Gwyn A. Williams: 'Celtic-speaking society in Britain seems to have been based on a slave and serf arable and mixed agriculture supporting small classes of cattle-raising freemen-warriors and their chiefs'[19] – ond mae caethwasiaeth a chaethwasanaeth yn agweddau ar ein hanes sy'n achosi mynych bwl o swildod. O dan y drefn Rufeinig, neu ymysg y Brythoniaid trefol a Rufeineiddiwyd, y digwydd caethwasiaeth yn *Orpheus*, er enghraifft. Y 'bobl gyffredin' neu'r 'werin bobl' a geir yn yr ardaloedd gwledig lle y deil yr hen ffordd frodorol o fyw i ffynnu. Yn achos *Gwres o'r Gorllewin*, yn fwy arbennig, goroesodd gwybodaeth benodol am Ruffudd ap Cynan yn symud ei fileinllu i'r mynyddoedd pan oedd ei dalaith dan fygythiad – nid oherwydd ei ofal dros ei daeogion, wrth gwrs, ond oherwydd eu bod yn rhan bwysig o'i gyfoeth.[20] Serch hynny, i strwythur cymdeithasol tref Normanaidd Caer y perthyn yr unig gaethweision (Saesneg eu hiaith) y caniateir iddynt ymbresenoli yn y nofel, a gwladychwyr Eingl-Normanaidd yw'r gweddill o'i phobl isel radd.

O ran y boblogaeth Gymreig, gellid tybio ar dro i'r haenau uchelwrol fodoli heb gymorth na gwas na morwyn o unrhyw radd. Dyna, beth bynnag, yr argraff a grëir yn *Y Gaeaf Sydd Unig* pan lwydda Dâm Geinor (gwraig castellydd y Bere) i baratoi gwledd ysblennydd heb fod neb arall ar gyfyl y lle. Gwir fod Marion Eames yn cydnabod bod y cyfryw raddau â'r taeog a'r caeth yn bodoli yn y gymdeithas Gymreig, ond anfanwl i'r eithaf yw ei gwaith brwsh pan ddisgyn o'i huchelfannau cymdeithasol arferol. Gwawdluniau cyfarwydd yw'r merched golchi corffol, cnawdol, bras eu sgwrs ac amrwd eu moesau. Am y famaeth a ddarperir ar gyfer Gwenllian, nid yw ond yn bresenoldeb mamol, mud. Dileferydd a di-ddisgrifiad yw'r 'genethod' a'r 'bechgyn' sy'n gweini ar aelwyd uchelwrol Talhenbont yn *Betws Hirfaen* hithau. Cynhwysir wyth o'r gwŷr ym mintai Dafydd ap Gwgan, a'u dwyn i chwyddo rhengoedd byddin Glyndŵr, ond yr hyn y dylwn ei ddweud yw y cynhwysir wyth o'u *henwau*. Ni chânt gyfle i adlewyrchu'r ffaith hanesyddol fod anniddigrwydd y caeth, y taeog a'r dieiddo yn ffurfio cyfran helaeth o'r tanwydd a gyneuodd y gwrthryfel, ac a'i cynhaliodd wedi hynny.[21] Os yw undod byddin Glyndŵr, a hwnnw'n goresgyn rhaniadau tafodieithol a theyrngareddau rhanbarthol fel ei gilydd, yn ddelfryd o'r hyn y gallasai Cymru ymgyrraedd ato, mae'r delfryd yn hynod brin o gymhelliad cymdeithasol.

Mwy democrataidd, ar yr olwg gyntaf, yw gweledigaeth *Aur y Llinyn*. Yno, bu Glyndŵr yn ysu 'ers blynyddoedd' (65) am glywed bod 'y bobl gyffredin' (53) yn barod i godi, a phan ddaw'r awr mae Rowland Prys a'i gyfeillion yno i'w cynrychioli. Nid bod Rowland Prys yn daeog, ac yntau yn gweithio fel gof i'r Arglwydd Grey, ond fe ŵyr am 'galedi bywyd' (37), ac fe ŵyr beth yw cenfigennu wrth hawddfyd Owain Glyndŵr a'i debyg. Yn y pen draw, fodd bynnag, nid yw ond yn eilio barn y werin sydd 'yn gweld y cam a gewch chi [Glyndŵr] dan law'r Arglwydd Grey yn debyg i'r cam a gânt hwy drwy ddeddf a rheol anghyfiawn y Sais' (65). Y berthynas rhwng Sais a Chymro sydd dan sylw yma, a dyna hefyd sydd yn *Betws Hirfaen* pan haerir mai nod y gwrthryfel yw creu Cymru 'lle na bydd na gormeswr na thaeog mwy ar ei thir' (272). Nid pwrpas gyrfa Rowland Prys yw datgelu anghyfiawnderau cymdeithasol; offeryn yw ar gyfer arddangos gallu moesol, diwygiadol ymrwymiad i genedl. Wrth iddo droi ei ddigofaint i'r cyfeiriad cywir muda Rowland Prys o blith y werin gwrs, dreisgar, ladratgar yr arferai berthyn iddi, ymuna â'r werin ddychweledig y rheolir ei bywyd gan gysyniadau fel 'gweledigaeth', 'cydwybod', 'cyfiawnder' a 'ffyddlondeb' (93).

Yn *Llys Aberffraw* y ceir yr ymdrech ddycnaf, o ran y nofelau hanes confensiynol, i dynnu haenau isa'r gymdeithas i ganol y ddigwyddiadaeth. Ynddi hi y rhoddir y mynegiant croywaf i'r chwerwder a gynhyrchir gan anghydraddoldeb cymdeithasol: 'Mae Sioned fy chwaer yn marw o ddiffyg bwyd yn 'i chylla . . . Rhai yn cael gormod a'r lleill yn byw ar eu blonag' (131). Cadell sy'n llefaru, ac nid rhyw Rowland Prys arall mohono ef na'i gyd-weithredydd, Gwrin ap Rhydderch. Nid yw eu cenedlgarwch yn niwtraleiddio eu beirniadaeth o'r drefn gymdeithasol y seilir bywyd y genedl arni, nac ymroddiad gwladgarol Cadell yn ei ddyrchafu'n wyrthiol yn berson gwell – i'r gwrthwyneb mae ynddo bosibiliadau cymeriad gwirioneddol gymhleth. Er hynny, ni ellir methu'r arwyddion mai cymeriad symbolaidd yw Gwrin ap Rhydderch, y taeog y bu ei dad unwaith yn ŵr rhydd. Is-blot a luniwyd i ddal drych i argyfwng y Gymru gyfoes yw stori'r ddau daeog ifanc, ac nid yn y taeogion, fel y cyfryw, yr ymddiddora'r awdur. Er i Rhiannon Davies Jones lenwi corneli'r cynfas mor aml â thaeogion a thlodion o bob math, gormod fyddai honni iddi ddangos realiti bodolaeth yr anffodusion hynny. Ei blaenoriaeth yn *Eryr Pengwern* – ac fe ddigwydd disgrifiad tebyg iawn yn *Barrug y Bore* (247–8) – yw dangos nad yw eu bywyd heb ei gysuron:

> Cyn sicred ag y byddai i'r haul fachlud dros y gaer, fe fyddai rhywrai o'r plant yn marw ac fe'u cleddid gerllaw carchar Trenn. Bryd hynny, fe wylai pob taeog yn hallt ond yn ôl greddf dynoliaeth, fe ddiolchai drachefn am fod nawdd y llys ers cenedlaethau yn ei warchod rhag difrod a fo waeth . . . Pa un bynnag, nid oedd dim yn mennu ar felyster gwely serch a chwerthin plant a phan fyddai gwŷr y Tywysog yn feddw yn y llys, fe gâi'r taeog herwhela yng nghoedwig Trenn. Yn yr hydref fe ddôi'r mwyar ar y gwrychoedd a chnau a mes ac aeron. Bod yn fyw oedd yn bwysig. Blasu un diwrnod ar y tro oedd orau ac ar bnawn o ddechrau haf fel hyn, rhaid oedd ei ddal fel trysor rhag i yfory ddifetha'r wefr. (137)

Yn hytrach nag ymgyfyngu i gyflwr y taeog fel realiti ac iddo ei le penodol mewn hanes, fe'i trosir yn ddarlun o brofiad oesol gymysg y ddynoliaeth gyfan. Mae bywyd y taeog – ei brysurdeb ar y tir, a'i ymwybod â threigl y tymhorau – yn gyfrwng i ddangos bywyd ei hun fel profiad cylchol, hanfodol ddigyfnewid.

Rhesymol fyddai tybio bod y patrwm cylchol hwn yn gwrth-ddweud y weledigaeth Gristnogol, linellol o hanes – onid yw hanes dyn yn dechrau gydag Adda, ac i orffen gyda'r Ailddyfodiad? Ond mae'r Baradwys a gollwyd, a adferwyd drwy Grist, ac a erys y credadun eto yn y diwedd, hefyd yn llunio hanes yn gylch cyflawn. O safbwynt *Y Pla*, nid yw hynny ond yn ei darparu â tharged dwbl ar gyfer ei dychan. Dychenir llinoledd diwethafol y dehongliad Cristnogol drwy ei gyfosod â dehongliad llinellol y Marcsydd, ac o'r ffaith fod y ddau ddehongliad mor debyg, ac eto mor annhebyg, y tardd llawer o densiwn y nofel. Gellir gweld 'y baban Iesu' marwanedig fel symbol o dynged y waredigaeth seciwlar a geisir wedi ymyrraeth y pla – sef y drefn newydd gydraddol, gydweithredol a sefydlir yn yr Arch cyn i arglwydd ac Eglwys fanteisio ar 'ffordd hwylusach' (348) cyfalafiaeth o gadw'r taeogion yn eu lle. Ac mae'r awgrym wedi'i wneud am yr episod lle y dianc Ibn o feddrod yr archesgob mai alegori yw stori 'wreiddiol' *De Cameron* Boccaccio o allu masnach i atgyfodi o lanast y pla.[22] Y gwrthgyferbyniad olaf oll yw hwnnw rhwng yr ofnau di-sail ynghylch diwedd byd a'r darlun Marcsaidd o gyfnewidiadau economaidd a chymdeithasol y cyfnod; rhwng yr argyhoeddiad fod y byd yn ei 'henoed' (355), a hanes ar ddod i ben, ac ymwybyddiaeth y taeogion 'nad oedd eu hanes ond wedi megis dechra' (351). Cynhyrfir yr ymdeimlad a ddisgrifir gan Wiliam Owen Roberts (mewn cyswllt lluosog) yn ei erthygl ar y nofel hanes, o fod 'yn bresennol ar enedigaeth epocau o gynnwrf a oedd yn trawsnewid yr hen ymwybod a oedd yn bod gynt a chreu ymwybod newydd yn ei le'.[23]

Yr ymwybod newydd a gynhyrchir gan grychdonnau ffrwydrad y pla sy'n chwyldroi amgyffred Chwilen Bwm o'i sefyllfa:

> 'Ges i'n nysgu ers pan o'n i'n fawr o beth mai y fi oedd eich angen chi ac na fedrwn i fyw hebddoch chi! Ond dwi'n dechra gweld erbyn hyn mai fel arall y mae hi! Ac mai fel arall y bu hi erioed ond mod i'n rhy ddwl i sylweddoli hynny!' (338)

Cawsom enghreifftiau cyn hyn o'r taeogion yn achwyn am annhegwch y gyfundrefn gymdeithasol, ond dyma'r tro cyntaf i neb droi'r gyfundrefn wyneb i waered. Hyd yn oed yn *Llys Aberffraw*, lle mae'r gwrthdaro rhwng taeog ac uchelwr yn rhan hanfodol o'r chwarae, agweddau unigol ar y drefn sydd o dani yn aml, a pharod iawn yw'r taeogion eraill i dymheru beirniadaeth y lleiafrif drwy bwysleisio swyddogaeth amddiffynnol yr uchelwriaeth: 'Onid oedden nhw wedi'r cwbl yn ddyledus i'r Tywysog am eu byd a'u bywyd? . . . Ef oedd yn gwarchod Eryri ac yn amddiffyn y traethau' (33). Mae haenau isa'r gymdeithas, yn groes i weledigaeth newydd Chwilen Bwm o'r sefyllfa, yn hollol ddibynnol ar yr uchelwriaeth, a lle y llwyddir am gyfnod byr yn *Y Pla* i gynnal dull cydweithredol, 'pawb trwy'i gilydd' (327) o fyw, methiant llwyr yw'r gymuned werinol, ddiarglwydd a sefydlir yn *Eryr Pengwern*. Yno, gwna 'bywyd bras, digaethiwed' (73) Dyffryn Trodwydd y gwŷr yn ddiog a'r merched yn ddi-hid fel na oroesa na chrefft na chelfyddyd na diwylliant, nac amaethu, na modd i amddiffyn y gymuned rhag y gelyn – ar yr un pryd, gwna'r bywyd hwnnw'n eglur mor ddwfn yw ffydd geidwadol yr awdur ei hun yn y gyfundrefn gymdeithasol aristocrataidd, hierarchaidd fel un a fodolai er budd pawb.

Wrth gwrs, mae yn nofelau Rhiannon Davies Jones aelodau o'r bendefigaeth sy'n esgeulus o'u cyfrifoldebau ond, ar eu gorau, pontir y bwlch cymdeithasol rhyngddynt a'r haenau isaf gan fesur helaeth o gydymdeimlad. Symbylir yr Arglwydd Hywel ab Owain yn *Llys Aberffraw* gan gwlwm cyffredin eu dynoliaeth a'u dyheadau cenedlgarol i achub Cadell Hir rhag y crocbren – 'Gadewch iddo fynd at ei fam . . . Hogyn o dan oed ydy hwn!' (169) – ac i'w amddiffyn ef a Gwrin am ddwyn arfau'n anghyfreithlon yn erbyn y Norman. Hyd yn oed ar ei fwyaf haerllug a diegwyddor, mae yna ddyletswyddau na all arglwydd nac uchelwr ddianc rhagddynt. Un o'r dyletswyddau hynny yw'r rheidrwydd i briodi'n gall. Yn wir, nid ar wastad perthynas y taeog a'i 'well' y cyflwynir tyndra cymdeithasol amlaf gan Rhiannon Davies Jones, ond ar wastad y carwriaethau rhwng 'arglwydd gwlad' a merched lledfonheddig a rwystrir gan ystyriaethau gwleidyddol rhag aeddfedu'n briodasau. Amrywiad ar yr un thema yw asgwrn cefn stori Mabli yn *Y Gaeaf Sydd Unig*. Nid ei breuddwyd am briodi Llywelyn ap Gruffudd yn unig a waherddir; cyfyngir ei rhyddid rhywiol ar y lefel gymdeithasol y ganed hi ei hun iddi. Dyna fyrdwn y gymhariaeth rhyngddi a golchwragedd y castell: 'Peth braf, meddyliai Mabli, oedd bywyd y synhwyrau, greddfau'n cael rhyddid fel anifeiliaid y maes . . . Ond perthyn i fonedd yr oedd hi, a'i chorff yn gaeth' (194). Yr amcan yw ein denu i ymdeimlo â'r aberth sydd ynghlwm wrth gyfrifoldebau'r breintiedig.

Ceir ateb *Y Pla* i'r agwedd hon ar 'faich y bendefigaeth' yng ngharwriaeth waharddedig Chwilen Bwm â Nest ferch Iorwerth Gam. Y taeog sy'n dwyn y gost y tro hwn, ac os llwydda Chwilen i osgoi'r sbaddu llythrennol, fe'i gweithredir yn ffigurol gan amodau Statud y Llafurwyr, y ddeddf a basiwyd er ffrwyno 'balchder yr isel rai' (338). Mae'r enghraifft eithafol o berthynas rywiol 'anghymharus' a geir ym mwystfilgydiaeth Einion Fychan yn rhan o'r parodi ar y Beichiogi Dihalog a ymgorfforir yn ei gyfathrach ddiweddarach â'r arglwyddes. Ond mae'r episod cyfan yn ddychan llawn mor llym ar seiliau'r gyfundrefn gymdeithasol ag ydyw ar seiliau'r ffydd Gristnogol. Golyga nad oes lloches athronyddol i gymdeithas a seilir ar egwyddor llinach ddilychwin, ac a strwythurir yn ôl y gwahaniaeth rhwng gwaed yr 'uchel' a gwaed yr 'isel'. Am y gyffelybiaeth ym meddwl Mabli rhwng y golchwragedd ac 'anifeiliaid y maes', a thuedd *Betws Hirfaen* i gyflwyno'i thlodion fel 'creaduriaid' (70) mud, chwyddir eu cyfeiriadau gwibiog yn ddarlun cyflawn yn *Y Pla*. Nid mater o beidio â bod 'yn da yn y byd i neb ' (*Llys Aberffraw*, 50) yw bod yn daeog yn *Y Pla*, ond mater o fod yn eitem o 'dda' a ecsbloetir hyd yr eithaf:

> Bu marwolaeth tad Hwch Ddu a'i brawd iau, Mochyn Coed yn dipyn o sioc i bawb. Yn enwedig a hitha'n adeg mor brysur yn y faerdref. Roedd Ieuan Ddu a Iolyn Offeiriad yn teimlo'n ddig tuag ato oherwydd iddo wneud amdano'i hun trwy fwyta caws llyffant. Taeog digon hunanol fu o erioed. Hunanol a dideimlad. Roedd cymaint o waith i'w wneud o hyn hyd ddiwedd yr ha. (245)

Ymhell o fod 'ychydig is na'r angylion', mae'r taeogion yn is hyd yn oed na'r anifeiliaid y cyfeiria eu henwau atynt – fel y dengys blaenoriaethau'r Rhaglaw:

> 'Ydi'r bustych yn iawn, Chwilan?'
> 'Ydyn.'
> Ac oedodd, cyn ychwanegu:
> 'A'r taeogion?' (169)

Yn y diwedd dadlennir seiliau cudd y gyfundrefn gyfan gan ddichell y gŵr sy'n dychwelyd i Ddolbenmaen gan honni mai ef yw'r Arglwydd Rhys ap Dafydd ap Madog a arferai fod yn arglwydd y faerdref. Ef yw cynrychiolydd yr haen newydd o arweinwyr a gododd o ddinodedd ar gefn y chwalfa gymdeithasol a gysylltir â'r pla, a phrawf yw ei lwyddiant nad llinach na rhinweddau etifeddol, na rhagordeiniad dwyfol, sy'n cynnal yr uchelwriaeth – ond awch am rym a'r gallu i'w gipio a'i gadw.

A'r nofel *Y Pla*, yn ôl y broliant ar ei chlawr, yn 'nofel gyfoes', beth sydd a wnelo ei hymosodiad ar y gyfundrefn gymdeithasol ganoloesol â Chymru ein cyfnod ni? Un pwynt yw fod y nofelau hanes eraill yn dystiolaeth i atyniad parhaol Cymru ganoloesol Saunders Lewis, ac mae'n syndod mor hawdd fyddai cysoni'r gymdeithas a ddelfrydir yn *Betws Hirfaen* â gweledigaeth Saunders Lewis o Gymru'r dyfodol: 'Cymru o fân gyfalafwyr, ac amaethyddiaeth yn brif ddiwydiant iddi, a chanddi'r gallu i 'amddiffyn gwerin gwlad rhag gormes o'r tu allan'.[24] Wrth ddryllio ein delwedd ddelfrydedig o'r gorffennol, mae *Y Pla* am ddangos nad yw'n bosib defnyddio'r gymdeithas ganoloesol fel glasbrint ar gyfer y Gymru gyfoes, a bod yr ymgais i wneud hynny ynghlwm wrth ddull anghywir o ystyried hanes. Gwrthryfela'n erbyn y cysyniad o hanes fel proses – neu gaethiwed – gylchol a wna Chwilen Bwm drwy ddyheu am droi chwalfa gymdeithasol y pla yn gyfle am newid: 'Dwi'n synhwyro crac yn wal hanes, a be hoffwn i wneud yn fwy na dim fasa gwthio'r drosol i mewn, tynnu'r tŷ i lawr a dechra o'r dechra eto' (344). Un o'r pethau sy'n rhwystro Chwilen rhag gwireddu ei ddyhead yw parodrwydd Gwythwches, un o'i gyd-daeogion, i gadw cyfrinach yr ymhonnwr o arglwydd. Ei hunig amod yw iddo ddod 'â threfn i'r dre a'i rhedeg hi fel roedd hi cyn dyddia'r Pla' (341). Ni fyddai'n dreth ar y dychymyg i weld yn ei cheidwadaeth hi, yn enwedig o'i gyfuno â'r sylw a roddir i Statud y Llafurwyr – y 'deddfau gwrthundebol ymwybodol cyntaf yn hanes y byd' medd Wiliam Owen Roberts mewn man arall[25] – ac â phresenoldeb anorthrech America yn niweddglo'r nofel, ddarlun o Gymru'r wythdegau Thatcheraidd. Hollol nodweddiadol o ethos y cyfnod hwnnw, yn sicr, yw'r dadleuon a gynigir gan y masnachwr, Datini II, a chan y ffug-arglwydd, o blaid cyfalafiaeth a'r farchnad rydd:

> 'Does dim rhinwedd mewn tlodi. Mae lles a dyfodol cymdeithas mewn hel cyfoeth ynghyd.' (348)

> 'Mae pob un ohonon ni bellach, o Ddolbenmaen i Siena, licio neu beidio, ar drugaredd y farchnad, ar drugaredd mympwy cyfreithiau arian . . .' (350)

Wrth ymosod ar werthoedd y gorffennol y mae Wiliam Owen Roberts hefyd yn ymosod ar werthoedd y byd y gorfodir ef i fyw ynddo.

Manylach ac eglurach fyth yw'r darlun yn achos y dadlau a fu ynghylch y traddodiad neu'r canon llenyddol Cymraeg. Teg dweud am y nofelau eraill nad yw'r traddodiad barddol fel arfer ond yn ail i'r iaith ynddynt fel amddiffynnydd hunaniaeth ddiwylliannol y Cymry. O gyfnod derwyddol *Y Ddau Bren* ymlaen, dyma'r traddodiad sydd yn cyfuno â'r ffydd Gristnogol i uno'r genedl yn absenoldeb sefydliadau gwleidyddol a gweinyddol cenedlaethol. Efallai fod beirdd unigol yn 'canu ffalsedd' (*Cribau Eryri*, 151), a'r beirdd, fel corff, yn genfigennus o'i gilydd, ond achwynion yr ymddengys i Rhiannon Davies Jones eu cynnwys o ran dyletswydd yw'r rhain. Nid ydynt ond megis mân frychau ar wyneb traddodiad y datgelir ei rym moesol-grefyddol yn effaith drawsffuriol canu Llygad Gŵr (un yr honnir cyn hynny ei fod yn euog o'r 'ffalsedd' dywededig) ar gymhellion gwleidyddol Llywelyn ap Gruffudd:

Cafodd y Tywysog hamdden o'r diwedd i ystyried geiriau'r bardd Llygad Gŵr. Rhaid oedd cyfaddef mai mympwyon personol ac uchelgais a balchder a fu'n ei yrru i goncro er dyddiau pell brwydr Bryn Derwin. Y pryd hwnnw trechodd ei ddau frawd, Owain a Dafydd. Tybed nad oedd y rhod yn troi bellach ac yntau Llywelyn ap Gruffudd yn Etholedig Duw dros genedl y Cymry? Teimlodd ias canrifoedd hanes yn treiglo drwy asgwrn ei gefn. (*Barrug y Bore*, 260).

Mae'n wir nad oes nemor ddim sôn am fardd yn *Gwres o'r Gorllewin* er gwaethaf y traddodiad diweddarach ynghylch Statud Gruffudd ap Cynan. Nid oes lliw o fardd na derwydd yn unman yn *Orpheus* hithau – yr hyn *sydd* yn y nofel honno, fodd bynnag, yw'r llinell a ddyfynnwyd eisoes (t. 47) sy'n ein hatgoffa o hanes y Taliesin chwedlonol. Drwy gysylltu'r llinell honno ag Orpheus, fe'i cysylltir hefyd â'r Gristnogaeth y mae cwlt Orpheus yn rhag-gysgod ohoni. Mewn dull sobr o gyfrwys gweir drwy'r stori linyn y traddodiad Taliesinaidd a fu ers canrifoedd, yn ôl y traddodiadwyr y llefara Emyr Humphreys ar eu rhan, yn 'major factor in the maintenance, stability, and continuity of the Welsh identity and the fragile concept of Welsh nationhood'.[26] Dyma'r traddodiad y bu Wiliam Owen Roberts yn lleisio ei anghymeradwyaeth ohono fel ffrwyth 'proses a elwir yn *draddodiad dethol*, sef hwnnw yn nhermau diwylliant llywodraethol weithredol a elwir Y *Traddodiad* neu Y *Gorffennol Arwyddocaol*'.[27] Craidd ei ddadl yw fod y cysyniad o Draddodiad yn hollol groes i'r broses ddilechdidol sydd, yn ôl y Marcsydd, yn hanfod hanes. Ni all traddodiad dethol fyth wneud cyfiawnder â chymhlethdodau hanes, a hwnnw yn gynnyrch croesdynnu a gwrthdaro rhwng holl wahanol haenau ac elfennau cymdeithas.

Yn *Y Pla* ei hun dychenir amddiffynwyr 'Y Traddodiad' drwy gyfrwng araith hirfaith y Pab Clement VI:

> 'Sawl gwaith ydan ni wedi clywed y dadleuon myfiol, syrffedus yma? Y cywion ieir yma sy'n arwynebol bigo beirniadu y traddodiad? Yn ystod y pum mlynedd cyntaf o ganfod gwrthryfel bythol ieuenctid, bid siwr, ymateb y gwyliwr fydd diddanwch pur . . .
>
> Wedyn, rywsut, wele bum mlynedd arall wedi ffarwelio. A gwyliwn y cwbl gyda rhyfeddod ac edmygedd cyson . . .
>
> Ac fe â pum mlynedd byr arall heibio. Dyna hyfryd a ffres o hyd yw'r sôn a'r siarad am wrthryfel . . .
>
> Dwi wedi gweld y cwbwl lawer tro, ydw – . . .
>
> – a diolch amdano bob blwyddyn – . . .
>
> – ond caniateir i mi ei wylaidd werthfawrogi o hyd, a chenfigennu o bosibl, wrth glywed y cyffro tanbaid newydd a ddaw o gydio'n eiddgar mewn gwrthryfel ystrydebol.' (210–12)

Caniateir i'r areithiwr ei eironi ar draul yr 'Hereticiaid', yna fe'i dirymir yn llwyr drwy ddadlennu nad y Pab Clement VI sy'n siarad wedi'r cwbl ond difyrrwr y llys. Eto, llyncir ei sylwadau'n eiddgar gan bawb, a'r un mor ddi-sigl oedd ffydd y pererinion yn natganiadau gwrth-Semitaidd y ffug-bab arall o'i flaen. Nid oes fawr o amheuaeth na fwriedir inni ymglywed yn araith yr ail 'bab' ag adleisiau o ymateb R. M. [Bobi] Jones i'r 'Gwrthryfel yn erbyn Traddodiad'.[28] Ond yn natganiadau'r 'pab' cyntaf – ac amhosib anghofio yn y cyswllt hwn yr honiadau a wnaed ynghylch gwrth-Semitiaeth Saunders Lewis[29] – y gwelir pa mor wirioneddol beryglus yw canlyniadau ymlynu wrth Draddodiad sy'n cau allan gymaint mwy nag a gynhwysir ganddo. Cyhuddir yr Iddewon a lleiafrifoedd hiliol eraill o achosi'r pla, ac un o swyddogaethau Ibn al Khatib yw cynrychioli'r lleiafrifoedd hynny, a dioddef ei erlid ar eu rhan wrth iddo grwydro'r Cyfandir. Nid dyma'r traddodiad Ewropeaidd gwâr, goleuedig a ddelfrydwyd gan Saunders Lewis. Nid dyma chwaith yr Ewrop y bu cymeriadau Rhiannon Davies Jones yn ymweld â hi mor rheolaidd; yr Ewrop a osododd 'ddiwylliant gwledydd Cred' yn 'fêl ar wefusau' (*Cribau Eryri*, 124) y Mab Ystrwyth ac a borthodd ddeall a delfrydiaeth yr Ymennydd Mawr. A rhag i Gymru wrthod cydnabod fod a wnelo hi â'r ochr dreisiol, ormesgar i hanes Ewrop, ymddiriedir y gwaith o ymosod ar Ibn yn yr Eidal i uchelwr llabystaidd o Eifionydd sydd ar bererindod i Rufain.

Yn ogystal â demoneiddio'r dieithr, mae'r Traddodiad yn bwystfileiddio'r isradd. Yn yr unig episod lle y cawn olwg go-iawn ar draddodiad y canu caeth (parodi, o bosib, ar y daith glera yn *Eryr Pengwern*) achubir pob cyfle i ddangos bod ei ddrysau wedi'u cau'n dynn – yn llythrennol felly – yn erbyn graddau isa'r gymdeithas. 'Bustych diamcan' yw'r taeogion i'r egin fardd, Cadwgan ap Ifor; bygythiad i'r ansoddau fel parch a threfn sy'n gwarchod pawb rhag dychwelyd 'i'r coed a byw fel anifeiliaid unwaith eto' (228). Dihangfa rhagddynt yw neuadd yr uchelwr, ac ar y tu allan y gwelir y taeogion ar y diwedd; eu cyrff chwyslyd 'yn sgleinio fel cyrff ceffylau' (233), a'r hen fardd Iasbis ap Dafydd oddi mewn yn paratoi i ganu ei gywydd mawl. Yn gyfeiliant i'r diraddio hwn mae gwrthryfel Iasbis ei hun yn erbyn y traddodiad mawl yn cael ei amlygu mewn dull llawn mor gorfforol ac 'anifeilaidd'. Ei ymateb i barablu Cadwgan ynghylch 'y petha digyfnewid' a'r 'hyn sy'n dragwyddol sefydlog mewn bywyd' yw: 'Rhaid imi biso' (230). Mae gweld yr arglwyddes 'ar ei chwrcwd ... yn tuchan (fel ag y gwnâi pawb)' (252) yn gwneud yr un pwynt ynghylch yr anghenion corfforol digyfnewid, diddosbarth. Crynhoir y cwbl yn y sylw a wneir yng nghanol y disgrifiad graffig o frenhines Ffrainc yn esgor ar y plentyn y mae'r gwas stabl yn dad iddo: *'Du ydi lliw pob geni, du a gwlyb fel angau. Dydi o ddim yn wyn ac yn lân'* (284). A'r awdur wedi ein dwyn mor agos ag y medr at hanfodion bywyd, mae'n amlwg nad yw cyfundrefn gymdeithasol hierarchaidd yn beth rhoddedig, nad yw Traddodiad yn 'naturiol' bur, ac mai ffug – fel y ddau bab a'r ymhonnwr o arglwydd – yw'r ddelwedd o undod a grëir ganddynt.

Yn y cyswllt hwn rhaid pwysleisio nad ffrwyth 'gwrthdystiad gan lenorion glas gyhyrog'[30] R. M. Jones yw *Y Pla*. Bu Raymond Williams yn ymdrin ag oblygiadau dosbarth y traddodiad dethol o 1958 ymlaen, o leiaf.[31] Bu eraill o'i flaen – a'r rheini hefyd ymhell o fod yn 'las gyhyrog' – yn feirniadol o'r traddodiad diwylliannol elitaidd llywodraethol.[32] I'r un cyfeiriad y tueddai'r diddordeb yn hanes a thraddodiad llafar y bobl gyffredin, maes y gwnaeth George Ewart Evans waith arloesol ynddo o bumdegau'r ganrif ddiwethaf hyd at ddiwedd yr wythdegau.[33] Erbyn hynny roedd Raymond Williams wedi datblygu'r 'fateroliaeth ddiwylliannol' a bontiai'r bwlch rhwng Marcsiaeth glasurol a'r ymwrthod ôl-fodernaidd â phob uwch-naratif awdurdodol. Closiodd y ddwy duedd at ei gilydd i nodi newid sylfaenol yn y ffordd yr edrychir ar ein hetifeddiaeth ddiwylliannol.[34] Adlewyrchwyd y newid yng ngweithgareddau'r mudiad ffeminyddol, yn nhwf ymwybyddiaeth grwpiau di-lais eraill, gan gynnwys lleiafrifoedd hiliol a'r hoyw[35] – ac yn y cenedlaetholdeb mwy cynhwysol y cyfeiriwyd ato eisoes.[36] Dyna'n fras gefndir deallusol a gwleidyddol *Y Pla*, ac ynddi fe ddefnyddir Ibn al Khatib, y Mwslim du, amwys ei rywioldeb, i'w gyflwyno mewn cyd-destun byd-eang.

Un o fanteision y ddwy ffrwd storïol gyfochrog yw eu bod yn galluogi Wiliam Owen Roberts i daflu cic ychwanegol i gyfeiriad ceidwadaeth y traddodiad barddol Cymraeg wrth i Ibn sgrechian arwrgerddi'r 'bardd Arabaidd enwog Abd-al-Qahir-al-Jurjani (m.1078)' (80) a'r 'bardd Arabaidd enwog Ibn-al-Rumi (m.896)' (91) mewn amgylchiadau chwerthinllyd o anaddas. Yn fwy sylfaenol, caiff gyfle i bwysleisio mai'r un gyfundrefn economaidd, gymdeithasol, grefyddol sydd wrth wreiddiau anghydraddoldeb ac anghyfiawnder drwy Ewrop gyfan. Yr un yn ogystal yw'r 'gadwyn gref' (sef Cadwyn Bod) sydd 'yn rhedeg trwyddi fel asgwrn cefn' (50) â'r gadwyn athronyddol sy'n cynnal traddodiad y canu mawl yng Nghymru. Mae presenoldeb Ibn yn ein gorfodi i ystyried hanes Ewrop, a lle Cymru y tu mewn iddo, drwy lygaid sylwebydd Voltairaidd o'r tu allan. Y mae hefyd, o uniaethu tynged Cymru – fel y gwneir – â dioddefaint y gwan, y gwahanol a'r ymylol, yn hytrach nag â'r troeon yng ngyrfa haenau llywodraethol y gymdeithas, yn fodd i ymestyn ffiniau'r uniaethu hwnnw.

96   *FfugLen*

Oherwydd os fel trychfilod neu wahanol fathau o anifeiliaid y cyfrifir taeogion Dolbenmaen, yna gyda'r 'mwncïod o'r coed' (40) y dosberthir yr 'inffidel'. Pan lania Ibn yng Nghymru felly, yn noeth, yn newynog, yn fyddar, ac yn wrthodedig gan ei gyd-deithwyr, yr unig un i'w groesawu yw'r gwahanglwyf yr alltudiwyd yntau o'i gymdeithas fel darn o gig marw. Dyna'r ddolen gyswllt a ffurfir rhwng yr haenau o'r gymdeithas dan ormes yng Nghymru a'r gwledydd cyfain a ddaeth dan ormes Ewrop.

Esgor y cynghreirio rhwng y Marcsaidd, yr ôl-fodernaidd, a'r ôl-drefedigaethol ar olwg go wahanol ar Gymru'r Goncwest i'r un a geir yn ein nofelau eraill. Ar ddechrau'r nofel cawn amlinelliad o helyntion y Cymry yn y blynyddoedd cythryblus o gwmpas 1347, ond nid eir ar ôl eu cymhellion na'u hachwynion. Bodlonir ar gyfosod yr helyntion ag atgof o arwisgo'r Tywysog Du yn Dywysog Cymru, gan adael i gysgod Arwisgo 1969 gyflawni gweddill y gwaith. Yn ddiweddarach, pan gawn Gwythwches yn rhoi mynegiant uniongyrchol i'w gwrth-Seisnigrwydd, mae amgylchiadau'r gwrthdaro rhyngddi a Chwnstabl castell Cricieth yn drymlwythog gan eironi:

> 'Be maen nhw'n galw hen fuwch hesb fel chdi?'
> Cododd Gwythwches ei phen yn ara a syllu i fyw cannwyll ei lygaid. Roeddan nhw'n gochlyd a'i drwyn yn rhedeg fel pistyll. Daliodd ei chyllell o flaen ei thrwyn: daeth hwrdd o deimlad drosti, tarw o ddicter yn tarannu i fyny o rhywle'n ei choluddion a daeth i gof yr holl hanesion am y taeogion a laddodd y Saeson trwy'u gorfodi i weithio ym mhob tywydd ar y castell a hitha mor oer nes byddai piso dyn wedi rhewi'n ffon rhwng blaen ei gŵd a'r ddaear. A daeth rhywbeth drosti, rhyw awydd dychrynllyd i unioni cam yr holl daeogion a laddwyd gan y Saeson yng Nghricieth a phob man arall o ran hynny.
> Cododd y gyllell ag anelu'r llafn –
> Ond waldiodd y Cwnstabl hi â'i helmed yng nghanol ei hwyneb, nesroedd ei thrwyn yn clecian a phlannodd y milwr ei droed yn ei chefn.
> Rhuthrodd Ieuan Ddu draw a chydio'n y Cwnstabl:
> 'Paid! Paid! Paid a handwyo eiddo'r dre!'
> Gwaeddodd a pheidiodd y milwr a'i dyrnu.
> Trodd y Rhaglaw ar Gwythwches a dechrau'i chicio ar lawr.
> 'Yr ast uffar!' Be ddiawl ti'n feddwl wyt ti'n neud? Be ddoth drosta chdi, yr huran wirion? Cod! Ar dy draed! Cod! Ac ymddiheura i'r Cwnstabl! Rwan!' (177–8).

Dan draed y mae Gwythwches, fel pob taeog arall, pa un ai'r gorchfygwr estron neu'r gormeswr brodorol sydd mewn awdurdod drosti. Fodd bynnag, tra ei bod hithau am achub cam ei chyd-daeogion (sylwer nad yw'n sôn am haenau eraill y gymdeithas Gymreig) rhag y Sais, nid oes neb i achub ei cham hithau. Fe fyddai ffeminyddion radicalaidd yn mynnu ei bod, fel merch, yn aelod o'r dosbarth gorthrymedig cyntaf oll.[37] Yma, yn sicr, fe berthyn i'r dosbarth gorthrymedig isaf oll, a dyna pam yr uniaethir y Cwnstabl â'i gŵr: 'am ennyd, gwelodd wyneb ei gŵr dan yr helmed: taeog creulon o'r enw Pry Gweryd a oedd wedi hen bydru'n y pridd'. (178)

Nid oes perygl yn *Y Pla* i realiti hanesyddol cyflwr y ferch fynd ar goll yn ei swyddogaeth fel symbol o gyflwr y genedl, fel y gwna pan y'i dangosir fel caethferch yn *Orpheus* neu fel putain yn *Barrug y Bore*. Ar ryw olwg, mae *Y Pla* yn gwrthdroi'r drefn batriarchaidd drwy ganiatáu i'r ferch sy'n ffugio bod yn Abad ein hargyhoeddi'n llwyr yn y rôl honno, a thrwy waddoli maerdref Dolbenmaen, yn y cyfnod cyn dyfodiad y pla dwbl, ag arglwyddes yn hytrach nag arglwydd. Ar yr olwg arall mae'r gwrthdroi yn datguddio'r modd y bu raid i'r ferch guddio ei hunaniaeth – megis y gwnaeth yr 'Abad' ifanc – dan fantell grym y byd gwrywaidd, a'r modd y'i twyllwyd – megis yn achos yr arglwyddes feichiog – gan *mystique* y delfryd Morwyn Fairaidd. O'r un safbwynt gwrthsefydliadol, gwrthawdurdodol y dehonglir cwestiwn yr iaith ar yr ychydig achlysuron y cyfeirir ato. Wrth sôn am hoffter Dafydd Offeiriad o ddefnyddio'r Ffrangeg yn hytrach na'i famiaith, anelir y dychan nid yn unig at ei barod-rwydd i ymuniaethu â'r concwerwr ond hefyd at ei ymfalchïo cynhenid mewn awdurdod ac uwchraddoldeb diwylliannol ac addysgol: 'nid pawb oedd yn gallu ysgrifennu mewn tair iaith' (16). Arf y cryf a'r galluog yn erbyn y gwan a'r analluog yw iaith yma yn y bôn. Bron nad sgileffeithiau, megis yn achos cyflwr y ferch, yw'r rhai a wnelant â'r cwestiwn o genedl.

Canolbwyntio ar fygythiad yr iaith Saesneg a'r Ffrangeg i burdeb y Gymraeg a wna Rhiannon Davies Jones. Yn *Eryr Pengwern* ceir Silin Fardd, a hynny mor gynnar â chanol y seithfed ganrif, yn rhybuddio'i ddisgybl barddol ynghylch y 'dieithred' a fydd 'yn siarad cymysgedd o iaith hil Hors a'n hiaith ninne' (36), ac eglur yw'r croestorri rhwng y pryderon ynghylch purdeb iaith a phurdeb gwaed. Ond mae yna drydydd dimensiwn, sef purdeb moesol, ac o fewn y dimensiwn hwnnw mae lle amlwg i'r berthynas rhwng yr agwedd at ryw a'r agwedd at genedl. Melltithir Elfan Cyndrwyn – a gytunodd i briodas wleidyddol â 'sarffes' o 'hil Hors' (96) – ag anian rywiol dreisiol a sianelir i gyfeiriad Ethne, y ferch sy'n symbol o burdeb coll y genedl. Nodweddiadol yn ogystal yw fod Dafydd ap Gruffudd, yn *Barrug y Bore*, yn chwarae â theimladau Mererid fel y chwaraea'r ffon ddwybig yn achos ei deyrngarwch i'w frawd Llywelyn. Mwy hunanddisgybledig o'r hanner yw'r rhan fwyaf o'n harwyr, yn enwedig os digwyddant berthyn i oriel ein harwyr cenedlaethol. Nid oes dim ym mherthynas Gruffudd ap Cynan ag Angharad yn *Gwres o'r Gorllewin* i awgrymu fod yma ŵr a gafodd feibion gan o leiaf bedair o wragedd gwahanol.[38] Ac er na chondemniai cyfraith Cymru blant gordderch na chyfrif priodas yn sacrament,[39] gorfodir mwy nag un o arwyr tywysogol Rhiannon Davies Jones i briodoli eu camweddau cnawdol i nwyd ieuenctid. Llwyddodd yr un awdur ar nifer o achlysuron i drawsffurfio carwriaethau godinebus Cymry cywir yn rhai sy'n nodedig am eu hangerdd a'u ffyddlondeb. Eithafol o ofalus yw *Y Gaeaf Sydd Unig* o enw da Llywelyn ap Gruffudd, a hithau heb ganiatáu yr un sibrydiad iddo garu â neb cyn iddo briodi ag Eleanor de Montfort pan yw'n ŵr canol oed. Er nad oes un o'r nofelau eraill yn cyflwyno'r pwynt mewn dull mor agored ag *Aderyn o Ddyfed*, mae penrhyddid rhywiol yn anghydnaws ag ymrwymiad i genedl ym mron pob un ohonynt: ni ellir ymroi i 'gofleidio bun' a phoeni ar yr un pryd 'am genedl ac urddas ei phobol' (67).

Hollol groes i hynny yw swyddogaeth rhywioldeb yn *Y Pla*. Y cymeriadau y gellid tybio y bwriedir inni gydymdeimlo â hwy fwyaf yw'r pechaduriaid gwaethaf o safbwynt eu hymddygiad rhywiol. Mae Chwilen yn achub mantais annheg ar naïfrwydd Nest, Iolyn Offeiriad yn druenus o gaeth i ias y cnawd, yr arglwyddes yn cael ei beichiogi gan fwystfilgydiwr, ac Ibn yn ddryswch o wahanol dueddiadau rhywiol. Ar yr un pryd, am a wyddom, fel all y Rhaglaw, Dafydd Offeiriad, a'r ffugarglwydd – cynrychiolwyr awdurdod gwrywaidd, sefydliadol, treisgar – fod yn hollol ddiwair. Yn y gwrthgyferbyniad rhyngddynt a'r cymeriadau eraill gwelir ymdrech i wrthryfela yn erbyn y normalrwydd rhywiol a osodir fel safon gan Eglwys a chymdeithas. Nodi difrifoldeb y gwrthdystiad a wna natur eithafol yr arferion a dadogir ar y gweiniaid. Os nad oes gan yr unigolyn hawl ar ei rywioldeb ei hun, nid oes ganddo hawl ar ddim. Dyna arwyddocâd y sbaddu, a'r sôn am sbaddu, yn achos Iolyn Offeiriad a Chwilen Bwm. Rhyw fath o offer sbaddu hefyd, gellid dadlau, oedd graddau carennydd gwaharddedig yr Eglwys,[40] ond nid yw Rhiannon Davies Jones fel petai'n ymwybodol o hynny wrth drafod priodas Owain Gwynedd â'i gyfnither yn *Llys Aberffraw*. Mae ystyr wleidyddol i ryw a rhywioldeb yn *Y Pla* nad oes iddynt yn y nofelau eraill.

Craidd y mater yw fod cysyniad y nofelau eraill a chysyniad *Y Pla* o'r hyn sy'n clymu pobl ynghyd yn gwbl groes i'w gilydd. Y rhwymyn sylfaenol yn achos y grŵp cyntaf yw'r purdeb neu'r hanfod cenhedlig yr ymddiriedir i elît cymdeithasol a diwylliannol bychan y cyfrifoldeb o'i ddiogelu. Mae holl ogwydd *Y Pla* yn wrthwynebus i'r cysyniad o burdeb, a'r ymosodiad arno yn canolbwyntio llawer o'i sylw ar linach amheus y rhai a ystyrir yn gymwys i'w amddiffyn. Am burdeb ein traddodiad dethol, cynhelir y cyrch o sawl safle gwahanol. Ymosodir ar un math o 'burdeb' drwy adfer i ddiwylliant Cymru yr elfen gnawdol, 'ddi-chwaeth', fasweddus a alltudiwyd cyhyd o'r traddodiad dethol.[41] Ymosodir ar fath arall drwy droi at y traddodiad llafar poblogaidd ar gyfer llenwi'r bwlch. Natur y trydydd ymosodiad yw i'r awdur bwyso yn bennaf, nid ar ddeunydd poblogaidd o Gymru, ond ar y storïau llafar y seilir *Decameron* Boccaccio arnynt. O ganlyniad nid yw taeogion *Y Pla* yn gynhyrchiol o ran y math o ddiwylliant gwerin syber, moesgar ac ymwybodol Gymreig – y dywediadau diarhebol, yr hen rigymau, y coelion tywydd a'r ymadroddion 'pert' – y mae Rhiannon Davies Jones yn gymaint meistres arno. Bydd dau ddyfyniad yn ddigon i danlinellu'r gwahaniaeth rhwng diwylliant taeogion ei nofelau hi ac eiddo'u cymheiriaid yn nofel Wiliam Owen Roberts:

> "Roedd yr hen bobol yn arfer deud fod yna dir glas tu hwnt i'r tir llosg. A ryw ddiwrnod fe dyfith gwelltglas allan o'r tir llosg yn aelwydydd i'n plant ni!' (35)

medd Lowri yn *Llys Aberffraw*.

> 'Gwybed ar din bustach ydan ni i gyd yn cael ein chwipio tan gynffon y diafol. Neu dyna mae'r hen bobol yn ei ddeud beth bynnag.' (47)

medd Hwch Ddu yn *Y Pla*. Ar wahân i'r gwrthgyferbyniadau eglur rhwng ieithwedd ac athroniaeth y ddau ddyfyniad, nodwn adlais *Y Pla* o gri Gloucester yn *King Lear* Shakespeare: 'As flies to wanton boys, are we to th' Gods; / They kill us for their sport.'[42] Gwneir un o hoelion wyth traddodiad dethol Lloegr yn ddyledus i'r ffrwd ddiwylliannol is-lenyddol, answyddogol. Cydraddoldeb, nid purdeb, yw arwyddair *Y Pla*, p'un ai yng nghyswllt dosbarth neu ddiwylliant, hil, iaith neu ryw; ei nod yw ein gorfodi i ystyried agweddau gormesol ar ein 'cwricwlwm cenedlaethol'. Roedd eraill yn yr un cyfnod yn cyrchu at yr un nod, ac mae eu hamser wedi'i grynhoi yng ngeiriau Dafydd Elis Thomas: 'Adnabod y gaethiwed yw dechrau bod yn rhydd.'[43]

Nid wyf am anwybyddu'r elfen o 'adnabod' yng ngwaith rhai o'r nofelwyr eraill. Mae tystiolaeth i amryw ohonynt geisio ymgorffori yn eu nofelau yr ymwybyddiaeth ffeminyddol newydd â lle a chyflwr y ferch mewn hanes. Yn achos Rhiannon Davies Jones medrir olrhain datblygiad ei darlun o'r ferch o nofel i nofel. Yn *Lleian Llan Llŷr* (1965) cydnabyddir yn gynnar yn hanes y Chwaer Anna fod ei rhyw yn llestair iddi wneud defnydd llawn o'i galluoedd: "Rwyt ti'n arwres, Anna. Pe baet ti fachgen, fe wnaet fardd neu gyfarwydd neu hwyrach wladweinydd' (48). Er hynny, mae ei gallu *wedi* ei gydnabod – gan neb llai na Llywelyn Fawr ei hun – ac fe'i dyrchefir yn ben ar fyd benywaidd lle nad yw ei hawdurdod, er mor hanesyddol gyfyng,[44] yn dibynnu ar safle na thad na gŵr na mab. Mwy na hynny, mae ganddi ddigon o hyder yn ei gallu ei hun i gredu y byddai mwy o lewyrch ar yrfa wleidyddol Dafydd ap Llywelyn pe medrai hi gael gair ag ef. Erbyn cyhoeddi *Barrug y Bore* yn 1989 mae'r awdur yn barod i Mererid ddarganfod y gwirionedd plaen – 'Peth anffortunus oedd bod yn ferch' (36) – ac wedi dechrau olrhain rhywfaint ar y broses hir o gyflyru seicolegol y mae'n rhaid wrthi er mwyn addasu'r ferch i'w rhigol gul o bwytho ac o 'fagu babis' (*Cribau Eryri*, 111). 'Cau dy geg! . . . Hogan wyt ti!' (53), medd Owain Goch wrth Gwenhwyfar yn *Cribau Eryri*, ac yn *Barrug y Bore* ceir y forwyn fonheddig hon nid yn unig yn cydsynio ag asesiad Llywelyn ap Gruffudd ohoni fel gwraig 'na wyddai ddim oll am weinyddiad gwlad' (251), ond hefyd yn cymhwyso'r asesiad i gofleidio gweddill ei rhyw: 'Nid oedd hi, yn wraig fel ag yr oedd, yn deall cynllwyn Tywysog gwlad' (253).

Gorthrwm arall a ddioddefir gan ferched Rhiannon Davies Jones yw nad oes 'gan yr un ferch hardd fymryn o amddiffyniad yn erbyn rhaib arglwydd gwlad' (*Barrug y Bore*, 119), gosodiad a gadarnheir dro ar ôl tro gan ffawd amryw ohonynt fel gordderchwragedd a mamau dibriod. Y peth hynod yn achos *Adar Drycin* yw fod Rhiannon Davies Jones fel petai'n anghofio'r cysylltiad rhwng egwyddorion gwleidyddol ac egwyddorion carwriaethol, ac yn caniatáu i Lywelyn ap Gruffudd ei hun fanteisio'n rhywiol ar ddiymadferthedd Collen. Gwna hynny gyda chysyniad ei thad; gwaeth na hynny, awgrymir i Lywelyn ddrwgdybio o'r dechrau fod ei thad yn 'ymyrryd' â'r ferch, ac mai dyna'r gyfrinach gywilyddus na fynnai Collen ei dadlennu iddo 'ar boen bywyd' (79). Gwelwn anallu llwyr y ferch yn y fath sefyllfa, a gellid tybio mai rhan o'r rheswm y caniateir i Dywysog Cymru ymddwyn mewn modd mor amheus yw fod yr awdur am roi sylw teilwng i'r rhai a gaethiwir gan gymdeithas yn ogystal ag i'r rhai sy'n ei harwain.

Atgyfnerthir yr argraff gan y newid yn narlun Rhiannon Davies Jones o'i chymeriadau hoyw. Peth hollol wrthun yw lesbiaeth y Chwaer Ada yn *Lleian Llan Llŷr* a gwrywgydiaeth Gethin Goch yn *Llys Aberffraw*. Yr ifanc a'r diniwed yw eu hysglyfaeth, a chysylltir eu chwantau gwyrdroëdig â sôn am hunanladdiad, â llofruddiaeth ac alltudiaeth. Ryw dair blynedd ar ddeg yn ddiweddarach yng ngyrfa'r awdur cawn yr Ymennydd Mawr yn ei holi ei hun ynghylch ei gyfeillgarwch yntau â Gwgon y Cripil. Yn nhermau camwedd ac euogrwydd yr ystyria'r posibilrwydd fod yn y gyfathrach rhyngddynt rywfaint o atyniad rhywiol, ond y mae i'r awdur ganiatáu i'r delfrydwr hwn, y gŵr a gred mai ef yw 'ysbryd y genedl' (*Cribau Eryri*, 67), goleddu'r fath amheuaeth o gwbl yn dangos cymaint y cymedrolwyd ei hagwedd. At hynny, ar gydymlyniad emosiynol yn hytrach nag ar chwant rhywiol y mae'r pwyslais yn yr atgofion a gynhyrfa'r amheuaeth: 'Erbyn cofio, Iago ac Ioan oedd enwau'r ddau fynach hynny a fyddai'n wastad ynghlwm wrth ei gilydd, o leiaf yn enaid os nad yn gorff' (121). Cwblheir y trawsffurfiad yn ail a thrydedd nofel y drioleg. Down i adnabod Hal fel llanc ifanc bywiog, hoffus a thwymgalon cyn clywed dim am ei dueddiadau rhywiol; ac er mor ffyrnig yw adwaith Ianto yn erbyn ymgais Hal i'w anwesu, nid yw'n ddall i'r artaith yn llygaid ei gyfaill – 'fwy o artaith . . . nag a welodd yn llygad milwr ar faes brwydr' (*Barrug y Bore*, 204). Nid yn ddifeddwl, mae'n sicr, y penderfynodd Rhiannon Davies Jones gynysgaeddu Hal â'r ddawn i drin clwyfau. Ei 'ddwylo meinion hir' (*Adar Drycin*, 121) sy'n dadebru Llywelyn o'i lewyg tua chanol y nofel, ac iddo ef, ar y diwedd, yr ymddirieda'r awdur y gwaith o drin corff marw Llywelyn. O'r braidd y gellid datganiad eglurach fod lle i'r hoyw yn y gymdeithas, ac angen i'r ansoddau tringar, gofalgar, 'benywaidd' a gynrychiolir gan Hal lefeinio'r byd gwrywaidd. Cyd-ddigwyddiad amserol yw fod Hal yn ogystal, ac yntau yn 'eiddo arglwydd gwled' (*Barrug y Bore*, 195), yn cynrychioli grŵp di-rym a dirmygedig arall.

Serch hynny i gyd, deil *Y Pla* a thrioleg Llywelyn ap Gruffudd i symud mewn dau fyd gwahanol. Ni pheidiodd Rhiannon Davies Jones â moli traddodiad, awdurdod, a datguddiad – y tri pheth yn anad dim arall a ddychenir yn *Y Pla*. O ran y symud tuag at ddelwedd fwy cynhwysol o Gymru, y gwahaniaeth yw fod *Y Pla* yn dychanu a'r drioleg yn adlewyrchu. Ymhlyg yng Nghymru geidwadol, gul, ragfarnllyd, ormesol *Y Pla* y mae delwedd o Gymru radicalaidd, ddiddosbarth, oleuedig lle y cydnabyddir bod amrywiaethau o ran hil, rhywioldeb a chrefydd yn anhepgor i gyflawnder ei Chymreictod. Yr argraff a greïr gan y nofelau eraill yw nad oes ond angen tiwnio tipyn ar y model gwreiddiol, ei ddiweddaru drwy gyfrwng agwedd yr awdur at ferched a hoywon, i'w wneud yn berthnasol i'r Gymru gyfoes. Barn William Owen Roberts yw fod ailgylchu hanes fel hyn:

> . . . yn sylfaenol adweithiol ac yn anhiwmanistaidd ac yn prysuro tranc Cymru trwy weld parhad y diwylliant Cymraeg yn ddibynnol ar lwyddiant

ei charedigion i ddenu nawdd imperialaidd yn hytrach na thrwy ymuno yn y frwydr fydeang i danseilio imperialaeth a rhoi trefn fwy cyfiawn yn ei lle.[45]

Darlunio'r 'frwydr fydeang' y cyfeiriwyd ati a wneir ar ddiwedd y nofel wrth ddangos y taeogion canoloesol yn ceisio'u hamddiffyn eu hunain â'u hadnoddau cyntefig – bron ar lun rhai o wledydd y Trydydd Byd – yn erbyn gallu milwrol technolegol, arswydus o rymus, yr America gyfoes. Eto, er mor wahanol yw'r diweddglo hwn i'r hyn a geir yn y nofelau eraill, nid nofel o anobaith yw *Y Pla*. Mae ynddi egni creadigol a her y gellir eu dehongli fel adlewyrchiad o'r cyffro a oedd i'w deimlo, nid yn unig yn rhengoedd y Chwith Genedlaethol yng Nghymru, ond hefyd ym meddylfryd gwleidyddol aml wlad ôl-drefedigaethol arall. Ac er mai ymhlith y taeogion y cawn y rhai y mae eu hanes ar gychwyn, rhoddir pwyslais ar y ddynoliaeth sy'n uno pawb yn ddiwahân, beth bynnag fo'r ffactorau gwahaniaethol eraill. Dyna swyddogaeth gadarnhaol y darnau 'di-chwaeth' o ddychan sy'n canolbwyntio ar reidiau'r corff, a dyna ran o rôl Ibn al Khatib, yr Arab a gaiff ei hun yng Nghymru ar union adeg ymosodiad America. Mae'n bosib i hyn esgor ar barch newydd at y priodoleddau cenhedlig diffiniol fel rhan o ddynoliaeth gyffredin pob gwlad. Posibilrwydd arall, ac un a fu'n codi ofn ar amryw o bleidwyr y gwerthoedd traddodiadol, yw yr aberthir Cymreictod ar allor yr ideoleg Farcsaidd ryngwladol.[46] Dyma'r math o dyndra sydd yn llunio ac yn adlunio delwedd cenedl yn barhaus, a dyna pam mae *Y Pla* mor bwysig yn natblygiad y ddelwedd o Gymru yn ein nofelau hanes.

Nodiadau

[1] Enid G. Jones, 'Y ddelwedd o Gymru yn y nofel Gymraeg o ddechrau'r chwedegau hyd at 1990' (Traethawd Ph.D. Prifysgol Cymru, Aberystwyth, 1997), 150.
[2] Edward W. Said, *Orientalism: Western Conceptions of the Orient* (reprint, Harmondsworth, 1995), t. 1, lle y dywed am Ewrop mai'r Dwyrain yw ffynhonnell 'one of its deepest and most recurring images of the Other'.
[3] *ROGD*, tt. 158–9, 166–72.
[4] Ibid., t. 169.
[5] Michael Dash, 'Marvellous realism: the way out of Négritude', *The Postcolonial Studies Reader*, eds. Bill Ashcroft et al. (London, 1995), t. 200. (Cyhoeddwyd yn wreiddiol yn *Caribbean Studies*, 13 (4), 1974.)
[6] Salman Rushdie, *Midnight's Children* (Vintage edition, London, 1995), t. 47.
[7] Ibid., t. 238.

8 Gw. Michael Dash, 'In search of the lost body: redefining the subject in Caribbean literature', *The Post-colonial Studies Reader*, tt. 332–3. Rwyf yn ddyledus i'r un ysgrif am y sylwadau ynghylch Frantz Fanon. (Cyhoeddwyd gyntaf yn *Kunapipi* 11 (1), 1989.)
9 Cyhoeddwyd gyntaf yn Ffrainc yn 1961 fel *Les Damnés de la Terre*.
10 Frantz Fanon, *The Wretched of the Earth*, trans. Constance Farrington (reprint, Harmondsworth, 1990), t. 43.
11 Bedwyr L. Jones, 'Einion ap Gwalchmai a Rhiain y Glasgoed', *Llên a Llafar Môn*, gol. J. E. Caerwyn Williams (Llangefni, 1963), tt. 60–4.
12 Diane Purkiss, *Troublesome Things: A History of Fairies and Fairy Stories* (London, 2000), penodau 2 a 7 yn arbennig.
13 T. Pierce Jones, 'Strata Florida Abbey', *Ceredigion* I, 1 (1950), 21. Gw. hefyd F. G. Cowley, *The Monastic Order in South Wales 1066–1349* (Cardiff, 1977), tt. 117–36; David H. Williams, *The Welsh Cistercians* (Leominster, 2001), tt. 17, 161.
14 Gerwyn Wiliams, 'Ellis Wynne o Garndolbenmaen', *Barn*, 305 (Mehefin 1988), 6.
15 Geraint H. Jenkins, *Literature, Religion and Society in Wales, 1660–1730* (Cardiff, 1978), t. 87.
16 John McEwen, 'Carnivalesque', *The Sunday Telegraph*, 21 May 2000, Review, 9. Rwyf yn ddyledus i'r un erthygl am eraill o'm sylwadau ar y pwnc.
17 Gwrthbrofwyd y syniad ynghylch trefn 'lwythol' y gymdeithas Gymreig yn Glanville R. J. Jones, 'The tribal system in Wales: a reassessment in the light of settlement studies', *CHC* (1961), 111–33.
18 Gwynfor Evans, *Aros Mae* (Abertawe, 1971), t. 179.
19 Gwyn A. Williams, *When Was Wales?: A History of the Welsh* (reprint, Harmondsworth, 1991), t. 8. Gw. hefyd Anne Ross, *The Pagan Celts* (London, 1986), tt. 28–31.
20 R. R. Davies, *The Age of Conquest: Wales 1063–1415* (Oxford, 1991; cyhoeddwyd gyntaf yn 1987 fel *Conquest, Coexistence, and Change*), t. 120.
21 Gwyn A. Williams, *When Was Wales?*, t. 100.
22 David Wallace, *Giovanni Boccaccio: Decameron*, Landmarks of World Literature Series (Cambridge, 1991), t. 41.
23 Wiliam Owen Roberts, 'Nes na'r hanesydd neu y nofel hanes', *Sglefrio ar Eiriau: Erthyglau ar Lenyddiaeth a Beirniadaeth*, gol. John Rowlands (Llandysul, 1992), t. 92.
24 Saunders Lewis, *Canlyn Arthur: Ysgrifau Gwleidyddol* (ail argraffiad, Llandysul, 1985), t. 15.
25 Wiliam Owen Roberts, 'Nes na'r hanesydd', t. 86.
26 Emyr Humphreys, *The Taliesin Tradition: A Quest for the Welsh Identity* (Bridgend, 1989), t. 2.
27 Iwan Llwyd a Wiliam Owen Roberts, 'Myth y traddodiad dethol', *LlLl* (Hydref 1982), 10–11. Cyfieithiad yw'r dyfyniad o sylwadau Raymond Williams, *Problems in Materialism and Culture* (London, 1980), t. 39.
28 R. M. Jones, 'Gwrthryfel yn erbyn traddodiad', *Y Traethodydd*, CXXXVIII (Gorffennaf 1983), 116–25; *idem*, 'Sglefrio ar radicaliaid', *Barn*, 353 (Mehefin 1992), 36–41.

29 Robert Griffiths, 'Gwreiddiau adweithiol y Blaid Genedlaethol', *YF*, 20 Ebrill/27 Ebrill 1984, 14–15. Gw. hefyd D. Tecwyn Lloyd, *John Saunders Lewis. Y Gyfrol Gyntaf* (Dinbych, 1988), tt. 261–4; D. Hywel Davies, *The Welsh Nationalist Party 1925–1945: A Call to Nationhood* (Cardiff, 1983), t. 109; t. 127 nodyn 210.
30 R. M. Jones, 'Gwrthryfel yn erbyn traddodiad', 116.
31 Raymond Williams, *Culture and Society 1780–1950* (London, 1958).
32 Gw. ibid. (Harmondsworth, 1971), t. 222, am yr hyn sydd gan yr hanesydd R. H. Tawney i'w ddweud.
33 Rheinallt Llwyd, 'George Ewart Evans: arloeswr hanes llafar', *Barn*, 309 (Hydref 1988), 6–9; Gareth Williams, *George Ewart Evans*, Writers of Wales Series (Cardiff, 1991); *Idem*, 'Hanes, myth a'r traddodiad llafar yng ngwaith George Ewart Evans', *Y Traethodydd*, CLII (Gorffennaf 1997), 135–49.
34 Gw. Terry Eagleton, *Literary Theory: An Introduction* (second edition, Oxford, 1996), tt. 198–99 am esboniad cryno o safbwynt Raymond Williams. Ar y cymhwyso cynharach ar Farcsiaeth glasurol gw. William C. Dowling, *Jameson, Althusser, Marx: An Introduction to the Political Unconscious* (Ithaca, New York, 1984), yn enwedig 'The problem of the superstructure', tt. 57–75.
35 Diweddar, a braidd yn wanllyd, fu cyfraniad llenorion Cymraeg i'r achosion hyn ond dechreuodd fagu ychydig mwy o stêm yn yr wythdegau. Gw. Menna Elfyn (gol.) *Hel Dail Gwyrdd* (Llandysul, 1985) – y flodeugerdd gyntaf o farddoniaeth Gymraeg gan ferched; *Y Traethodydd*, Rhifyn arbennig: merched a llenyddiaeth, CXLI (Ionawr 1986). Cafodd yr hoyw sylw yn nofel Aled Islwyn, *Pedolau Dros y Crud* (Llandysul, 1986); yng nghyfrol farddoniaeth Mihangel Morgan, *Diflaniad Fy Fi* (Cyhoeddiadau Barddas, 1988); ac mewn ambell erthygl megis 'Loes y lesbian' (golygyddol), *Pais* (Mai 1980), 20.
36 John Davies, 'Plaid Cymru in transition', *The National Question Again: Welsh Political Identity in the 1980s*, ed. John Osmond (Llandysul, 1985), tt. 144–53; Richard Wyn Jones, *Rhoi Cymru'n Gyntaf: Syniadaeth Plaid Cymru*, Cyfrol 1 (Caerdydd, 2007), tt. 211–26.
37 Barbara Sinclair Deckard, *The Women's Movement: Political, Socioeconomic and Psychological Issues* (London, 1979), t. 450.
38 *HGK*, t. 22; R. R. Davies, *The Age of Conquest*, t. 71.
39 Dafydd Jenkins, *Cyfraith Hywel: Rhagarweiniad i Gyfraith Gynhenid Cymru'r Oesau Canol* (Llandysul, 1970), tt. 33–4, 41; R. R. Davies, 'Buchedd a moes y Cymry', *CHC*, XII (Rhagfyr 1984), 162–4.
40 Ulta Ranke-Heinemann, *Eunuchs for the Kingdom of Heaven: Women, Sexuality and the Catholic Church*, trans. Peter Heinegg (Harmondsworth, 1991), tt. 216–26, lle yr ymdrinnir â phwrpas y graddau carennydd gwaharddedig fel dull o 'fynacheiddio' lleygwyr.
41 Ni chynhwyswyd 'Cywydd y Gal' Dafydd ap Gwilym mewn cyfrol Gymraeg tan yr ymddangosodd cyfrol Dafydd Johnston, *Blodeugerdd Barddas o'r Bedwaredd Ganrif ar Ddeg* (Llandybïe, 1989). Bu'n rhaid aros yn hwy am gasgliad safonol o ganu masweddy yr Oesoedd Canol: Dafydd Johnston, *Canu Maswedd yr Oesoedd Canol: Medieval Welsh Erotic Poetry* (Caerdydd, 1991).

[42] Defnyddiwyd cyfres The Arden Shakespeare, ed. Kenneth Muir (9th edition, London, 1972), t. 140, ll. 36–7.
[43] Dafydd Elis Thomas, y Rhagair i Menna Elfyn, *Tro'r Haul Arno* (Llandysul, 1982), t. 10.
[44] Sioned Davies, 'Y ferch yng Nghymru yn yr oesoedd canol', *CC*, IX (1994), t. 11. Gwaherddid abades 'rhag mynychu'r Cyngor, pregethu wrth y lleianod a gwrando ar eu cyffes'.
[45] Wiliam Owen Roberts, 'Nes na'r hanesydd', t. 98.
[46] Fflamiodd y ddadl rhwng y safbwynt diwylliannol traddodiadol a'r Chwith Newydd yn arbennig o fywiog yn ystod 1984, pryd yr etholwyd Dafydd Elis Thomas yn llywydd cenedlaethol Plaid Cymru. Gw. Dafydd Iwan 'Perygl aberthu Cymreictod ar allor "sosialaeth" Brydeinig', *YF*, 19 Hydref 1984, 4; ibid., Dafydd Elis Thomas, 'Creu gwladwriaeth Gymreig', 5. Gw. hefyd Chris Schoen (llythyr), *YF*, 20/27 Ebrill 1984, 17; Meurig G. Roberts (llythyr), *YF*, 15 Mehefin 1984, 20; Robat Trefor, 'O Chwith', *YF*, 9 Tachwedd 1984, 2.

4

Cymru'r Uno a'r Diwygio

Bu'r Uno â Lloegr yn un o'r profiadau ffurfiannol pwysicaf ym mhersonoliaeth y Gymru fodern. Felly hefyd y Diwygiad Protestannaidd y parhawyd ei waith gan y Diwygiad Piwritanaidd, a'i gwblhau gan y Diwygiad Methodistaidd. Dyna ddau ddatganiad moel na thybiaf y byddai fawr neb yn anghytuno â hwy, a thueddu i gadarnhau hynny a wna apêl y dyrysbynciau hyn i gynifer o'n nofelwyr.

Pwrpas Deddfau Uno 1536 ac 1543 oedd sicrhau, yng ngeiriau enwog y rhagymadrodd i Statud 1536, fod Cymru yn 'incorporated, annexed, united and subject to and under' o ran ei pherthynas â choron Lloegr. Ond bu haneswyr diweddar yn pwysleisio i'r Deddfau hefyd ddileu ffiniau mewnol Cymru a'i sefydlu o'r newydd fel un uned ddaearyddol bendant.[1] Rhydd hynny arwyddocâd arbennig i fap Humphrey Lhuyd – sef y map cyntaf o Gymru[2] – yn *Dinas Ddihenydd*, yr ail nofel yn nhrioleg R. Cyril Hughes am fywyd Catrin o Ferain. Mae'r map yn fodd i ddangos Cymru i'r byd, a'i dangos fel uned gyfreithlon, sefydlog: 'mae'r cenhedloedd yma i gyd yrŵan yn dangos mapiau cywir o'u gwledydd' (151). At hynny, mae'n ddelwedd gyhoeddus i'r Cymry ei rhannu â'i gilydd ar batrwm y gwahoddiad a estynnir gan Lhuyd i Rhosier Smyth: 'Hoffet ti gael gweld map o wlad y Cymry, machgen i?' (91). Mae R. Cyril Hughes yn amlwg yn ymwybodol o botensial thematig y pwnc. Ar ddechrau *Catrin o Ferain*, nofel gyntaf y drioleg, cynhwysir map gan yr awdur ei hun o'r ardaloedd o gwmpas Berain a Llewenni. Arno nodir sir y Fflint, ond nid enwir sir Ddinbych, a oedd yn un o'r siroedd newydd a grewyd gan y Deddfau Uno. Map o'r union sir honno, fodd bynnag, sydd ar glawr *Castell Cyfaddawd*, nofel olaf y drioleg. Symudir o blasau unigol map lleol y nofel gyntaf, i weledigaeth Humphrey Lhuyd o'r uned genedlaethol, ac yna i'r unedau gweinyddol newydd. Yn y broses clymir y cysyniad o diriogaeth yn dynn wrth fframwaith cyfraith a llywodraeth, ac wrth y rhai a'u gweinyddai.

Cael eu dyrchafu i'w swyddi ar gefn yr Uno a wnaeth gweinyddwyr brodorol y gyfundrefn newydd. A hwy, aelodau o'r bonedd a fu'n deisebu am gael mwynhau manteision cyfraith Lloegr, a elwodd fwyaf ar y deddfau a'u caniataodd iddynt. Amhosibl fyddai consurio o'u hanes yr un ysbrydoliaeth wleidyddol ag a gynhyrchwyd gan benderfyniad arwyr y nofelau blaenorol i wrthsefyll ewyllys y gorchfygwr, ac nid annisgwyl yw'r amlygiadau cynnil o hiraeth am yr hyn a fu. Dyna, yn ddiau, sydd yng nghyfeiriad Gruffudd Hiraethog yn *Catrin o Ferain* at y tair talaith farddol a gysylltir â'r tair prif frenhiniaeth annibynnol, ac yn adlais *Castell Cyfaddawd* o swyddogaeth amddiffynnol Eryri ar hyd y canrifoedd:

'Mae Llŷn ymhellach o Lundain na Dyffryn Conwy.'
'Beth ydi deugain milltir?'
'Digon i fedru gwardio tu ôl i Eryri.' (114)

Teimlir pwniad mwy egr yn sylw Syr Siôn Salsbri (tad gŵr cyntaf Catrin o Ferain) am yr hebog gwyllt a hyfforddwyd ar ei gyfer, ac yntau beth amser cyn hynny wedi bod yn brolio gwrhydri ei dad a'i daid fel aelodau o'r Gard Brenhinol: 'pan lwyddir i dorri ysbryd y rhai gwyllt yma y maen nhw'n ddewrach a ffyrnicach na dim wedi ei fagu gartre' (*Catrin o Ferain*, 124). Cryfach na'r ymdeimlad o golled, fodd bynnag, a'r amheuon ynghylch hydrinedd yr uchelwriaeth, yw'r cymhelliad adfeddiannol sy'n gyfrodedd â hwy. Gellir rhagdeimlo'r cymhelliad hwnnw cyn agor clawr yr un nofel gan fod wyth[3] o'r rhai a drafodir yn canolbwyntio ar haenau bonheddig neu ysweiniol y gymdeithas – ac un ohonynt (*Cymylau'r Dydd* Siân Jones) yn ymdrin â chyfnod mor ddiweddar â hanner cyntaf y bedwaredd ganrif ar bymtheg.

Nid oes dwywaith nad oes cysur mewn meddwl am ystadau mawrion yn nwylo Cymry diledryw. Yng nghyswllt uchelgais ddynastig ei theulu mae'n werth nodi union eiriau Catrin o Ferain wrth iddi esbonio'r rheidrwydd sydd arni i wneud ei dyletswydd briodasol: rhaid iddi foddio 'Dâm Siân [gwraig Syr Siôn] a fy ngŵr, fy nhad a Syr Siôn Salsbri a'm tylwyth a'm cenedl i gyd' (*Catrin o Ferain*, 53). Yn ei hen ystyr y defnyddir y gair 'cenedl' yma, ond manteisir ar ei ystyr ddiweddar, ac ar drefn esgynnol y frawddeg, i greu cynodiadau cenhedlig a chenedlaethol. Tebyg yw'r cynodiadau yn *Brychan Dir* Nansi Selwood pan gyplysir awch Richard Games am dir wrth ei weithred symbolaidd o ddiogelu rhag rhaib swyddogion brenin Lloegr y gadwyn arian a wisgid gan bob aelod o'r teulu a fu'n gwasanaethu fel uchel siryf. Allan o awdurdod newydd y boneddigion consurir yr hyn a ddisgrifir gan J. Gwynfor Jones (yng nghyswllt canu beirdd y cyfnod) fel 'atgof o'r awdurdod Cymreig tiriogaethol a fu yn yr hen Dywysogaeth annibynnol'.[4] Ceir mwy nag atgof yn ymdriniaeth *Castell Cyfaddawd* â'r gwrthdaro rhwng uchelwyr y Gogledd ac Iarll Leicester ar fater Fforest yr Wyddfa, oherwydd adfeddiannu a wnaethant 'yr hen dir mynydd oedd yn perthyn gynt i Dywysogaeth Aberffraw' (89). Mae'n wir fod yr holl helynt (megis hebog Syr Siôn) yn gwneud yn boenus o eglur y cyfyngiadau ar rym y boneddigion Cymreig. Er hynny, mae ganddynt le i lawenhau eisoes yn yr 'awdurdod Cymreig tiriogaethol' a ailgipiwyd, a dyna a wna Dr John Wyn (Gwydir) wrth iddo fyfyrio ar ddiflaniad rhwysg a grym Castell Conwy:

> Etifeddwyd y rhwysg hwnnw gan Neuadd y Dref wrth ei droed a'i rym gan uchelwyr Cymraeg y mynydd-dir tu cefn iddo. Mynydd-dir a wastrodwyd am ddwy ganrif ond a oedd wedi cael y llaw uchaf bellach ar y fwrdeistref Seisnigaidd a thrahaus. Morys Wyn o Wydir, fel ei dad o'i flaen, oedd meistr Dyffryn Conwy bellach, nid cwnstabliaid a bwrdeiswyr estron Conwy. (41)

Gormod fyddai honni bod y nofelau hyn yn adlewyrchu 'a concept of Welsh nationhood that survived because of – rather than in spite of – the imposition of English statehood upon the Welsh people'.[5] Eto, ymddengys eu hawduron yn barotach i ymestyn i gyfeiriad y dehongliad hwnnw nag i grochlefain 'brad', neu i grymu pen mewn cywilydd dirprwyol. Ymateb Catrin o Ferain i'r cyfyngiadau priodasol a osodir ar ferched bonheddig yw na fydd yn eu gweld 'fel amodau creulon a oedd yn ei llywio a'i gwasgu' ond yn 'troi rhan o'r llif i'w melin ei hun' (*Catrin o Ferain*, 152–3). Ymestyn y gyfatebiaeth rhyngddi a'r genedl ymhellach. Dyma wraig a blygir gan benderfyniad ei gŵr (John Salesbury) i 'dy feistroli di unwaith ac am byth' (191) ond sydd, drwy rym ei huchelgais, yn troi ei darostyngiad yn berthynas bragmataidd a fydd yn 'agor drysau newydd iddi ei hun ac i'w theulu' (217). Er mwyn gwneud hynny, fodd bynnag, rhaid iddi ddysgu sut i chwarae yn ôl rheolau'r gymdeithas wrywaidd. A phwysau amgylchiadau yr un mor drwm yn erbyn yr uchelwriaeth Gymreig, nid oes mwy o achos gwrido – gellid tybio – am fod ei haelodau yn mabwysiadu'r union agwedd yn eu perthynas hwy â Lloegr.

Nid yw'r uchelwyr heb laid ar eu cefn; twyllo, llwgrwobrwyo a bygwth eu ffordd i amlygrwydd a wna amryw ohonynt. Ond buont 'dan draed yn ddigon hir' (*Catrin o Ferain*, 195) i esbonio, os nad i gyfiawnhau, eu hymddygiad, ac mae teyrngarwch y mwyafrif at fro ac ardal yn rhinwedd sicr. Er i R. Cyril Hughes nodi i Syr Siôn Salsbri weithredu fel aelod seneddol ar fwy nag un achlysur, cyfeirir uchelgais y cymeriad ffuglennol yn bennaf tuag at y cylchoedd lleol:[6] 'Gwelai Syr Siôn lawer iawn mwy o bwrpas mewn bod yn ustus heddwch nag mewn treulio wythnosau costus fel aelod seneddol yn Llundain' (82–3). Fe all fod achos i gwyno am ei 'ddulliau haerllug' ef a'i deulu o gipio swydd, ond ni all neb honni nad yw'n 'ustus pur gydwybodol' (82) unwaith y mae wedi ei chael. Am swydd yr uchel siryf, bron nad hunanaberth yw iddo ganiatáu i'w enw fynd o flaen Cyngor Cymru a'r Gororau o gwbl 'ag ystyried mai dim ond pum punt y flwyddyn oedd y gydnabyddiaeth' (83). Ar eu gorau gweinydda'r boneddigion y gyfraith er lles y gymuned gyfan ac er cynnal ei gwerthoedd. Mae ystyriaethau ehangach na'r rhai teuluol, felly, yn sail i falchder Catrin o Ferain ym maintioli Lleweni – 'Maintioli wedi ei sylfaenu ar allu gwleidyddol, cyfoeth a thraddodiad o lywodraethu' (*Castell Cyfaddawd*, 15) – ac i'w chred mai Lleweni yw'r 'lle mwya' diogel tu allan i'r llys brenhinol' (132).

Yn *Dyddiadur Mari Gwyn* Rhiannon Davies Jones y deuir agosaf at ddatgan i'r uchelwyr fradychu eu cenedl, a hynny oherwydd ei bod yn edrych arnynt o safbwynt y lleiafrif bychan a ddeil yn wironeddol deyrngar i'r ffydd Gatholig. Cysylltir eu swyddi, nid â chyfrifoldeb cymdeithasol, ond â'u parodrwydd i gefnu ar y grefydd Gatholig: 'Cael arian yn y boced ac uchel swyddi ydy uchelgais yr hen uchelwyr tiriog bellach' (90). Pan ddaw teulu ffyddlon Bodfel i ben eu tennyn nid ydynt ddim gwaeth na Chatholigion *Castell Cyfaddawd* yn eu penderfyniad i ddiogelu eu hystad i'w plant, 'ac i blant ein plant' (*Dyddiadur Mari Gwyn*, 130), ond mae gwahaniaeth ym mhwyslais y gyntaf. Oherwydd caiff Catrin o Ferain a Morys Wyn (ei thrydydd gŵr) gyfle i resymoli a chyfiawnhau eu cyfaddawd yn nhermau fersiwn o athroniaeth ganoloesol (a Chatholig) Cadwyn Bod, a'i chymhwyso i gynnwys cenedl yn ogystal â gradd:

> 'Ryden ni'n amgenach na ffermwyr. Mae'n rhaid inni fod yr hyn ryden ni. Mae'r plant a'r traddodiad yn rhy gryf. Os na fyddwn ni yn ben fe fydd rhywun arall. Sais, efallai, neu Gymro di-dras. Rhaid inni gadw tras, Morys.'
> 'Rhaid. Duw sydd wedi ein dewis ni. Mae'n anodd ei ddeall ond mae Duw wedi ein gosod ni uwchlaw'r cyffredin.' (163)

Tebyg yw'r gwahaniaeth rhwng y ddwy nofel yn achos y cweryl ynghylch tiroedd Fforest yr Wyddfa. Mae'n frwydr 'dynion yr Hen Ffydd yn erbyn y Gwŷr Newydd' (*Dyddiadur Mari Gwyn*, 96) yn y ddwy, ond mae'r *Dyddiadur* yn fwy awyddus i ddangos nad oblygiadau bydol yn unig sydd i frwydr y Catholigion – 'wrth blygu ar fater tir fe'u plygir ar fater enaid' (96), ac fe ddilyn fod plygu 'ar fater enaid' yn eu hamddifadu o'u hawdurdod moesol dros y tir. Mae brad a materoldeb y presennol fel petai'n agor y drws ar gamweddau'r gorffennol, ac yn eu gadael yn noeth cyn y diwedd yn wyneb y cyhuddiad – a wneir gan un o ddilynwyr gwerinol teulu Catholig blaenllaw y Plas Du – i'r fforestydd ddod i'w rhan drwy 'raib y gwŷr mawr yn gormesu'r tlodion' (96). Ofer yw iddo liniaru ei feirniadaeth: 'ond cofia di 'does dim rhaid i'w plant nhw gario'r dincod ar eu dannadd' (96). Gollyngwyd y gath o'r cwd, a hen drachwant yr uchelwriaeth am dir a dylanwad yn rhuglo wrth ei chynffon. Ar Ynys Enlli, â'i chysylltiadau cysegredig fel 'Rhufain y Cymbry'[7], chwyddir y tyndra rhwng yr ysbrydol a'r cnawdol i'w fan eithaf. Syrthiodd llawer o dir Abaty Enlli i ddwylo teulu Bodfel pan y'i diddymwyd, a chuddfan yw'r ynys bellach ar gyfer pechodau boneddigion Catholig y Gogledd. Yno, cyfarfyddir â mam y mab gordderch a arddelir gan yr hen Siôn Wyn ap Huw gartref ym Modfel, a chlywed sut y cafodd ei halltudio yno yn forwyn fach a feichiogwyd gan ei meistr – ac mae'r 'sidana' smyglars' (56) a ddefnyddir i luchio llwch i lygaid gwraig yr hen Siôn Wyn yn clymu'r godinebu a'r gormesu rhywiol wrth y fasnach anfoesol sy'n cynnal moethusrwydd plasau holl uchelwyr Pen Llŷn ac Eifionydd. Mae cyfarwyddwr y fasnach ar yr ynys – Diafol Enlli – wrth fwrw ei chwant ar y Lisa Ddu hanner call, a'i beichiogi ag ellyllon o fabanod, yn ddelwedd eithafol a grotésg o gnawdolrwydd rhywiol gwŷr y tir mawr. Mae hefyd, ac yntau'n gyn-aelod o Urdd Eglwys Fair yn Enlli, yn ddelwedd o ddirywiad ysbrydol. Ar y tu arall, ymrithia Enlli yn ynys hud lle yr adferir ei hawdurdod coll i'r Hen Ffydd drwy gladdu corff y Brawd Andreas yn ei thiriogaeth, a thrwy ddychwel y Diafol ei hun i gôl yr Eglwys Gatholig. Drwy ymrithio felly mae'n symbol o'r undod ysbrydol y deil gweddillion trist y Gymru Gatholig yn rhan ohono – undod 'yr holl fyd' (3) yn nychymyg Mari Gwyn:

> Yno, adeg 'Ave' yr hwyr, pan fo'r glust yn ddigon main, fe ellir clywed sŵn cloch yr aberth a bydd aroglau melys yr arogldarth yn llenwi'r awyr. Er mai tir y meirwon ydyw, fe all y byw hefyd ei hawlio iddo'i hun. (86)

Uchafbwynt swyddogaeth symbolaidd yr ynys yw'r cyfochredd rhwng hanes Diafol Enlli a hanes yr angel syrthiedig a roddodd inni Ddiafol y gred Gristnogol. Drwyddo trawsffurfir yr ynys yn faes profi metaffisegol lle yr anfonir Mari Gwyn i amddiffyn y Da yn erbyn y Drwg:

> Sylweddolais yn sydyn bod y llafn o oleuni yn treiddio tuag ataf o'r perl yn llygad Diafol Enlli a phan edrychais, gwelais fod y gŵr bychan hwnnw yn fy wynebu o'r ochr arall i'r ystafell. Gallai hwn estyn ei bŵer dieflig heb i fwyafrif y dorf fawr fod yn ymwybodol ohono, ac ar yr awr honno yr oedd y gyfeddach fileinaf . . . Teimlais y gwres yn llosgi a phan oedd y perl danbeitiaf, gwaeddais allan yn nyfnder fy enaid,
> 'O! Dduw, gwared ni! O! Fair, gwared ni!'

> Gwneuthum arwydd y Groes, yn ôl cyfarwyddyd Magdalen. Yn raddol, gwanhaodd y goleuni a chlaearodd y gwres. Crebachodd y perl ac yn ddirybudd hollol, troes y Diafol ar ei sawdl allan i'r nos. (57)

Yn y fath gyfwng ni allwn lai na sylwi bod atodiad i fuddugoliaeth Mari Gwyn. Ar yr union adeg y trechir Diafol Enlli ganddi, clywir ei llais gan Robert Gwyn (ei thywysydd ysbrydol a gwrthrych ei chariad diwair) yng nghanol 'rhegfeydd y Saeson . . . yng ngharchar y Sais' (113), lle y'i taflwyd am genhadu dros y 'wirgred'. Clymir y gwrthdaro rhwng Cymro a Sais wrth y gwrthdaro rhwng Catholig a Phrotestant gan wneud y naill fel y llall yn rhan o'r frwydr rhwng y gwerthoedd absoliwt. Nid oes raid mynd mor bell â hynny er mwyn sylweddoli y gall y cysylltiad Seisnig fod yn broblem pan ddewisir adrodd yr ochr Brotestannaidd i'r stori. Mor hynod yw'r cydymdreiddiad rhwng crefydd a daear yn *Y Stafell Ddirgel* Marion Eames fel bod cariad Rowland Ellis at fro yn rhag-gysgod o'i gymundeb cyfriniol â Duw:

> Gymaint roedd o'n caru'r ffriddoedd a'r bryniau o gwmpas Brynmawr. Teimlai ei galon yn chwyddo â chariad angerddol nas gallai ei fynegi mewn geiriau. Yn y glaw, yn y niwl, yn yr heulwen, yn y tywyllwch . . . yn y tywyllwch orau i gyd efallai. Wrth synhwyro'r tir yn hytrach na'i weld gallai ymdoddi'n un â'r ddaear o'i amgylch. Ai dyna oedd y Crynwyr yn ei wneud – synhwyro presenoldeb Duw yn hytrach na cheisio ei gael trwy gymorth pethau gweladwy a thiriaethol? (55)

Ond mae'r cyfeiriad at y Crynwyr yn ein dwyn yn ôl at yr hanes am George Fox yn ymweld â'r fan honno ar fryniau'r gymdogaeth lle y teimlir 'Awelon mynydd a dyffryn yn cyd-gyfarfod':

> 'Ac wrth iddo anadlu'r awel yma [dywedir] 'i fod o wedi dyrchafu 'i ddwylo a deud wrth 'i gydymaith – y byddai Duw yn codi pobl iddo'i hun yn y fan hon i eistedd o dan 'i addysg ef.' (49–50)

Ac er mai fel bendith grefyddol yn hytrach nag ymyrraeth Seisnig y cyfrifir y digwyddiad, ond ei effaith cyn diwedd yw llacio'r cwlwm rhwng Rowland Ellis a bro ei febyd. Ar y lefel ysbrydol daw Rowland Ellis i amau nad yw ymlyniad wrth diriogaeth, a'r pethau a gysylltir â hi, ond yn rhywbeth 'sy'n perthyn i'r byd hwn' (180). Ar y lefel fydol, fe'i denir gan diroedd breision William Penn yn America i edrych 'am y tro cyntaf yn ei fywyd . . . ar lymder tir mynyddig godre Cader Idris, ei bwyso yn y glorian a'i gael yn brin' (178). Bron nad yw cysylltu gweledigaeth broffwydol 'gŵr o Sais' (50) â darn o diriogaeth Cymru yn estroneiddio'r diriogaeth honno yn y pen draw.

Mewn dwy nofel 'Biwritanaidd' arall, *Dyddiadur John Penry* Huw Ethal ac *Eira Gwyn yn Salmon* Dafydd Ifans, gwneir ymgais ddygn – er gwanned dylanwad y Piwritaniaid yng Nghymru yn ystod y cyfnodau dan sylw – i aduno ffiniau gwlad a ffydd. Er nad oes tystiolaeth i John Penry dreulio mwy na blwyddyn, os hynny, yng Nghymru ar ôl iddo ymaelodi'n fyfyriwr yng Nghaer-grawnt,[8] fe'i cynysgaeddir yn y nofel ag ysfa am gael cenhadu ar dir Cymru, a gwneir i'r ysfa honno lywio rhai o benderfyniadau mwyaf tyngedfennol ei yrfa.[9] Yn yr ail nofel, mae arfer sydyn o newydd y Siôn Prys ailanedig o ddyddio'i lythyrau yn Gymraeg (yn hytrach nag yn Lladin) yn awgrymu'n gynnil iddo brofi rhyw fath o dröedigaeth wladgarol ar yr un adeg â'i dröedigaeth grefyddol. Yn y diweddglo cyfunir a chymodir y teyrngareddau a enynnir gan y ddau brofiad wrth daenu tirwedd ysbrydol Cymru yn orfoleddus o flaen ein llygaid: 'Haleliwia! Mae'r meysydd yn wyn dan wenith eneidiau aeddfed a sibrydodd Duw wrthyf am hogi'r bladur ddaufiniog' (103).

Cynhelir yr un teyrngarwch dwbl yn *Cyfrinach Hannah* (y nofel gyntaf yn nhrioleg Trefeca Elwyn Lewis Jones) ym meirniadaeth lem Hannah ar deithiau Howel Harris i Loegr 'i achub pobl gwlad ddieithr' (91). Eir ymhellach yn *I Hela Cnau*, nofel Marion Eames am Gymry alltud Penbedw: yno mae dirywiad y naill deyrngarwch yn golygu dirywiad y llall. Nid cyd-ddigwyddiad yw fod dau o'r prif gymeriadau a fethodd neu a gollodd afael ar hanfodion y weledigaeth Fethodistaidd wedi'u hysgaru'n emosiynol oddi wrth eu gwreiddiau. Hollol eglur yw natur yr ysgariad yn achos Rebecca Parry:

> Iddi hi, ei thad, yn anad dim, oedd Cymru, a chan iddi deimlo'n alltud hollol oddi wrtho, teimlai yr un modd mai alltud oedd hi o Gymru. Alltud digon bodlon hefyd. (206)

Yr un mor eglur yw natur seciwlar y dröedigaeth a gafodd wedi mudo i Benbedw. Haered hi hyd y myn wrth eraill 'mai Byrcinhed sy wedi f'achub i' (208), rhaid iddi gyfaddef y gwir wrthi'i hun: 'Perthyn i gôr y byd rwyt *ti*' (234). Mwy amheus fyth yw crefyddoldeb Dani Meredydd, y gŵr a gred mai'r 'peth gorau a wnaeth erioed oedd dwad i hafan y ddinas a gadael ar ôl blisgyn ei fagwraeth' (285). Cefndir cyfaddas ar gyfer profiadau'r ddau yw fod Methodistiaeth ddirywiedig Oes Fictoria yn cydredeg â dirywiad cyffredinol yn ymlyniad alltudion 'Byrcinhed' wrth eu mamwlad: 'Lledodd amser ei fwgwd cynnes, prydferth ei hun dros eu hatgofion, a Chymru fach yn wlad i hiraethu amdani ac ymweld â hi yn achlysurol pan oedd digon o arian yn y god' (251).

Mae *I Hela Cnau* hefyd yn ein hailgyfeirio at bwnc a adawsom ar ei hanner. Oherwydd mae ei darlun o Emma Quinn, yr 'aderyn go frith' (190) â 'rhyw annibendod ffwr'-â-hi' (186) o'i chwmpas, wedi'i lwytho gan elfennau o stereoteip y Pabydd ysgafala, anghyfrifol. 'Hanner Gwyddeles' (186) yw Emma, ond efallai y gellir canfod rhywfaint o amlinelliad yr un darlun ystrydebol mewn deongliadau ffeithiol o hanes y Cymry. Tueddir i ystyried y Gymru a safai ar drothwy'r Diwygiad Protestannaidd fel cenedl grefyddol anwadal a gefnodd yn ddi-frwydr ar etifeddiaeth Gatholig nad oedd fawr mwy iddi na sypyn o arferion ofergoelus,[10] ac i gollfarnu'r uchelwyr am fradychu eu ffydd.[11] Mae i bedair o'r nofelau 'Tuduraidd' ddewis edrych ar y cyfnod yn bennaf o sabwynt cynheiliaid uchelwrol yr Hen Ffydd yn awgrymu bod awydd i ailystyried cynnwys y pecyn delweddol hwn. Wrth reswm, nid oes modd gwrth-ddweud y ffigurau a gynigir gan haneswyr i ddangos mor 'egwan ac ysbeidiol'[12] oedd gwrthsafiad y Catholigion Cymreig. Yr hyn a wna R. Cyril Hughes yn nhrioleg Catrin o Ferain yw tynnu ar ei ddychymyg i edrych dan wyneb y cydymffurfio allanol. Drwy gydol ei drioleg gwrthbwysir y reddf i ddiogelu buddiannau materol gan ymlyniad cudd Catrin o Ferain wrth y ffydd Gatholig. Yn gynnar yn ei gyrfa dychmyga fod y Forwyn Fair yn taro bargen â hi: 'Maga di blant i mi a'r wir Eglwys ac fe gei dithau dy heddwch yn ôl a'th brydferthwch i'w ganlyn' (*Catrin o Ferain*, 212) – ac mae ffeithiau hanes yn sicrhau bod y Catrin ffuglennol yn cadw ei gair.[13] Llawer gwannach, fodd bynnag, yw'r dystiolaeth yn achos rhai o'r cymeriadau hanesyddol eraill.[14] Yn eu mysg y mae Syr Rhisiart Clwch, ail ŵr Catrin, a wthir heb unrhyw dystiolaeth o werth (hyd y medraf ddarganfod) i ganol cynllwyn Pabyddol Ridolfi (1570–1),[15] gan greu'r argraff fod yma ymgais ymwybodol i unioni'r fantol o blaid dycnwch deiliaid yr Hen Ffydd.

Wedi dweud hynny, naws 'Catholigiaeth Elisabethaidd' sydd i gredoau Catholigion R. Cyril Hughes; y math o ffydd a ddibynnai, yng ngeiriau J. Bossy, ar 'a set of ingrained observances which defined and gave meaning to the cycle of the week and the seasons of the year, to birth, marriage and death'.[16] Mewn gwrthgyferbyniad, dengys y dyfyniadau a gynhwyswyd eisoes y dwyster cyfriniol sy'n ysgogi Mari Gwyn a Robert Gwyn yn nofel Rhiannon Davies Jones. Am y Robert Gwyn hanesyddol, dyma'r cenhadwr Catholig a ddisgrifiwyd fel 'awdur Cymraeg mwyaf toreithiog oes Elisabeth I',[17] ond yr anwybyddwyd ei gyfraniad i raddau helaeth tan yn gymharol ddiweddar. Adfeddiennir yn y nofel felly ddarn o hanes Cymru sy'n gymorth i ddangos bod ymdrechion y Gwrthddiwygwyr dipyn yn fwy egnïol nag yr arferid tybio.[18] Chwyddir yr effaith gan lafur poenus Mari Gwyn, cymeriad sydd ei hun yn ddychmygol ond sy'n coffáu ymroddiad copïwyr go-iawn y llawysgrifau Catholig. Ar ben hynny, dyna'r cyfarfodydd dirgel, ymweliadau'r cenhadon gwaharddedig o'r Cyfandir, y gweisg cudd, a holl weithredu cyfrin y grwpiau bychain o Gatholigion. Er ein bod yn gwybod am y cyfaddawd sydd i ddod, hoelir ein sylw am ran orau'r nofel ar unplygrwydd moesol y ffyddloniaid, a'u parodrwydd i ddioddef dros eu ffydd. Ac fe fydd Y *Drych Cristianogawl* a ysgrifennwyd gan Robert Gwyn, ac a gopïwyd gan Mari Gwyn, fyw, nid yn unig yng nghwmni cynnyrch llenyddol yr iaith Gymraeg, ond hefyd yng nghwmni clasuron Catholig Ewrop. Dyna o leiaf awgrym cyffelybiaeth estynedig y 'Diweddglo' rhwng perthynas Mari a Robert Gwyn ac eiddo Dante a Beatris. Beth mwy allai Rhiannon Davies Jones ei wneud i sicrhau lle parhaol i'r Gwrthddiwygiad yn nychymyg ei darllenwyr?

Robert Gwyn yw'r unig gymeriad sy'n ddigon hy i honni mai gwir bwrpas y Diwygiad Protestannaidd yw hyrwyddo 'Gwleidyddiaeth Anglicanaidd' (*Castell Cyfaddawd*, 159) cenedlaetholwyr Lloegr. Er hynny, ni ellir dianc rhag y gwirionedd i Gymru orfod plygu i ewyllys wleidyddol a chrefyddol Lloegr, ac mae goblygiadau perthynas anghyfartal y ddwy genedl bob amser ymhlyg. Deil hynny'n wir hyd yn oed pan fo aelodau o'r ddwy genedl yn ymuno â'i gilydd mewn sectau newydd. Canlyniad tymor hir dylanwad y Crynwyr Seisnig yn *Y Stafell Ddirgel*, a'i dilyniant *Y Rhandir Mwyn*, yw i'r Cymry golli tir (ddwywaith), colli iaith a cholli breuddwyd. Mwy cyfyng ei chylch, mewn cymhariaeth, yw ymgais John Wesley a Lady Huntingdon yn *Cyfrinach Hannah* i wthio'r iaith Saesneg ar Gymry uniaith Teulu Trefeca, ond mae'r un grym hanesyddol yn gefn iddi.

Arbennig o ddadlennol yw'r berthynas rhwng crefydd ac iaith fel y'i datblygir yn *Seren! . . . O, Seren!* (ail nofel trioleg Trefeca). Yno, gwneir y maen coffa Saesneg a gododd y Beti Harris hanesyddol (merch Howel Harris) i'w rhieni[19] yn arwydd o edifeirwch ysbrydol Beti'r nofel. Cymraeg, er hynny, yw'r llinellau ysgrythurol a ddysgir ganddi i'w chysuro ei hun yn ei gofid. Cysylltwyd y dylanwad Seisnig cyn hyn â'r gwrthdaro rhwng 'y byd' a'r 'nef' (95) ym mhersonoliaeth Beti, ac nid oes angen ymestyn ymhell er mwyn clymu ynghyd ei deuoliaeth ieithyddol a'i horiogrwydd ysbrydol – maent bron ynghyd eisoes yn yr amheuaeth nad yw ei thröedigaeth yn ddim ond 'torri geiriau'n unig' (186). Yn hynod ddigon nid yw *Eira Gwyn yn Salmon* yn lleoli profiad crefyddol Siôn ar unrhyw achlysur yng nghyd-destun perthynas hanesyddol Cymru a Lloegr (fel y gwnaeth ei gyd-Biwritan Charles Edwards yn *Y Ffydd Ddiffuant*).[20] Erys, fodd bynnag, y ffaith mai Lloegr yw ffynhonnell ddaearyddol y gwirionedd i Siôn, ac mai Saeson yw'r unigolion a ddyrchefir ganddo fel patrwm o wir grediniaeth, ac o'r holl rinweddau Cristnogol. Yn y diwedd ni ellir osgoi'r ddeuoliaeth sydd ymhlyg yn ei sefyllfa. Mae dychwelyd adref i genhadu yn golygu gadael rhan ohono'i hun, ar ffurf ei ferch fach, ar ôl yn Soham. Fel y digwydd, mae'r ferch fach honno hefyd yn anabl. Dehongler pawb y symbolaeth drosto'i hun.

Roedd Piwritaniaeth yn ffynhonnell math arall o wrthdaro ym mywyd cenedl. Oherwydd wrth i'r Ymwahanwyr ymwrthod â'r Eglwys Wladol, ymwrthodasant ar yr un pryd â'r rhagdyb fod pawb a berthynai iddi'n gredinwyr o ryw fath. Yn ei lle, creasant gynulleidfaoedd hunanlywodraethol o etholedigon, ar yr egwyddor mai â'r unigolyn ac nid â chenedl y mae cyfamod Duw.[21] Eglurir hynny yn *Dyddiadur John Penry*:

> Cawn ein dal weithiau yn niwinyddiaeth yr Hen Destament, yn synnwyr cryf Israel o undod y genedl heb brisio'r unigolyn. Ond yn y dyddiau hynny hefyd daeth proffwyd fel Eseciel i bregethu pwysigrwydd yr enaid unigol, cyfrifol . . . (95)

Gwelwyd y gwahanol enwadau a dyfodd ar gefn y pwyslais ar brofiad yr unigolyn yn dod, fel y Crynwyr yn *Y Stafell Ddirgel*, i gredu mai hwy, yn hytrach na chenedl y Cymry yn ei chrynswth, oedd llwyth Israel. Dyma ddatblygiad yn hanes y genedl a greodd wir angen am fyth y Gymru Anghydffurfiol a fyddai, yn y man, yn casglu yr enwadau newydd oll dan un ymbarél. Mae'n werth sylwi, felly, ar amddiffyniad Huw Ethall a Dafydd Ifans o'r Biwritaniaeth a'i rhagflaenai. Tymherir personoliaeth John Penry, yr 'Ymneilltuwr cyntaf o Gymro',[22] 'yr Annibynnwr Cymreig cyntaf oll',[23] yn sylweddol iawn. Atgynhyrchir ambell un o'i ymadroddion ffyrnicaf – fel ei ymosodiad ar yr esgobion fel 'bwtseriaid a thorfynglwyr eneidiau dynion' (*Dyddiadur John Penry*, 46). Ond anhygoel o ddof yw ei ieithwedd ar y cyfan, a hynod ryddfrydol ei syniadau, o'u cymharu â hoffter y Penry hanesyddol o fygwth ei wrthwynebwyr, a phawb na pherthynent i'r 'wir Eglwys' (109), â chosb, dinistr ac Uffern.[24] Mae Piwritaniaid llawen a chariadus *Eira Gwyn yn Salmon* hithau'n diwygio'r syniad poblogaidd ohonynt fel crefyddwyr 'sych-syber'[25] a roddai bwyslais eithafol ar yr ewyllys a'r deall, ar ymddygiad ffurfiol a chydymffurfio allanol. Yn y nofel, eu gwrthwynebwyr yn unig a anfanteisir gan y meddyliau caeedig a rhagfarnllyd sy'n rhannu cymdeithas.

Gwrthbwynt i'r cywair amddiffynnol hwn yw osgo ymosodol *Liwsi Regina*. Oni bai fod gan Liwsi ychydig o eiriau caredig i'w dweud am y Crynwyr, bron na fyddai'n nofel wrth-Gristnogol gan fod Catholigion a Phrotestaniaid, Anglicaniaid a Phiwritaniaid i gyd dan y lach o dro i dro.

Ar ryw olwg, mae'r holl sylw a roddir i'r gwahanol garfanau yn dangos bod crefydd yn dal i weithredu fel yr hyn a eilw Fredric Jameson yn *master code* cyffredin.[26] Hynodrwydd nofel Rhydwen Williams yw fod cyfran helaeth ohoni wedi ei chyflwyno drwy ymwybod cymeriad, sef Liwsi ei hun, nad yw'n barod i ymuno yn yr ymryson ynghylch ystyr 'gywir' y côd – os, yn wir, y cred fod iddo ystyr o gwbl.

Ymgorfforir dylanwad andwyol Piwritaniaeth yng ngyrfa tad Liwsi, y bonheddwr a ddirywia o fod 'yn greadur difyr, os afradlon' (283) i fod yn wallgofddyn a'i dychmyga ei hun yn Ioan Fedyddiwr. Fe ddwg i gof ambell gymeriad go iawn ar ymylon hanes y cyfnod,[27] ond, yn *Liwsi Regina*, Wiliam Walter yw unig gynrychiolydd y Piwritaniaid Cymreig. Dan ormes barhaus 'hen dân difaol euogrwydd' fe ysir 'meddyliau a breuddwydion a dedwyddwch' (133) yr hen fyd llawen heb ddim i wneud iawn am y golled. Llwyddir i ail-greu'r terfysg athrawiaethol a'r dryswch meddwl a gynhyrchid gan sectyddiaeth y cyfnod heb ddadlennu bod y sectyddiaeth honno yn ffrwyth y mesur chwyldroadol o ryddid a ganiateid gan y Werinlywodraeth Biwritanaidd i drin a thrafod crefydd a gwleidyddiaeth.[28] Mae i feirniadaeth wleidyddol a chymdeithasol Liwsi, gan gynnwys ei beirniadaeth ar safle'r ferch, seiliau cadarn ymhlith syniadau'r Gwastatwyr a'r Ymofynwyr.[29] Eto, ni chysylltir ei hargyhoeddiadau blaengar â'u tarddiad priodol. Caiff fabwysiadu rhai o agweddau mwyaf goleuedig y Chwyldro Piwritanaidd a'u troi yn arfau yn erbyn yr union fudiad a fu'n fodd i'w meithrin, ac yn ei dadl gyhoeddus ag Oliver Cromwell y mae rhybudd ar gyfer ei chynulleidfa gyfoes yn ogystal. Prif wrthrychau ei chyrch estynedig arno – y pwyslais ar bechod, a'r gred mewn etholedigaeth, cadwedigaeth y credadun ac anffaeledigrwydd yr Ysgrythur – yw'r prif fannau Calfinaidd a ddaeth yn ffrwd ganolog yn athrawiaeth yr enwadau Cymreig, ac y tueddir i'w cysylltu heddiw â'u hadain Efengylaidd. Ar ben hynny i gyd, cyfosodir obsesiwn Wiliam Walter â draig Feiblaidd pechadurusrwydd ac ymrwymiad Liwsi i 'Ddraig Goch Cymru' (128) mewn modd sy'n awgrymu i'r gyntaf sugno'r egni y mae ei angen ar gyfer amddiffyn yr ail. Cofier fod draig y Wiliam Walter Piwritanaidd yn rhannu'r un arwyddocâd, fel symbol o bechod a phaganiaeth, â draig San Siôr,[30] ac wele'n ymbresenoli'r ddrwgdybiaeth nad yw ei pherthynas â'r ddraig Gymreig ond yn barhad o hen ormes Lloegr.

Nid oes un o'r nofelau eraill mor gynhwysfawr nac mor ffyrnig ei beirniadaeth grefyddol. Serch hynny, un o'r pethau trawiadol yn narlun *Cyfrinach Hannah* o fywyd Teulu Trefeca yw'r pwyslais ar yr elfennau y gellid eu disgrifio fel rhai cwltaidd. Yn eu plith mae'r arweinyddiaeth garismataidd ond unbenaethol a bair i'r holl Deulu edrych ar Howel

Harris fel 'eu llun o Dduw' (44), y cyfyngiadau ar ryddid personol yr unigolyn, lludded parhaus yr aelodau dan bwysau diarbed eu gorchwylion, a diymadferthedd materol y rhai a roddodd eu holl eiddo bydol yn nwylo 'tad Harris'. Coronir y cyfan gan gyflyru seicolegol y rownd ddibaid o bregethu, cyffesu, gweddïo a chynghori – nad yw, gellid dadlau, ond yn chwydd-ddarlun o fywyd y dychweledigion Methodistaidd y tu allan i gymuned Trefeca.[31] Ni fyddai neb a ddarllenodd ddwy nofel gyntaf trioleg Trefeca yn codi'i aeliau o ddeall i Fethodistiaeth gynnar gael ei hystyried gan gyfoeswyr fel cwlt newydd, dieithr a pheryglus, ac i W. E. H. Lecky ei disgrifio fel math o deroristiaeth grefyddol.[32] Drwy'r cwbl gwneir yn fawr o amwysedd y berthynas rhwng atyniad yr ysbryd ac atyniad y cnawd. Myn Beti na ollyngodd Howel Harris erioed y ffrwyn ar y 'caru crefyddol' (*Seren!* . . . *O, Seren!*, 47) yn Nhrefeca. Eto, wrth iddo rwystro'r Teulu rhag amlygu eu rhywioldeb mewn carwriaethau a phriodasau normal enghreifftir y tresmasu hwnnw ar ymreolaeth rywiol yr unigolyn sy'n nodwedd gyffredin ymysg cyltiau crefyddol. Ei gynnyrch yw'r tyndra rhywiol sy'n islif hollbresennol ym mywyd y Teulu, a'r stormydd cnawdol a gynhyrfa'r Teulu pan fo Howel Harris oddi cartref.

Deil y 'deroristiaeth' rywiol mewn grym yn *Gwanwyn Diweddar* Mair Davies ar ffurf arfer y capeli o ddiaelodi merched beichiog dibriod fel y prif gymeriad ei hun. Blaenoriaeth yr awdur yw ein cymell i gydymdeimlo ag Angharad a'i thad – ill dau yn hollol ddi-hid o reolau ymddygiad Anghydffuriaeth Oes Fictoria – ac â'r Gymru gyn-Anghydffurfiol a gynrychiolir ganddynt. Mae'r Gymru honno'n llawer mwy cymeradwy na'r Gymru gapelyddol y cyfyngir ei rôl i ymylon cul a chrebachlyd bywyd. Darlun o'r gwrthgyferbyniad rhyngddynt yw oerni rhywiol y fam, a genhedlodd Angharad allan o ddyletswydd briodasol, a rhywioldeb naturiol, digymell Angharad ei hun a genhedla ei phlentyn anghyfreithlon 'mewn cariad' (84). Nid yw'r gwrthgyferbyniad syml yn anghyfaddas mewn nofel ysgafn, ramantus fel hon. Fodd bynnag, mae ynghlwm wrth fesur o sinigiaeth grefyddol na all hyd yn oed *Liwsi Regina* gystadlu â hi. Mae'r sinigiaeth yno o'r cychwyn cyntaf yn nyfyniad agoriadol gwasanaeth angladdol y fam: 'Pwy a fedr gael gwraig rinweddol? . . . Calon ei gŵr a ymddiried ynddi, fel na bo arno eisiau . . .' (7). Mae'n ddyfnach fyth yn ymateb y tad i'r gwasanaeth, lle mae ei 'nefoedd' yn barodi seciwlar o gysur ysbrydol y Cristion: 'Diolchodd fod y cyfan drosodd. Byddai yn nefoedd cael eistedd o flaen tanllwyth o dân ar aelwyd Pengraig heno' (9).

Tuedda rhai o'r nofelwyr i droedio'n ofalus pan ddaw'n fater o sectyddiaeth neu enwadaeth. Nid oes sôn, er enghraifft, am yr hen enwadau

Anghydffurfiol yn *Awelon Darowen* eglwysig Mari Headley, ac mae *Y Stafell Ddirgel* yn fud ynghylch gelyniaeth y sectau Piwritanaidd eraill at y Crynwyr.[33] Caffaeliad i awdur *Y Winllan Wen* felly yw parodrwydd y Stephen Hughes hanesyddol, yr Annibynnwr enwog o Gaerfyrddin, i gydweithio â gwŷr eglwysig.[34] Nid yw Elwyn Lewis Jones yn esgeuluso atgasedd ei wrthrych tuag at y 'Papistiaid' a'r 'Cwacers a'r Ranters', y ddau grŵp a oedd yn brif dargedau anoddefgarwch crefyddol Anghydffurfwyr y cyfnod. Cofnodir hyd yn oed y ffaith i Stephen Hughes daro un o aelodau'r Crynwyr, ond mae'r weithred annodweddiadol honno hefyd yn gyfle euraid, wrth gwrs, i bwysleisio hawddgarwch arferol ei bersonoliaeth, ac i arddangos dyfnder ei edifeirwch.[35] Yn *Cyfrinach Hannah* cawn yr un awdur yn gwneud gwrth-Gatholigiaeth Howel Harris yn dristwch ac yn gywilydd i Hannah, a hithau ag achos i ddiolch i'r Dr Pritchard Catholig am helpu i agor 'fy ngolwg i fyd a phobl nad ydynt o'r gorlan hon' (80). Erbyn cyrraedd *Seren! . . . O, Seren!* mae cylch bychan High Street Inferior – cylch sy'n cynnwys gwraig Gatholig, gŵr Catholig a drodd yn Eglwyswr, a Weslead Arminaidd, yn ogystal â Beti ei hun a fagwyd yn Fethodist Calfinaidd – yn batrwm o gynhesrwydd cyfeillgar.

Nid ymfodlonir bob amser ar gasglu ynghyd ronynnau o oddefgarwch rhyngenwadol; chwilir weithiau am gytgord crefyddol mewn cyd-destun ehangach, trawsddiwyllannol. Rhaid nodi i arwr *Capten Pererin* J. O. Jones osod Cristnogaeth ar dir uwch na'r crefyddau eraill yn ei hyder 'y gallai Iddewon, dilynwyr Bwda a Mohamed, a dilynwyr unrhyw grefydd arall dderbyn digon o oleuni i Grist eu cydnabod' (75). Ond nid yw hynny'n wir am Joseph, brawd hynaf Howel Harris, wrth iddo geisio argyhoeddi ei frawd yn *Y Gadwyn Aur* (nofel olaf trioleg Trefeca) mai'r un Duw sydd gan y ddau ohonynt, ac mai'r un yn ogystal oedd Duw Santos Bach, pennaeth Indiaid yr Haul yn Veracuz – 'er iddo dybio mai'r Haul ydoedd' (193). Cydraddoldeb tebyg yw ffrwyth eciwmeniaeth drawsddiwylliannol *Heli yn y Gwaed* W. P. Williams. Dau gysur mawr Dafydd (y prif gymeriad) yn ei gell yng ngharchar castell Biwmares yw ei ddelw o'r Bwda a'i Feibl. Gorffennir gyda'i weledigaeth o Ned Puw, Protestant pybyr, a William Davies, y merthyr Catholig hanesyddol, yn cyfarfod ac yn ysgwyd llaw yng nghyntedd teml baganaidd wedi'i darparu â ffynnon 'iddyn nhw foddi eu rhagfarnau ynddi' (180).

Nod hyd yn oed y nofelau 'Methodistaidd' yn aml, fel yr awgryma'r cyflwyniad o brofiad Joseph Harris, yw darganfod undod ysbrydol sy'n ddigon eang i gynnwys pawb. Gweledigaeth a symbylir gan ymweliad â Mynydd Troed, profiad nad yw'n ffitio o gwbl i'r patrwm efengylaidd a bregethir gan Howel Harris, yw'r agosaf y daw dyddiadurwraig *Cyfrinach*

Hannah at brofi rhyddhad ysbrydol. Am Martha, y paragon o forwyn yn *Seren!* . . . *O, Seren!* y mae ei doethineb cynhenid yn ysbrydoliaeth i bob aelod o gylch High Street Inferior, cyfyngir ei chyffes ffydd hithau i'r syniad annelwig mai 'Egin rhyw wybod yn tyfu yn y galon yw fy neall i – efallai hefyd mai Duw ydyw' (117). A beth am weledigaeth Thomas Harris, ail frawd Howel Harris – 'Thomas y pagan', chwedl Howel (*Y Gadwyn Aur*, 157)? Ac yntau wedi'i eni heb 'y darn bach od 'na' (161) yn y meddwl sy'n galluogi pobl i gredu, nid yw confensiynau cymdeithas yn golygu dim iddo yn ei fywyd rhywiol na, peth sy'n waeth, gonestrwydd a chwarae teg mewn materion busnes. Eto, Thomas yw'r unig un o'r tri brawd sydd mewn gwir gytgord â'i deulu ei hun, ac ef sy'n cynnal breichiau ei ddwy nith, merched Joseph a Howel, pan fônt fwyaf eu hangen. Iddo ef, y serchiadau dynol hyn a rydd ystyr i fywyd. Twyll yw popeth arall. Argyhoeddir Joseph 'i'r gwir gael ei ddweud rywsut yng nghleber meddw Thomas' (183), a thesis sylfaenol y nofel yw na all holl anghydweld y tri brawd ar bynciau crefyddol dorri 'y gadwyn aur' a'u clyma ynghyd: 'Ond brodyr ydym wedi'r cyfan!' (193). Un peth sy'n sicr, nid yw ymrafaelion diwinyddol Anghydffurfiaeth y ddeunawfed ganrif ond lludw oer mewn cymhariaeth â gwres cysurlon yr ymlyniadau dynol, naturiol:

> Yn y tawelwch gwelais hefyd mor ddiffrwyth, a balch hefyd, yw dadlau diderfyn Howel a minnau [Joseph] ynghylch bodolaeth a natur Duw . . . gwirionedd y Drindod . . . safle'r Iesu . . . arwyddocâd y groes . . . gwaed Duw ei hun. Hunan-dyb ydyw. (186)

Yng nghyswllt gwrthdaro'r cyfnod rhwng crefydd ddatguddiedig a Rheswm cawn Joseph yn cenfigennu'n achlysurol wrth Hannah am iddi lwyddo i ildio 'ei deall a'i rheswm i dderbyn credo Howel, ei harwr' (178). Os llwyddodd Hannah i wneud hynny mewn gwirionedd (sy'n ffaith amheus), pris ei llwyddiant yw iddi orfod ymddisgyblu'n boenus i ryw fath o anorecsia deallusol a dysgu plygu i 'ruthr geiriau' (196). 'Rhuthr geiriau' – dyna ymadrodd, o ddod ar ei draws unwaith, sy'n ymwthio'n gydymaith beirniadol cyson wrth inni ddarllen y nofelau Anghydffurfiol eu cefndir. Cyfaddefiad Gwilym, dyddiadurwr ifanc *Hanner y Gwir* D. J. Roberts, wrth iddo feddwl am rai o hen hoelion wyth y seiat, yw ei fod yn 'cofio'r sŵn yn eu llais yn fwy na'u geiriau' (13). Yn *Fy Hen Lyfr Cownt* Rhiannon Davies Jones gostyngir gweddïo cyhoeddus i lefel cystadleuaeth eisteddfodol gan y feirniadaeth ar ddoniau perfformiadol Ann Griffiths.[36] Meginir y reddf gystadleugar ymhellach gan Ishmael Jones wrth iddo amddiffyn John y Figyn yn erbyn ymosodiad Jeremiah Williams:

'Ofn iddo dy guro di ar bregethu sy' arnat ti? Ond raid i ti ddim trafferthu; mae o wedi dy guro di o ddigon!' (103). Ac mewn episod yn *Mical* Owain Owain (nofel a seilir ar fywyd y Parchg Michael Roberts, Pwllheli) gwelir huodledd enwog y pregethwr Anghydffuriol yn holl wrthuni ei berthynas symbiotig â'r awydd i fod yn geffyl blaen.[37] Nid yw'r bregeth y dywedir iddi ddymchwel cynulleidfa Mical yn 'dipiau mân' (78) yn fawr mwy nag ymosodiad estynedig ar gyd-weinidog a'i gwthiodd ei hun i'r areithle o'i flaen. Nid yw'r cyfarfod pregethu lle y'i traddodir yn ddim amgenach chwaith, o safbwynt Mical a rhai o'i gyd-bregethwyr, na chystadleuaeth rhwng y Gogledd a'r De am y lle uchaf yn serchiadau'r gynulleidfa. O ganlyniad try'r oedfa lle y rhennir y llwyfan gan Mical a Mr Ifans, New Inn, yn ymryson di-ras rhwng dau areithiwr cydeiddigeddus:

> Nid oedd Mr Ifans wedi ennill y dorf. Gogleisiodd y dorf – ceisiodd ei dychrynu hi – ceisiodd ei denu. Dwrdiodd hi – gwenieithodd iddi. Rhoddodd iddi bob dawn a champ a feddai. Ond na – nis derbyniwyd ganddi. (77)

Datgelir mor niweidiol yw effeithiau'r fath ysbryd cystadleuol, hunangeisiol pan lunnir cysylltiad, flynyddoedd yn ddiweddarach, rhwng yr episod hwn a gorffwylledd Mical.

Mwy pwrpasol yw huodledd Mical ar adegau eraill. Y broblem yw ei fod ar funudau mwy anystyriol na'i gilydd – yn ystod ei salwch meddwl, neu yn llawn hwyl ei ddireidi (ac mae'r ddau gyflwr yn beryglus o debyg weithiau) – yn amlygu rhai o nodweddion lleiaf apelgar y diwylliant Anghydffurfiol. Bodlonaf ar ddau ddyfyniad sy'n dangos y duedd i frolio doniau pregethwrol, ac i ymfalchïo mewn gallu, statws ac awdurdod, gan ychwanegu trydydd dyfyniad sy'n enghreifftio'r agwedd uwchraddol at enwadau eraill:

> 'Oes ganddoch chi lais ar ôl i'r Cyfarfod Misol?' gwamalodd Capten Gellidara . . .
> 'Digon!' broliodd Mical, 'A mwy na digon – i hwn ac i bob Cyfarfod Misol arall!' (126)

> 'Dydy o ddim iws i '*run* ohonyn nhw ddechrau ymresymu â mi! Na'r Pab o Fôn na'r Cardinal o'r Fronheulog, chwaith! . . . Dydw i'n malio dim am yr un o'r ddau . . .' (108)

> 'Yr hen Lyn Du mawr ydy hwn!' ebe Taid [Mical sydd yma yn chwarae gyda'i ŵyr bach], am yr ail dro. Yna, dechreuodd chwipio dŵr y pwll â'i ffon: 'Gwylia di, Dafydd Morus Fedyddiwr! Mi dy fedyddia'i di yn hwn y gwalch!' . . .

Cymru'r Uno a'r Diwygio

Chwipiodd Taid y pwll dŵr o'r newydd, yn saith gwaeth: 'A tithau hefyd – ti a dy gaseg a dy filgwn [sef y Periglor]! Mi'ch bedyddia'i chi i gyd yn hwn!' (117)

Er digrifwch yr olaf o'r tri dyfyniad, diraddiwyd y ddadl ddiwinyddol rhwng trochi a thaenellu o'r cychwyn cyntaf i wastad difenwi'r Bedyddwyr fel 'dihirod' a 'defaid c'ronllyd' (26). Nid yw hyd yn oed y gwaith o lunio Cyffes Ffydd 1823 ond yn gyfle i ganmol cyfraniad personol Mical, heb ein bod yr un gronyn callach ynghylch swyddogaeth a phwysigrwydd y Gyffes ei hun.[38] Annheg beio Owain Owain am osgoi'r agweddau mwyaf astrus ar y diwylliant Anghydffurfiol. Serch hynny, rhaid nodi inni golli'r ddisgyblaeth ymenyddol a'r gallu dadansoddol a fu ymysg cymwynasau pwysicaf Anghydffurfiaeth â phersonoliaeth y Cymry.

Er mai tasg enbyd o anodd yw ymgorffori diwinyddiaeth mewn nofel, mae Saunders Lewis yn fwy nag atebol i'r sialens. Yn *Merch Gwern Hywel* llwyddir i gyflwyno apêl emosiynol, apêl synhwyrus hyd yn oed, syniadau crefyddol y dydd, ac i atgynhyrchu'r cyffro deallusol a symbylid gan ddamcaniaethau y daethom i feddwl amdanynt fel rhai sych a diystyr. Mae Cymru gyfan fel petai'n sefyll ar groesffordd yn ei hanes yn trafod mater a fydd yn penderfynu, neu felly yr ymddengys, ei thynged ysbrydol unwaith ac am byth. Bron na heintir ninnau, anwybodusion diwinyddol yr unfed ganrif ar hugain, gan ymrwymiad y cyfranogwyr yn y ddadl rhwng Calfiniaeth gymedrol Thomas Jones, Dinbych, ac uchel Galfiniaeth John Elias. Yn gymysg â'r difrifoldeb mae llawer o hiwmor tawel, ac nid mater yw hynny o ddefnyddio hiwmor ymwybodol 'iach' i ysgafnhau hanes ac anianawd y Methodistiaid. Adlewyrchu a wna y llawenydd sanctaidd sy'n rhan annatod o ddiwinyddiaeth y nofel – y llawenydd sy'n sanctaidd, nid oherwydd ei fod yn gyfyngedig i gylch gras arbennig,[39] ond oherwydd ei fod, yn ôl damcaniaeth gyfareddol William Roberts, yn un o briodoleddau Duw ei hun:

> 'Pam y mae Duw'n Drindod ond er mwyn bod yn gwmni i chwerthin? . . . Petai Duw ond undod mi fyddai'r greadigaeth o raid. Ond 'does dim rhaid wrth y greadigaeth. Dydy hi'n ddim ond gwreichion y Duwdod yn dawnsio.' (38)

Yng ngoleuni'r llawenydd dwyfol yr ailadroddir gydag anghymeradwyaeth drist yr hanesyn am Ann Griffiths yn diolch i Dduw i'w morwyn ei cheryddu am ei 'hysgafnder'. Absennol yw llewyrch y llawenydd hwnnw o fersiwn *Fy Hen Lyfr Cownt* o'r un digwyddiad, megis y mae o ddisgrifiad *Seren!* . . . *O, Seren!* o Deulu Trefeca fel 'pobl a ystyriai ddigrifwch yn anweddus' (62). Yn yr un cywair teimla John a Mical Roberts, y tad a'r mab, dan bwysau yn *Mical* i fygu eu hawen ysgafn-ddoniol ddiniwed. Llethir y Mical ifanc i'r fath raddau ar un adeg gan ei addysg Fethodistaidd nes iddo ebychu'n druenus: 'does dim gobaith bod yn hapus ynghanol y fath sancteiddrwydd!' (40). Da dweud nad dyna'r stori gyfan. Cryfder *Mical* yw ei bod yn uno 'papur ac inc a hwyl yr haleliwia' (39) drwy bentyrru ynghyd bob math o ddeunydd amrywiol. At bregethau, Blwyddlyfr ac *Adgofion* y Michael hanesyddol ychwanegir cymysgedd lliwgar o draddodiadau a ddiogelwyd ar lafar yn ogystal ag mewn cofiannau cyhoeddedig. Y canlyniad yw nofel lle y ceir, ymhleth â motiffau dyrchafol, didactig y cofiant Ymneilltuol, yr elfen storïol hapus-ddiofal a amlygir yn yr hanesion am John Roberts (tad Mical) a'r bwch gafr, am daith garu Wmffra Jones, ac am daith garlamus Mical a Huw Huws Gellidara drwy dref Pwllheli.[40] Drwy gyfrwng yr hanesion hyn cyflwynir y chwedloniaeth grefyddol newydd a dyfodd o gwmpas arwyr y ffydd, ac o gwmpas y profiad o dröedigaeth ei hun. Fe'i cyflwynir – er y pwysau o gyfeiriad gweddusrwydd – fel chwedloniaeth boblogaidd a difyr sy'n llawn abl i lenwi lle yr hen ddiddanion yn hoffterau'r werin.

Adlewyrchu patrwm a ddaeth yn hen gyfarwydd inni a wna darlun cyfansawdd nofelau'r bennod hon: cefnu'r uchelwriaeth Gymreig, dirywiad y gyfundrefn farddol a'r hen draddodiadau gwerinol fel ei gilydd, a thwf diwylliant Anghydffurfiol newydd. Agwedd ar yr un patrwm yw i Seisnigeiddio cynyddol yr uchelwyr wthio rôl ychwanegol ar y traddodiadau yr arferent eu cynnal. Nid digon bellach yw eu bod ymysg priodoleddau gwahaniaethol y Cymry fel cenedl; datblygant yn nodau gwahaniaethol ymysg y Cymry eu hunain. Gweithredant fel y gwahannod diwylliannol terfynol ymysg y Cymry sy'n dal i arddel y Gymraeg. Nid y traddodiadau uchelwrol yn unig, eithr hefyd y diwylliant gwerinol a gyd-ddethlir gan fonedd a gwerin mewn noson lawen a neithior, ac ar adegau fel gŵyl Calan Gaeaf. Eu diffyg teyrngarwch i'r traddodiad cerddorol brodorol, nid yr iaith ar eu gwefusau, a wna uchelwr fel Rhisiart Bwclai yn *Castell Cyfaddawd*, a gwerinwr fel Dai Nantyglyn yn *Catrin o Ferain*, yn aelodau o'r un garfan amheus – a'r garfan honno, fel bob amser, yn amheus o ran ei moesoldeb yn ogystal â'i Chymreictod. Ni cheisir gwyngalchu'r Cymry 'da', ond mae eu pechodau hwythau'n colli tipyn o'u düwch yng ngwres ymrwymiad diwylliannol eu cyflawnwyr. Yr ymrwymiad hwnnw, yn fwy na safiad crefyddol neu wleidyddol y cymeriadau, sydd, yn y pen draw, yn penderfynu ein hymateb iddynt. Hyd yn oed mewn nofel mor efengylaidd ei thôn ag *Eira Gwyn yn Salmon* mae diddordeb deallus Siôn Prys yng ngwaith y beirdd caeth yn rhan hanfodol o apêl ei gymeriad. Yn *Cymylau'r Dydd* hithau, nofel lle y mae ysweiniaeth Seisnig Oes Fictoria eisoes â'i throed yng nghil y drws, diddordeb yr arwres fonheddig yn y diwylliant brodorol answyddogol yw'r prif arwydd ein bod i'w pharchu am ei Chymreictod.

Y Stafell Ddirgel yw'r unig nofel i fentro ysgubo, ag un ystum fel petai, holl ddiwylliant gwerin y cyfnod cyn-Biwritanaidd i'r domen sbwriel – gyda dathliadau eraill y werin yn cynnig tystiolaeth i gefnogi sylwadau coeglyd Hywel Vaughan ar achlysur uchafbwynt anwaraidd Ffair Dynewid:

> 'Hei-ho, fe ddaeth yr hen ddyddia dedwydd nôl mewn gwirionedd. Hwyl iach y werin, welwch chi. Canu, dawnsio, slotian, gwreica – ac os bydd pall ar y sbort, a sur yn y grawnwin – boddi gwrach. Dewch. Allwn ni ddim fforddio colli hyn.' (9–10)

Mwy cymesur yw darlun *Merch Gwern Hywel*. Er bod yr hen draddodiadau gwerinol poblogaidd benben erbyn hyn â'r meddylfryd Methodistaidd, ymdrechir i gadw'r ddysgl yn wastad rhyngddynt yn y ddadl rhwng Dr Jones, mab Gwern Hywel, a John Elias. Ond efallai y bradychir rhagfarn wrthwerinol yr awdur gan yr amheuaeth a deflir gan William Roberts – y gŵr a ddewisir gan Saunders Lewis fel ei edling Methodistaidd – 'ar werth hen arferion a defodau Cymru gynt' (32). Yn sicr, cyfyngir y parhad diwylliannol sydd yn un o brif themâu'r nofel i'r cylch dethol o Fethodistiaid y medr eu hamgyffred crefyddol gwmpasu dehonglwyr mawr eu ffydd ar y naill law, a Dafydd ap Gwilym (yn lân o'i ddyled i'r traddodiad islenyddol) ar y llaw arall.[41] Cyfyngir y parhad i'r cylch a fedr werthfawrogi'r uniad rhwng y seciwlar a'r crefyddol a fodolai eisoes o fewn y traddodiad Taliesinaidd uchelwrol.

Disgyn *Fy Hen Lyfr Cownt* a *Hanner y Gwir* yn agosach at fôn yr ysgol. Gwyddys bod tad Ann Griffiths yn dipyn o fardd gwlad,[42] a gwyddys i Ann ei hun ddefnyddio mesurau'r carolau Plygain yn ei hemynau.[43] Dyna'r sail hanesyddol i honiad Grace Roberts fod 'gan Ann yma ddigon o athrylith i bontio rhwng yr hen oes a'r newydd' (*Fy Hen Lyfr Cownt*, 58), ac mae ôl y syniad o bontio ar y nofel gyfan. Os nad yw 'hen oes' Grace gyda'i halmanaciau, ei baledwyr ffair a'i mân eisteddfodau wrth fodd Thomas Charles o'r Bala, nid yw pawb o'i gyd-grefyddwyr o'r un farn ag ef. Hollol ddifraw yw chwaer Ann, er ei thueddiadau Methodistaidd, ynghylch dathliadau'r wylmabsant; yn rhyfeddach fyth, y ddawns Galan yw ateb brawd Ann, ac yntau eisoes yn Fethodist diledryw, i'w hiselder ysbryd. Am Ann ei hun, efallai yn wir iddi golli blas ar rai o'r hen ddifyrion 'yn rhyferthwy'r Diwygiad' (108), ond nid oes awgrym ei bod yn eu hystyried yn anghymeradwy ynddynt eu hunain. Nid yw'r goddefgarwch diwylliannol hwn yn cyd-fynd yn hollol â'r achwynion yn erbyn y Methodistiaid a leisir yn *Hanner y Gwir*. Eto, goroesodd yn y nofel honno doreth o'r diwylliant cyn-Fethodistaidd i gydfodoli'n eithaf cytûn â'r un newydd. Delweddir y gydfodolaeth ym mhriodas rhieni Gwilym lle y mae tröedigaeth y tad Methodistaidd yn gywely i 'hen goelion paganaidd' (97) y fam eglwysig. Fe'i delweddir hefyd, ar ffurf fanylach, yn y gwmnïaeth yng ngweithdy Edward Ifans a gynhelir gan gyfraniadau'r saer ei hun, yr Annibynnwr selog, a chan ddoniau Griffi'r Cwrt, yr hen werinwr gwrth-Fethodistaidd. Ffurfiant ddwy ddolen ddynol rhwng Cymru'r bregeth a'r ddarlith, a'r holi pwnc newydd, ar y naill law, a Chymru'r chwedleua difyr a'r arferion gwerin 'annuwiol', Cymru'r hen benillion a'r rhigymau doniol, ar y llaw arall – ie, a Chymru Dafydd ap Gwilym hefyd. Os yw'r hen fyd yn nychu nid edrychir yn ôl arno â chywilydd. Mae marwolaeth Nanti Anna yn gwneud mwy na nodi diflaniad 'darn o'r hen oes', mae'n gyfle i dad Gwilym, y Methodist dwys, gyfaddef nad 'yw'r arogl ar ei hôl yn ddrwg i gyd!' (71).

Er cryfed symbyliad cadwraethol ei ddyddiadurwr, nid yw D. J. Roberts yn ddall i ffaeleddau'r gymdeithas wledig a'i henynnodd. Dyma gymdeithas yr ymagwedda ei brogarwch weithiau fel plwyfoldeb cul a allai'n hawdd fabwysiadu 'Dim byth y ffor' hyn' (55) Griffith Jones Wern Uchaf fel ei arwyddair. Dyna'r cefndir ar gyfer gwerthfawrogi sylw un o bregethwyr yr ardal am Ann Griffiths: 'Lan sha'r Gogledd 'na y mae Dolwar Fach . . . ond ma' 'i hemyne hi yn ein hymyl ni . . .' (45). Yna, wrth i Gwilym fynd ymlaen i ddyfynnu'r pennill a genir gan y gynulleidfa, sylweddolwn fod undod daearyddol newydd y diwylliant Anghydffurfiol yn cynnwys o'i fewn bobl – fel Gwilym ei hun – y daeth diwylliant y capel yn rhan o'u byw a'u bod, er nad yw hynny mor wir am y profiadau crefyddol a roddodd gychwyn iddo.

Dengys y gofod a neilltuwyd i ddiwylliant capel rhagor diwylliant eglwysig fod yn well gan y rhan fwyaf o'n nofelwyr ddilyn y cyfeiriad crefyddol a ddaeth yn gyfeiriad y llu. Hyd yn oed yn achos *Hanner y Gwir*, lle mae'r darlun o'r Gymru eglwysig yn gymharol lawn ac ymhell o fod yn ddigydymdeimlad, ni allaf ddwyn i gof ond un cyfeiriad (at godi eglwys newydd yn Llechryd) y gellid, o bosib, ei gysylltu â'r adfywiad Anglicanaidd a fyddai yn ei anterth erbyn y flwyddyn (1876) a gofnodir yn y dyddiadur. Hynotach fyth yw swm pitw y diddordeb a amlygir yn yr adfywiad diwylliannol a oedd, yn ôl R. T. Jenkins, yr unig un o fudiadau neu dueddiadau y ddeunawfed ganrif a allai hawlio ei fod yn benodol Gymreig.⁴⁴ Ar wahân i ychydig gyfeiriadau *Fy Hen Lyfr Cownt* (a Gorsedd gamamserol *Y Ddau Bren*), *Awelon Darowen* yw'r unig deyrnged sydd gennym i weithgarwch y gwŷr a'r gwragedd y mae Cymru'n ddyledus iddynt am nifer o nodweddion diwylliannol ei hunaniaeth genhedlig gyfoes, ac am y cenedlaetholdeb diwylliannol a ddarparodd sail i genedlaetholdeb gwleidyddol y ganrif ddilynol.

Ymwneud y mae *Awelon Darowen* â pharhad yr adfywiad diwylliannol hwnnw ymysg 'yr hen bersoniaid llengar' yn nechrau'r bedwaredd ganrif ar bymtheg. Mae'r nofel yn gofnod o'r cyfraniad eglwysig i ddiwylliant Cymru, ac yn gwrthweithio'r gwawdlun cyfarwydd o'r offeiriad eglwysig Seisnig, bratiog ei Gymraeg, a atgynhyrchir ym mherson periglor *Mical*. Gresyn, o'r safbwynt hwnnw, nad yw'n dangos y cysylltiad rhwng gweithgarwch diwylliannol yr hen bersoniaid a'u cynllun i Gymreigio'r Eglwys, nac yn rhoi sylw o werth i'r gweithgareddau a oedd yn rhan o'r cynllun hwnnw.⁴⁵ Nid oes ynddi unrhyw awgrym chwaith mai llwyddiant y dulliau Methodistaidd oedd un o brif symbyliadau gweithgarwch diwylliannol a chrefyddol yr hen bersoniaid. Hepgorir y gwrthdaro rhwng yr offeiriaid llengar, gwlatgar – lleiafrif fel yr oeddent – a'u cymheiriaid a gyfrifai'r ymdrechion i ddiogelu dysg Gymraeg fel ymgais i drawsffurfio'r offeiriadaeth 'into a Parcel of minstrels, Harpers and God knows what unsanctified articles'.⁴⁶ Ac nid oes nemor ddim i awgrymu mor denau bellach oedd deunydd y diwylliant y ceisiai'r ychydig ffyddlon ei adfer. Cyflwynir gweithgareddau diwylliannol yr hen bersoniaid mewn gwagle hanesyddol. Fe'u hynysir oddi wrth dueddiadau eraill eu hoes mewn modd llwyrach nag a wneir yn achos profiadau y mwyaf mewnblyg o'r ffugddyddiaduron Anghydffurfiol. Yr argraff a gröir yw fod yr episod hwn yn hanes Cymru yn llai 'real' na'r episodau yr ymdrinnir â hwy mewn nofelau eraill; yn llai rhan o hanes y genedl na'i hepisodau Catholig ac Anghydffurfiol.

Beth bynnag a ddywedwn am yr hir dario ym myd crefydd, y canlyniad yw iddo gael ei ddarlunio o nifer o safbwyntiau gwahanol. Cyflwynir amrediad eang o ddaliadau crefyddol, ac yn eu perthynas â'r daliadau hynny caniateir i amryw o'r cymeriadau amau, neu wamalu, neu wrthgilio heb iddynt golli ein cydymdeimlad. Weithiau torrir bron yn llwyr y cwlwm rhwng Cristnogaeth a Chymreictod y bu traddodiad yn ei anwesu fel un annatod. Diddorol nodi felly na chaniateir i'r un cymeriadau fesur tebyg o ryddid yn eu hymwneud â'r Gymraeg. Ateb ein nofelwyr i Seisnigeiddio cynyddol yr haen fonheddig yw dyrchafu'n esiampl y boneddigion hynny a erys yn weithredol ffyddlon i'r Gymraeg a'i diwylliant. Mor ddiweddar â chyfnod ysgwieriaeth Oes Fictoria mae prif deulu

Cymylau'r Dydd yn Gymry teyrngar, rhywiog eu Cymraeg, er gwaethaf y bygythiad fod un afal drwg ar droi'r cwbl yn bwdr. Uniaethir y bygythiad â haerllugrwydd diegwyddor yr etifedd, a buan y darganfyddwn fod ymseisnigo o ran iaith neu foes yn gysylltiedig â phob math o ddiffygion cymeriadol eraill – mursendod a threisgarwch John Salesbury (gŵr cyntaf Catrin o Ferain), anwadalwch plentynnaidd y fam yn *Liwsi Regina*, balchder crafangus Frances Games yn *Brychan Dir*. Gellir sicrhau ymateb ffafriol i gymeriad drwy gyfeirio'n syml, fel y gwneir yn *Dyddiadur Mari Gwyn*, at ei 'Gymraeg glân, gloyw' (150).

Gwneir rhywfaint o ymdrech ymwybodol i gau'r bwlch rhwng cynnydd a Chymreictod, yn enwedig yn nhrioleg Catrin o Ferain. Cydbwysir chwant Morys Wyn am swydd a statws gan ei barodrwydd i ddefnyddio'r Gymraeg wrth weithredu fel ustus lleol. Unir uchelgais bersonol Rhisiart Clwch â'i uchelgais ar ran ei grefydd a'i genedl drwy roi iddo'r nod o gyrraedd 'statws uchelwr mewn Cymru Babyddol Gymreig' (*Dinas Ddihenydd*, 19). Eithriad, fodd bynnag, yw cydymdeimlad *Y Stafell Ddirgel* â'r 'gwrthryfel rhwng y Cymro a'r Sais' (23) yn enaid Rowland Ellis, ac â'r dryswch a bair iddo wrido oherwydd Saesneg di-glem un o'i gyd-Gymry gwerinol. Os gellir olrhain cychwyn ei ddeuoliaeth, nid i'r gwaed Seisnig yn ei wythiennau, ond i'r gwawd a enynnodd ei Gymreigrwydd yn yr ysgol yn yr Amwythig, lwc ryfedd Siôn Prys (*Eira Gwyn yn Salmon*) a'r John Penry ffuglennol yw nad ydynt yn profi gwrth-Gymreigrwydd tebyg yng Nghaer-grawnt – lwc a rennir gan Joseph a Thomas Harris yn Llundain, a chan nifer o'r cymeriadau Tuduraidd cyn hynny. Nid oes galw i ninnau geisio amgyffred effaith y rhagfarn ar eu hymwybyddiaeth genhedlig, ac absennol yw'r dadansoddiad hwnnw o seicoleg y broses o ymseisnigo sy'n rhaid wrtho os nad ydym i gefnu mewn anobaith ar agweddau ar hanes y genedl ac ar ei bywyd cyfoes.

Digon prin, yn y cyswllt hwn, yw'r sôn am gerrig milltir drwgenwog 'brad' Adroddiad Addysg 1847 a'r *Welsh Not*, a gochelgar yw'r nofelwyr ynghylch y fytholeg a dyfodd o gwmpas yr ail o'r ddwy.[47] Myn dyddiadurwr *Hanner y Gwir* mai ail-law yw'r cwbl o'i wybodaeth am yr arfer; melysir disgrifiad *Capten Pererin* J. O. Jones ohoni gan y ganmoliaeth i rinweddau eraill yr athrawes euog (Cranogwen). Am y 'brad' arall, er mai dau gyfeiriad pendant yn unig a nodais, rhaid ychwanegu bod yr un yn *I Hela Cnau* wedi'i ymgorffori mewn darlun cynaledig o effaith Brad y Llyfrau Gleision ar seicoleg y werin: 'Ein nefoedd ni erbyn hyn ydi llyfu traed y Sais, bod mor debyg iddo ag sy'n bosib i was fod yn debyg i'w arglwydd' (208). Mater syml yw uniaethu'r ymseisnigeiddio ag awch bradwrus am ddod ymlaen yn y byd; y peth a gymhletha'r sefyllfa yw tuedd wrthwynebol y Cymry i'w fflangellu eu hunain am fod yn genedl anghynyddgar, ddifenter. Er hynny, nid oes fawr o amheuaeth ynghylch safbwynt *I Hela Cnau*. Dweud calon y gwir y mae Rebecca pan edliw i Simwn Owen nad yw 'ddim mymryn gwell dy fyd na phan ddoist ti yma [i 'Byrcinhed']' (243), ond Simwn yw'r unig Gymro ymrwymedig ymysg y prif gymeriadau, ac mae ei ddiffyg uchelgais yn agored i'w ddehongli fel clod i'w Gymreictod unplyg. Mae hanes Dani Meredydd yn cadarnhau'r dehongliad, a'r 'Meredith' Seisnig a fabwysiedir ganddo yn symbol o'i ffyniant materol newydd fel adeiladydd uchelgeisiol, ac o'r calongaledwch a'r dulliau busnes amheus a'i henillodd iddo.

Synhwyrir weithiau fod ein nofelwyr mewn cyfyng-gyngor wrth geisio cyflwyno difrawder Cymry'r gorffennol yn wyneb y gwahanol anghyfiawnderau ieithyddol a ddioddefent. Amheuthun o wahanol yw persbectif R. Cyril Hughes yn ei ymdriniaeth â'r Cymreigio Protestannaidd ar fywyd crefyddol Cymru. Wrth iddi amddiffyn posibiliadau'r Gymraeg ceir Catrin o Ferain yn mynegi syniadau dyneiddiol y gellid tybio iddi ymgyfarwyddo â hwy drwy gyfeillachu a gwŷr fel Humphrey Lhuyd, Gruffudd Hiraethog a Siôn Tudur (y bardd): 'A nation can make a language do its own will. The people are the mind of language' (*Catrin o Ferain*, 69). Ond fe'i hanniddigir gan y syniad o gael Beibl yn ei hiaith ei hun oherwydd bod y Gymraeg, yn wahanol i swyn y Lladin, yn bygwth ymhél â'i rheswm. Er ei bod yn deall llawer o Ladin y gwasanaeth priodas, eto mae'r fersiwn Cymraeg (wrth iddi briodi Morys Wyn yn *Castell Cyfaddawd*) 'yn serio ystyr yn ddiamwys' ac 'yn gorfodi dyn i feddwl drosto ei hun' (79). Er mai uniaethu'r Gymraeg â'r pwyslais Protestannaidd ar y gydwybod unigol a wneir yma, ymhlyg y mae'r awgrym fod ymestyn amrediad y famiaith mewn unrhyw faes yn cyffwrdd â'r deall ac â phersonoliaeth yr unigolyn mewn modd nad yw'n digwydd wrth ddefnyddio iaith arall – 'ai'r un peth oedd *obsequium* ag "ufudd-dod" neu *servire* a "gwasanaethu"?' (79) – ac nad yw'r broses honno'n ddi-boen.

Nid oes disgwyl i Catrin fynegi syniadau yng nghyswllt y Beibl Cymraeg y byddid yn eu cyfrif yn anarferol o wrthimperialaidd hyd yn oed yn ein hoes ni.[48] Fod bynnag, yn y bwlch rhwng ei haeriad cynharach, 'A nation can make a language do its own will', a'i hadwaith yn erbyn dieithrwch y gwasanaeth priodas Cymraeg, mae yna droedle i'n hamheuon ynghylch cwmpas yr awdurdod Seisnig. Bron nad yw'r gwasanaeth – 'Cytundeb oedd hwn, nid seremoni. Contract i'w chlymu yn lle ei bendithio a'i sanct-eiddio' (80) – yn fath o drosiad am broses yr Uno a'r Diwygio, yn enwedig gan mai gwleidyddiaeth, ar wahanol raddfa, yw'r cymhelliad sylfaenol y

128   *FfugLen*

tu ôl i'r uno teuluol a chenhedlig fel ei gilydd. Fel yr heria Catrin, yn ei meddwl, y gorchymyn i wragedd fod yn 'ddarostyngedic i'ch gwyr priot [...] can ys y gwr sydd benn ar y wraic...' (81), felly hefyd y cynllunia i herio'r drefn grefyddol newydd drwy 'gael sacrament o ddifrif ar ôl hyn' (80) – a hwnnw, wrth gwrs, yn Lladin. Er ei bod yn cydweithredu'n allanol â'r ddwy drefn imperialaidd sydd ohoni – yr un wleidyddolgrefyddol Seisnig, a'r un wrywaidd Gymreig – mae'n dal ei gafael ar briodoleddau ffurfiannol ei phersonoliaeth, ac ar ei hannibyniaeth fewnol.

Y cwestiwn sy'n codi nesaf yw'r un ynghylch union arwyddocâd yr iaith i'r diwygwyr Protestannaidd a Phiwritanaidd Cymreig. Nid yw record y John Penry hanesyddol mor addawol â hynny. Ni chafwyd ganddo erioed ond ychydig o gofnodion tameidiog yn Gymraeg,[49] ac er iddo ymbil am Feibl Cymraeg ni ddywedodd air am gyfieithiad William Morgan wedi iddo ymddangos. Y rheswm am dawedogrwydd Penry, yn ôl pob tebyg, oedd y ffaith mai ei elyn, yr Archesgob Whitgift, oedd prif noddwr y cyfieithiad.[50] Cydnabyddir y maen tramgwydd hwnnw yn *Dyddiadur John Penry*, ond gyda llygad ar amddiffyn cymhellion y cymeriad hanesyddol gwneir i'w gynrychiolydd ffuglennol gredu mai prif bwrpas y cyfieithiad oedd 'dysgu Saesneg i bobl Cymru' (61).[51] Priodolir sentimentau ieithgarol tebyg i Stephen Hughes yn *Y Winllan Wen* yng nghyswllt gwaith Thomas Gouge gyda'r *Welsh Trust*. Fe'i ceir yn gofidio am ddyfodol y Gymraeg – 'Peth newydd ydyw printio yng Nghymru ac fe fydd hynny'n tynnu pobl i ddarllen yr iaith estron' (92) – er mai naws ddigon iwtilitaraidd sydd i'r rhan fwyaf o sylwadau'r Stephen Hughes go-iawn. Gwerth geiriadur iddo ef, yn ei eiriau ei hun, oedd:

> ...cael cyfarwydd-deb i ddeall amryw eiriau y sydd yn rhai llyfrau cymraeg yn brintiedig, a thrwy ganlyniaeth fod o hono yn anghenrheidiol tuagat helaethu gwybodaeth o Dduw a'i ewyllys...[52]

O gymharu hynny â geiriau Stephen Hughes y nofel ar yr un pwnc gwelir fod y cymhelliad cenhadol wedi'i ddisodli gan ddyhead dyneiddiol i gyfoethogi'r Gymraeg ac i ehangu ei hamrediad seciwlar:

> Gwelaf fod Catrin [ei wraig] wedi prynu llyfryn newydd meddygol *The Ladies Dispensatory*! Nid oes llyfr felly yn y Gymraeg a bydd yn gymorth iddi gyda'r aelodau mewn afiechyd. Tybiaf fod angen geiriadur Cymraeg hefyd i roddi'r geiriau Saesneg yn ein hiaith ein hunain. Mor dda fyddai hynny. (103)

Gwneir perthynas crefydd â'r Gymraeg felly yn fwy o briodas gariad nag o briodas fantais.[53] Nid ar sail ei defnyddioldeb yn unig yr amddiffynnir yr iaith gan Hannah Bowen chwaith yn *Cyfrinach Hannah*; mewn sgwrs â Sais diddeall, cyflwyna'r Gymraeg fel adnodd ysbrydol, tragwyddol ei natur: 'Dywedais innau . . . bod yr iaith Gymraeg yn y nef hefyd, a dwy iaith yn well nag un' (111). At y Dr Pritchard Catholig y try Hannah am gymorth wrth ddechrau ysgrifennu yn Gymraeg, ac efallai fod yma deimlad na lynodd wrth yr etifeddiaeth wrthddiwygiadol yr un amwysedd, o ran cymhelliad ieithyddol, ag a gysylltir â'r traddodiad Protestannaidd. Llawer pwysicach yw fod y dolennau trawsenwadol yn sicrhau mai'r iaith yw'r llinyn di-dor sy'n cynnal hanfod Cymreictod drwy'r dryswch a'r ansicrwydd a nodwedda gymaint o'r cyfnod rhwng diwedd y Gymru Babyddol a genedigaeth y Gymru Anghydffurfiol.

Ffaith nad oes angen ymhelaethu arni yw i ymseisnigo haen uchaf y gymdeithas greu ffin ieithyddol rhyngddi a'r werin. Rhoddwyd llai o sylw efallai i'r ddeuoliaeth ieithyddol a ddatblygodd o fewn y Gymru Gymraeg werinol 'newydd' wrth i'w haelodau addysgedig fabwysiadu'r Saesneg fel eu hiaith ysgrifenedig.[54] Eglureb ragorol o eironi'r sefyllfa yw'r cofnodion Saesneg gofalus ym Meibl Cymraeg teuluol *Mical*. Yn y nofel honno defnyddir geiriau ac ymadroddion Saesneg weithiau er creu digrifwch, ond pan ffrwydra gorffwylledd Mical i'r wyneb yng Nghymdeithasfa Pwllheli, deellir mor ddwfn y treiddiodd y Saesneg i'w ymwybod, a deellir nad testun chwerthin yw'r rôl orchmynnol a ddaw'n naturiol iddi:

> Try Mical yn ei gadair, gan edrych i fyny tua'r pulpud. '*Come to the point, man!*' mae'n ei weiddi: '*Come to the point!*' . . .
> Mae Mical yn codi i'w draed: '*You may withdraw, Mr Williams!*' meddai, mewn llais clir, yn llwyr ddideimlad: '*Let Mr Evans appear!*' (106)

Gorchuddio'r sgitsoffrenia ieithyddol a wna'r nofelau niferus ar ffurf dyddiadur neu lythyrau gan y byddai'r mwyafrif, yn ôl pob tebyg, wedi'u hysgrifennu yn Saesneg pe baent yn rhai dilys. Un eithriad gweddol sicr, o gofio i Ann Griffiths lythyra yn Gymraeg,[55] yw *Fy Hen Lyfr Cownt*. O blith y lleill, ceir Stephen Hughes yn poeni yn *Y Winllan Wen* ynghylch ei eiriau 'Seisnig' (32), a cheir cydnabyddiaeth fwy agored yn *Cyfrinach Hannah* o Seisnigrwydd llenyddol Cymry Cymraeg yr oes: 'Caled yw 'sgrifennu Cymraeg imi gan mai yn y Saesneg yr wyf wedi arfer' (7).

Ni wyddom pam y newidiodd Hannah ei hiaith lenyddol, ond mae ei mawr ofal ynghylch ei chywirdeb, fel gofid Stephen Hughes yntau,[56] yn cynnal cysyniad o'r Gymraeg fel cyfrwng uwchlaw ei mân wahaniaethau tafodieithol. Byddai'n achos syndod pe na bai gennym enghreifftiau o gymeriadau yn edrych ar hyd eu trwynau ar 'lediaith' (*Hanner y Gwir*, 7) ac 'iaith od iawn' (*Cyfrinach Hannah*, 12) trigolion ardaloedd eraill. Nid rhaniadau ar sail ardal neu fro, fodd bynnag, sydd y tu ôl i ddirmyg Hannah tuag at Gymraeg ysgrifenedig carbwl Evan Moses ac Evan Roberts – yn wir, testun balchder iddi yn y diwedd yw iddi ddod i arfer ag iaith lafar y De megis y Gogledd. Mater o safle cymdeithasol ydyw i raddau, gyda Hannah yn ferch fonheddig a'r ddau arall yn ddim ond crefftwyr cyffredin, ond mae a wnelo hefyd â deallusrwydd ac â hydeimledd cymeriad Hannah rhagor na'i dau gyd-aelod o Deulu Trefeca. Er nad oes amheuaeth nad yw Evan Moses ac Evan Roberts yn ddynion sylfaenol dda, mae sensitifrwydd ieithyddol yn graddoli ansawdd cymeriad yn fanylach, ac yn ategu uwchraddoldeb ysbrydol cynhenid Hannah.

O gymryd golwg ehangach ar wead cymdeithas, fe'm trewir gan y gorgyffwrdd cymeriadol a theuluol aml rhwng y nofelau a grybwyllwyd yn y gyfrol hon hyd yn hyn. Rhestraf un neu ddau o'r gorgyffyrddiadau er mwyn pwysleisio'r pwynt. Mae Cristin, gwraig Owain Gwynedd (*Llys Aberffraw*), o'r un hil ag Angharad, gwraig Gruffudd ap Cynan (*Gwres o'r Gorllewin*);[57] a theulu Ieuan a Robert ap Maredudd (*Betws Hirfaen*) yn gyndadau teulu Gwydir[58] (*Castell Cyfaddawd* a *Dyddiadur Mari Gwyn*); mae Richard Vaughan (*Heli yn y Gwaed*) yn frawd-yng-nghyfraith i Rhisiart Clwch (*Dinas Ddihenydd*). Ar wahân i gysylltiadau teulol o'r fath ymddengys, neu clywir sôn am, nifer o'r un cymeriadau (Robert Gwyn,[59] Catrin o Ferain, John Penry, Cranogwen a John Elias yn eu plith) mewn nofelau gan awduron gwahanol. O'r braidd fod angen trethu amynedd neb ymhellach er mwyn profi mor fychan yw'r cylch cymdeithasol y symudir ynddo.

Sylwn felly nad yw'r bygythiad i 'waed pur Cymreig' gymysgu â gwaed 'hil Hors' (i ddyfynnu Rhiannon Davies Jones) yn destun hanner cymaint o ofid erbyn ymdrin â'r cyfnod Tuduraidd. Y problem bellach yw 'fod yna gymaint o hen waed uchel wedi gorfod cymysgu efo gwreng' (*Castell Cyfaddawd*, 31), a rhan o fyrdwn *Castell Cyfaddawd* yw nad o wirfodd yr uchelwriaeth y cafwyd y werin fonheddig y daeth y Cymry i ymfalchïo cymaint ynddi. Er mwyn iddi 'gadw tras' (163) mae Catrin o Ferain yn cynllunio'n ofalus i briodi ei phlant ag aelodau o deuluoedd bonheddig eraill, a thrwy ffafrio perthnasau, llysberthnasau a chymdogion cynyddir cyfoeth a dylanwad grŵp bychan o deuluoedd a chanddynt fuddiannau teuluol neu diriogaethol cyffredin. Fel y dywedir am briodas

Thomas Salsbri a Marged Wyn: 'Yn y briodas hon yr oedd prif bŵer a dylanwad y Gogledd oll . . .' (178). Nid yw Catrin yn amharod i greu cysylltiadau â theuluoedd bonheddig dros y ffin ond mae ei barn unfryd hithau a Dâm Siân (mam ei gŵr cyntaf), wrth drafod priodas un o'i merched, 'mai annoeth fyddai cael dieithryn o bell ar gyrion stad Lleweni' (164) yn dangos beth yw eu blaenoriaethau. Yn ei hanes hi ac yn ymbriodi teuluol nofelau eraill fel *Brychan Dir*, ac yn y cyfyngiadau llosgachol bron ar gymeriadaeth ein nofelau hanes, fe welir mai gwaedoliaeth – a drawsffurfir yn ddosbarth erbyn diwedd ein cyfnod – sy'n diffinio yr hyn a gyfrifir yn brif ffrwd ein hanes. Mae ym mharch anarferol Catrin tuag at ei morwyn fonheddig ei llinach, a'i hymdrechion dros y gwas sydd yn gâr iddi, ryw adlais o'r myth i fodolaeth gwerin o waed uchelwrol greu cymdeithas ddiddosbarth. Serch hynny, nid yw yn y pen draw ond yn tanlinellu'r caswir mai ar ansawdd gofal hunanol yr uchelwr dros ei feddiannau materol y dibynna ffawd gweddill y werin: 'Pwy hawl oedd ganddo [Robert Clwch] i gamarwain na gwas na morwyn oedd yn eiddo i Rhisiart a hithau? Roedd o wedi tresmasu ar ei thiriogaeth *hi*' (*Dinas Ddihenydd*, 218).

Ar ffon isaf un yr ysgol gymdeithasol ceir y 'gwreng llwglyd' (*Castell Cyfaddawd*, 14) a fodola y tu allan i gylch nawdd yr uchelwyr ac sydd yn ymddangos fel petaent am anwareiddio ac ansefydlogi cymdeithas. Afraid dweud na chaiff y 'werin amddifad, anystyriol' (*Catrin o Ferain*, 95) hon ymbresenoli ar ffurf cymeriadau unigol. Ei swyddogaeth dorfol yw bod megis cysgodion mewn darlun yn ei gwrthgyferbyniad â haenau eraill y gymdeithas. Yn wir, ar wahân i'r dyrnaid bychan o gyfeiriadau gwasgaredig y seilir y sylwadau hyn arnynt, anwybyddir cyfyngder y tlodion y bu llywodraeth Elisabeth I yn prysur ddeddfu yn eu herbyn, ac yn Llundain bell y gwelir yr unig enghreifftiau o'r chwipio, y gwarthnodi, a'r cosbau ffyrnig eraill a ddioddefid gan y tlodion abl. Ar y llaw arall, ffaith sydd o blaid 'democratiaeth' trioleg Catrin o Ferain yw i R. Cyril Hughes lenwi'r gofod rhwng yr anffodusion hyn a'r boneddigion â llu o forynion a gweision. O'r braidd y medr cymeriadau bonheddig ei nofelau ddynnu anadl heb gymorth y gwas neu'r forwyn 'angenrheidiol' (*Castell Cyfaddawd*, 15), a defnyddiol, os nad 'angenrheidiol', yw profiadau rhai ohonynt i ddatblygiad themâu'r drioleg.

Un o'r profiadau hynny yw'r trais rhywiol sy'n uno Catrin o Ferain a dwy o'i morynion yn yr un diymadferthedd benywaidd. Llwydda Angharad i ailgydio yn ei bywyd ar ôl un profiad hunllefus, dim ond i gyflawni hunanladdiad oherwydd twyll Robert Clwch, gŵr a fanteisiodd ar ei safle uwchraddol i hudo'i ffordd i'w gwely. Hen stori yw honno. Yr hyn sy'n ei gwneud yn newydd yw'r cyd-destun: Cymru heb yn hir wedi'i huno â Lloegr, a'r forwyn fach yn credu'n naïf y gall y berthynas ffôl y llithiwyd hi iddi droi'n briodas rhwng cydraddolion. Pan dreisir Catrin hithau gan ei gŵr (John Salesbury), ceisia ei hamddiffyn ei hun yn ei erbyn drwy feichio 'Mae gen i faban. Mae gen i faban iti' (*Catrin o Ferain*, 191) gan wybod yn iawn mai Huw Tudur yw tad y plentyn yn ei chroth. Er iddi golli'r plentyn hwnnw, mae yna bosibilrwydd (er na ddywedir hynny) y gallai ei charwriaeth â Robert Dudley fod wedi plannu cyw cog arall yn y nyth. Yn ddiau, mab Edward Thelwall, nid mab ei thrydydd gŵr, Morys Wyn, yw'r Edwart a enir iddi tua diwedd *Castell Cyfaddawd*. Nid ymwneud yr ydym yma â genedigaethau 'anghyfreithlon' aml, hysbys i bawb, nofelau Rhiannon Davies Jones, ond ag anghyfreithlondeb cudd a ymrithia'n esmwyth yng ngwisg cyfreithlondeb. Ai bwriadol yw'r gyfatebiaeth bosibl â strategaeth y Deddfau Uno? Nid yw o fawr bwys. Merched R. Cyril Hughes yn bendant yw ei symbolau mwyaf pwerus o gyflwr Cymru – nid yn unig fel grŵp gormesedig ond hefyd ym mhenderfyniad Catrin o Ferain i wneud y gorau o bob mantais naturiol i dynnu'r awenau yn dawel i'w dwylo ei hun.

Y gost yn achos Catrin yw ei bod ar yr un pryd yn datgelu'r twyll a'r 'amhurdeb' a lecha ym mhlygion ein siartiau achau. Nid oes neb fel petai'n malio gormod ynghylch y naill bechod na'r llall tra cyfyngir yr afreoleidd-dra i'r cylch bonheddig. Ond pan ystyriwn ddiolchgarwch truenus Elen, morwyn arall Catrin, mai uchelwr yn hytrach na gwerinwr a'i treisiodd fe welwn holl hylltra y syniad o waedoliaeth fel sail cymdeithas:

> 'Mi fynnodd Hafodunos fy nghael i. Yn Llety'r Barcud. Ond mae o'n uchelwr, yn dydi? Ond wir iti Ifan, chafodd yr ap Rhys 'na ddim byd oddi arna' i. Ar fy ngwir. Ar fy llw.' (*Castell Cyfaddawd*, 102).

Ateg i hynny yw'r erthyliad 'hyll a phoenus' a ddioddefa Catrin o glywed i Huw Tudur ddewis priodi 'neb gwell na morwyn . . . ac yntau wedi bod yn gywely iddi hi' (*Catrin o Ferain*, 211). Wrth edrych ar bethau o safbwynt y ferch y creodd R. Cyril Hughes ei ddarlun mwyaf realistig a beirniadol o drefn yr oes.

Mae nifer y priodasau anghymharus a gofnodir yn y grŵp nesaf o nofelau[60] yn adlewyrchu hylifedd cymdeithasol cynyddol y cyfnod Methodistaidd cynnar. Eto, yr un mor hanesyddol ddilys â'r priodasau mewn sawl achos yw'r gwrthwynebiad iddynt, arwydd ar dro fod yr ymwybod â statws yn dal mor weithredol effro ymysg y Methodistiaid ag ymysg pobl y byd. Nid goroesiad yr ymwybod hwnnw sy'n annisgwyl yn gymaint ag ymfalchïo ymddangosiadol ein nofelwyr ynddo. Nid yw'n ddigon pwysleisio bod Hannah Bowen (*Cyfrinach Hannah*), Ann Griffiths (*Fy Hen Lyfr Cownt*), Elisabeth Elias a Sarah Jones (*Merch Gwern Hywel*) i gyd o dras fonheddig;[61] o'u tras y tardd eu deallusrwydd a'u hydeimledd ysbrydol. Pan leisia Ann ei chenfigen o'r berthynas rhwng Rwth, ei morwyn, a John y Figyn – 'Fedr Rwth byth ddal seiadau felly efo John, na byth gymuno efo'i enaid . . .' (*Fy Hen Lyfr Cownt*, 106) – anodd ymysgwyd o'r teimlad fod ei huwchraddoldeb ysbrydol wedi'i wreiddio yn ei huwchraddoldeb cymdeithasol. Yn achos y gwŷr mae cyfle, beth bynnag eu tras, i'w hadnoddau ysbrydol gyfuno â'r gallu cyhoeddus a'r doniau arweinyddol a greodd bendefigaeth bregethwrol newydd. Prawf fod Rhiannon Davies Jones yn cymryd y bendefigaeth honno o ddifri yw iddi anwybyddu'r anghydraddoldeb cymdeithasol y gwyddom iddo fodoli rhwng Ann Griffiths a'i mentor, John y Figyn.[62] Mwy arwyddocaol fyth yw mai drwy gyfrwng ei thad y dyrchefir Beti Harris yn *Cyfrinach Hannah* i'r un categori benywaidd uwchraddol â'i mam a Hannah Bowen – er mai ei mam piau'r llinach fonheddig sy'n sail i'r categori hwnnw:

> Yr oedd Beti yn eneth gref o feddwl ac Anne a minnau'n aeddfed a deallus. Nid oedd hi'n iawn disgwyl i Beti ymdebygu i bobl syml y Teulu. Yr oedd yn ferch i Howel Harris, yn ddysgedig, ac yn arbennig hefyd. (157)

Erbyn cyfnod cefndirol *Mical* a *Merch Gwern Hywel* mae'r ymuniaethu syniadol rhwng y bonheddig ac arweinwyr yr ailanedig wedi cydio'n dynn yn y dychymyg Ymneilltuol. Yn ôl y ddwy nofel hyn ni chydiodd yn dynnach yn unman nag yn nychymyg y gweinidogion eu hunain. Fel darn digri y bwriedir yr hanesyn am Mical yn gyrru'n wyllt drwy Bwllheli gan weiddi: 'Byddigions! . . . Gwnewch le i'r byddigions! Gwnewch le i Gapten Gellidara ac Esgob Penrhos!' (125). Ysywaeth mae elfen gref o wirionedd yn ei ysmalio, a briga'r un elfen i'r wyneb yn ei ymddygiad unbenaethol yn ystod ei gyfnodau o salwch meddwl. Efallai y gallem anwybyddu'r gwrthddywediad yn nisgrifiad canmoliaethus *Merch Gwern Hywel* o'r weinidogaeth fel 'y bendefigaeth . . . anfydol' (61), ond ni ellir cadw caead ar y tyndra a gynhyrchir ganddo – fel y dengys ymateb William Roberts i ymddiheuriad ffermwr cefnog a fu mor hy â'i letya gyda'i weision a'i forynion:

> Arhosodd William Roberts yn ei gadair. Diystyrodd law estynedig ei westywr. Dywedodd wrtho o'i gadair megis ustus:
> 'Peth bychan iawn ydy i mi faddau i chi. Gan arall mae ceisio maddeuant. Os byth eto y lletywch chi was i'r Arglwydd, cofiwch nad fel y gwnaethoch â mi y gwnewch ag ef. Ewch mewn heddwch.' (46)

Y peth rhyfedd yw nad oes yma yr arlliw lleiaf o eironi i gydnabod yr anghysonder rhwng adwaith William Roberts yn erbyn cael ei drin fel gwas a'i swyddogaeth fel 'gwas i'r Arglwydd'. Fe all, yn wir, mai i 'santeiddrwydd y swydd', ac nid i'w deiliad, y mae'r parch yn ddyledus, ond mae'r 'santeiddrwydd' hwnnw wedi'i heintio gan hunanfodlonrwydd: 'Yng Nghymru heddiw dyma'r alwedigaeth uchaf oll, ac y mae'r werin yn gwybod hynny . . .' (61). O ychwanegu cyfeiriadau aml y ddwy nofel at bregethwyr blaenllaw fel 'Pab' neu 'Esgob' neu 'Gardinal', yr argraff a grëir – er gwaethaf 'cymdeithas newydd a chenedl newydd' (28) John Elias – yw na ellir amgyffred dyfodol y Gymru ddiwygiedig ond yn nhermau hierarchaidd y gorffennol.

Y deyrnged uchaf y gall Catrin o Ferain ei thalu i Rhisiart Clwch, y marsiandïwr a ddringodd i frig y dosbarth canol masnachol newydd, yw ei fod 'wedi gwneud rhywbeth mwy na mabwysiadu osgo bonheddwr. Roedd o wedi dysgu ffordd uchelwr o dras' (*Dinas Ddihenydd*, 210). Caiff Saunders Lewis yr un delfryd uchelwrol yn ddefnyddiol wrth ddarlunio Cymru Fethodistaidd *Merch Gwern Hywel*. Tra bod cysylltiadau amryw o'r arweinyddion Methodistaidd â byd masnach yn rhagamlygu'r briodas a ddethlir yn y man rhwng Calfiniaeth a chyfalafiaeth, pwysa Saunders Lewis ar dras eu gwragedd – eu siopwragedd bonheddig – i urddasoli eu mentrau. Seiliau'r model a gynigir yn *Merch Gwern Hywel*, megis yn ysgrifau gwleidyddol ei hawdur, yw 'mân fawrion' a 'mân gyfalafwyr'[63] y Gymru ganoloesol. I'r graddau y teimlir y gall menter fasnachol fod yn dderbyniol yn y nofelau eraill, tynnir y llinell gyda'r un 'mân gyfalafwyr'. Hyd yn oed wedyn, profiad Ann Griffiths yw fod 'rhyw drymder' yng nghartref moethus ei chwaer yn Siop y Gornel Llanfyllin sy'n 'fwrn ar f'ysbryd' (*Fy Hen Lyfr Cownt*, 41).

Wrth ymwneud â mentrau rhai o'r Cymry alltud try'r clawstroffobia materol yn amheuon penodol ynghylch moesoldeb masnach. Twyll sy'n cynhyrchu elw i fusnes dilladu Thomas Harris yn Llundain, a'r twyll masnachol hwnnw sy'n ein cyflwyno i'r holl dwyll a'r hunan-dwyll arall sydd yn y byd: 'Twyllo'u hunain mae . . . pobl o hyd, Joseph bach, esgus eu bod yn . . . deall defnydd . . . a'r mesur, rhy falch i holi dim' (*Y Gadwyn Aur*, 181). Ac er nad oes dim yn anonest ynghylch dulliau masnachu Rebecca Parry yn *I Hela Cnau*, y caswir yw fod ffyniant ei siop ffrwythau yn dibynnu ar gyfoeth 'Byrcinhed', a bod hwnnw wedi'i greu ar gefn caethwasiaeth. Un ymosodiad hir yw *I Hela Cnau* yn ei hanfod ar yr agweddau annerbyniol ar ethos dosbarth canol trefol Oes Fictoria. Treiddiodd y meddylfryd 'groseraidd'[64] hyd at galon Methodistiaeth ei hun ar ffurf y ddysgeidiaeth Uchel Galfinaidd sy'n gosod 'gwerth masnachol'

(121) ar yr Iawn. Ni ddywedir mai mewnforiad Seisnig oedd dysgeidiaeth yr Iawn Cytbwys,[65] ond mae cysylltiad rhwng cynnydd y gwerthoedd masnachol a dirywiad Cymreictod gan mai'r 'Cymry llwyddiannus ... sy wedi lledu'u gorwelion' (180) yw'r rhai cyntaf i ymseisnigeiddio. Y dystiolaeth hanesyddol yw mai ymysg yr union alltudion hynny y diogelid yr ymwybyddiaeth Gymreig yn bennaf.[66] Ond nid yw'n bosibl uniaethu dosbarth canol dirmygedig *I Hela Cnau* ar unrhyw lefel â darlun rhai sylwebyddion ohono fel glasbrint o'r *bourgeoisie* sefydlog, hunanhyderus a fyddai, petai wedi ymwreiddio yn naear Cymru ei hun, wedi galluogi'r genedl i roi 'mynegiant gwleidyddol cenedlaethol i'w hunaniaeth'.[67] Ni fyddai gan ddosbarth canol y nofel ddigon o ruddin moesol i roi'r fath arweiniad, nac i gymell y werin i'w ddilyn. I'r gwrthwyneb yn llwyr, y werin honno, ym mhersonau Simwn Owen a'i 'diwtor' gwleidyddol, Owen Dafydd, sy'n dangos y ffordd i'r dosbarth canol.

O ran y pethau sylfaenol, y werin sy'n arwain hefyd yn *Seren! ... O, Seren!*. Braidd yn annelwig yw'r rhesymau y tu ôl i anesmwythyd Anne Prichard (yr 'awdur') ynghylch y cyfoeth a ddeillia o ddiwydiant haearn Merthyr. Yr hyn sy'n amlwg yw fod diwydiant yn ddylanwad er drwg yn hytrach na da mewn cymdeithas lle y dolennir byd busnes ac eglwys ynghyd gan arian, a lle yr hynodir y dosbarth canol gan fateroldeb hunanfodlon: 'yn sipian te a gwirodydd, yn ymgysuro yn eglwys y Prior pan fyddai'n gyfleus, a throi wedyn i'n gwelyau plu i gysgu'n ddidaro' (36). Nid o blith gwerin barchus, gapelyddol, hunanaddysgedig Simwn Owen y daw gwaredigaeth y tro hwn, nac o blith credinwyr tlawd Teulu Mawr Trefeca. Daw yn hytrach o blith y tlodion 'cwterog ... y tu allan i ofal efengyl' (36). Peidied â meddwl, fodd bynnag, fod rheini'n berthnasau i'r dihirod budr a threisgar a achubir gan bregeth Dydd y Farn *Mical*. Un enghraifft yn unig a gynigir o'r tueddiadau gwrthgymdeithasol y gellid tybio y byddent yn ffrwyth anorfod y math o dlodi eithafol a ddisgrifir yn *Seren! ... O, Seren!*. Er gwaethaf pob prinder ac anghysur materol mae gwerin yr ymylon yn batrwm o'r glanweithdra sydd i'w uniaethu â glân fuchedd.

Dyrchafu tlodi yn hytrach na gresynu o'i blegid a wneir yma.[68] Mae'r werin dlawd, fel y'i cyflwynir ym mhersonoliaeth swynol Martha'r Llwyni, yn gyflawn o'r rhinweddau oll: deallusrwydd, hiwmor, gostyngeiddrwydd, ffyddlondeb a doethineb. Rhyfedda criw bach dethol High Street Inferior at fewnwelediad Martha i drefn bywyd, a bron na waddolir y werin â rhin gyfriniol yn yr olygfa eni yn un o gytiau'r tlodion. Yng ngeiriau Hugh Bold: 'Treulio oes mewn defod, defosiwn a siarad, torri geiriau a deall dim; mae cywilydd arnaf. Heno gwelais ystyr yr ymgnawdoliad, ac yng Nghaban Twm Bach o bob lle!' (43). Y werin ddigrefydd y bu caledi'n fodd i'w dysgu i dderbyn trefn anorfod Natur yw cyfrwng goleuo'r dosbarth canol 'sylweddol-grefyddol' (83). Pa mor bwysig bynnag y diwygio a'r addysgu a'r ymddyrchafu cymdeithasol, Natur yw'r maen prawf terfynol ar gyfer safonau gwneud cymdeithas. Nid yw Natur byth ymhell i ffwrdd pan ddelweddir diwylliant materol Cymru chwaith. Fe all fod Peter Smith yn iawn pan ddywed mai ei chydymffurfio materol a orfododd Gymru i ganolbwyntio ar agweddau anfaterol ar ei diwylliant fel priodoleddau cenhedlig gwahaniaethol,[69] ond yn nhrioleg Catrin o Ferain pwysleisir natur organig y berthynas rhwng pensaernïaeth plasau'r fro a nodweddion y dirwedd o gwmpas:

> Yr oedd gwychder a chyfoeth Plas Lleweni yn deilwng o'r dyffryn bras yma ond yr oedd plasty bach Berain, nid nepell o Henllan, yn dwt ac yn annwyl (*Catrin o Ferain*, 19).

> Ardal gymdogol oedd hon a gweddai Plas Berain i'r gymdogaeth yn naturiol (26).

Nid symbol o frogarwch Catrin yn unig yw plas Berain; drwy gydol y drioleg fe gynrychiola gnewyllyn ei Chymreictod. Rhinweddau Cymreig yw diymhongarwch Berain, ei fychander a'i gynhesrwydd. Ansoddau estron a adlewyrchir ym mhensaernïaeth plas Lleweni, gyda'i 'furiau uchel a beiddgar . . . yn cyhoeddi ei bresenoldeb o bell' (26). Mae'n debyg y rhannai Berain a Lleweni nifer o'r un nodweddion pensaernïol, a bod y ddau blas, mewn gwirionedd, yn ddyledus i'r un dylanwadau Eingl-Normanaidd.[70] Ergyd y gwrthgyferbyniad yw fod maint a gwychder addurniadol Lleweni, a'r newidiadau a wnaed iddo, yn ymgorfforiad o uchelgais faterol Dâm Siân, ac mai fel 'idiom Saesneg' (57) y dylid ystyried yr uchelgais honno. Mewn modd tebyg mae Wilgifford, meistres Aberbrân Fawr yn *Brychan Dir*, yn sianel i ddylanwad Seisnig a gyfunir â'r awgrym fod rhywbeth croes i Natur ynghylch 'y fenyw dal gŵr-neu-was' hon (153), ac fe ymestyn yr 'annaturioldeb' Seisnig i fargodi'r gwahaniaeth rhwng naws gartrefol Bodwigiad a chrandrwydd Aberbrân Fawr, gyda'i 'carpet Cidmister' a'i *'painted chamber'* (154). Yn wyneb y gwrthdaro diwylliannol hwn, gobaith Catrin o Ferain yw y medrir mwynhau'r gorau o'r ddau fyd. Er iddi osod ei bryd ar ehangu Berain, fel yr ehangwyd Lleweni dan gyfarwyddyd Dâm Siân, cred y gellid 'codi ato heb golli ei gymeriad' (*Catrin o Ferain*, 27). Afraid ychwanegu bod y synthesis pensaernïol yn symbol arbennig o briodol o'r bragmatiaeth bersonol sy'n symbylu Catrin i weithio i gynnal Lleweni yn ei holl faintioli er mwyn anrhydeddu enw a thras Berain, ac o'r bragmatiaeth wleidyddol a fu'n fodd i ddiogelu awdurdod tiriogaethol yr uchelwyr wedi'r Uno. Yr un mor symbolaidd yw'r ddau blas a adeiladwyd gan Rhisiart Clwch. Disgrifiwyd Bachegraig ger Tremeirchion, adeilad a oedd yn drwm dan ddylanwad ffasiynau pensaernïol yr Iseldiroedd, fel y math o dŷ y byddai gŵr llys, yn hytrach nag uchelwr gwledig, yn ei adeiladu iddo'i hun.[71] Mae'n bosibl felly fod cyfeiriad Syr Siôn Salsbri ato fel 'rhyw dŷ od felltigedig' (*Dinas Ddihenydd*, 79) i'w gymryd yn gymaint fel tystiolaeth i Gymreictod brethyn cartref Syr Siôn ag i newydd-deb y bensaernïaeth. Fe'i nodir ef fel Cymro o'r iawn ryw gan y ffaith ei fod – yn ei hiraeth am y math o fywyd a fwynheid gynt mewn 'plasty bychan' (*Catrin o Ferain*, 84) pan nad oedd cywilydd gan uchelwr 'faeddu ei ddwylo' (24), ac yn ei gred mai 'pethe bychain sydd yn dlws ac yn lân' (84) – yn glynu wrth yr ansoddau materol 'naturiol', cartrefol, os nad gwerinol eu naws. Gwêl Syr Siôn y tŷ arall a adeiladwyd gan Rhisiart Clwch 'yn edrych dipyn callach' er gwaethaf y 'talcenni gwirion' (*Dinas Ddihenydd*, 79) yn null tai Antwerp, a dyma'r tŷ yr ymddengys i Clwch ei adeiladu ar gyfer Catrin o Ferain: tŷ – yn ôl Peter Smith – na fyddai wedi ymddangos yn hollol ddieithr 'to a north Welsh lady of quality'.[72] Y tŷ newydd hwn a fendithir gan offeiriad Pabyddol dirgel, ac a ddewisir fel lleoliad y gwaith o fendithio Catrin fel mam feichiog – hithau fel un o etifeddion yr hen uchelwriaeth Gymreig yn disgwyl plentyn un o'r 'gwaed-newydd-godi' masnachol, a'r seremonïau Lladin hynafol yn cadw eu lle yng nghyd-destun newydd y moderneiddio celfyddydol y bu Clwch yn un o'i hyrwyddwyr cyntaf yng Nghymru.[73]

Yn *Liwsi Regina* anwylir unwaith eto y 'cartrefol', y 'cynnes' a'r 'croesawgar' (55) yn niwylliant materol Cymru, ond serch mai'r un yw'r gwerthoedd 'gwerinol' cynhenid Gymreig perthynant yn awr i becyn o hanfodion nad oes modd eu cymysgu ag ansoddau mwy 'Seisnig' heb golli y cyfan o'u rhin. Nid yn unig y mae pob enghraifft o grandrwydd yn 'anghymreig' (82), mae hefyd yn symbol o waseidd-dra'r Cymry 'a ildiodd am i'r Saeson neud byddigions ohonyn nhw' (155). Datblygir y pwynt fel ag i droi'r ffaeleddau celfyddydol y poena Rhisiart Clwch yn eu cylch – crefftau 'amrwd' (*Dinas Ddihenydd*, 50) y Cymry, a'u diffyg diddordeb yn y celfyddydau cain – yn rhinweddau. Greddf a berthyn i'r Saeson yw 'dwyfoli *pethe*' (*Liwsi Regina*, 170), ac â'r annymunol y cysylltir ceinder materol. Dywedir am rieni-yng-nghyfraith Wiliam Walter: 'Roedd yn rhaid *perchenogi* fel pe bai dyn yn aur coeth a'i lygaid yn berlau' (31). Ac am eu merch: 'Rhyw gadw'i chorff oddi wrtho fel y cadwai ei modrwyau rhag lladron a wnâi . . . yr oedd Elisabeth mor ddigynnwrf â'r truan nad oedd ei ben hardd yn ddim mwy nag ornament yn hongian uwch y lletân!' (32). Liwsi, y ferch 'cyn noethed â'r lili' (168) sy'n gosod y safon o ran naturioldeb a chywirdeb cymeriad, a hithau sy'n cynrychioli gwir enaid Cymru. Yn wir, bron na thyf 'grym y blodau' yn ddelfryd gwleidyddol fel y gwnaeth yn chwedegau'r ugeinfed ganrif. Oherwydd os yw Natur yn creu pawb yn gydradd onid yw anghydraddoldeb dosbarth a rhyw yn groes i drefn Natur ei hun?[74] – ac onid yw hynny yr un mor wir am ddarostyngiad Cymru i ewyllys Lloegr? Hollbwysig yw fod y meddylfryd gwirioneddol radicalaidd hwn (pa un a yw'n hanesyddol ddilys neu beidio) wedi'i gysylltu â'r Gymru anuniongred, os nad anghrediniol, nid â'r Gymru Biwritanaidd neu'r Gymru Anghydffurfiol ddiweddarach.

Methodistiaeth, yn hytrach na'r enwadau Anghydffurfiol mwy gwleidyddol effro, sy'n rheoli yn y mwyafrif o'n nofelau. Gwyddom fod tawelyddiaeth yr enwad hwnnw wedi'i chyffroi gryn dipyn erbyn cyfnod cefndirol *I Hela Cnau*, ond y tu allan i gylch diwylliannol capel Methodistaidd y Parc – neu mewn gwrthwynebiad iddo – y gwelir Simwn Owen yn cael ei danio gan syniadau radicalaidd a chenedlaetholaidd ei ddydd. Peth amheuthun, ymysg cipolygon sydyn *Hanner y Gwir* ar y gydwybod wleidyddol Anghydffurfiol, yw'r sôn am Gwilym Marles, yr Undodwr radicalaidd o weinidog, yn cael ei gau allan o gapel Llwynrhydowen, a hynny'n sbotoleuo darn o hanes y Gymru Anghydffurfiol yn erbyn y brif dystiolaeth faterol i'w bodolaeth. O ran y dystiolaeth honno, rhaid nodi na ellir cymharu'r diddordeb yng ngwedd faterol canolfannau grym y bendefigaeth bregethwrol newydd â disgrifiadau'r nofelau cynharach eu cefndir o blasau'r hen bendefigaeth diriog. Go brin y deallai neb o ddarllen y nofelau 'Anghydffurfiol' mai'r capel oedd yr ychwanegiad pwysicaf ers canrifoedd i dirlun Cymru ac i'w thraddodiad pensaernïol. Pa mor ddiwyd bynnag y rhidyllir cynnwys y nofelau hyn, ac er gwaethaf y gydnabyddiaeth yn *Hanner y Gwir* a *Capten Pererin* fod capeli newydd 'yn codi ymhobman fel madarch' (*Capten Pererin*, 47), truenus yw swm y cyfeiriadau atynt fel gwrthrychau gweledol. Cynhwysir y rhan fwyaf o'r rheini yn *Fy Hen Lyfr Cownt* ac yno (megis yn narganfyddiad yr Ann Griffiths eglwysig fod seddau Capel Pendref yn rhy gyfyng i fedru penlinio ynddynt) y ceir yr unig awgrymiadau o'r berthynas rhwng proffes a phensaernïaeth.

Efallai fod parodrwydd ein nofelwyr i ddisgrifio'r cennad, yn hytrach na'r capel, yn adlewyrchu'r pwyslais Anghydffurfiol ar bregethiad y gair. Os felly, amlygir yr un pwyslais yn y paentiadau niferus o enwogion y ffydd a ddaeth yn rhan hanesyddol bwysig o ddiwylliant gweledol poblogaidd Cymru.[75] Fe all fod y portreadau a oroesodd yn sail i rai o ddisgrifiadau'r nofelau, a gwyddom fod ambell un yn rhagflaenu cyfnod cefndirol y disgrifiad ffuglennol.[76] Eto i gyd, nid oes dim yn ein nofelau i ddangos bod gan Gymru draddodiad arluniol Anghydffurfiol. Er bod darlun o wrthrych y nofel ar siaced lwch *Mical* – darlun gan gynllunydd y siaced fe ymddengys – nid oes gair am y portread ohono a wnaed gan Robert Hughes wedi ei farwolaeth.[77] Dwfn yw'r difaterwch ynghylch gwerth cynhwynol yr agweddau pensaernïol ac arluniol ar y diwylliant Anghydffurfiol, a'u dimensiwn unigryw Gymreig.[78] Teg ychwanegu bod *Awelon Darowen* yr un mor ddi-hid o ddiddordeb byw 'yr hen bersoniaid llengar' yng nghelfyddyd yr arlunydd, ac o'u cefnogaeth ymarferol iddi.[79]

A bwrw bod sail hanesyddol i ddisgrifiad *Fy Hen Lyfr Cownt* o wisg a gwedd John y Figyn, ac yntau o'r farn nad 'mater codi sane ydi cadw ened' (84), mae'n rhaid nad oedd yn nodweddiadol o'i gymdeithion. Dyna un nodwedd ar y diwylliant materol Anghydffurfiol y mae amryw o'r nofelwyr yn effro iawn i'w harwyddocâd, ac ymegnïant i ddangos bod i ofal yr arweinwyr Anghydffurfiol ynghylch gwisg y pwrpas o greu delwedd gyhoeddus a oedd yn gydnaws â'u hethos crefyddol. Dyna pam yr unffurfiaeth hynod rhwng gwisg Howel Harris yn *Seren! . . . O, Seren!* ac un y prif gymeriad yn *Mical*. Yn eu dillad duon, a'u cotiau llaes holl-orchuddiol, ymddengys y ddau ohonynt yn sobr ac yn syber hyd at y pwynt o ddileu'r hunan yn gyfan gwbl. Ond nid yw hynny'n atal Mical rhag bod yn rhyfedd o hunanymwybodol yn ei 'het â'i chantel yn ddigon llydan i fod yn deilwng o unrhyw esgob' (*Mical*, 59), nac yn atal yr 'archesgob' John Elias rhag cael ei hynodi fel gŵr 'a'i frethyn yn dda' (*Merch Gwern Hywel*, 11). Yn y manylion teilwrol hyn datgelir yr unig-olyddiaeth a fyn fynegiant er gwaethaf y pwysau i gydymffurfio; datgelir hefyd yr ymdeimlad â statws na all ond tynnu'n groes i'r ddemocratiaeth grefyddol newydd. Yn *Seren! . . . O, Seren!* achubir y cyfle i wrth-gyferbynnu'n uniongyrchol y 'sobor' a'r 'tywyll', y 'tyn', yr 'hir,' y 'du' a'r 'trwm' yng ngwisg Howel Harris â gwisg 'fer', 'olau', 'ddoniol' ei frawd, Thomas (49–50). Braint Thomas – 'Ellyll bach brown ydoedd, wedi neidio'n syth allan o'r perthi drain o gwmpas y ffermydd cymdogol' (50) – yw cynrychioli'r hen Gymru lawen, briddlyd, 'naturiol' tra bo'r ansoddau darwthiedig a darwthiol a awgrymir gan wisg Howel yn gwyrdroi trefn Natur ei hun. Y duedd a ddilyn, fel yn *Liwsi Regina*, yw i'r ansoddau piwritanaidd hynny gael eu huniaethu â rhagrith. Tra cystwya Howel Harris ei wraig am wisgo tlws bychan ar ei choler, a Hannah am ei hoffter honedig o ddillad crand, ceir yntau'n ymfalchïo'n blentynnaidd ar bob cyfle yn ysblander ei wisg filwrol, yn ei gleddyf, ei ddryll a'i fedalau.

Nid yw hynny yn ein gorfodi i ymadael â diwylliant materol Cymru'r Diwygio ar nodyn mor ddiflas. Yng Nghymru *Hanner y Gwir* mae'r Gymru Anghydffurfiol yn undod organig o grefft, crefydd a natur. Yn y capel a fynychir gan Edward Ifans mae'r seddau yr eistedd arnynt, a'r pulpud y traddodir y bregeth ohono, wedi'u gwneud yn ei weithdy ef o dderw lleol. Yr union wŷr a fu'n ymlafnio i greu cartref daearol i'r eglwys sydd hefyd yn ei harwain yn ysbrydol, ac mor glòs yw'r berthynas rhwng crefft a chrefydd nes bod yr un egwyddorion yn rheoli'r ddau weithgaredd – a'r egwyddorion hynny yn tynnu ar fyd natur yn ogystal ag ar ddameg y Deg Morwyn: 'Nid pan ddaw'r cynhaeaf y bydd y ffarmwr call yn mynd i chwilio am ei offer. A'r saer da yw hwnnw sy'n barod at ddydd cynta'r tymor; cofia hynny lle bynnag yr ei di' (21). Dilynir yr un trywydd mewn pregeth lle y dosberthir dynion ar lun defnyddioldeb tri math o goed i'r saer – y rhai syth, y rhai ystwyth, a'r rhai 'nad ydyn-nhw'n dda i ddim ond i wneud coesau morthwylion ohonynt' (99). Mae'r grefft o blygu perth wedyn yn drosiad am y gymdeithas Gymreig ar ei pherffeithiaf, gyda'i 'changhennau' a'i 'brigau mân' wedi'u cydblethu'n gywrain 'nes bod y gwrych fel nyth wedi'i agor ar led, yn dynn, yn gadarn, yn iach, i fod yn gysgod i anifail ac aderyn a phorfa a phob peth byw arall' (107). Mewn darn arall o'r un disgrifiad mae cyfatebiaeth amlwg rhwng crefft yr amaethwr a chrefft y pregethwr – y naill yn dofi natur wyllt a'r llall yn dofi natur dyn, neu'r naill yn plygu perth a'r llall yn plygu pechadur:

> Ceisiodd nhad fanylu ar ei grefft wrthyf, – cyfrinach y toriad, a gosod impyn a brigyn byw yn ei le heb glwyfo rhisgl na gwneud cwlwm na chreu rhwystr i'r glaw ddisgyn drwy'r berth ar yr egin yn y bôn. (107)

Gallai'n hawdd fod yn ddisgrifiad o dröedigaeth y tad ei hun ac yn drosiad, i lawer, am brofiad bendithiol y Gymru ddiwygiedig.

Nodiadau

1 J. Goronwy Edwards, *The Principality of Wales, 1267–1967* (Denbigh, 1969), tt. 35–9. Am ategiadau diweddarach gw. Penry Williams, 'Government and politics', *Tudor Wales: Welsh History and its Sources*, eds Trevor Herbert and Gareth Elwyn Jones (Cardiff, 1988), t. 136; Peter R. Roberts, 'The Welsh language, English law and Tudor legislation', *THSC* (1989), 20–1. Gw. Glanmor Williams, *Renewal and Reformation: Wales c.1415–1642* (Oxford, 1993), tt. 271–3, am rai amheuon.

2 Hynny yw, y map cyntaf o Gymru i gael ei gyhoeddi ar wahân. Gw. R. Geraint Gruffydd, 'Humphrey Llwyd: dyneiddiwr', *EA*, XXXIII (1970), 68.

3 Dyma'r wyth yr ymdrinnir â hwy yn y cyswllt hwn: *Catrin o Ferain, Dinas Ddihenydd, Castell Cyfaddawd, Dyddiadur Mari Gwyn, Brychan Dir, Liwsi Regina, Y Stafell Ddirgel, Cymylau'r Dydd*.

4 J. Gwynfor Jones, 'Rhai agweddau ar y consept o uchelwriaeth yn nheuluoedd bonheddig Cymru yn yr unfed a'r ail ganrif ar bymtheg', *YB*, XII (1982), t. 207.

5 Idem, *Early Modern Wales, c.1525–1640* (London, 1994), t. 209.

6 Gw. W. J. Smith, *Calendar of Salusbury Correspondence 1553–c.1700* (Cardiff, 1954), tt. 7–8, am yrfa'r cymeriad hanesyddol.

7 Anhysbys, Rhagymadrodd *Drych Cristianogawl: Yn yr Hwn y Dichon Pob Cristiawn Ganfod Gwreiddin A Dechrevad Pob Daioni Sprydawl (1585)*, yn *Rhagymadroddion 1547–1659*, gol. Garfield H. Hughes (Caerdydd, 1976), t. 51.

8 William Pierce, *John Penry: His Life, Times and Writings* (London, 1923), tt. 73–5.

9 Gwahanol yw barn Glanmor Williams, 'John Penry a'i genedl', *Grym Tafodau Tân: Ysgrifau Hanesyddol ar Grefydd a Diwylliant* (Llandysul, 1984), tt. 118–39 (cyhoeddwyd gyntaf yn *Gwanwyn Duw*, gol. J. E. Wynne Davies (Caernarfon, 1982), tt. 88–108). Ond gw. hefyd R. Tudur Jones, 'John Penri 1563–1593', *CC*, VIII (1993), tt. 37–68; a J. Gwynfor Jones 'John Penry: Piwritan a Chymro', *Crefydd a Chymdeithas: Astudiaeth ar Hanes y Ffydd Brotestannaidd yng Nghymru c.1559–1750* (Caerdydd, 2007), tt. 72–114.

10 Hugh Thomas, *A History of Wales 1485–1660* (Cardiff, 1972), tt. 97–100.

11 R. Tudur Jones, *Cymru a'r Diwygiad Protestannaidd* (Caernarfon, 1987), tt. 68–9.

12 Ibid., t. 72.

13 Dienyddiwyd Thomas Salesbury, mab hynaf Catrin a John Salesbury, yn 1586 am ei ran yng Nghynllwyn Pabyddol Babington, gw. Emyr Gwynne Jones, *Cymru a'r Hen Ffydd* (Caerdydd, 1951), tt. 21–2. Am gysylltiadau Catholig eraill Lleweni gw. E. G. Jones, 'Catholic recusancy in the counties of Denbigh, Flint and Montgomery, 1581–1625, *THSC* (1945), 120–1; hefyd Enid Roberts, 'Siôn Salsbri, Lleweni', *TCHSDd*, XIX (1970), 87–8.

14 Pabydd digon llugoer oedd Morys Wyn, Gwydir (trydydd gŵr Catrin o Ferain) yn ôl Emyr Gwynne Jones, *Cymru a'r Hen Ffydd*, tt. xii–xiii; a J. Gwynfor Jones, *The Wynn Family of Gwydir* (Aberystwyth, 1995), t. 214. Ar Syr Tomos Mostyn, Gloddaeth, fel 'one that complied with the times', gw. D. Aneirin Thomas, *The Welsh Elizabethan Catholic Martyrs* (Cardiff, 1971), t. 44, hefyd tt. 59, 61.

15 Ni welais ddim yn ffynonellau nodiadau 13 a 14, nac yn Robin Gwyndaf, 'Sir Richard Clough of Denbigh', *TCHSDd*, XIX (1970), 24–65; XX (1971), 57–101. Fodd bynnag, mae'r ail o'r ddwy ysgrif yn sôn am lythyrau a phecynnau a aeth ar goll pan oedd Rhisiart Clwch, fel asiant Syr Thomas Gresham yn Antwerp, yn darparu 'gwasanaeth post' ar gyfer llywodraeth Lloegr. Cynigir hefyd i'r ddau frawd Pabyddol, Robert a Hugh Owen, ymweld ag ef efallai yn Antwerp.

16 J. Bossy, 'The character of Elizabethan Catholicism', *Past and Present*, 21 (April, 1962), 39. Dyfynnwyd yn D. Aneurin Thomas, *The Welsh Elizabethan Catholic Martyrs*, t. 28.

17 *CLC*, t. 311. Amodir y disgrifiad ychydig yn R. Geraint Gruffydd, *Argraffwyr Cyntaf Cymru: Gwasgau Dirgel y Catholigion Adeg Elisabeth* (Caerdydd, 1972), t. 7.
18 Geraint Bowen, 'Ysgol Douai', *Y Traddodiad Rhyddiaith*, gol. Geraint Bowen (Llandysul, 1970), tt. 122–3.
19 Hugh J. Hughes, *Life of Howell Harris* (London, 1892), t. 436, lle y ceir y geiriad yn llawn.
20 Gw. Pennod 2 o'r gyfrol hon, t. 44 uchod; 74, nodyn 8.
21 Christopher Hill, *Society and Puritanism in Pre-Revolutionary England* (London, 1964), t. 492.
22 John Davies, *Hanes Cymru: A History of Wales in Welsh* (Harmondsworth, 1990), t. 236.
23 J. E. Lloyd, *Golwg ar Hanes Cymru* (Aberystwyth, 1943), t. 55.
24 Mae dwsinau o enghreifftiau yn Albert Peel, *The Notebook of John Penry 1593* (London, 1944), yn unig.
25 Geraint H. Jenkins, *Hanes Cymru yn y Cyfnod Modern Cynnar 1530–1760* (Caerdydd, 1983), t. 185. Hefyd *idem, Literature, Religion and Society in Wales 1660–1730* (Cardiff, 1978), tt. 122–45.
26 Fredric Jameson, *The Political Unconscious: Narrative as a Socially Symbolic Act* (London, 1981), tt. 84, 88.
27 Gw. Geraint H. Jenkins, 'Y ffŵl sanctaidd', *Y Wawr*, 92 (Haf 1991), 20–1; *idem*, 'Rhyfel yr Oen: y mudiad heddwch yng Nghymru, 1653–1816', *Cadw Tŷ Mewn Cwmwl Tystion: Ysgrifau Hanesyddol ar Grefydd a Diwylliant* (Llandysul, 1990), t. 32.
28 *Idem, Hanes Cymru yn y Cyfnod Modern Cynnar*, t. 196; Christopher Hill, *Society and Puritanism in Pre-Revolutionary England*, tt. 298–353. Rhyddhawyd y wasg o hualau sensoriaeth, a chafwyd rhyddhad oddi wrth grafangau'r llysoedd eglwys.
29 Christopher Hill, *The Century of Revolution 1603–1714* (reprint, Edinburgh, 1967), tt. 75–107, 163–90; Thomas Richards, *The Puritan Movement in Wales, 1639 to 1653* (London, 1920), tt. 74, 171, 175. Ynghylch y ferch, gw. Geraint H. Jenkins, *Literature, Religion and Society in Wales*, t. 291; Patricia Higgins, 'The reactions of women, with special reference to women petitioners', *Politics, Religion and the English Civil War*, ed. Brian Manning (London, 1973), tt. 179–222.
30 Adrian Room (ed.), *Brewer's Dictionary of Phrase and Fable* (Millennium edition, London, 1999), tt. 363–4.
31 Bu lle canolog i Howel Harris fel sefydlydd trefniadaeth y mudiad Methodistaidd. Gw. Geraint Tudur, 'God's little parliaments', *Howell Harris: From Conversion to Separation 1735–1750* (Cardiff, 2000), tt. 63–91. Gw. hefyd Eryn White, '"Y byd, y cnawd a'r cythraul": seiadau Methodistaidd de-orllewin Cymru 1737–1750', *CC*, VIII (1993), tt. 71–102, lle y cyfeirir at ddisgyblaeth lem Howel Harris fel arolygwr, a'i gred fod ei wrthwynebu 'yn gyfystyr â herio Duw' (89). Rhoddir sylw hefyd i awdurdod y seiat dros 'fywydau carwriaethol yr aelodau' (91).
32 W. E. H. Lecky, *A History of England in the Eighteenth Century* (7 cyfrol, reprint, London, 1913), III, tt. 77, 150. Gwelais y sylw gyntaf yn John Davies, *Hanes Cymru*, 301.

33 Mae'n wir na chafodd y sectau eraill yr un llwyddiant yng ngogledd Cymru ag yn y De. Ond bu rhai Annibynwyr yn ddigon gweithgar a chyndyn ym Meirionnydd a Dolgellau. Gw. Geraint H. Jenkins, *The Foundations of Modern Wales 1642–1780* (Cardiff, 1987), tt. 193, 195; R. Tudur Jones, *Hanes Annibynwyr Cymru* (Abertawe, 1966), tt. 103, 104, 93.
34 Geraint H. Jenkins, 'Apostol sir Gaerfyrddin: Stephen Hughes *c*.1622–1688', *Cadw Tŷ Mewn Cwmwl Tystion*, tt. 9–11.
35 G. J. Williams, 'Stephen Hughes a'i gyfnod', *Y Cofiadur*, 4 (Mawrth 1926), 9, lle y ceir manylion anghydfod arall yn ogystal.
36 Cyfeirir at ddiffygion Ann Griffiths fel gweddiwraig gyhoeddus yn John Morgan, 'Ann Griffiths, ei gwlad a'i phobl', *Cymru*, XXX (15 Ionawr 1906), 29–30. Ond mae beirniadaeth y nofel yn fwy atgas o'i gosod ar dafod Catrin, y forwyn annymunol.
37 Yn y nofel cymherir doniau Mical yn ffafriol ar fwy nag un achlysur â doniau enwocach John Elias. Ceir sail hanesyddol i'r cymariaethau yn John Jones, *Cofiant a Phigion o Bregethau y Parch. Michael Roberts* (Pwllheli, 1883), tt. 63–5.
38 Trafodir ei harwyddocâd yn R. M. Jones, *Llên Cymru a Chrefydd: Diben y Llenor* (Abertawe, 1977), tt. 487–90.
39 Ibid., t. 72: 'Fel y mae gras cyffredinol yn perthyn i ddyn yn ôl y geni cyntaf, nid yw gras arbennig yn perthyn ond i'r sawl sy'n cael ei ail-eni.'
40 Cynhwysir y ddau hanesyn cyntaf gan John Jones yn *Cofiant a Phigion o Bregethau y Parch. Michael Roberts*, tt. 137, 54–5, ac yn *Mical*, tt. 22–4, 65–7. Ni chynhwysir y trydydd hanesyn yn y cofiant.
41 Mae'r cyfuniad yn gyson â diddordeb rhai o arweinyddion Methodistaidd y ddeunawfed ganrif yn 'the more serious aspects of the antiquarian revival': Prys Morgan, *The Eighteenth Century Renaissance* (Llandybïe, 1981), t. 53. Ynghylch y sylw ar waith Dafydd ap Gwilym gw. Rachel Bromwich, 'Dafydd ap Gwilym: y traddodiad islenyddol', *Dafydd ap Gwilym a Chanu Serch yr Oesoedd Canol*, gol. John Rowlands (Caerdydd, 1975), tt. 43–57.
42 Helen Ramage, 'Y cefndir cymdeithasol', *Y Ferch o Ddolwar Fach: Darlithoedd Gregynog 1976*, gol. Dyfnallt Morgan (Caernarfon, 1977), tt. 5–6.
43 A. M. Allchin, 'The plygain carols and the work of Ann Griffiths', *Praise Above All: Discovering the Welsh Tradition* (Cardiff, 1991), tt. 90–105.
44 R. T. Jenkins, *Hanes Cymru yn y Ddeunawfed Ganrif* (adargraffiad, Caerdydd, 1945), t. 128.
45 *Idem, Hanes Cymru yn y Bedwaredd Ganrif ar Bymtheg* (Caerdydd, 1933), tt. 111–12; Bedwyr Lewis Jones, 'Yr Hen Bersoniaid Llengar' (Dinbych, 1963), tt. 14, 35, a mannau eraill.
46 Bedwyr Lewis Jones, 'Yr Hen Bersoniaid Llengar', t. 22.
47 John Davies, *Hanes Cymru*, t. 439: 'o'r braidd i'r defnydd o'r *Welsh Not* fod mor eang ag yr haera mytholeg yr ugeinfed ganrif'. Ond arall yw'r argraff a grëir gan E. G. Millward yn 'Yr hen gyfundrefn felltigedig', *Barn*, 207/208 (Ebrill/Mai 1980), 93–5.
48 Glanmor Williams, 'Bishop William Morgan (1545–1604) and the first Welsh Bible', *CCHChSF*, VII, 4 (1976), 369. Anuniongyrchol yw'r gyd-

nabyddiaeth o bwrpas imperialaidd y Beibl, ond mae yno yn y dyfalu ynghylch tynged y Cymry dan law'r Saeson pe baent heb gael Beibl yn eu mamiaith i'w troi at Brotestaniaeth.

49 Ffurfia cofnodion Cymraeg John Penry lai na thraean o gynnwys y dyddiadur byr sydd yn rhan o'i lyfr nodiadau yn Albert Peel, *The Notebook of John Penry*, tt. 38–40. Mae dau o'r 'Twelve reasons for thankfulness' yn ei gofnodion personol, tt. 35–6, hefyd yn Gymraeg.

50 Gw. John Penry, *A Treatise Containing the Aequity of an Humble Supplication (1587)* yn *Three Treatises Concerning Wales*, gol. David Williams (Cardiff, 1960), tt. 40–1; Glanmor Williams, 'John Penry a'i genedl', tt. 134–5.

51 Roedd dysgu Saesneg i'r Cymry yn rhan o bwrpas Deddf 1563 wrth orchymyn bod Beibl Saesneg i'w osod gyda'r un Cymraeg ymhob eglwys blwyf. Ond nid yw'r John Penry hanesyddol yn cyfeirio at hynny yn ei draethawd *An Exhortation unto the Governours, and people of Hir Maiesties Countrie of Wales (1588)*, wrth ddiolch bod yr Hen Destament eisoes yn barod i'w argraffu. Gw. *Three Treatises Concerning Wales*, t. 56.

52 G. J. Williams, 'Stephen Hughes a'i gyfnod', 29.

53 Cymharer honiad G. J. Williams, 'Stephen Hughes a'i gyfnod', 23-4, 'na welodd Stephen Hughes erioed werth y Gymraeg' ag amddiffyniad Geraint H. Jenkins, 'Apostol sir Gaerfyrddin', tt. 20–2.

54 Prys Morgan, *The Eighteenth Century Renaissance*, t. 68: 'Welsh was used remarkably rarely as a written language, and it was not taught to more than a handful in any methodical way.'

55 Morris Davies, *Cofiant Ann Griffiths* (adargraffiad, Dinbych, 1908), tt. 98–108, lle y ceir y testunau'n llawn. Hefyd E. Wyn James, Rhiain M. Davies (goln), *Rhyfeddaf fyth: emynau a llythyrau Ann Griffiths ynghyd â'r byrgofiant iddi gan John Hughes Pontrobert, a rhai llythyrau gan gyfeillion* (Y Drenewydd, 1998), tt. 47–62.

56 Gw. Geraint H. Jenkins, 'Apostol sir Gaerfyrddin', t. 22, am y sail hanesyddol.

57 Mae'r ddwy yn hanfod o hil Owain ab Edwin o Degeingl.

58 Enid Roberts, *Tai Uchelwyr y Beirdd 1350–1650* (Caernarfon, 1986), t. 21.

59 Camgymeriadau, mae'n sicr, yw'r cyfeiriadau ato yn *Castell Cyfaddawd*, tt. 147, 148, fel *Rhisiart* Gwyn.

60 Y priodasau rhwng Howel Harris ac Anne Williams; William Roberts a Sarah Jones; John Elias ac Elisabeth Broadhead. Hefyd y briodas 'anfethodistaidd' rhwng Joseph Harris ac Anne Tredwstan yn *Y Gadwyn Aur*. Awgrymir yn *Fy Hen Lyfr Cownt*, t. 80, fod gŵr Ann Griffiths yn uwch ei safle cymdeithasol na hithau, ond ni welais gadarnhad i'r awgrym hwnnw.

61 Am gysylltiadau bonheddig y Methodistiaid cynnar, a'u dylanwad ar yr haen honno o'r gymdeithas, gw. J. Gwynfor Jones, 'Methodistiaeth gynnar: y gyfraith a'r drefn gymdeithasol yng Nghymru', *Crefydd a Chymdeithas*, tt. 391–7.

62 Helen Ramage, 'Y cefndir cymdeithasol', tt. 8–9; Morris Davies, *Cofiant Ann Griffiths*, tt. 70–1.

63 Saunders Lewis, 'Cenedlaetholdeb a chyfalaf', *Canlyn Arthur: Ysgrifau Gwleidyddol* (ail agraffiad, Llandysul, 1985), t. 23.

64 R. M. Jones, 'Hen nain Saunders Lewis', *Llenyddiaeth Gymraeg 1936–1972* (ail argraffiad, Llandybïe, 1977), t. 243, wrth gyfeirio at Uchel Galfiniaeth John Elias.
65 Harri Williams, 'John Elias a'i Gyffes Ffydd', *Y Traethodydd*, CXXIX (1974), 251.
66 John Edward Jones, *Antur a Menter Cymry Lerpwl/Liverpool Welsh and their Religion* (Lerpwl, 1987), tt. 10, 12, 21; D. Ben Rees, 'Gwyrth ac amrywiaeth crefydd y ddwy ganrif', *Cymry Lerpwl a'u Crefydd*, gol. D. Ben Rees (Lerpwl, 1984), t. 14.
67 Merfyn Jones, 'Cymry Lerpwl', *Cymry Lerpwl a'u Crefydd*, t. 23. Hefyd Gareth Miles, 'A personal view', *Presenting Saunders Lewis*, eds Alun R. Jones and Gwyn Thomas (Cardiff, 1973), tt. 16–18.
68 Mae hynny'n hen duedd. Gw. Bronislaw Geremek, *Poverty: A History*, trans. Agnieszka Kolakowska (Oxford, 1997), tt. 7, 35, a mannau eraill.
69 Peter Smith, *Houses of the Welsh Countryside: A Study in Historical Geography* (London, 1975), t. 10.
70 Ibid., tt. 99–104; hefyd mapiau 24, 28, 43.
71 Ibid., t. 228.
72 Ibid.
73 Ibid. Hefyd Sioned Non Williams, 'Cartrefi a chelfi y bonedd yn siroedd Dinbych a'r Fflint, 1540–1640', *CC*, XVII (2002), tt. 33–63. Gw. tt. 39–40, 49, 52, 53 ar blasau Rhisiart Clwch; t. 52 am lun o Blas Bachegraig.
74 Dylanwad anacronistaidd syniadaeth John Locke, efallai, ynghylch hapusrwydd a chyfartaledd cymdeithasol dyn yn ei gyflwr naturiol. Gorffen naratif y nofel yn 1658, ac ni chyhoeddodd Locke ei gyfrol gyntaf tan 1690.
75 Peter Lord, 'Iconograffeg poblogaidd y pregethwr', *Barn*, 330/331 (Gorffennaf/Awst 1990), 37–52; E. Wyn James, 'Lluniau o Williams Pantycelyn: gwaith ditectif', *Barn*, 343/344 (Awst/Medi 1991), 59–68; John Jones, *Cofiant a Phigion o Bregethau y Parch. Michael Roberts*, t. 58.
76 Portread Hugh Jones (1839) yw'r un mwyaf adnabyddus o John Elias, ond roedd wedi'i ddarlunio gan Hugh Hughes yn 1812, ac yn gynharach fyth gan arlunydd gwlad anhysbys. Gw. Peter Lord, 'Iconograffeg poblogaidd y pregethwr', 41. Cyfnod cefndirol *Merch Gwern Hywel*, gyda'i dau ddisgrifiad manwl, yw 1816–18.
77 John Jones, *Cofiant a Phigion o Bregethau y Parch. Michael Roberts*, tt. 57–8.
78 Ni cheir un enghraifft ymysg capeli Cymru o nodweddion y dull pensaernïol Eifftaidd, ac roedd eu cynulleidfaoedd Cymraeg yn ddrwgdybus o'r dull pensaernïol Gothig a ddaeth yn boblogaidd yn Lloegr ac ymysg cynulleidfaoedd Saesneg Cymru. Gw. Anthony Jones, *Welsh Chapels* (revised and expanded edition, National Museums and Galleries of Wales, 1996), tt. 57, 74. Am y portreadau pregethwrol, gw. Peter Lord, 'Iconograffeg poblogaidd y pregethwr', 48.
79 Peter Lord, 'Portreadau Cymreig – y daith o Eisteddfod Caerfyrddin', *Barn*, 318/319 (Gorffennaf/Awst 1989), 38–50.

5

Y Gymru Imperialaidd: newid tir

Rydym yn awr yn ymwneud â thiriogaeth sydd yn ffigurol yn ogystal ag yn llythrennol ddieithr. Bu tuedd yn ein plith ni, y Cymry, i'n gweld ein hunain fel dioddefwyr diniwed gwanc imperialaidd cenhedloedd eraill, ac i ymfalchïo ein bod ninnau yn gynhenid rydd o'r gwanc hwnnw. Nid yw Heini Gruffudd ar ei ben ei hun wrth synied am yr Ymerodraeth Brydeinig fel creadigaeth gwbl Seisnig 'a ledai'r syniad o hollalluogrwydd y Sais',[1] na Gwynfor Evans yntau wrth fynnu 'nad oedd mwy na lleiafrif o'r Cymry yn imperialwyr'.[2] Ond efallai y dylem amau culni dehongliad sy'n ystyried y symbyliad imperialaidd yn nhermau concwest diriogaethol a thra-arglwyddiaeth wleidyddol yn unig. Mae gan Edward W. Said amgyffred ehangach o'i amrediad pan ddywed: 'There is in all nationally defined cultures, I believe, an aspiration to sovereignty, to sway and to dominance.'[3] Dyma symbyliad sy'n sleifio ei ffordd i bob agwedd ar ein perthynas â'r Arall, a phwy fynnai wadu na fu'r Cymry erioed, mewn unrhyw fodd, yn gyfrannog o symbyliad sy'n ffurfio un o brif themâu hanes? [4]

Efallai mai'n fewnol y cafodd y reddf imperialaidd ei gweithredu'n bennaf yn hanes Cymru: yn strwythur hierarchaidd y gymdeithas, yn uchelgais wleidyddol rhai o dywysogion Cymru, yn natblygiad ein 'Traddodiad' diwylliannol, yn ymrafaelion rhyngenwadol ein sefydliadau crefyddol. Er hynny, amheuaf fod i'r reddf ei hamlygiadau allanol hefyd. Ochr yn ochr â'r dyhead am undod cenhedlig a oedd y tu ôl i'r imperialaeth wleidyddol fewnol, rhaid gosod yr hen hen ysfa am 'adfeddiannu' coron Prydain a ddiwallwyd gan goroniad Harri VII. Roedd imperialaeth, medd Robin W. Winks yng nghyswllt y Dadeni, yn rym ym meddwl dyn cyn iddo erioed ddechrau fforio'r byd am wledydd 'newydd'.[5] A thybed na chadarnheir gwirionedd ei eiriau gan gynnwys y Tair Rhamant Gymraeg ganoloesol? – yn sicr, fe red aml linyn imperialaidd drwy anturiaethau eu harwyr yn y tiriogaethau dieithr y tu allan i'r llys Arthuraidd. Mae diddordeb y beirdd mewn chwedlau megis 'teithiau' Syr Siôn Mawndfil[6] hefyd yn tystio bod y Cymry'n meddu ar yr un chwilfrydedd â chenhedloedd eraill Ewrop ynghylch tiroedd dieithr. Os yw hwnnw'n chwilfrydedd dirprwyol, yna mae'r traddodiadau am deithiau Madog ab Owain Gwynedd i America[7] yn dyst i'w fodolaeth annibynnol ym mhersonoliaeth y Cymry, ac i awydd y Cymry i weithredu arno. Sut wedyn y gallwn anwybyddu'r honiad mai gallu gwyddonol John Dee – gŵr a ymfalchïai ei fod yn un o ddisgynyddion Rhodri Mawr[8] – oedd y grym ymarferol y tu ôl i'r holl fudiad morwrol Elisabethaidd a'i fforiadau cynnar?[9] Cyfrannodd Cymry eraill, mewn gwahanol ffyrdd, at anturio morwrol yr oes,[10] a chafwyd ymgais i blannu trefedigaeth Gymreig yn Newfoundland.[11] Daeth myth Madog yn ddefnyddiol ar gyfer dadlau hawl Brenhines Elisabeth I i'r Byd Newydd, tra bu'r traddodiadau am *British Empire* (ymadrodd a fathwyd gan Humphrey Llwyd[12] ac a fabwysiadwyd wedyn gan John Dee) y Brenin Arthur yr un mor ddefnyddiol o ran paratoi dychymyg deiliaid coron Lloegr ar gyfer ei mentrau imperialaidd, ac o ran cyfiawnhau'r trefedigaethu 'mewnol' yn Iwerddon.[13] Yn y cyswllt olaf cofiwn yn arbennig sylw John Davies mai 'gwreiddiau Cymreig', yn dyddio'n ôl i'r ddeuddegfed ganrif, 'sydd i hanes alaethus llywodraeth Seisnig yn Iwerddon'.[14] Digon, yn y diwedd, yw dweud nad dieuog ydym yng ngolwg y rhai a ddioddefodd y trefedigaethu Prydeinig trawsforol diweddarach, fel y dengys *The Empire Writes Back* wrth gyfeirio at Gymru a'r Alban, ac Iwerddon hefyd:

> While it is possible to argue that these societies were the first victims of English expansion, their subsequent complicity in the British imperial enterprise makes it difficult for colonized peoples outside Britain to accept their identity as post-colonial.[15]

Fe'n harweinir gan y rhagymadroddi hwn at grŵp o nofelau sydd, rhyngddynt, yn cyffwrdd â bron pob un o'r prif gamau yn natblygiad imperialaeth Brydeinig – ac ag agweddau ar yr hyn y gellid ei ddiffinio fel imperialaeth Gymreig. Y syndod yw nad oes yr un ohonynt yn cydnabod bodolaeth mytholeg imperialaidd Arthuraidd a Madogaidd y Cymry a bod hynny'n wir hyd yn oed am *Dinas Ddihennydd*, nofel lle yr ymddengys John Dee a Humphrey Llwyd (Lhuyd) nifer o weithiau. Gwir bod cyfeiriadau ynddi at athrylith fathemategol John Dee, a'i ymdrechion i ddatrys rhai o broblemau mordwyo'r dydd, ond ni ddeuir yn agos at gyflwyno gwir amcan o'i statws cawraidd ym maes morwriaeth. O'r chwe nofel dan sylw sy'n ymwneud ag Oes Elisabeth, *Heli yn y Gwaed* W. P. Williams yn unig a neilltuir i adrodd hanes rhai o'r mentrau morwrol y bu Cymru ynghlwm wrth eu llwyddiant. Fe'i gwneir yn eglur yn y nofel honno fod y gobaith am gael 'ffortiwn yn y cwd' (55) yn un o gymhellion cychwynnol yr anturio morwrol, hyd yn oed yn achos piwritan egwyddorol fel Ned Puw, Pen Badwr Tywysoges y Penrhyn. Dibrin hefyd yw'r sôn am anrheithio ac ysbeilio llongau masnach estron. Serch hynny, rhy fychan yw rhan ein dau arwr yn y rheibio, a rhy denau yw'r arwyddion o'u henillion, inni allu eu dosbarthu gyda gweithredwyr yr hyn a ddisgrifiwyd fel 'the most gigantic business of spoliation that history records'.[16] Nid bod y nofel yn gwrth-ddweud barn Aled Eames mai 'dipyn o fôr-leidr, dipyn o fandit'[17] oedd y Pyrs Gruffydd hanesyddol sy'n berchennog y Dywysoges, ond sicrheir bod ei berthynas â Ned a Dafydd (y prif gymeriad) wedi'i chyfyngu i'w fentrau morwrol 'cyfreithlon'.

Yng nghyd-destun eu hoes, ac mewn cymhariaeth â'r Saeson, nid oes dwywaith ynghylch uwchraddoldeb moesol Cymry *Heli yn y Gwaed*. Barn Ned am Feistr y Dywysoges yw ei fod

> 'yn ormod o foneddwr i ddeall teithi meddwl bycanïar fel Drake. Yn wahanol i'r Llyngesydd, mynd i'r môr i blesio'i hun ddaru Richard Vaughan, nid i ennill ei fywoliaeth'. (120–1)

Yr un mor ffafriol i'r Cymry yw'r darlun o ymddygiad milwyr cyffredin ym mrwydr Courtras. Er mai dan faner y Ddraig Goch yr ymleddir, nid y milwyr niferus o Gymru sy'n peri gofid i Ned:

> Achwynodd nad oedd llawer o'r Saeson fawr gwell na llofruddion yn lladd carcharorion mewn gwaed oer yn ogystal â'u hysbeilio, ac yn cweryla â'r Nafariaid ynghylch eu rhan yn yr anrhaith. (93)

Ni all W. P. Williams guddio ei bleser yng nghampau ei ddau arwr, nac ymatal rhag brolio rôl flaenllaw ambell Gymro hanesyddol (fel y milwr Roger Williams)[18] yn y rhyfel yn erbyn Sbaen. Fe fynnir, fodd bynnag, mai 'Lloegr' (108) sy'n ymladd yn erbyn yr Armada, ac er gwaethaf rhan Dafydd yn y frwydr awgrymir mai peth 'jingoaidd' (105) yw i Gymro ymuniaethu â safbwynt y 'Saeson' (109). Gwaddolir Ned â'r un ysgogiad Protestannaidd y mae haneswyr Lloegr yn hoff o'i briodoli i'w henwogion morwrol o'r un cyfnod;[19] y gwahaniaeth yw fod y Cymro yn troi oddi wrth ddinistr – ac elw – rhyfel er mwyn mynd ar genhadaeth grefyddol yng ngwlad y gelyn. Nid yw ei allgaredd Cristnogol yn rhydd o'r uwchraddoldeb yr ymddengys i'r awdur ei rannu wrth adrodd hanes Ned yn Avila yn 'gyrru cnafon anystyriol y gymdogaeth i gyffesu eu pechodau am y tro cyntaf ers blynyddoedd' (151). Ar y llaw arall, mae

Ned eisoes wedi profi y gall gyfeillachu'n hapus â 'Moriscos' ac Iddewon, â Chatholigion ac â sipsiwn paganaidd; ac fe ddargyfeirir rhediad y nofel oddi wrth imperialaeth grefyddol ei genhadu gan argyhoeddiad Dafydd fod cyd-ddeall a chydoddef yn bosib rhwng unigolion o bob cenedl a phob crefydd.

Dyna neges oleuedig diweddglo'r nofel. Nid oes argoel ohoni yn hiliaeth hyll y penodau cynnar, fodd bynnag. Dynwarediad digon teg o ragfarnau ac ofnau'r oes[20] yw cyfeiriadau dirmygus y Dafydd ifanc a'i ewythr at deulu Gwyddelig yr Hen Felin, ond peth annifyr yw i W. P. Williams ddarparu cystal sail i'r dirmyg yn ei ddarlun o'r mab a'i fam. Peth chwithig yn ogystal yw iddo ddefnyddio profiadau'r prif gymeriad i ddilysu'i sylwadau ar Iwerddon ei hun – nid oes dim yn strydoedd culion Wexford ond 'budreddi, moch a phlant hanner noeth', a chamdrinnir Dafydd a'i gyfaill yno gan 'walch twyllodrus' (39) o dafarnwr fel ag i gyfiawnhau'r rhybudd 'fod Gwyddelod cwrtais yn beryglus' (42). Nid yw *Heli yn y Gwaed* yn unigryw am bendilio fel hyn rhwng osgoi a chydnabod y reddf imperialaidd, rhwng ei hesgusodi a'i hanghymeradwyo. Yn *Y Gadwyn Aur* ni ellir methu'r defnydd a wneir o ddoniau mathemategol Joseph Harris yng ngwasanaeth morwrol yr Ymerodraeth Brydeinig. Yn ei yrfa[21] enghreifftir y rhyngweithio rhwng gwyddoniaeth a grym morwrol a gludai imperialaeth fasnachol Prydain o gwmpas y byd. Er hynny, ac er chwilfrydedd gwyddonol Joseph, hiraeth am yr ynys fythol ddedwydd sydd yn ei freuddwydion am ymweld ag 'ynysoedd dirgelaidd y byd' (65). Er bod ynysoedd y Caribî yn enwocach o bosib nag un o drefedigaethau Prydeinig eraill y cyfnod am eu cyfleoedd i ymgyfoethogi ac ymddyrchafu'n sydyn,[22] hanesion Ebeneser Herring am Santos Bach a'i Indiaid addfwyn yn addoli'r haul sy'n cynhyrfu awydd Joseph i brofi eu 'dirgelwch pellennig' (65).

Yn Jamaica, a hithau'n un o'r ynysoedd a enillodd i'r Caribî yr enw o fod yn ganolbwynt yr Ymerodraeth Brydeinig,[23] hunllef i Joseph yw gweld yr uchelgais imperialaidd ar ei ffieiddiaf ar ffurf y fasnach mewn caethweision. Dylai fod yn ddiolchgar, fodd bynnag, nad oes dim sôn i'r llong y teithia arni gael ei defnyddio i gludo caethweision – a Phrydain ar y blaen i'r gwledydd oll yn y fasnach fudr honno.[24] Nid oes sôn chwaith fod a wnelo'r Ariadne â'r diwydiant siwgr a wnaeth fwy nag odid unrhyw ddiwydiant arall i hybu caethwasiaeth.[25] Ffodus o beth yw hynny gan mai Cymry yw capten a chaplan y llong, a chan fod dau gyd-wladwr iddynt hefyd â'u bysedd yn ddwfn yn y brywes rywle y tu ôl i'r llenni. Ond pa gof sydd am y Cymro enwog hwnnw a fu'n taflu ei bwysau o gwmpas Jamaica tua dwy genhedlaeth ynghynt? Heblaw am un cyfeiriad at ei fedd, nid oes gair, na da na drwg, am Henry Morgan, y môr-herwr a ddyrchafwyd yn ddirprwy-lywodraethwr yr ynys ac y gwnaeth Cymru drwyddo un o'i chyfraniadau enwocaf at ffyniant yr Ymerodraeth Brydeinig.[26] Yn achos Joseph Harris ei hun, cyd-ddigwyddiad dymunol yw mai wedi iddo adael Jamaica y llwydda i arbrofi â'i offer mordwyol. Mae ei wyneb erbyn hynny tua Veracruz ym Mecsico lle mae diwylliant di-drais a diwair Indiaid yr Haul yn esiampl o'r gwareidd-dra a sethrir dan draed gan drefedigaethwyr gwyn Jamaica, a'u crefydd yn dylanwadu mwy ar ddeall Joseph am 'y bywyd yn Nuw' (63) na holl bregethu Howel Harris.

Trueni fod rhaid difwyno delwedd yr 'anwariad nobl' â meddiangarwch treisiol Indiaid y Paith sy'n lladd Santos Bach, a thrueni fod dadrith Ebeneser Herring yn ei yrru i gyflawni hunanladdiad – ond dyna hi, mae carreg ateb i ddeuoliaeth paradwys ym mhersonoliaeth Ebeneser ei hun. Er ei fod yn ŵr eglwysig eang ei ddysg ac eangfrydig ei ysbryd, cydweithreda â chynllun Thomas Jones Tredwstan i rwystro carwriaeth Joseph, y 'gof bach' (80) tlawd, â'i ferch hynaf. Rhan o'r cynllun hwnnw yw mordaith Joseph ac Ebeneser (fel caplan yr Ariadne) i'r Caribî. Troir i'r un cyfeiriad, yn llythrennol, amcanion hunanamddiffynnol cyfundrefn gymdeithasol elitaidd, batriarchaidd a fyn osod cyfyngiadau ar fywydau ei haelodau yn ôl ei hanghenion hithau, ac amcanion ecsbloetiol ymerodraethau a fyn lywio bywydau pobloedd a chenhedloedd estron yn ôl eu hanghenion hwythau. Cydeffeithia'r polisïau imperialaidd hyn ar iechyd Joseph. Briga ei rwystredigaeth emosiynol i'r wyneb yn yr hunllef am darw Tredwstan (Thomas Jones ei hun) a'r cawr enfawr (Ebeneser) ar ei gefn sy'n gweiddi'n orffwyll ar y 'gof bach' i gadw draw: 'Roedd meddwl cryf Joseph Harris ar fin chwalu' (121). Am ei iechyd corfforol, fe'i handwyir am byth gan y creulonderau a welsai 'yn siglenni "ynys y caethion"' (119).

Amwys yw'r datganiad a wna Ebeneser Herring ryw ychydig cyn plymio i'w farwolaeth o big yr Ariadne: 'Mewn ehangder yn unig mae dyn yn rhydd a'i ynfydrwydd yn troi'n ddoethineb' (118); ond syniad y cyfarfuwyd ag ef droeon cyn hyn yw fod ymlyniad wrth ddogma grefyddol yn arwydd o gulni meddwl. Pan gyfeirir yn uniongyrchol at y culni hwnnw yn *Capten Pererin* ymhyfryda'r prif gymeriad yn ei ymdeimlad ag undod pob cred 'wrth fyfyrio dan y sêr yn unigedd y môr' (75) ac mae'r rhyddfrydiaeth grefyddol honno'n gysylltiedig, fel yn *Liwsi Regina* a *Seren! . . . O, Seren!*, â gwirionedd Natur ac â thueddiadau deistaidd. Yr hyn sy'n hynodi *Capten Pererin*, *Y Gadwyn Aur* a *Heli yn y Gwaed* yw fod y weledigaeth a gyflwynir fel yr un oleuedig wedi'i chysylltu'n ogystal â theithio i wledydd pellennig. Hawdd y gall Joseph hiraethu am addoliad syml a didwyll ei rieni yn eglwys Trefeca pan glyw gaethweision Kingston yn wylofain yn eu cadwynau y tu allan i'r eglwys, a'u perchenogion ar y tu mewn yn gweddïo ac yn canu.[27] Gŵyr, fodd bynnag, y buasai o golli ei deithiau i Jamaica a Veracruz hefyd wedi

> . . . colli gweld y byd mawr drosof fy hun, colli gweld a deall arferion ac addoliad pobl bellennig; colli byw a dysgu oddi wrth Ebeneser Herring hefyd. Er fy mod yn wannach fy nghorff, dyfnach yw fy neall, llawer dyfnach. (114)

Cynhwysir y Joseph Harris ffuglennol felly ymhlith yr Ewropeaid blaengar hynny y bu mentrau imperialaidd y ddeunawfed ganrif megis allwedd i agor eu meddyliau i werth crefyddau a diwylliannau eraill.[28] Deil dan gyfaredd crefydd Indiaid yr Haul tan dudalen olaf ei ddyddiadur lle y'i gefeillir, yn ei freuddwydion nosol, â'i hiraeth am ffydd ei rieni. Gan i'r awdur ein hatgoffa ar yr un pryd mai 'ymweliadau'r Arglwydd' (195) oedd breuddwydion yn nhyb mam Joseph, ymddengys ei fod o ddifri ynghylch posibiliadau ysbrydol profiadau trawsddiwylliannol ei gymeriad.

Wrth droi i ddilyn taith John Evans yn *Grym y Lli* neidiwn o'r byd gwyddonol a'i arbrofion gofalus i fyd myth a thystiolaeth achlust. Y bont rhyngddynt yw gwasanaeth y ddau fyd i uchelgais imperialaidd Lloegr. Estyniad o fyth Madog yw'r myth sy'n rheoli'r ddigwyddiadaeth yn nofel Emyr Jones, ac er mai ar gefn cenedlaetholdeb a radicaliaeth Jacobiniaid Cymreig y ddeunawfed ganrif y pesgodd myth y 'Cymry' coll,[29] taflwyd ei bwysau hefyd y tu ôl i hawliau tiriogaethol a masnachol yr Ymerodraeth Brydeinig.[30] Datgelwyd hynny yn ymgais Iolo Morganwg i ennill cefnogaeth y Gymdeithas Frenhinol i'r daith i chwilio am yr Indiaid Cymreig:

> In a Political view, it would extend our Dominions at a cheap rate . . . and a hundred well-disposed *Welshmen* there (being of the same language with them) would do more towards acquiring a considerable accession of Territory to *Great Britain*, than a hundred thousand scoundrels in *Botany Bay* . . .[31]

Gan fod y cefndir hwn yn gwbl absennol o'r nofel, collir rhan dda o eironi'r ffaith i John Evans weithio fel asiant i Sbaen tra'n ceisio dod o hyd i'r Indiaid Cymreig. Mae ei rôl ganolog yn yr ymryson imperialaidd yn hollol eglur, serch hynny, a'i weithred yn dyrchafu baner Sbaen yn lle'r

Union Jack ym mhentref y Mandaniaid (y llwyth yr uniaethir ef â'r Indiaid Cymreig) yn ei ddwyn yn agos iawn at fod yn deyrnfradwr. Nid bod ei weithred yn ymhél o ddifri â chydwybod y John Evans ffuglennol. Iddo ef, brawd mygu yw tagu pan ddeuir at amcancion a dulliau gweithredu y ddau bŵer imperialaidd. Yng nghanol y trachwant cystadleugar am feddiannu tiroedd 'newydd' America, ymgysura darpar genhadwr 'teulu Madog' (6) 'mai'r unig ffordd y medra' i wasanaethu 'Ngwaredwr yn y pen draw ydi trwy wasanaethu brenin Sbaen' (25). Ysywaeth, ni phery'r cysur ddim hwy na'r frawddeg a'i mynega, ac fe ddeil y broblem heb ei datrys pan ddaw i gysylltiad â'r Mandaniaid, ac yntau'n eu twyllo â 'rhyw fân geriach' yn enw'r '"Tad Mawr", y Sbaenwr' yn y gobaith y gall fynd ymlaen yn y man 'i dreio achub 'u heneida' nhw' (42–3).

Nid yw bodolaeth yr Indiaid Cymreig, llai fyth gyflwr eu heneidiau, yn golygu dim i Gwmni Missouri, cyflogwyr John Evans a chynrychiolwyr llywodraeth Sbaen. Nid oes gan John Evans yntau'r diddordeb lleiaf yn awydd y Cwmni i ddarganfod llwybr dros y Mynyddoedd Creigiog i'r Môr Tawel: 'chwilio am fy mhobl ydi 'musnes i' (61). Maent wedi'u dal ynghyd mewn perthynas anfoddog a ddinoetha natur gydecsbloetiol y bartneriaeth rhwng imperialaeth a chrefydd. Fodd bynnag, cedwir dan glo wybodaeth a fyddai'n awgrymu bod agwedd fwy personol i'r berthynas. Iawn i'r cymeriad ffuglennol obeithio wrth ysgrifennu adref at ei frawd y bydd 'mentr fel hon yn dipyn o sbardun iddo 'fynta ar ddechra'i yrfa fel pregethwr' (6), ond brolio materol yw prif gywair y fersiwn hanesyddol o'r llythyr hwnnw ac fe ymgysyllta â thystiolaeth i'w frawd ei gyhuddo mai 'chwant am gyfoeth' a'i gyrrodd o'r Waun-fawr i Lundain yn y lle cyntaf i'w heintio yno gan dwymyn y Madogwys.

Nid yw *Grym y Lli* yn caniatáu i'r fath ystyriaethau hanesyddol ddiraddio'r penderfyniad y tu ôl i'r daith ymchwil,[32] ond yng nghyswllt y daith ei hun mae'n barod iawn i gydnabod sut yr ecsbloetiwyd y brodorion drwy eu cyflenwi â gynnau, bwledi, ac alcohol – er iddi ddefnyddio un o gofnodion y John Evans go-iawn i orfodi'r Indiaid i rannu cyfrifoldeb moesol yr imperialydd: 'Rhyfedd fel mae pob llwyth sy'n ymhél â'r dyn gwyn yn 'i efelychu o ar 'i sala' ac yn 'i anwybyddu o ar 'i ora' '(43).[33] Mwy llechwraidd oedd y broses lle y cesglid oddi wrthynt wybodaeth, ddaearyddol ac arall, a fyddai'n cael ei throi yn eu herbyn yn y man, ac mwy cynnil yw'r arwydd o anghysur yn honiad John Evans nad yw ei waith o gasglu gwybodaeth ar ran Cwmni Missouri ond yn fodd i ddilyn ei ymchwil am ei 'frodyr' i'r pen. Holi'r Mandaniaid 'am y gwahanol afonydd ac ati' (46) y mae yn y gobaith o glywed gair o Gymraeg yn eu hatebion! Os ceir yr argraff, serch yr ymesgusodi hwn, fod yma ddarlun gonest o berthynas fasnachol y dyn gwyn a'r Indiaid, yr ochr arall i'r darlun hwn yw i'r awdur anwybyddu'r caethweision a fyddai ymysg y 'nwyddau' a gyfnewidiai'r Mandaniaid â masnachwyr Ewropeaidd.[34] Diau fod a wnelo eu habsenoldeb â'r awydd i bwysleisio uwchraddoldeb cymeriad y Mandaniaid 'Cymreig' o'u cymharu â chenhedloedd eraill yr Indiaid – yn wir, bron na chlywir ar un achlysur dinc o ymfalchïo narsisaidd yr imperialydd pan wêl ei arferion a'i werthoedd ei hun wedi'u hatgynhyrchu yn ei drefedigaethau:

> Un o'r petha' cynta' 'trawodd i ar ôl cyrraedd yma oedd fod rhain yn dipyn o ffarmwrs, a'u bod nhw wedi dysgu sut i dyfu cnyda' reit ddel ... Mae nhw wrthi heno eto, yn manteisio ar y tywydd braf, ac wrth edrach arnyn nhw rydw i'n gweld yr un peth yn mynd ymlaen ar y llethra' yn ardal y Waun.
>
> ... pan fydda' i'n eistedd ambell dro ar dipyn o godiad tir y tu allan i'r pentre ac yn edrach i lawr arno fo mi fydd 'na ryw deimlad braf yn dŵad drosta' i. Mae o'n ddigon o bictiwr – mor dawel ac mor daclus, fel cae o wair wedi 'i fydylu. (43–5)

Ond hydreiddir y cyffelybu a'r cymharu telynegol hefyd gan hiraeth cenedl leiafrifol, orchfygedig am ddarganfod teulu yn rhyw gornel o'r byd i leddfu ei hunigrwydd.

O safbwynt cenedlaetholdeb y cyfnod, roedd yr Indiaid Cymreig yn symbol o ryddid y Gymru 'bur', gyn-goncwest.[35] Ymhellach, mae eu myth, o'i gysylltu â myth llwythau coll Israel, yn ein harwain yn ôl at y weledigaeth o'r Cymry fel cenedl etholedig. Nid yw *Grym y Lli* yn mynd ar ôl y syniadau hyn, ac er bod ynddi fyrbortread o Morgan John Rhys a chyfeiriad at ei drefedigaeth Gymreig arfaethedig ym Mhensylfania, nid ydym mewn sefyllfa i ddeall sut y bu'r dyhead am aduno cenhedlig, a'r syniad nad oedd y Cymry ond yn ailgydio yn nhiroedd eu brodyr coll, yn fodd i gyfiawnhau'r fath fenter. Eto, er mor denau y deunydd cefndirol, saif cred y dyddiadurwr yn yr Indiaid Cymreig bron ar yr un gwastad â'i gred grefyddol, ac mae'r daith i chwilio amdanynt yn ymchwil sanctaidd y galwyd ef iddi gan Dduw. Hynny sy'n esbonio 'wermod y siom' (87) o fethu â chyflawni ei amcan, a'r dirywiad terfynol di-droi'n-ôl a ddilyn yng nghymeriad John Evans. Wrth i'r dyddiadurwr gyffesu iddo bellach roi'r gorau i ddarllen ei Feibl, noda'n ddirmygus y darlun o Paul 'yn hel acha' pawb ... ac yn dweud wrthyn nhw sut i fyhafio' (78) – darlun sy'n cyfateb i'w fwriad gwreiddiol yntau o droi ei ymchwil achyddol yn daith genhadu. Nid dyna'r unig ddiwedd sy'n bosibl i stori John Evans y nofel. Wedi iddo ddychwelyd i St Louis caiff freuddwyd am dri phlentyn o bryd tywyll ond â llygaid gleision, plant Indiaidd eu gwisg a'u chwarae, ond Cymraeg eu hiaith: ei blant dychmygol ef a Tika (merch pennaeth y Mandaniaid). Ond perthyn y breuddwyd hwnnw i'r gorffennol pan oedd y rhwydwaith mytholegol yn dal yn ei le: 'Mi fasa popeth yn iawn 'taswn i wedi dal i gysgu' (89). Methwyd ag addasu hen fyth Madog a'i deulu i amgylchynu posibiliadau trawsddiwylliannol y byd real. Yr eironi olaf yw i'r gŵr a fethodd ag ymestyn ffiniau teuluol ei genedl fechan ei hun lwyddo i ddiogelu ffiniau tiriogaethol un o rymoedd imperialaidd mwyaf yr oes. Nid am y Mandaniaid yn unig, ac nid am hanes un Cymro chwaith, y meddyliwn wrth weld John Evans yn plygu dan faich 'hen gorffyn afiach' (88) ei fodolaeth.

Dyddiadur taith arall yw *Bu Farw Ezra Bebb* William Owen, ond rhed taith Ezra Bebb o chwith, o America i Gymru, a chyflwynir Rhyfel Annibyniaeth America – y digwyddiad y dywedir yn aml iddo greu ymwybyddiaeth wleidyddol radicalaidd yng Nghymru[36] – o safbwynt diamwys teyrngarwr brenhingar. O gyfuno hynny â Chymreictod twymgalon un sy'n siarsiant yn y gatrawd Gymreig ym myddin Arglwydd Cornwallis dadlennir y paradocs a orchuddiwyd yn *Grym y Lli*, sef i genedlaetholdeb Cymreig y cyfnod gyd-dyfu (gydag ambell eithriad nodedig) ag ymdeimlad cynyddol o Brydeindod. Yng ngeiriau Ezra Bebb: 'Mae pob Cymro gwerth ei halen yn "loyalist" i'r carn' (9). Yn ddiweddarach, fodd bynnag, nodir yn ei ddyddiadur y 'dygn ddadrithio arnaf ar aml agwedd o'm teyrngarwch i gatrawd a brenin a chadfridog' (58). A'r dröedigaeth wleidyddol honno yw'r ddolen gyswllt syniadol rhwng y 'chwyldroad distaw; dechreuad rhyddfreiniad gwerinoedd' (70) y disgwylir i'r Rhyfel Annibyniaeth roddi cychwyn iddo, a dial y dyddiadurwr, yn ôl yng Nghymru, ar lofrudd ei dad. Mae'r llofrudd – capten llong a wnaeth ei ffortiwn ar gefn masnach Prydain â'i threfedigaethau Americanaidd – â'i fryd bellach ar lwgrwobrwyo ei ffordd i'r senedd yn Llundain, a thrwy i Ezra Bebb droi'r etholiad yn arf yn ei erbyn, cynysgaeddir y dial treisiol â rhywfaint o arwyddocâd gwleidyddol. Eto, ymgyrch bersonol sydd yma nad yw'n gwneud dim yn y pen draw i unioni anghyfiawnderau sylfaenol y gyfundrefn imperialaidd a ganiataodd i'r llofrudd ddechrau ar ei ddrygioni.

Mae ceudod moesol dyfnach na hynny dan wyneb yr adrodd. Symudir tua'r safbwynt gwrthimperialaidd yng nghyswllt perthynas America â'r Ymerodraeth Brydeinig heb gydnabod imperialaeth America ei hun, na chydnabod i wladychwyr Cymreig America gamu i ryddid dros hawliau

Y Gymru Imperialaidd: newid tir

– a chyrff – caethweision a thrigolion brodorol. Cymharol hawdd yw llacio cysylltiadau Cymry unigol â chaethwasiaeth, megis yn yr wybodaeth am Bowen Prothro yn llosgi dogfennau ei hawl ar ddwy forwyn ddu a brynodd mewn ffair ocsiwn. Os na ellir delio â'r Indiaid yn yr un modd, syml iawn yw ateb *Bu Farw Ezra Bebb* i'r broblem. Nid oes na lliw na llun o'r un Indiad yn y nofel gyfan, felly nid oes raid inni bryderu am eu rôl anhapus yn y Rhyfel Annibyniaeth, nac am ei chanlyniadau trychinebus.[37] Yn anad dim, nid oes raid inni gywilyddio oherwydd rhan Ezra Bebb, na'r gatrawd Gymreig, nac unrhyw wladychwyr Cymreig, yn y broses a ddygodd genhedloedd Indiaid America hyd at ddibyn difodiant.[38] Nid profiad dieithr yw gweld brodorion America yn cael eu bwrw allan o hanes eu gwlad eu hunain,[39] ond beth a ddywedwn pan ddigwydd hynny mewn nofel Gymraeg a ysgrifennwyd yn chwedegau cynnar yr ugeinfed ganrif? Pe byddem yn mynd ati i ddadadeiladu'r nofel, efallai y gwelem gyfatebiaeth rhwng ymateb Ezra Bebb i lofruddiaeth ei dad a'r ffaith iddo yntau, yn ei ddyddiadur, 'ladd' cenhedloedd cyfain. Gallem honni ei fod, wrth fflangellu'r llofrudd, hefyd yn ei fflangellu ei hun. Barner y ddamcaniaeth honno fel y mynner, dirywiad moesol a marwolaeth a ddaeth unwaith eto yn sgil yr anturio i America.

Ychydig flynyddoedd cyn cyhoeddi *Bu Farw Ezra Bebb* dechreuodd R. Gerallt Jones ychwanegu ei lais at y brotest yn erbyn apartheid yn Ne Affrica. Teimlir weithiau, fodd bynnag, mai pwrpas problem apartheid yn *Y Foel Fawr* a'i dilyniant, *Nadolig Gwyn*, yw darparu ffocws ar gyfer y dadansoddi manwl ar bersonoliaeth y Cymro delfrydgar, Rhys Davies, a aeth allan yn ŵr ifanc i Johannesburg 'i ddweud wrthyn' nhw fod dynion duon cystal â'r dynion gwyn' (*Y Foel Fawr*, 78). Ymhellach, wrth i'r awdur achub mantais ar y sefyllfa yno i gynnal seiat ynghylch dulliau gweithredu cenedlaetholwyr Cymreig, anodd chwalu'r amheuon mai cyfrwng yw problemau De Affrica ar gyfer agosáu at broblemau'r Cymry gartref – a'r nofelau heb geisio yn gyntaf ein cael i ysgwyddo ein cyfrifoldeb fel cenedl a fu'n rhodresa o gwmpas y byd dan gysgod Jac yr Undeb.

Nid rhyfedd yng nghyswllt pwnc mor sensitif fod llawer gwell darlun o sefyllfa amwys y Cymry mewn nofel a ddisgrifir gan ei hawdur fel ffars. Yn *Tabyrddau'r Babongo* mae Islwyn Ffowc Elis yn dod â Chymro, Gwyddel a Sgotyn ynghyd i weithio mewn planhigfa rywle yn Affrica ac yn gosod Sais yn fòs arnynt. Er eu bod yn cydweithredu â'r drefn imperialaidd mae pob un ohonynt yn rhyw led-ymdeimlo bod rhywbeth o'i le arni. Mae hyd yn oed y Sais yn mynegi ei anniddigrwydd, yn ei ffordd bragmataidd, nawddoglyd ei hun, wrth rybuddio'r Cymro ynghylch gwaith y Genhadaeth Dramor, ac nid yw'n hel dail yn ei ateb i wrthddadl Ifans:

'Ond mae'r Ymerodraeth Brydeinig wedi dod â llawer o fendithion iddyn nhw,' protestiodd y Cymro.
'Ydi, wrth gwrs. Er mwyn yr Ymerodraeth. Unrhyw fater arall?' (34)

Hen wlanen gwirion o ddyn yw Ifans – 'lleban . . . mewn llawer ffordd' (172) – ond yng ngolwg llwyth y Babongo nid yw ei duedd i feddwl un peth ac i wneud peth arall ond yn un o rinweddau'r pennaeth perffaith. Mae'n brawf fod ganddo 'iau jiraff', creadur sy'n meddu ar yr un rhinwedd sgitsoffrenig ag Ifans 'am fod i ben mor bell oddi wrth i draed' (67). Gyda'r rhesymeg ddi-fefl honno yn ganllaw iddo penderfyna 'doctordewin' y llwyth mai Ifans sydd i'w harwain i waredigaeth yn ystod eu hanghydfod â'u meistri gwyn:

> 'Gwrando, O un gwyn, a deall! Mae chwedl ar gof fy mhobol i sy'n dweud y daw dyn o'r gogledd-diroedd i'n gwaredu ni, 'i groen o liw gro'r afonydd a'i iaith heb fod yn iaith y meistr gwyn na'r gwas du. I'r un hwn y rhoes y Crocodeil Mawr Tragywydd o'i ymysgaroedd a'r Peithon Goruchel Diderfyn o'i nerth a'n duw Tŵtw o'i ysbryd. Mi weles i di echnos ym Mynydd y Ddau Dderyn. Yng ngole'r lleuad y gweles i di . . . Pan weles i di mi ddwedes wrth y duw Tŵtw – sy'n preswylio ar y mynydd rhwng y Ddau Dderyn, lle cyferfydd Saith Ardal y Babongo – mi ddwedes, "O Tŵtw, aruchel ac ofnadwy Ysbryd 'y mhobol, dacw'r dyn i'n gwaredu ni o law'n gorthrymwyr. Wele chwedl y Babongo'n wirionedd". Ac yno, yng ngole'r lleuad, ar awr yr ysbrydion, yr atebodd y duw Tŵtw fi mai ti, O un gwyn, yw'r dyn.' (166)

Ar gorn pwy neu beth yr â Islwyn Ffowc Elis i'r fath hwyl? Nid ar gorn ofergoeledd y Babongo yn unig, mae'n siŵr, na'r naïfrwydd hunandybus a bair i Ifans ymsythu'n falch mewn ymateb iddo. Parodi sydd yma ar y syniad o'r Dyn Gwyn o ewyllys da a ddaw fel rhyw arwr o fyd myth a chwedl i ryddhau'r brodorion o'u dioddefaint. Pa un ai drwy gyd-ddigwyddiad neu beidio, dyna'n union y math o ffigur y gwneir Rhys Davies yn ymgorfforiad ohono yn nwy nofel R. Gerallt Jones:

> . . . tyfodd enw Rhys Davies yn chwedl yn Sophiatown. I'r ifanc, ef oedd y gŵr a anfonwyd i'w harwain i ryfel yn erbyn y gormeswr, ef oedd Barabbas y bobl dduon. Cyn gadael, rhoddodd addewid iddynt y dychwelai pe bai galw amdano. (*Y Foel Fawr*, 17)

Gwobr Rhys am ei holl ymdrechion yw dadrith ac euogrwydd, a'r rheini'n esgor ar ymgais aflwyddiannus i gyflawni hunanladdiad. Er hynny, caiff y cysur yn y diwedd o weld ei waith o safbwynt positif – ond realistig – 'dylanwad un dyn yn syrthio ar fywyd fel y mae carreg yn disgyn ar wyneb pwll' (331). Ar ddiwedd *Tabyrddau'r Babongo*, ar y llaw arall, ceidw'r awdur ei brif gymeriad yn garcharor hapus yn swigen ei hollalluogrwydd gwaredol gwyn. O ddiogelwch Prydain, lle yr anfonwyd ef o'r ffordd, taera Ifans y byddai 'wedi rhyddhau'r Babongo a phob dyn du taswn i wedi câl hannar cyfla' (188). Yna, a dyma frawddeg olaf y nofel, dychmyga ei fod yn clywed llais Joseff Mbwrw: 'Thanciw, Mista Efans. Thanciw' (190).

Pe cyhoeddid *Tabyrddau'r Babongo* heddiw, mae'n debyg mai'r darlun o Joseff fyddai un o'r pethau cyntaf i'w feirniadu gan gynulleidfa a ddaeth yn llawer mwy sensitif i gynodiadau hiliol hiwmor. Er hynny, mae i Joseff ei le yng nghywair parodïaidd y nofel. Fel cynnyrch un o ysgolion y Genhadaeth Dramor, Joseff, medd yr Ifans capelgar, yw'r 'unig ddyn yn Mbongo sy'n wir frawd i mi, er gwaetha lliw i groen' (65). Ac mae adlais yn 'thanciw' olaf Joseff o'i holl 'thanciws' blaenorol am gael ei droi, yntau'n ddyn du yn ei gynefin a'i gymdeithas ei hun, yn gopi doniol o'r Cymro y mae ei gulni gorbarchus pen dafad yn ddigon o destun chwerthin ynddo'i hun – 'Mista Efans . . . Rydych chi a minne'r un peth . . . Rydyn ni'n dau yn saint' (54).

Yn nwy nofel D. G. Merfyn Jones, *Ar Fryniau'r Glaw* ac *Eryr Sylhet*, ac yn *Tu Hwnt i'r Mynydd Du* Urien Wiliam, y cawn yr olwg lawnaf ar gyfraniad y Genhadaeth Dramor i hunaniaeth y Gymru a fu. Yn *Ar Fryniau'r Glaw* cyfarfyddwn â Thomas Jones, y cenhadwr cyntaf oll i'w noddi gan Gymdeithas Genhadol Dramor y Methodistiaid Calfinaidd Cymreig. Ei anghydfod ef â Chymdeithas Genhadol Llundain ynghylch maes ei genhadaeth a sbardunodd y Methodistiaid Cymreig i sefydlu eu Cymdeithas eu hunain, ac yn ei benderfyniad ystyfnig i fynd i India yn hytrach nag i dde Affrica ymddengys iddo rannu'r farn gyffredin fod 'pennu dyn a feddyliasai fyned i'r India i fyned at . . . drigolion tywyll Affrica yn gryn sarhad ar ei alluoedd meddyliol'.[40] Yn llyfrau hanes y Genhadaeth Dramor, fodd bynnag, y deuir o hyd i'r esboniadau hyn ar ymddygiad y cenhadwr a'i Gymdeithas. Yn *Ar Fryniau'r Glaw* ewyllys Duw oedd sefydlu 'Cymdeithas Genhadol y Cymry' (12), ac o dan arweiniad oddi uchod y meithrinir ymlyniad Thomas Jones wrth ei ddewis faes. Y syniad yw fod gan Gymru rôl neilltuol i'w chwarae yn hanes Cristioneiddio'r byd a bod ardaloedd penodol wedi'u neilltuo ar ei chyfer.

Sut, felly, y mae cyflwyno y cenhadon o'r Cymru ordeiniedig hon yn eu perthynas â Chwmni India'r Dwyrain, cynrychiolwyr seciwlar yr Ymerodraeth Brydeinig ar y Bryniau a 'gwir lywodraethwyr India' (16)? Nid yw mor hawdd datrys eu dilema ag yr awgryma Mary Lewis (gwraig y cenhadwr William Lewis, ac 'awdur' y llythyrau sy'n ffurfio cynnwys y nofel):

Mae cysgod amdiffynnol y fyddin yn werthfawr. Ond mae'n well i genhadon Iesu Grist sefyll ar eu traed eu hunain rhag i'r un cysgod du ddod ar ein tystiolaeth i Grist. Dyma'r prif reswm pam y mae Tom ar gymaint o frys ... inni fedru symud allan o diriogaeth y fyddin yn llwyr a bod ar wahân oddi wrth lygredd y fyddin a Chwmni India'r Dwyrain. (56)

Nid oes gobaith, mewn gwirionedd, y gall ymsefydlu 'ar wahân' ddileu dyledion tra niferus y cenhadon i'r Cwmni, na'u gwneud yn annibynnol ohono. Yr un peth a oleua lwydni'r cyfaddawd yw dewrder Thomas Jones yn amddiffyn y Khasiaid yn erbyn rhaib a thrachwant Mr Inglis, prif asiant y Cwmni yn Chattock. Yn wir, yr erlid a ddioddefa'r cenhadwr o'r herwydd yw achos anuniongyrchol ei farwolaeth annhymig. Pam felly nad yw fersiwn D. G. Merfyn Jones o'r helynt yn gwneud mwy o gyfiawnder â gwroldeb Thomas Jones? Ni wn o ble y daeth y syniad fod Tom yn ddirmygus o dras Eingl-Indiaidd Mr Inglis – dywed mai un wedi 'codi o'r baw' (76) ydyw – ond fe'i cyflwynir yn y fath fodd ag i greu amheuaeth ynghylch cymhellion y cenhadwr. Mwy na hynny, ni phlymia'r nofel unrhyw le yn agos at waelod drygioni Inglis a'r oruchwyliaeth y llywodraethid drosti gan ei dad-yng-nghyfraith yn ei swydd fel Arolygydd y Bryniau.[41] Cymorth yw gwybod nad yn y nofel yn unig y bu i William Lewis, yn weddol fuan wedi marwolaeth Thomas Jones, dderbyn cynnig Inglis i adeiladu ysgol i'r Genhadaeth yn Shella. Ffaith hanesyddol hefyd yw i Inglis dalu am ailadeiladu'r ysgol ar ôl i'r adeilad cyntaf gael ei ddifrodi gan storm.[42] Tybed felly nad yw'r awdur yn ymarfer mesur o ochelgarwch wrth ail-greu yr episod hwn yn hanes mudiad y bu yntau mewn cyfnod diweddarach yn gweithio drosto ar y Gwastadeddau? Erys ymosodiad Mary ar gymeriad Inglis, ac ar ei gŵr am 'gowtowio' iddo a'i 'seboni' (147), ond fe'i gwanheir gan y ffaith fod Mary dros ei phen a'i chlustiau mewn cariad â'r cenhadwr y mae'n ei amddiffyn.

Er na welais dystiolaeth hanesyddol i gefnogi teimladau Mary tuag at Tom, mae Tom ei llythyrau wedi'i seilio'n gadarn ar gymeriad y Thomas Jones go-iawn. Mae'n ymwybodol fod Cristnogaeth yn bygwth fframwaith cymdeithas y Khasiaid, ac yn argyhoeddedig fod angen paratoi'r gymdeithas yn ei chrynswth cyn symud i fedyddio neb. Yr angen cyntaf yw gwella safonau byw y bobl. Hollol resymol wedyn yw i Mary gynnig mai estyniad ymarferol o'r credoau hynny yw'r fenter fasnachol sy'n ennyn llid Williams Lewis, ac sy'n un rheswm pam y terfyna'r Gymdeithas Genhadol ei chysylltiad â Tom.[43] Mae ail reswm y Gymdeithas yn cymhlethu'r mater. Dilyn *Ar Fryniau'r Glaw* y traddodiad mai merch 'hanner a hanner' (106) oedd ail wraig Thomas Jones, gan adael i ni gysylltu hynny ag anghymeradwyaeth y Gymdeithas o'i briodas. Gellir bwrw bod gan D. G. Merfyn Jones ei amheuon ynghylch cywirdeb y traddodiad,[44] ac ni ellir ond dyfalu pam y dewisodd opsiwn a fyddai'n datgelu arswyd y Gymru Ymneilltuol rhag ei hamhuro ei hun â gwaed y paganiaid yr oedd mor eiddgar i'w cael yn frodyr a chwiorydd yn y Ffydd. Denir Tom i ollwng ei ragfarn yntau gan harddwch merch ifanc gyfoethog, diriog; merch hefyd o blith 'criw y ddawns a'r ddiod' (107) a arweiniodd un cenhadwr ar gyfeiliorn eisoes. Gorffen gyrfa'r delfrydwr ffuglennol yng nghanol mwy o amwysedd na gyrfa'r cenhadwr hanesyddol a'i hysbrydolodd.

Nid oes dim byd yn amwys ynghylch ymddygiad ei gyd-genhadwr. I'r gwrthwyneb, mae William Lewis yn batrwm o'r bragmatiaeth a alluogodd genhadon i gydweithredu'n hapus â gwahanol lywodraethau imperialaidd. Ystyria sefyllfa'r Khasiaid o safbwynt cenedl orchfygedig a gyflyrwyd i dderbyn ei choncwest fel peth buddiol, ac sy'n disgwyl i'r Khasiaid ddilyn ei hesiampl:

> 'Trwy rym trais y mae pob llwyth anwaraidd wedi cael ei ddofi erioed, gan gynnwys llwythau'r Cymry! 'Rydw i'n siŵr fod Mr Inglis a'i bobl yn llawer mwy trugarog tuag at y Casiaid nag oedd y Rhufeiniwr at y Cymro. Ond budd, mae'n siŵr, i'r Cymry fu'r goncwest Rufeinig.' (76)[45]

Afraid dweud bod cydweithrediad y cenhadon ag imperialaeth Prydain wedi'i gyfyngu i ddulliau di-drais; serch hynny, gall y canlyniadau fod yr un mor drychinebus. Yn *Eryr Sylhet* derbyn William Preis mai rhan o bwrpas sefydlu ysgolion cenhadol Cachar yw paratoi llwythau mynyddig y dalaith ar gyfer yr ymwthio imperialaidd a fydd yn gymorth i'w difodi yn y pen draw. Derbyn y cenhadwr yn ogystal mai'r peth gorau i'r achos cenhadol yn y tymor hir fyddai i'r iaith Fengali ddisodli pob un o'r 'mân ieithoedd' (90) a siaredir ar y Bryniau. Dyna'n union oedd barn y William Pryse go-iawn,[46] a phrawf o ddifrifoldeb yr awdur yw iddo ei datgelu o gwbl – oherwydd ni waeth pa mor glodliw y bo cymwynasau ieithyddol y cenhadon, datgelir yma y symbyliad creulon o iwtilitaraidd y tu ôl iddynt. Yn sgil hynny fe'n cymhellir i fyfyrio sut y bu i gyfieithiadau fel *Rhodd Mam* a'r *Hyfforddwr* lapio'r llenyddiaeth frodorol yn dynn ym mhlygion traddodiad estron o awr ei genedigaeth. Dyma Gymru Anghydffurfiol y bedwaredd ganrif ar bymtheg yn argraffu ei delwedd ar feysydd y Genhadaeth, ac fe'i gwelwn yn gwneud hynny mewn ffyrdd eraill hefyd, megis drwy fewnforio tonau emynau Cymreig a thrwy ei phwyslais di-ildio ar ddirwest a chadw'r Saboth. Hidlir hanfod yr hyn y dymuna'r cenhadon ei gyflawni i hanes gŵn gwraig Thomas Charles o'r Bala, dilledyn a anfonwyd at Mary yn un o becynnau dillad caredigion y Genhadaeth. 'Ni wn', ysgrifenna Mary, 'beth ddywedai Mrs Charles petai'n gweld ei gŵn yn ddwy ffrog hardd yn cuddio noethni dwy o enethod yr ysgol yma' (*Ar Fryniau'r Glaw*, 74). Fe ŵyr yn iawn. Fe wyddom ninnau hefyd. Testun penbleth i Mary yw dieithrwch y Khasiaid; hwy yw'r Arall 'tu ôl i'r llygaid duon sydd yn syllu arnaf o boptu' (78) nad oes modd ei ddirnad. Neu hwy efallai yw'r Arall na cheisir ei ddirnad oherwydd bychanus i'r eithaf yw ychydig gyfeiriadau Mary at eu gweithgareddau diwylliannol. Honnir (yn hollol anghywir)[47] nad oes ganddynt fymryn o draddodiad cerddorol; 'undonog iawn' (67) yw eu dawnsfeydd, a doniol o ddiffygiol yw eu hymwybyddiaeth o lif hanes. Llwyr anwybyddir eu chwedlau llafar a dawn eu cyfarwyddiaid[48] ac i'r agweddau ofergoelus a hygoelus ar eu crefydd y rhoddir y prif sylw. Ni ddatgelir unrhyw ymwybyddiaeth o'r cyfatebiaethau sydd i rai o'r elfennau 'paganaidd' yn y traddodiad Cristnogol;[49] ni chrybwyllir chwaith yr elfen feseianaidd yn eu crefydd[50] y gellid disgwyl iddi weithredu fel drws cilagored i'r cenhadon dreiglo eu neges drwyddo. Cymaint mwy yw'r parch at y diwylliant Bengali, ac at grefydd y Moslem a'r Hindŵ, fel bod yr ymlyniad wrth Ddarwiniaeth gymdeithasol yn amlwg. Ond hyd yn oed wedyn, ni chawn un Cristion yn cynnig, fel y gwnaed yn hanesyddol, y gallai crefydd y Brahmoaid (sect ddiwygiedig ymhlith yr Hindŵiaid) fod yn 'garreg farch i'r Efengyl'.[51]

Nid oes lle i gredu chwaith fod troi'n Gristnogion yn dyrchafu'r brodorion i'r un gris ar ysgol esblygiad â'r Ewropeaid. Nid oes gwahaniaeth ai Indiaid neu Eingl-Indiaid ydynt; maent i gyd yn 'hanner a hanner' o ran eu lle yn y gymdeithas, ac yn druenus yn eu hobsesiwn â lliw croen golau. Os na honnir yn agored fod Duw ei hun yn wyn, nid oes dadl nad y dyn gwyn yw ei ddirprwy – fel y dengys sylw gwraig William Preis wrth y plant brodorol adeg y Gwrthryfel Indiaidd:

'Ydach chi'n meddwl y byddai'r paganiaid yn beiddio dod i'n niweidio ni a Mr Stainforth, y Barnwr, yn bresennol yn Sylhet? 'Choelia' i fawr! A hyd yn oed petai'r Barnwr yn methu â'n cadw ni'n ddiogel, mae gennym ni Un mwy fyth i ofalu amdanom.' (*Eryr Sylhet*, 17)

Ymuniaethu â'r grŵp ethnig Ewropeaidd a wna'r Cymry, wrth gwrs, a thân ar groen Hugh Roberts yw meddwl y gall brodor sydd 'wedi pasio cwpwl o arholiadau' (hynny yw, graddio'n M.A.) fod yn 'ben ceiliog ar y glwyd'. Nid yw hynny'n nodweddiadol o agwedd y cenhadon eraill; eto, yn ei ddatganiad buddugoliaethus – 'Ond 'dydi o ddim yn Sahib eto! A 'fydd o byth yn Sahib!' (115) – ymdeimlir â gorfoledd mwy cyffredinol cenedl orchfygedig a ddyrchafwyd, drwy reoli pobloedd 'israddol' eraill, i'r un tir â'r Saeson a'u rheolai hwythau. I dir y 'Prydeinwyr fel chi a fi' (118), chwedl William Preis wrth un o swyddogion y fyddin. Temlir weithiau fod y Genhadaeth am gymryd meddiant ysbrydol o'r amgylchfyd naturiol yn ogystal â'r brodorion. 'Mae'r Arglwydd wedi'n cartrefoli ni yma rŵan', medd William Lewis ar adeg claddu gwraig gyntaf Tom, 'Mae gennym bellach le i gladdu'n meirw yma!'[52] (*Ar Fryniau'r Glaw*, 91). Amlygir y meddiannu hefyd drwy gyfrwng ffenomenau naturiol symbolaidd, yn enwedig yng ngweledigaeth Mary o bresenoldeb y Genhadaeth, a'i gorffennol a'i dyfodol yn ymestyn fel clogyn tynged dros y dirwedd a thros hanes y trigolion:

> Y noson o'r blaen yr oeddwn yn edrych i lawr dros y clogwyni i gyfeiriad Chattack ac yn gweld miloedd goleuadau'r Gwastadedd. Mi gofiais yn sydyn am y goleuadau yr oedd Mr Yule yn sôn amdanynt, y myrddiwn goleuadau a ymddangosodd yn y flwyddyn cyn i ni ddod allan yma; y goleuadau na fedrai neb esbonio beth oeddynt. Mae gen i deimlad rhyfedd fod Tom rywle allan yna, ac mai ei oleuni ef oedd un o'r goleuadau 'roeddwn i'n ei weld. Ac y bydd yna lu o genhadon eraill yn dod allan yma maes o law, ac y bydd eu goleuni hwythau hefyd yn pefrio yn y nos fel un Tom, a'r nos yn mynd yn olau fel dydd. A hwyrach y bydd fy ngolau bach innau yno yn rhywle yn helpu Tom a rhai eraill i alltudio'r nos o Fryniau Casia a'r Gwastadedd mawr tywyll! (150)

Dro arall teimlir bod rhywbeth yn amgylchedd newydd y cenhadon sydd mor niweidiol i'w hiechyd moesol ag yw'r hinsawdd i'w hiechyd corfforol. Ni lwydda William Preis yn *Eryr Sylhet* i 'alltudio'r nos' o'r 'Gwastadedd mawr tywyll' y galwodd Duw ef iddo i ymgymryd â 'gwaith mawr ei fywyd' (12). Y Gwastadedd hwnnw sy'n ei lithio yntau i droi'n feddwyn ac i ymosod yn anweddus ar ferch Ewrasiaidd a gafodd ei magu yn amddifaty'r Genhadaeth.

Dehongliad yr awdur, wrth iddo chwyddo ffeithiau moelion yr episod hanesyddol,[53] yw mai William Preis fu'n gyfrifol am gadw'r caead ar yr atyniad rhywiol hirsefydlog rhyngddo a Pwtwl. Nid yw Pwtwl, er yn Gristion o ran enw, a'r cenhadwr yn ŵr priod, yn gweld dim rheswm pam na ddylent gyflawni'r berthynas. Gwêl ei bai yn nes ymlaen, mae'n wir. Yn y cyfamser atgyfnerthir yr argraff o rywioldeb rhwydd, digymell – difoeseg bron – pan ddaw'n agos at gael ei gorfodi i briodi bachgen Moslemaidd: 'hwyrach y down i'w drafod fel modrwy ar fys yn fuan. Mi fyddai'n hyfryd cael dyn o dan fy mawd trwy gyfrwng castiau serch!' (47) Ymhyfryda unwaith eto yn ei medr carwriaethol – 'Mi wnawn i garwr ohono!' (71) – pan gytuna i'r briodas a drefnir iddi gan William Preis. Cynhelir yr un ddelwedd ohoni hyd yn oed ar achlysur ymosodiad meddw Preis tua'r diwedd, a hithau erbyn hynny'n wraig briod ddedwydd: 'Hyd yn oed pan oeddwn i'n rhedeg o'r byngalo am fy hoedl roedd rhywbeth tu mewn imi'n crefu arnaf i fynd yn ôl i'w freichiau i gael ei fabi ynof' (104). Yn naear yr Arall ffrwytha'n afreolus y chwantau cnawdol na all y gorchfygwr 'uwchraddol' addef fod iddynt wreiddiau yn ei diriogaeth ei hun.[54] A phe dehonglem stori Pwtwl fel symbol o rai o effeithiau yr ymyrraeth Brydeinig yn India byddai lle amlwg yn y dehongliad hwnnw i'r bwlch yng nghof William Preis a bair iddo gredu na wnaeth ddim o'i le.

Roedd Affrica yn diriogaeth arall a oedd yn prysur gael 'ei hagor i bob cyfeiriad' (*Eryr Sylhet*, 56) dan ddwylo'r dyn gwyn. Dyna'r cyfandir y gwrthododd Thomas Jones fynd iddo i genhadu, ac fe gofiwn fod drwgdybiaeth ddyfnach na'r cyffredin ynghylch galluoedd ei 'drigolion tywyll'. Mwy cymedrol yw'r ymateb pan gyrhaeddwn ganolbarth Affrica yng nghwmni David Williams yn *Tu Hwnt i'r Mynydd Du* Urien Wiliam. Mae llythyrau'r cenhadwr ifanc o Wynfe yn hael eu canmoliaeth i ddoniau'r llwythau brodorol, a gwna'r Wanyamwezi, y llwyth yr ymgartrefa yn eu plith, argraff arbennig arno fel pobl athrylithgar, ddewr, fentrus a diwyd. Nid 'anwariad' mo'u pennaeth ond gŵr a allai, pe câi ychydig o hyfforddiant 'yn allanolion ein ffordd Ewropeaidd o fyw' brofi ei hun 'mor gartrefol yn Downing Street yn Llundain ag ydyw yn ei Lys yma yn Urambo' (152–3). Drwy adlewyrchu'r awydd a oedd yn araf ymledu drwy Affrica ar y pryd am gael mabwysiadu dulliau llywodraethau'r Gorllewin,[55] cefnir ar uwchraddoldeb hierarchaidd haearnaidd rhai o genhadon India. Wrth gwrs, nid oes gwadu nad y diwylliant Prydeinig a orseddir unwaith eto fel y safon y dylai diwylliant 'ansafonol' y brodorion ymgyrraedd ato. Er hynny, ac er ei bod yn anodd gwybod beth yw'r cydbwysedd rhwng y ffuglennol a'r ffynonellau hanesyddol yn y nofel hon,[56] llwyddir i sicrhau cydbwysedd rhwng eangfrydedd y cenhadwr a deuoliaethau anorfod ei sefyllfa. Er iddo ofidio bod y fasnach mewn caethweision yn dal i ffynnu yn Affrica, fe estyn am wialen y meistr pan fo angen ei chymorth arno. Gresyna at y dyn gwyn yn 'cilwgu mor drachwantus ar diroedd y dyn du' (153), ond mae yntau yn darostwng hawliau tiriogaethol y brodorion wrth resynu at eu harfer o fynnu cymaint ag y gallant o *hongo*, sef tâl am deithio drwy eu tiroedd. Ei hynodrwydd gwaredigol drwy'r cwbl yw ei allu i ganfod y ddynoliaeth gyffredin a glyma drigolion Affrica a'r Cymry ynghyd – a'i allu i ymdeimlo â'r hiwmor a ddeillia weithiau ohoni:

... mi welais nifer o lanciau a llancesi yn chwarae pêl ... ond ni wn ai yn y bêl yr oedd eu gwir ddiddordeb yn gymaint ag yn ei gilydd – yn hyn o beth nid yw trigolion y parthau hyn fawr gwahanol i bobl ifainc Cymru! (110)

Nid oes dianc rhag y cyswllt Cymreig yn antur David Williams. Cyfrol a wna argraff ddofn arno yw *How I Discovered Livingstone* H. M. Stanley, 'alias John Rowlands, Llanelwy' (34), ac fe'i cawn drwy gyd-ddigwyddiad rhyfedd (hanesyddol ddilys) yn cyfarfod â chenhadwr arall yn yr unio le (Ujiji) y cyfarfu H. M. Stanley â David Livingstone. Rhyfeddach fyth yw fod y cenhadwr hwnnw yn gyfaill bore oes iddo, ac mae rhyw wefr hynod yng Nghymreictod cartrefol yr ail gyfarfyddiad yn nychymyg David Williams: 'William Glanmeilwch, *I presume?'* . . . 'Wel, wel! – Dai bach Cwm-llwyd, ar fy ngair!' (123). Cyn y cyfarfyddiad hwnnw bu 'Dai bach Cwm-llwyd' yn dilyn yn ôl troed gweinidog arall o Gymro (Roger Price). Gŵr o dras Gymreig hefyd sy'n ben ar y fyddin a sefydlwyd gan y Prydeinwyr i ymladd y fasnach mewn caethweision. Mae gan David Williams felly reswm da dros ofidio iddo anghofio dod â'r Ddraig Goch i'w chario ar y blaen gyda'r faner Brydeinig. Cyfeirir wedyn at Roger Price yn enwi'r pedwar ych a dynnai ei drol yn *Wales, England, Scotland* ac *Ireland* – gan roi'r safle arweiniol i Gymru. Tra bo'r enwi cellweirus yn trawsblannu'r Deyrnas Unedig yn uned imperialaidd gron yn nhir Affrica, mae hefyd yn awgrymu tensiynau mewnol yr uned: 'i'r ail ŷch, un anhydrin braidd, rhoddwyd yr enw ENGLAND (ni wn pa wers y gellir ei thynnu o hyn!)' (42). Mewn man arall lled-feirniedir dau o'r cenhadon o Loegr am 'nad oeddynt erioed wedi ystyried Cymru fach yn ddim ond talaith o "Saeson" hynod eu goslef yn hytrach na chenedl ag iddi ei hiaith ei hun' (124). Achwyn David Williams cyn gadael Cymru (yn un o'i lythyrau 'dychmygol') ar statws anfoddhaol y Gymraeg yn yr ysgolion yma, ac fel ateg i hynny, ef yw'r unig un o genhadon Cymreig y nofelau i nodi eu bod, wrth addysgu'r brodorion i ddarllen y Beibl yn yr iaith frodorol, yn gweithredu egwyddorion Griffith Jones Llanddowror. Y perygl yn hyn i gyd yw i hanes canolbarth Affrica gael ei lyncu yn rhan o hanes Cymru, ac mae'r perygl yn amlwg yn addewid William Griffith (Wil) wrth ysgrifennu at David Williams – 'Fe wnawn gwr bach o Affrica yn ail Wynfe!' (62).

Yr ochr arall i'r darlun yw cyffes David Williams fod 'rhamant y gwledydd pell yn hudo meddyliau dynion i hiraethu am eu gweld' (81). Cyffesa ymhellach, ar ddiwedd dyfyniad hir o waith H. M. Stanley, mai drwy 'ddweud soniarus . . . Dawn y bardd' y denwyd ef a William Griffith 'i'r fro ramantaidd, bellennig' (61). A'r gwir yw, er holi eiddgar David Williams o bellter Affrica am fywyd beunyddiol ei deulu gartref, i'r bywyd hwnnw bwyso'n drwm arno cyn iddo ddilyn Wil i'r coleg. Pa beth gwell i chwalu rhwystredigaeth o'r fath na phrofiad y cenhadwr 'o fisoedd o antur di-ben draw, misoedd yn llawn newydd-deb a chyffro bob dydd' (164)? Yr ydym yn aml fel petaem yn craffu ar newydd-deb y wlad ddieithr drwy ffenestr sydd â darlun o Gymru wedi'i ysgythru ar ei gwydr. Ar un achlysur, fodd bynnag, mae'r olygfa mor eang ac mor anghyfannedd fel na ellir gobeithio ei chynnwys o fewn yr amlinellau cyfarwydd. Medd David wrth Johnny, ei frawd:

> Cer lan i ben y Mynydd Du a sylla i lawr dros Ddyffryn Tywi a'i ddychmygu'n orlawn o goed amryliw a dail o wyrdd a phorffor yn ymestyn mor bell ag y gall y llygad weld. Dychmyga wedyn fod y dyffryn ddengwaith yn lletach a dyfnach . . .
> Ond nid dyna ddiwedd y darlun – rhaid iti weld yn llygad dy feddwl ugeiniau o ddyffrynnoedd cyffelyb yn cydredeg am gannoedd o filltiroedd . . .

Temtir y cenhadwr am ennyd i ymollwng o'i Anghydffurfiaeth Gymreig i ryddid eangderau cynoesol Affrica; ei waredigaeth yw iddo fedru dofi'r dirwedd o'i gwmpas drwy ei throi yn drosiad o'r dasg yr ymgymerodd â hi:

> . . . mae rhyw ymdeimlad o dangnefedd cyntefig yn fy meddiannu – hyd nes imi gofio fod dynion yn trigo yng nghanol y cyntefigrwydd hwn mewn anwybodaeth lwyr o Efengyl yr Arglwydd Iesu. A gwn fod y gwaith o ddwyn eneidiau i Grist yn ymestyn o fy mlaen mor ddiderfyn â'r coedwigoedd. (127)

Agos at galon yr imperialydd yw'r olygfa a gonsurir yma o diriogaeth eang, wyllt, a'i brodorion paganaidd ar goll yn ei hanferthedd. Yn *Eryr Sylhet* fe'i cyfrifir hi'n 'gywilydd' (94) fod poblogaeth Cachar mor annigonol ar gyfer maint ac adnoddau'r dalaith, a'r 'cywilydd' hwnnw a gyfiawnha'r cynlluniau datblygu y disgwylir iddynt hebrwng y trigolion brodorol yn gyflym i'w tranc. Rhesymu tebyg a ganiatâi i'r Cymry fentro i wledydd dieithr fel trefedigaethwyr, ac i wneud hynny, yn achos Pensylfania a Phatagonia, mewn minteioedd a fwriadai adeiladu Cymru Newydd ar dir a oedd eisoes yn eiddo i bobloedd eraill.[57] Nid yw'r rhesymu hwnnw yn hollol effeithiol o ran tawelu cydwybod gwladychwyr Cymreig *Y Rhandir Mwyn* Marion Eames. Teimlir rhyw blwc yn gynnar yn y nofel yn sgil sylw didaro Edward Jones Feddyg fod brodorion Pensylfania ('Pennsylfania') 'yn ddigon bodlon gwerthu eu tir am y teganau lliwgar a'r mân betheuach y bydd y dyn gwyn yn ei gynnig iddynt'. Yr ymateb yw: 'A'r dyn gwyn yn ddiamau yn cael y gorau o'r fargen' (16); ac mae'r feirniadaeth wedi'i miniogi o'i gosod ym meddwl 'paun ffôl' (14) o lanc segur a diog (Robin Wynn) nad yw hyd yn oed yn Grynwr. Rhyfedd, o feddwl am y peth, nad oes un o arweinwyr gwleidyddol a gweinyddol y Crynwyr Cymreig ymhlith y cymeriadau a leisia amheuon tebyg. Rhy ddiweddar, wedi'r cwbl, yw i Rowland Ellis annog Tomos (ei hwsmon) i roi bargen deg i'r brodorion wrth brynu tir iddo'i hun – oni ŵyr mai drwy eu hanrhegu â 'sothach' (38) y sicrhaodd Tomos dir Rowland Ellis yn gynharach? Y peth i'w gydnabod yn y cyswllt hwn yw fod Marion Eames yn mesur ei chamau i'r fodfedd. Mentra'n ddigon pell i ennyn ein cydymdeimlad â'r brodor, ond try yn ei hôl cyn i'w golledion amharu ar ein cydymdeimlad â gweledigaeth wreiddiol y Rhandir Cymreig.

Codir pwynt pigog yng nghwestiwn Dorti (wrth iddi rybuddio Robin Wynn mai hunaniaeth y gwannaf a gollir pan ymdawdd dau ddiwylliant yn un): 'Ddar'u ni ymdoddi i gymdeithas yr Indiaid?' (224). Ar sail darlun *Y Rhandir Mwyn*, fodd bynnag, nid oes ond un ateb i'w chwestiwn, sef 'Pa gymdeithas?' Diflannu o'r golwg a wna'r Brenin Taminent a'i bobl ar ôl y ddefod o gyflwyno'i diroedd i William Penn. Ni chyfarfyddwn wedi hynny ond ag ambell frodor unig, heb inni ddysgu ond y nesaf peth i ddim am ei ffordd o fyw. Ond wedyn, pa werth sydd i ddiwylliant pobl na 'fedrant roddi cownt ohonynt eu hunain na'u hanes, nac o ba le y daethant' (16)? Mae'r cwestiwn yn anorfod pan ymhyfrydir cymaint yn hanes a chymhellion y Crynwyr Cymreig: 'Megis yr Israeliaid gynt,' (medd John Eckley) 'fe'n tywyswyd ni, yr hen Frythonied, drwy law Duw ar hyd y canrifoedd. Ein nod yw Gwlad yr Addewid, y Jerwsalem Newydd' (39–40). A'r fath wrthgyferbyniad eglur wedi'i sefydlu rhwng y Cymry ac Indiaid America, rhyddheir y Cymry i amddiffyn y Rhandir yn erbyn ymyrraeth y Saeson heb iddynt orfod petruso yn ormodol ynghylch canlyniadau eu hymyrraeth hwythau â threftadaeth y brodorion.

O droi i gyfeiriad Patagonia nid oes amheuaeth na wyddai'r gwladychwyr o Gymru mai'r Indiaid oedd gwir berchenogion y tiroedd a ganiatawyd iddynt gan lywodraeth yr Ariannin. Roeddent mor euog ag unrhyw genedl arall o ddwyn tiroedd y brodorion,[58] a phwysent ar y dadleuon a ddefnyddid gan bwerau mawrion Ewrop i gyfiawnhau eu trefedigaethu hwy. Nid oedd yr Indiaid yn amaethu'r tir yn y dull Ewropeaidd, nid oedd ganddynt chwaith lywodraeth a gydymffurfiai â'r model Ewropeaidd; o'r herwydd ystyrid eu tiriogaethau, esbonia R. Bryn Williams, yn fannau a 'oedd yn wag o bobl'.[59] Mewn llyfr hanes y gwna hynny, ond cywair tebyg sydd i'w sylw ef ei hun nad oedd neb yn byw ym Mhatagonia cyn y Cymry 'ond Indiaid crwydrol'.⁶⁰ Prin felly y disgwyliwn iddo faglu yn ei frys i dynnu sylw at ladrata tiriogaethol y Gwladfawyr yn ei nofelau. Eto, ymddengys yn huawdl yn ymyl mudandod Kathleen Wood, awdur *Siân a Luned* – o leiaf, rhoddir cyfle yn ei *Agar* yntau i Teweli, pennaeth un o'r llwythau, dystio i *rywun* ddwyn tiroedd yr Indiaid. Yr Archentwyr yn unig a enwir, er hynny, a'u hamcanion hwy ar gyfer y llwyth – sef eu cyfyngu i un ardal arbennig – sy'n cynhyrfu Teweli i brotestio yn erbyn yr anghyfreithloni imperialaidd ar berthynas cymdeithasau nomadaidd, helwrol â'u tiriogaeth: 'Mi fyddwn wedi'n cau i mewn yno. Mi fyddwn yn gorfod byw yr un fath â'r bobl wynion' (41).

Un o ddyfeisiau'r apolegydd imperialaidd yw bwrw'r bai am anghyfiawnderau'r drefn ar gamarfer eraill ohoni. Dyna a wna Kathleen Wood hefyd wrth ddyfynnu datganiad 'un Indiad dewr' 'fod Pilan [y duw da] wedi gyrru'r Cymry i Batagonia i helpu'r Indiaid, a Gualichw [y duw drwg] wedi gyrru'r Sbaenwyr' (*Siân a Luned*, 57). Nid bod y ddau nofelydd yn gorliwio'r darlun yn gymaint â'u bod yn gadael rhannau ohono yn hollol wag. Beth pe byddem am lenwi ychydig ar y gwacter? Gallem sôn i ddechrau am ffyrdd di-drais y Cymry o ecsbloetio'r brodorion (gwerthent ddiodydd meddwol i'r Tehuelche er eu bod hwy eu hunain yn llwyrymwrthodwyr, a bu awgrym iddynt elwa'n annheg ar y fasnach rhyngddynt a'r llwyth).⁶¹ Gallem grybwyll yn ogystal y taliadau a wnaed i'r Tehuelche gan lywodraeth yr Ariannin er mwyn sefydlu 'perthynas arbennig' rhyngddynt a'r gwladychwyr Cymreig.⁶² Yna, pan gyfeirir yn *Siân a Luned* at gyrchoedd hela didrugaredd yr Archentwyr yn erbyn yr Indiaid, sylwn mai ei phrif amcan yw ein hatgoffa i'r Cymry eiriol drostynt. 'Biti', medd Dafydd yntau yn *Agar*, pan glyw sut y lladdwyd ei gariad brodorol (Marianne) yn un o'r cyrchoedd, 'na fuaswn i yno i'ch amddiffyn chi' (39). Ni welwn liw o'r milwyr Archentaidd a warchodai'r Cymry ar rai o'u teithiau ymchwil i gyfeiriad yr Andes, ac ni chlywn i'r milwyr, ar un o'r teithiau hynny, hela a chaethiwo teuluoedd o frodorion, gan gam-drin eu haelodau a threisio eu gwragedd a'u merched ifainc.⁶³ Absennol, fel y milwyr, yw'r nawdd a'r cymorth a estynnodd eu llywodraeth i'r Wladfa er mwyn iddi gadarnhau gafael yr Ariannin ar ran anghysbell o'i thiriogaeth, a sicrhau ardal yr Andes i'r Ariannin wedyn yn erbyn gwrthamcanion Chile.⁶⁴ Cawn rannu ffieidd-dod Cymry Patagonia tuag at greulonderau'r Ariannin heb y fantais annymunol o wybod sut yr hyrwyddodd y Cymry yr uchelgais imperialaidd y tu ôl iddynt.

Cydnabyddir er hynny fodolaeth y rhagfarn hiliol a ddaeth yn nodwedd sefydlog o'n trafodaeth, gan ddatgelu sut y gall y cymhelliad cenhadol ddarostwng y 'pagan' i fod yn rhywbeth llai na dynol. Fel y dywedir yn gysurlon yn *Siân a Luned* am y ferch Indiaidd (gwraig un o'r Cymry yn ôl y ddefod frodorol, a mam ei blant) a ddychwelodd at ei phobl: 'ond 'doedd hi ddim yn Gristion, yn nac oedd?' (54). Yn *Y Rebel* R. Bryn Williams nid yw'r Indiaid 'fawr gwell nag anifeiliaid' (73) i'r rhan fwyaf o arweinwyr crefyddol y Cymry, a defnyddir stori Marianne i feirniadu'r Cymry am 'fabwysiadu' plant brodorol fel rhan o ymgyrch genhadol – ar yr esgus eu bod mewn perygl o gael cam gan eu rhieni.[65] Yn *Agar* (sy'n ddilyniant i *Y Rebel*) unig amcan y Cymry wrth gymryd babanod a phlant amddifad i'w catrefi yw eu magu i fod yn weision a morynion iddynt. Am y cymathu diwylliannol a ddigwyddai weithiau, er i Marianne ddysgu 'byw fel y Cymry' (*Y Rebel*, 66) nid yw hynny, mwy na'i statws cymdeithasol uchel ymysg y brodorion (fel merch Teweli), yn dileu ei hisraddoldeb. Medd hithau wrth Dafydd:

> 'Mi fuo dy deulu di'n garedig iawn wrtha-i, ond tosturio yr oedden-nhw . . . Fe wyddwn i'n reddfol nad oeddwn-i'n ddigon da i fod yn rhan wirioneddol o'u bywyd.' (80)

Pobl isradd ydynt hefyd i Dafydd er ei gyfeillgarwch â phennaeth y llwyth: 'Sylweddolodd Dafydd iddo gael ei osod mewn lle cas, gan i'r brodor awgrymu fod yr Indiaid a'r Cymry'n gydradd' (82). Digwydd hynny wrth iddo wneud cais iddo yntau a Marianne gael cyd-fyw; cais sy'n rhan o'i wrthryfel yn erbyn parchusrwydd capelyddol y rhelyw o'i gyd-Gymry yn Nyffryn Camwy ac sydd hefyd yn cyd-ddigwydd â'i ymfudo o'u plith i'w ddaliad newydd wrth droed yr Andes. Er cydymdeimlad yr awdur â hi, stereoteip yw Marianne yn y senario hon (fel Pwtwl yn *Eryr Sylhet*) o'r forwyn o bryd tywyll a ddena'r dyn gwyn i ffoi o gyfyngiadau gwareiddiad i fwynhau'r rhyddid a gynrychiolir gan ei rhywioldeb hithau. Rhydd hynny arwyddocâd dyfnach na'r cyffredin i'r gwrthgyferbyniad rhyngddi ac oerni'r Gymraes a fu'n gariad i Dafydd o'i blaen. Synir am ei garwriaeth gyntaf yn yr un termau yn union â'i arloesi tiriogaethol, a phaerheir y gyfatebiaeth yn symbolaeth dreisiol a rhywiol ei ymdrechion i ddofi tir gwyryfol Cwm Hyfryd: 'corff noeth' y goedwig a glirir, y fwyell hir yn suddo i'r pren, a'r 'quebracho urddasol . . . yn ildio i frath y fwyell a dannedd y llif' (42). Wedi'r meddiannu newidir i gywair tynerach – 'Gyda'r had aethai gobaith i'r ddaear, a'r arloeswr yn gweld pridd ac wybren yn briodas a ddygai ffrwyth ar ei ganfed o rin yr haul a gwaedlif y glaw' (42) – ac mae i hynny gyfatebiaeth yn nhynerwch carwriaeth Dafydd â Marianne. Rheolir bywyd y ferch frodorol gan reddf a'i gwna yn anhygoel o sensitif i ddymuniad y carwr sydd hefyd yn orchfygwr, a hithau'n ddarn o fyd natur sydd fel 'y llyn acw: yn ufudd i anwes awel neu i chwip y gwynt, yn gwenu dan heulwen ac yn fud dan gwmwl' (77). Y ferch Indiaidd hydrin, oddefol hon sy'n symboleiddio gallu Dafydd i gymryd meddiant ar yr hyn a ddisgrifir gan Terry Goldie fel 'this new, available land'.[66] Mae'r uniad rhwng dau fath o imperialaeth yn berffaith.

Gwrthbwysir yr ysfa i ddofi a gwareiddio gan alwad y gwyllt di-sathr. Cynnig cariad greddfol Marianne ymwared i Dafydd rhag y 'merched gwâr . . . gyda'u confensiynau a'u hystrywiau a'u mursendod' (77), ac mae yr un mor awyddus i ddianc rhag confensiynau'r 'ffordd Gymraeg o fyw':

> 'Mae'r rhai a ddaeth o Gymru yn meddwl mai traddodiadau'r Hen Wlad sydd bwysicaf, ac mae nhw'n breuddwydio am gael Cymru newydd yma . . . ond yr yden ni'r bechgyn a fagwyd yma, yr ail genhedlaeth, yn dechrau gadael yr hen ffordd o fyw eisoes. Y paith a'r anturio sy'n apelio atom ni.' (87)

Ie, y paith y priodolir i'w unigeddau digymdeithas y gallu i dynnu i'r wyneb yr elfen wyllt, gyntefig yn natur dyn. Gall ei eangdiroedd diffaith hefyd gyffroi ymateb ac ymchwil ysbrydol, ond tra ennyn y paith ryw gymundeb cyfrin â Natur yn *Siân a Luned*, ac agosrwydd annelwig at 'hanfod dyn' (28), ni ddatgela ddwyfoldeb y Crëwr fel y gwna tirnodau Cymru (penillion Owen, 73–5). Ei effaith ar Dafydd yw peri iddo chwilio am atebion heblaw rhai y traddodiad Ymneilltuol i'r cwestiwn tragwyddol: 'Beth oedd ystyr bywyd, os oedd ystyr iddo o gwbl?' (*Y Rebel*, 119). Dyma fersiwn ar yr 'alienation of vision and the crisis in self-image'[67] y cyfeirir atynt yn *The Empire Writes Back*, a'r diriogaeth newydd yn cyffroi'r 'rebel' a'i debyg (perthynas agos iddo yw Llew yn *Siân a Luned*) i geisio sefydlu hunaniaeth newydd yn lle'r hen hunaniaeth genhedlig sydd â'i gwreiddiau y naear Cymru.

Ansawdd daearyddol hollol wahanol sydd i diriogaeth *Y Rhandir Mwyn*, ond mae honno hefyd yn tanseilio bwriadau cychwynnol y Cymry. Lle y gorfodid Satan gan 'fynyddoedd sgithrog' (99) Cymru i'w amlygu ei hun ar ffurf erledigaeth grefyddol, yn llawnder y wlad newydd nid oes angen iddo ond sibrwd 'Cymer, cymer . . . mwy, mwy, mwy . . .' er mwyn llwyddo 'lle y methasai pob carchar a sen a dolur' (145). Temtir rhai o'r Crynwyr i brynu caethweision i weithio eu herwau eang newydd, ac er nad yw Marion Eames yn enwi'n benodol ond y Cymry y gellir eu disgrifio fel bradwyr neu wrthgilwyr, fe ddengys y 'caethweision ffyddlon a gweithgar' (216) yng ngofal Robin Wynn mor hawdd y trawsffurfir arfer atgas yn normalrwydd rhinweddol. Tynhau gydag amser hefyd a wna gafael y trachwant am dir ar y Cymry. Ymdrecha Rowland Ellis i'w gyfiawnhau – 'Mae'n *rhaid* i'r Cymry brynu cymaint ag sy'n bosib o fewn y Rhandir, er mwyn cau'r rhengoedd' (147) – ond yn y pen draw fe rwystrir y Crynwyr Cymreig gan eu gorwario gwancus ar dir rhag gallu, a rhag dymuno, gwneud y taliadau ariannol i'r Comisiynwyr Tir Seisnig a fyddai'n diogelu unoliaeth y Rhandir. Erbyn iddynt ailystyried eu blaenoriaethau mae'r penderfyniad i chwalu'r Rhandir wedi'i wneud: 'Rhy hwyr . . . y geiriau tristaf mewn unrhyw iaith' (243).

'Rhy hwyr' yw hi hefyd ar genhedloedd yr Indiaid. Yn *Y Rebel* mae'r newidiadau a gyflawnodd y Cymry yn Nyffryn Camwy – y mesur, a'r ffensio a'r amaethu – yn amlwg yn canu cnùl eu ffordd o fyw er nad yw Teweli'n ymwybodol o hynny eto, ond mynegir y bygythiad mewn dull mwy cyfrwys pan y'i cyferchir gan Dafydd ar ymweliad tymhorol ei lwyth â Chwm Hyfryd: 'Croeso Teweli . . . Croeso i Gwm Eilir' (*Y Rebel*, 62). Oherwydd mae enwau'n dynodi perchenogaeth ar wastad ehangach a mwy cymhleth na'r meddiannu daearyddol syml – oni bai am hynny ni fyddai angen i Marion Eames drafferthu nodi yn *Y Rhandir Mwyn* sut y newidiodd William Penn 'Uwchlan' y Cymry yn 'Chester', na sylwi ar ei awch am newid yr enwau brodorol 'barbaraidd' (20). Yr hyn a welwn yn nofelau R. Bryn Williams a Kathleen Wood felly yw'r Cymry yn serio eu hiaith a'u hanes hwythau ar dirlun Patagonia. Anghofir yn llwyr yn nhaith *Y Rebel* i wladychu Cwm Hyfryd mai dilyn llwybrau'r brodorion a wnâi'r Cymry ar eu teithiau ymchwil.[68] Mor dew yw cysylltiadau hanesyddol yr enwau Cymraeg, ac mor drwchus yw'r clwstwr ohonynt wrth agosáu at ddiwedd gorfoleddus y siwrnai, fel y gorchuddiant olion tramwy'r brodorion, ac mae un enw yn enghreifftio'n fanwl y modd y trechir tiriogaeth ddieithr gan iaith a diwylliant y gorchfygwr:

> Gyda'r nos daethant at greigiau uchel mewn dyffryn bychan, a'r rheini'n ysblander o liwiau, pob math o goch a melyn. Disgleirient fel aur yng ngolau'r machlud, a chan eu bod wedi eu ffurfio'n gyfareddol fel temlau Groegaidd ac yn golofnau amryliw, galwyd y lle gan yr arloeswyr o Gymry yn 'Ddyffryn yr Allorau'. (*Agar*, 106)

Ni fyddai'r enw yn golygu dim i'r brodorion; yr Ewropeaid yn unig a ddeallai'r gyffelybiaeth, a honno'n gwisgo'r gwladychwyr ym mantell gwarcheidwaid y traddodiad Clasurol. Hwy yw cynrychiolwyr gwareidddra yr Hen Fyd yng nghanol barbareiddiwch y Byd Newydd.

Fe welir felly na all un o'r nofelwyr osgoi dangos y Cymry fel gweithredwyr yn ogystal â dioddefwyr imperialaeth, ond teg dweud i'r traddodiadau am y Rhandir Cymreig a menter Patagonia eu harwain i roi mwy o bwys ymwybodol ar yr ail agwedd. 'Na fydded i ti lywodraeth arall ond myfi', 'Na chwyna fod y Saeson wedi goresgyn dy wlad' (40) yw dau o ddeg gorchymyn y Saeson i'r Cymry gartref yn *Siân a Luned*; nid yw *Y Rhandir Mwyn* yn ei chyfanrwydd ond yn ailadrodd hen hanes y berthynas anghyfartal rhwng y Cymry a'r Saeson. Trawsblennir gwreiddiau'r hen orthrwm i'r diriogaeth newydd, neu heuir ei hadau o'r newydd gan lywodraeth imperialaidd arall. Ymdeimlir yn ogystal yn *Y Rhandir Mwyn* â dylanwad negyddol y ddibyniaeth ar awdurdod allanol a feithrinir gan y profiad o goncwest. Fe'i hamlygir yng nghyflwyniad Crynwyr Cymreig Pensylfania o'r hawliau yr arferent eu mwynhau (yn ôl eu honiad) yn eu 'rhyddid o dan goron Loegr' (187); fe'i hamlygir hefyd yn awgrym un o'r Crynwyr Saesneg y byddai dyrchafu Thomas Lloyd yn Ddirprwy i William Penn yn twyllo'r 'Cymry gwirion' i gredu, fel yng nghyfnod y Tuduriaid, mai iddynt hwy y perthyn 'y fraint a'r fuddugoliaeth' (76).

Gwelsom eisoes mor ddi-ddweud yw'r nofelau am Batagonia ynghylch 'seicoleg ddibynnol'[69] eu gwladychwyr hwy yn eu perthynas â'r Archentwyr. Maent yr un mor dawedog ynghylch y troeon y ceisiodd Gwladfawyr y genhedlaeth gyntaf gysgodi dan y faner Brydeinig rhag ymyrraeth llywodraeth yr Ariannin.[70] Hawdd cydymdeimlo â'u mudandod; hawdd cydymdeimlo yn ogystal â rhesymau Kathleen Wood dros ganolbwyntio ar ormes y Saeson a'r Archentwyr yn hytrach nag ar ddibyniaeth y Cymry arnynt. Ond yn nofelau R. Bryn Williams mae math arall o fudandod, anos ei ddeall. Yn *Agar* mae ieuenctid y drydedd genhedlaeth wedi ildio, fwy neu lai, i freichiau'r Archentwyr. Er iddynt ddal yn hyddysg yn iaith a diwylliant yr 'Hen Wlad', nid hi piau eu teyrngarwch: 'Ystyrient eu hunain yn ddeiliaid Ariannin, a rhywbeth o'r gorffennol oedd eu perthynas â Chymru' (77). Y cwestiwn yw, sut y digwyddodd y newid hwn? Nid oes sôn yn un o ddwy nofel R. Bryn Williams am y pwysau a osodwyd ar y Cymry i newid iaith eu hysgolion Cymraeg i'r Sbaeneg, ac nid oes sôn chwaith am yr helyntion a fu wrth i'r Archentwyr orfodi'r Wladfa i blygu i rym cyfraith yr Ariannin.[71] Gellid tybio i'r Cymry droi yn Archentwyr drwy ryw fath o osmosis di-boen.

Ni wn a oes rhyw deyrngarwch deuol ar waith yma,[72] a'r awdur yn un a fagwyd yn y Wladfa. Yn sicr, cymhellion ac ymddygiad y Gwladfawyr hŷn yw prif wrthrychau drwgdybiaeth a dirmyg Dafydd yn *Y Rebel*. Ffoi yn ddiamcan rhag gormes a thlodi a wnaeth cenhedlaeth ei rieni: 'Rhyw fath o lyfrdra oedd y cwbl' (87). Yn y sffêr grefyddol difethasant eu rhyddid newydd drwy ganiatáu i fanylder diwinyddol a chulni moesol gael y gorau ar y rhyddfrydiaeth anenwadol gynnar. Ffieiddir hefyd yr elît newydd a gyflwynir fel ffrwyth penodol y Wladfa – 'mae'r Wlafda'n codi arweinwyr snobyddol sy'n mynd i ddefnyddio'r bobl gyffredin at eu pwrpas' (52) – ond sydd, yn ôl rhai, yn nodwedd gyffredin yn natblygiad cenedlaetholdeb pa le bynnag y'i ceir.[73] Canlyniad gwrthryfel Dafydd yw cyfnod o ddirywiad, a hwnnw'n hynod am ei gyfochredd symbolaidd â'r dadfeilio ym myd yr Indiaid y bodola perthynas waed bellach rhyngddo a hwy. Y gwahaniaeth yn achos Dafydd yw fod y dirywiad yn esgor ar hunaniaeth hybrid newydd ar ffurf dychweliad Agar, ei ferch hanner gwaed, a'i charwriaeth â Chymro (Caeron) o dueddiadau Archentaidd. Myn R. Bryn Williams yn y Rhagair i *Agar* mai ei bwrpas wrth ddangos bywyd 'pobl yr ymylon' (5) yw ein cael i edmygu'r gweddill a ymdrechodd i gadw'r ffordd Gymreig o fyw. Nid oes dadl, serch hynny, nad Agar a'i darpar ŵr piau'r dyfodol.

Ar ryw olwg mae hynny'n amlwg yn y tair nofel 'Batagonaidd' o'r dechrau. Testun boddhad yn *Y Rebel* yw fod lle yn llyfrgell fechan Dafydd i weithiau Quevedo a Martin Fierro ochr yn ochr â gweithiau Ceiriog ac Islwyn, a cheir Cymry *Siân a Luned* yn symud yn gymharol hapus i'r un cyfeiriad trawsddiwylliannol. Mabwysiedir amryw o nodweddion diwylliant materol ac anfaterol yr Indiaid a'r Archentwyr mewn cyfuniadau cyfartal â'r diwylliant Cymreig, megis yn y traddodiad o ddathlu'r glaniad cyntaf gydag *asado* (math o farbeciw) a 'phregeth rymus', ac yn y caneuon Cymraeg newydd a genir i gyfeiliant y gitâr. Am yr iaith, geiriau Sbaeneg, a'u tarddiad weithiau yn yr ieithoedd brodorol, a ddefnyddir fynychaf ar gyfer y fflora a'r ffawna, y ffenomenau naturiol, y nwyddau materol a'r arferion na fodolent yng Nghymru. Tyn y rhain ein sylw at y bwlch rhwng iaith a thiriogaeth tra'n ymdrechu i'w gau; a phan ddefnyddir geiriau estron am wrthrychau hollol gyfarwydd cyfleant, mewn modd paradocsaidd, gynodiadau diwylliannol dieiriau y diriogaeth ddieithr. Eto, maent i gyd wedi'u hymgorffori o fewn fframwaith gramadegol ac adnoddau geirfaol y Gymraeg, ac yn y safle hwnnw maent yn rhan o'r ymgais i greu cydymdreiddiad rhwng yr hen iaith a'r diriogaeth newydd.

Yn *Agar*, am yr unig dro yn y tair nofel hyn (hyd y sylwais), clywir yr iaith Saesneg yn cael ei siarad. Americanes yw un o'r ddau gymeriad a'i defnyddia, a thrwyddi hi a'i dau gyd-wladwr y collodd Dafydd ei *estancia* (daliad) wrth gamblo. Yr Americaniaid hyn, fe ddarganfyddir yn ddiweddarach, yw arweinwyr y criw o wylliaid y mae eu lladrata a'u llofruddio yn ddychryn drwy'r Wladfa.⁷⁴ Hwy – gyda'u diota a'u betio, eu cyfoeth a'u haelioni twyllodrus – yw'r seirff cudd yn y gymdeithas. Rhagamod y diweddglo optimistaidd yw fod y Cymry Archentaidd ifainc yn gweld drwy eu twyll ac yn llwyddo, dan arweiniad Caeron ac Agar, i rwystro eu drygioni. Yma, fel yn *Y Rhandir Mwyn*, mae'r braster Americanaidd yn profi'n lluniaeth peryglus o afiach i'r Cymry a demtir ganddo; ac mae'r perygl yno unwaith eto o droi i gyfeiriad alltudion *I Hela Cnau*. Yn y nofel honno ymsefydla Dani Meredydd fel *entrepreneur* llwyddiannus ar gefn arian a enillodd drwy weithio ar y llongau a adeiledir, yn anghyfreithlon, i gefnogi achos y De yn Rhyfel Cartref America. 'Cotwm a chaethweision', medd Horace Newell am ffyniant 'Byrcinhed', '– sylfaen ardderchog i gyfoeth' (45). Yn hynny o beth, bron nad yw *I Hela Cnau* yn adlunio darlun Daniel Owen – ac mae paralelau amlwg rhyngddi a'i nofelau yntau – o *les bourgeois conquérants*. Confensiwn llenyddol yw'r cysylltiad ag America yn *Enoc Huws*, ac ni ŵyr neb sut yr ychwanegodd y tad-cu at ei gyfoeth yno. Nid oes sôn yn *Rhys Lewis* am y Rhyfel Cartref, na chyfeiriad yn unman at y cysylltiadau masnachol (anuniongyrchol, o leiaf) ag America a ddaeth i fodolaeth, mae'n rhaid, yn sgil y felin gotwm a weithiai yn yr Wyddgrug.⁷⁵ Mewn gwrthgyferbyniad, adleolir cymeriadau *I Hela Cnau* mewn byd lle y mae dylanwad imperialaeth yn hollbresennol, ac ni all gyrfa Rebecca fel siopwraig ond datblygu'n symbol o'r dylanwad hwnnw wrth iddi gymryd meddiant ar 'deyrnas' ddilewyrch Horace Newell (sy'n digwydd bod yn Wyddel), a'i throi'n llwyddiant masnachol. 'Fe wnest dy ddyletswydd. Yn yr Iwnion yn Tranmere fydda fo onibai amdanat ti,' medd Nel wrth Rebecca. Ond mae Rebecca yn rhy onest i gysgodi y tu ôl i'r esgusodion imperialaidd arferol:

> Ond nid gwneud ei dyletswydd fu ei hamcan. Roedd Horace Newell wedi rhoi mwy iddi hi nag a roesai hi iddo fo – annibyniaeth, rhyddid, uchelgais, menter . . . Roedd hi wedi ei ddefnyddio fo i'w hamcanion hi ei hun. (222)

Yn nofelau'r bennod hon sefydlir y Cymry ar fap y byd. Mae ambell fap a gynhwysir yn y nofelau yn dystiolaeth i wirionedd llythrennol hynny – ac yn aml yn dyst brawychus i dynged y brodorion y bu'r Cymry'n ymwneud â hwy. Eto, mae map *Y Rebel* (28) o'r daith i wladychu Cwm Hyfryd yn agored i ddehongliad arall. Arno, dynodir ochr yn ochr yr enw Indiaidd a'r enw Cymraeg ar yr un afon (yn y ffurfiau Afon Chubut a Dyffryn Camwy), rhywbeth na wneir yn y testun ei hun. Yn y testun, at hynny, cyfeirbwyntiau daearyddol yn anad dim yw'r lleoedd ac iddynt enwau Sbaeneg tra bod eu cynnwys ar fap yn rhoi iddynt yr un faint o sylw, enw am enw, ag i'r enwau Cymraeg. Argreffir taith y Cymry ar dirlun y mae dehongliad gofodol, cydamserol y map yn caniatáu i'w holl drigolion elfen o gydraddoldeb hanesyddol. Ar yr un pryd, o'i ystyried o'r safbwynt cronolegol, erys y map yn dyst mai statws dros dro sydd i bob awdurdod, a bod pob diwylliant mewn cyflwr parhaol o newid – gwirioneddau sy'n caniatáu i'r Cymry gamu allan o'u carchar dwbl fel gwrthrych a gweithredydd imperialaeth. Nid yw un o'r nofelau yn ymwrthod â'r naratif traddodiadol y daethpwyd i'w ystyried, o'i hen arfer fel cyfrwng propaganda'r imperialydd, yn offeryn gormes. Nodwedd arwyddocaol, serch hynny, yw fod cynifer o'r nofelau wedi'u hysgrifennu ar ffurf llythyron neu ddyddiaduron. Mathau o weithiau llenyddol anorffenedig yw'r rhain; gweithiau sy'n adlewyrchu safbwynt cyfyng a chyfeiriadol.[76] Nid yw hynny'n golygu na all eu cynnwys fod yn drwyadl imperialaidd, ond golyga na ellir ei gyflwyno gydag awdurdod yr anorfod. Mae'r ffaith i gynifer ohonynt orffen gyda, neu oherwydd, marwolaeth yr awdur mewnol yn milwrio ymhellach yn erbyn cysyniad yr imperialydd o hanes fel profiad crwn, trefnus dan lywodraeth dehonglydd allanol, anffaeledig.

Nodiadau

[1] Heini Gruffudd, *Achub Cymru: Golwg ar Gan Mlynedd o Ysgrifennu am Gymru* (Talybont, 1983), t. 14.
[2] Gwynfor Evans, *Aros Mae* (Abertawe, 1971), t. 276.
[3] Edward W. Said, *Culture and Imperialism* (Vintage edition, London, 1993), t. 15.
[4] Lewis Feuer, *Imperialism and the Anti-imperialist Mind* (New York, 1986), t. 13.
[5] Robin W. Winks (ed.), *The Age of Imperialism* (New Jersey, 1969), t. 5.
[6] Gruffydd Aled Williams, 'Golwg ar ymryson Edmwnd Prys a Wiliam Cynwal', *YB*, VIII (1974), tt. 85–6.
[7] Gwyn A. Williams, *Madoc: The Making of a Myth* (London, 1979). Mae Richard Deacon, *Madoc and the Discovery of America* (London, 1966), yn ceisio dilysu'r daith.
[8] Gwyn A. Williams, *The Welsh in their History* (London, 1982), t. 22.
[9] G. R. Elton, *England under the Tudors* (second edition, London, 1974), t. 348.
[10] David Thomas, *Hen Longau a Llongwyr Cymru/Old Ships and Sailors of Wales* (Caerdydd, 1949), tt. 14–26; David B. Quinn, 'Wales and the west', *Welsh Society and Nationhood*, eds R. R. Davies et al. (Cardiff, 1984), tt. 90–107; Elwyn T. Ashton, *The Welsh in the United States* (Hove, 1984), tt. 32–6; Kenneth R. Andrews, *Elizabethan Privateering* (Cambridge, 1964), tt. 113–23.

11 Emyr Wyn Jones, 'Y wladfa gyntaf: "Cambriola" a Syr William Vaughan', *CLlGC*, XXX (1997–1998), 233–68.
12 William H. Sherman, *John Dee: The Politics of Reading and Writing in the English Renaissance* (Amherst, Mass., 1995), t. 148; t. 239, a'r cyfeiriad yn nodyn 3. Gw. hefyd David Armitage, 'Literature and Empire', *The Oxford History of the British Empire* [*OHBE* am weddill y gyfrol]: *The Origins of Empire: British Overseas Enterprise to the Close of the Seventeenth Century* (5 cyfrol, 1998–9) I, ed. Nicholas Canny (Oxford, 1998), t. 114.
13 Gwyn A. Williams, *Madoc*, yn enwedig tt. 39–67; John C. Appleby, 'War, politics, and colonization', *OHBE*, I, t. 62; David Armitage, 'Literature and Empire', *OHBE*, I, tt. 114–16.
14 John Davies, *Hanes Cymru: A History of Wales in Welsh* (Harmondsworth, 1990), t. 122.
15 Bill Ashcroft et al., *The Empire Writes Back: Theory and Practice in Postcolonial Literatures* (reprint, London, 1994), t. 33.
16 J. A. Hobson, 'The right to rule', *Imperialism (Documentary History of Western Civilization)*, ed. Philip D. Curtin (New York, 1971), t. 325.
17 Aled Eames, *Heb Long wrth y Cei* (Capel Garmon, 1989), t. 10.
18 Gw. Amos C. Miller, 'Sir Roger Williams – a Welsh professional soldier', *THSC*, part 1 (1971), 86–118.
19 Gw., e.e., G. R. Elton, *England under the Tudors*, t. 342.
20 Jane H. Ohlmeyer, '"Civilizinge of those rude partes": colonization within Britain and Ireland, 1580s–1640s', *OHBE*, I, tt. 130–2.
21 Am fanylion ei yrfa a'i gyhoeddiadau gw. M. H. Jones, 'Joseph Harris: an assay master of the Mint', *JWBS*, III, 6 (July 1929), 256–67.
22 Hilary McD. Beckles, 'The "hub of Empire": The Caribbean and Britain in the seventeenth century', *OHBE*, I, t. 221. Gw. hefyd Richard B. Sheridan, 'The formation of Caribbean plantation society, 1689–1748', *OHBE: The Eighteenth Century*, II, ed. P. J. Marshall (1998), tt. 394–5.
23 Hilary McD. Beckles, 'The "hub of Empire"', t. 218.
24 David Richardson, 'The British Empire and the Atlantic slave trade, 1660–1807', *OHBE*, II, t. 440; Philip D. Morgan, 'The black experience in the British Empire, 1680–1810', *OHBE*, II, t. 465.
25 Hilary McD. Beckles, 'The "hub of Empire"', t. 227 ymlaen.
26 Trevor Lloyd, *Empire: The History of the British Empire* (London, 2001), tt. 18–19. Gw. hefyd W. Llywelyn Williams, 'Sir Henry Morgan, the buccaneer', *THSC* (1903–1904), 1–42; Terry Breverton, *Admiral Sir Henry Morgan: The Greatest Buccaneer of them all* (Glyndŵr Publishing, 2005), t. x, a mannau eraill.
27 Mae'r sefyllfa'n gyson â'r hyn a ddywedir yn Hilary McD. Beckles, 'The "hub of Empire"', t. 233; Philip D. Morgan, 'The black experience in the British Empire', t. 482.
28 E. J. Hobsbawm, *The Age of Empire 1875–1914* (Abacus edition, London, 1996), tt. 80–1.
29 Gwyn A. Williams, *The Search for Beulah Land: The Welsh and the Atlantic Revolution* (London, 1980), tt. 1–50.
30 *Idem*, *Madoc*, tt. 118–40.

[31] Ibid., t. 135.
[32] Ibid., t. 144; Gwyn A. Williams, 'John Evans's mission to the Madogwys, 1792–1799', *BBGC*, XXVII, 4 (1978), 579–80 – ond mae'n bosib nad oedd yr wybodaeth am sylw Evan Evans, brawd John Evans, ar gael i Emyr Jones wrth ysgrifennu *Grym y Lli*, gw. t. 570, nodyn 5; t. 579, nodyn 4.
[33] David Williams, 'John Evans's strange journey', *THSC* (1948), 138.
[34] Ibid., 140; Gwyn A. Williams, *Madoc*, t. 174.
[35] Datblygir y thema yn Gwyn A. Williams, *Madoc*.
[36] Er enghraifft, Geraint H. Jenkins, *The Foundations of Modern Wales 1642–1780* (Oxford, 1993), tt. 316–19.
[37] Russell Thornton, *American Indian Holocaust and Survival: A Population History since 1492* (paperback edition, London, 1990), tt. 86, 114–15; Daniel K. Richter, 'Native Peoples of North America and the eighteenth-century British Empire', *OHBE*, II, tt. 363–70.
[38] Russell Thornton, *American Indian Holocaust and Survival*, penodau 3–5.
[39] Gw. Daniel K. Richter, 'Native Peoples of North America', t. 368, ar y Cytundeb Heddwch a wnaed rhwng Prydain a'r Unol Daleithiau yn 1783.
[40] J. H. Morris, *Hanes Cenhadaeth Dramor y Methodistiaid Calfinaidd Cymreig Hyd Ddiwedd y Flwyddyn 1904* (Caernarfon, 1907), t. 44. Gw. tt. 40–65 am hanes yr holl episod; hefyd Ednyfed Thomas, *Bryniau'r Glaw: Cenhadaeth Casia* (Caernarfon, 1988), tt. 29–32; Nigel Jenkins, *Gwalia in Khasia: A visit to the site, in India, of the biggest overseas venture ever sustained by the Welsh* (softback edition, Llandysul, 1995), tt. 29–32.
[41] Ednyfed Thomas, *Bryniau'r Glaw*, tt. 64–6; t. 77, nodyn 71; Nigel Jenkins, *Gwalia in Khasia*, tt. 84, 219–21, 231–7.
[42] J. H. Morris, *Hanes Cenhadaeth Dramor y Methodistiaid Calfinaidd Cymreig*, tt. 182–3.
[43] Nigel Jenkins, *Gwalia in Khasia*, tt. 163–5, 191–2; Ednyfed Thomas, *Bryniau'r Glaw*, tt. 63–8. Ymddengys i'r Mary Lewis hanesyddol gyfeirio at yr anghydfod a achoswyd gan syniadau Tom yn ei hadroddiad, *A brief narrative of the life of William Lewis* (Ednyfed Thomas, *Bryniau'r Glaw*, t. 76, nodyn 68), ond ni nodir ei bod o blaid syniadau Tom.
[44] J. H. Morris, *Hanes Cenhadaeth Dramor y Methodistiaid Calfinaidd Cymreig*, t. 151, lle y dywedir mai 'boneddiges Seisnig o'r enw Miss Cattell' ydoedd. Dengys Nigel Jenkins, *Gwalia in Khasia*, tt. 218–22, fod y ferch o dras Ewropeaidd, ond nad oedd ond yn rhyw bedair ar ddeg neu bymtheng mlwydd oed. Am y traddodiad 'hanner a hanner', mae G. Penar Griffith, *Hanes Bywgraffiadol o Genadon Cymreig i Wledydd Paganaidd* (Caerdydd, 1897), t. 151, yn cynnig y ffaith i Thomas Jones briodi merch 'Indiaidd' fel rheswm hunanesboniadol dros ei ddiarddel.
[45] Addasiad yw hyn o ddadl William Strachey i gyfiawnhau defnyddio trais i 'wareiddio' Indiaid Virgina. Gw. Nicholas Canny, 'England's New World and the Old, 1480s–1630s', *OHBE*, I, tt. 154–5.
[46] Nigel Jenkins, *Gwalia in Khasia*, tt. 174–5, lle y dyfynnir sylwadau William Pryse yn ei *Introduction to the Khasi Language*.
[47] Ibid., t. 13, hefyd tt. 270, 272–5, 306–7. Fel y gellid disgwyl, mae sylwadau

R. J. Williams yn *Y Parchedig John Roberts, D.D., Khasia* (Caernarfon, 1923), t. 155, yn cefnogi honiad Mary.
48 Gw. Nigel Jenkins, *Gwalia in Khasia*, tt. 80, 109–10, 248, 253, 274, 277–9, 306.
49 Ibid., tt. 142–3, 270.
50 Ednyfed Thomas, *Bryniau'r Glaw*, tt. 17–18.
51 D. G. Merfyn Jones, *Y Popty Poeth a'i Gyffiniau: Cenhadaeth Sylhet-Cachar* (Caernarfon, 1990), t. 43.
52 Adleisir geiriau'r cymeriad hanesyddol. Gw. J. H. Morris, *Hanes Cenhadaeth Dramor y Methodistiaid Calfinaidd Cymreig*, t. 146.
53 Crynhoir yr hanes yn D. G. Merfyn Jones, *Y Popty Poeth a'i Gyffiniau*, tt. 37–40.
54 Lewis Feuer, *Imperialism and the Anti-imperialist Mind*, tt. 114, 118.
55 T. C. McCaskie, 'Cultural encounters: Britain and Africa in the nineteenth century', *OHBE: The Nineteenth Century*, III, ed. Andrew Porter (1999), tt. 675–6.
56 Ceir gwybodaeth am y David Williams hanesyddol, ynghyd â detholiad o'i ddyddiaduron a'i lythyrau, yn G. Penar Griffith, *Hanes Bywgraffiadol o Genadon Cymreig i Wledydd Paganaidd*, tt. 87–97.
57 Gw., e.e., Philip D. Curtin (ed.), *Imperialism*, Introduction, t. xviii; 'Imperialism and the Law of Nations', tt. 44, 48, 51, 54; Anthony Pagden, 'The struggle for legitimacy and the image of Empire in the Atlantic to *c*.1700', *OHBE*, I, t. 42 ym. ar ddadleuon yr oes, yn enwedig rhai Locke, yn cyfiawnhau trefedigaethu.
58 Ar y pwynt cyntaf, gw. Glyn Williams, *The Welsh in Patagonia: The State and the Ethnic Community* (Cardiff, 1991), tt. 37–8; idem, *The Desert and the Dream: A Study of Welsh Colonization in Chubut 1865–1915* (Cardiff, 1975), t. 104. Ar yr ail bwynt, gw. *The Desert and the Dream*, tt. 108–9; Gareth Alban Davies, *Tan Tro Nesaf* (Llandysul, 1976), tt. 49–50.
59 R. Bryn Williams, *Gwladfa Patagonia: La Colonia Galesa De Patagonia: The Welsh Colony in Patagonia 1865–2000* (Llanrwst, 2000), t. 12. Gw. nodyn 57 uchod am ffynonellau'r dadleuon a grybwyllwyd.
60 R. Bryn Williams, *Gwladfa Patagonia*, t. 12.
61 Glyn Williams, *The Welsh in Patagonia*, tt. 67–8.
62 Ibid., t. 37; Gareth Alban Davies, *Tan Tro Nesaf*, t. 47.
63 R. Bryn Williams, *Cymry Patagonia* (Aberystwyth, 1942), tt. 109–10.
64 Glyn Williams, *The Desert and the Dream*, tt. 30, 137, 140–2.
65 Cyfeirir at yr arfer yn Fred Green, *Pethau Patagonia* (Penygroes, 1984), t. 52.
66 Terry Goldie, 'The representation of the indigene', *The Post-colonial Studies Reader*, eds Bill Ashcroft et al. (London, 1995), t. 236. Am y testun llawn gw. Terry Goldie, *Fear and Temptation: The Image of the Indigene in Canadian, Australian and New Zealand Literatures* (Kingston, 1989).
67 Bill Ashcroft et al., *The Empire Writes Back*, t. 9.
68 Glyn Williams, *The Desert and the Dream*, tt. 103, 107.
69 Gareth Alban Davies, *Tan Tro Nesaf*, t. 84.
70 Ibid., tt. 57–8. Hefyd, Glyn Williams, *The Welsh in Patagonia*, tt. 54, 55, 58.
71 Glyn Williams, *The Welsh in Patagonia*, tt. 53–6, 145–9, 253, 266 ymhlith mannau eraill.

72 R. Bryn Williams, *Gwladfa Patagonia*, tt. 56 a 58. 'Ychydig annealltwriaeth' a fu ar fater addysg, ac 'annoeth' yw ei ansoddair ar gyfer yr arestio a'r carcharu a fu ar rai o arweinwyr y gymdeithas Gymreig. Mae'n fwy beirniadol o 'ormes Llywodraeth estron' yn *Cymry Patagonia*, t. 141, a mannau eraill.

73 Edward W. Said, *Culture and Imperialism*, t. 269.

74 Gw. Bryn R. Williams, *Cymry Patagonia*, tt. 138–9, am sail tebygol yr episod hwn.

75 A. H. Dodd, *The Industrial Revolution in North Wales* (Cardiff, 1933), tt. 287–8. Sefydlwyd y felin yn 1792 ac roedd yn dal i weithio yng nghyfnod Daniel Owen. Cyfeiria J. Gwilym Jones ati yn *Daniel Owen: Astudiaeth* (Dinbych, 1970), t. 14.

76 Cafwyd cnewyllyn y syniadau ynghylch y mathau llenyddol hyn gan Paul Carter, 'Spatial history', *The Post-colonial Studies Reader*, t. 376. Am y testun llawn gw. Paul Carter, *From the Road to Botany Bay: An Essay in Spatial History* (London, 1987).

6

Y Gymru Ddiwydiannol: newid ffocws

Amaethyddiaeth oedd galwedigaeth trwch poblogaeth Cymru cyn y Chwyldro Diwydiannol, a'r cefndir gwledig sydd amlycaf yn y nofelau a drafodwyd hyd yn hyn. O'u cymryd gyda'i gilydd gall cyfeiriadau'r nofelau unigol at ddiwydiant atgynhyrchu Cymru fel yr oedd ym mlynyddoedd cynnar y Chwyldro yn wlad o amryw ddiwydiannau gwasgaredig. Awgryma ambell gyfeiriad y berthynas uniongyrchol a fodolai weithiau rhwng cyfalafiaeth amaethyddol a chyfalafiaeth ddiwydiannol, ac mae dylanwad diwydiant, lle y bodola, eisoes i'w deimlo ar bob lefel o'r strwythur cymdeithasol. Er hynny, nid yw diwydiant yn ganolog i ddirlun un o'r nofelau. Os gellir crynhoi'r sefyllfa drwy ddweud bod byd diwydiant ynddynt yn ymylol ei leoliad ac yn niweidiol ei ddylanwad, yna mae'r nofelau a drafodir nesaf yn canoli'r naill ac yn cymhlethu'r llall.

Pan ddywed haneswyr mai diwydiannaeth yw'r datblygiad canolog yn hanes diweddar Cymru, nid ystyr drosiadol yn unig sydd i'r 'canolog'. Rhyfedd felly mai Rhydwen Williams yw'r unig nofelydd Cymraeg i adeiladu corff o lenyddiaeth o gwmpas Cymru ddiwydiannol y de-ddwyrain. Nid oes dwywaith, fodd bynnag, nad yno y clywir curiad calon y genedl yn y chwe nofel ganlynol o'i waith: trioleg *Cwm Hiraeth* (*Y Briodas*, *Y Siôl Wen*, *Dyddiau Dyn*), *Gallt y Gofal*, *Amser i Wylo* ac *Adar y Gwanwyn*. Mewnfudwyr cenhedlaeth gyntaf yw llawer iawn o bobl Rhydwen Williams, a chryfheir yr argraff mai'r de-ddwyrain yw craidd disgyrchiant y boblogaeth Gymreig gan wacter y gofod gwledig yn atgofion ei gyn-drigolion wrth iddynt led-hiraethu am 'y ffermydd bychain gwyngalchog' (*Gallt y Gofal*, 136), 'y ffyrdd gwledig, pentrefi tawel, y capelau bychain cilwgus' (*Amser i Wylo*, 39), ac am harddwch natur yn gyffredinol. Yn y De diwydiannol, ar y llaw arall, mae cyfeillion yn hollbresennol a chyfeillgarwch yn hollbwysig, gwrthgyferbyniad a grynhoir ym myfyrdodau Tom Roberts yn *Amser i Wylo*:

> O, yr oedd yn dda cael bod yn ôl yn yr hen fro! 'Roedd yr aer fel gwin dros y Fenai. Rhyw wyrddni i'r meysydd a glesni bendigedig i'r ffurfafen!

Dyfalodd am eiliadau, er yr holl brydferthwch iach, tybed a lwyddai i ymgartrefu eto yn ei hen gynefin? Go brin, go brin! 'Roedd yr arian yn well, gwaith yn gyson, bid siŵr, ond – cwmni'r coliars! Ni fedrai droi'i gefn ar hynny byth mwy. Dynion yn anadlu'r un awyr, rhannu'r un peryglon, mwynhau'r un hwyl, a chario'r un beichiau danddaear. Hen gwmni da. Braint oedd perthyn. (41)

Tebyg yw'r cywair yn *Y Briodas*, oherwydd er bod Maggie yn dal i 'anwylo enwau ac awyrgylch y byd bach bore-oes' (98), ni chawn wybod yr enwau, ac (a bwrw bod enwau pobl yn eu mysg) ni roddir wynebau iddynt. Yn *Y Siôl Wen* gwrthrychau difywyd yn bennaf sy'n costrelu rhin ei gorffennol iddi. Ac er iddi ddehongli gwrthrychau o'r fath fel unig ffordd y bobl gyffredin o groniclo'u hanes, fe'u cartrefir ganddi mewn amgueddfa fach breifat o ystafell 'fel darna o rw hen fyd' (12) na all ei lonyddwch gystadlu â'r cysur a gynigir gan 'gymdogaeth fach gynnes, glos' (*Y Briodas*, 111) y Cwm poblog.

Heidia cymeriadau Rhydwen Williams i'r De diwydiannol, nid yn gymaint i chwilio am waith (mae hwnnw gan nifer ohonynt eisoes yn eu broydd genedigol) ag i geisio gwella'u byd, ac fe rydd yntau bob cyfle iddynt ymbleseru yn eu manteision materol newydd. Braidd y caiff Maggie dynnu'i chôt yng nghartref newydd ei theulu cyn y tynnir ei sylw at y tanllwyth siriol, at ffrog newydd ei chwaer, at y bwrdd a'r silffoedd bwyd llwythog, ac at bwrs arian gorlawn ei mam. Yn sgil eu ffyniant ymfalchïa ei gymeriadau yn rôl ganolog meysydd glo y de-ddwyrain ar lwyfan economi'r byd. Sylwant ar y 'llonge mawr yn y docie i gario'r glo i ben draw'r byd' (*Amser i Wylo*, 21); broliant y *'Rhondda Steam Coal! Best in the world!'* (*Y Siôl Wen*, 157); credant – a'u cred heb fod yn hollol gyfeiliornus[1] – mai 'Glo . . . sydd tu ôl i bopeth' (*Amser i Wylo*, 59). Fe ddilyn mai doctoriaid Caerdydd yw'r rhai 'gora'n y byd' (*Y Briodas*, 92), a bod rhaid wrth yr ansoddair 'pwysig' i gloi'r disgrifiad o strydoedd 'prysur, poblog, swnllyd' (69) Pontypridd. Mae'r cwbl yn rhan o'r hyder hunanymwybodol a ddisgrifiwyd yn ddiweddarach fel 'insolent self-importance'.[2]

Pa ryfedd i'r cefn gwlad ymddangos weithiau, fel y gwna i Tom Roberts, yn 'bell', yn 'ddi-nod', ac yn 'afreal' (*Amser i Wylo*, 39)? Pan gofia Maggie am 'yr eangderau hafaidd uwch ei phen' yn dinoethi 'ei dinodedd merchetaidd hi' ar draeth Abersoch mae i'r profiad ryw fath o ddiogelwch dirfodol nad oes a wnelo ddim â'r hyn sy'n digwydd yn ei bywyd yn awr ar adeg y Rhyfel Byd Cyntaf: 'Rwan, meddyliodd, ma'r byd mawr tu allan wedi ngweld i . . .' (*Y Siôl Wen*, 86-7). Yn ddiweddarach, pan fo'r Cwm dan ofid diweithdra a diwreiddio, nid oes fawr mwy o sylwedd i'r 'dref

liwgar lawen ar lan y môr' (162) yr ymgartrefodd Rhobet Owen (brawd-yng-nghyfraith Maggie) ynddi na darlun ar gerdyn post.
Ymhell cyn hynny daw'n amlwg y pris sydd i'w dalu am ffyniant economaidd y De. Lle y bu nofelau eraill yn dangos Lloegr yn ymyrryd â chyfraith, iaith a chrefydd Cymru, datgelir yn awr ei rheolaeth dros dynged economaidd y genedl. Daw'r weledigaeth i Siôn (brawd Maggie) yng nghanol terfysg Tonypandy: 'mai *dyma'r* wir fygythiad, hwn oedd y gelyn, dyma'r *wir* ormes ar war y genedl – Llywodraeth Seisnig faterol!' (*Y Siôl Wen*, 98). Cysylltir y weledigaeth honno â'i fyfyrdodau ynghylch achos 'annheilwng . . . hurt . . . hyll . . .' (98) y Rhyfel Byd Cyntaf a ystyrir ganddo yn rhyfel 'dros gapitaliaeth' (13), ac fe ddramateiddir y cysylltiad rhwng diwydiant a rhyfel mewn dau episod cyfochrog. Yn y cyntaf o'r ddau cawn yr hogyn John ar y ffas gyda'i gydweithiwr, Tomos (gŵr Maggie), yn llawn o helyntion doniol Cyrnol Dai Watts Morgan, ac o ddewrder ei gatrawd o lowyr ('Bantams' Cwm Rhondda) yn 'gwneud gwyrthiau ar faes y gad' (67). Ysa am gael profi cyffro'r bywyd milwrol, ond yng nghanol ei ddychmygion caiff ei ladd gan y cwymp a dyr yn frawychus o sydyn ar draws ei frwdfrydedd:

> [. . .] medrai glywed y to uwch ei ben yn corddi fel stumog-ddrwg a'r tywyll-wch yn dechrau taflu-i-fyny a'r distawrwydd yn dechrau tanio fel gynnau-mawr yng Nghoed Mametz ac yntau yng nghanol yr heldrin a'r nwy yn dechrau tagu a'r ffrwydro yn dechrau . . . (71)

Arbedir bywyd Tomos i'w ddwyn, erbyn ein hail episod, o'r maes glo i faes y gad. Fel o'r blaen, troslunnir y naill faes ar y llall: 'Cofiai am y tro hwnnw – edrychai fel oesau oddi ar hynny – pan orweddai ar ei hyd dan dô isel Pwll y Pentre, mellt a tharanau, cwymp, twrw, a'r hen ffrind bach John yn cael ei ddiwedd' (87). Tawelir ofnau Tomos gan Davies, ei gyd-filwr o Gymro Cymraeg; hwnnw'n eu harwain ar daith ddychmygol drwy Gwm Rhondda. Ysywaeth, lleddir Davies fel y lladdwyd John bach o'i flaen, a'r ddau, yn ôl dehongliad Siôn, yn deganau yng nghrafangau yr un grym cyfalafol.

Bodolai elfen yn ymwybyddiaeth dosbarth gweithiol Cymru'r cyfnod y gellir ei disgrifio fel elfen wrthimperialaidd yn gymaint â'i bod o blaid ymreolaeth i Iwerddon. Nid esgorodd ar alwad cyn daered am ymreol-aeth i Gymru, fodd bynnag, ac ni chyfunwyd – fel y gwneir ym mherson Siôn – y frwydr yn erbyn cyfalafiaeth a'r dyhead am weld Cymru'n 'stwrian' (*Y Siôl Wen*, 48) yn erbyn Lloegr.[3] Cydesgorwyd yn yr un crud ar ragoriaeth ddiwydiannol ac imperialaidd Prydain.[4] Tra buont byw gwnaeth de-ddwyrain Cymru fwy nag anad unrhyw ardal ym Mhrydain i'w cydborthi,[5] ac mae pob rheswm dros gredu bod y reddf imperialaidd mor gyffredin ymhlith y gweithwyr ag yr oedd ymysg eu meistri. Chwaraewyd ar y duedd imperialaidd wrth gyflwyno dewrder glowyr Senghennydd yn 1913 yn nhermau milwriaeth Brydeinig, a chafwyd ymateb arbennig o frwdfrydig gan y pentref hwnnw (hyd yn oed yng nghyd-destun y De diwydiannol) i alwad y fyddin yn ystod y Rhyfel Byd Cyntaf.[6] Nid yw'r ffeithiau hyn yn rhai a ymgorfforir yn fersiwn Rhydwen Williams o'r danchwa yn *Amser i Wylo*, ac ni thynnir y gwahanol linynnau ynghyd yn y nofelau eraill i ddangos imperialaeth yn y canol yn cynnal breichiau cyfalafwyr ac yn sbarduno meirch rhyfel gyda'r un eiddgarwch. Yn yr amlinelliad egluraf o'r bartneriaeth deirochrog, yng nghyswllt Rhyfel De Affrica yn *Gallt y Gofal*, anwybyddir y rhan a chwaraeai Cymru yng ngweithrediad y bartneriaeth. 'Marsiandïwyr Seisnig' sy'n llawenhau wrth glywed am gyfoeth De Affrica, 'Saeson trachwantus' sy'n rhuthro i feddiannu'i thiroedd, ac 'imperialwyr Seisnig' (80) sy'n gorfodi ei thrigolion brodorol i newid eu ffordd o fyw.[7]

Lleolir y Gymru ddiwydiannol yn fanylach yn ei chyd-destun imperialaidd priodol gan enwau adrannau o bwll glo Senghennydd – Pretoria, Mafeking, Kimberley a Ladysmith – rhestr a ddilynir gan yr wybodaeth afraid ond anelog: 'enwau o wlad y Boer' (*Amser i Wylo*, 61). Awgrymog hefyd yw'r 'ymerodrol' (39) mewn disgrifiad o Bwll Nant-y-moel pan y'i cyfosodir â llongau llythrennol dociau Lerpwl. Y gwir, serch hynny, yw na ddaw crafion o'r fath yn agos at wneud cyfiawnder â phwysigrwydd de-ddwyrain Cymru i economi'r Ymerodraeth Brydeinig. Mae bwlch arall yn y cyflwyniad pan ddychenir y Cymry am fod mor barod i ymladd brwydrau'r Saeson am 'dipyn o glod a wats-aur ' (25). Oherwydd y gwirionedd annifyr y tueddir i'w osgoi yw fod yr holl gysur materol a nodweddai'r cymunedau diwydiannol yn ystod cyfnodau o ffyniant – gan gynnwys yr ornamentau a'r teganau, y tlysau a'r trugareddau sy'n urddasoli cartref a pherson, ac y manylir arnynt gyda'r fath bleser – hefyd yn rhan o'r un ysbail imperialaidd.

Beth felly am y rhagfarn hiliol a oedd yn ffrwyth imperialaeth, a hefyd yn wrtaith iddi? Cawn Benjamin (llystad Maggie a Siôn) yn myfyrio ar 'anymwybod y pagan o'r drwg' mewn gwrthgyferbyniad i ddaioni Maggie (101), a Maggie ei hun yn cyfeirio'n chwareus at 'ddoctoriaid' hunanbenodedig y capel fel 'cynnyrch Mississippi' (*Dyddiau Dyn*, 184). Nid oes raid inni bryderu ynghylch Benjamin ac yntau bellach yn ŵr oedrannus y mae ymosodiadau Siôn ar ei syniadau yn codi ohonynt gymylau o lwch oes a fu. A beth bynnag yw'r cefndir i jôc Maggie,[8] gallwn gymryd yn ganiataol na fwriedir iddi adlewyrchu'n anffafriol ar yr adroddwr. Deallwn mai amlygiadau anymwybodol o ragfarn ddifeddwl yr oes sydd yma. Ond tybed nad yw 'anymwybod' yr awdur ei hun yn galw am sylw? 'Pennaethiaid cannibalaidd' (*Dyddiau Dyn*, 91) yw'r trosiad a ddewisir i gyfleu siom Rhobet Esmor, *alter ego* yr awdur, yn arweinwyr gwleidyddol y byd; drwy gyfrwng y llais awdurol y cyflwynir y 'dyn du hawddgaraf a welodd gefn y goedwig erioed' (*Y Briodas*, 20),[9] ynghyd â'r disgrifiad o'r pridd yn crino 'fel croen ryw hen Arabes' (86); ac nid yw gwareidd-dra brenin Abysinia yn ei arbed rhag y cyfeiriad nawddoglyd at ei 'deulu bach tywyll' (*Dyddiau Dyn*, 162). Rhy wibiog a gwasgaredig yw'r sylwadau hyn i adael llawer o flas drwg. Nid yw hynny'n wir am hanes Job Cornog yn *Gallt y Gofal* (91–3) yn talu'r pwyth yn ôl i siopwr sy'n ateb yn berffaith i stereoteip yr Iddew twyllodrus, cybyddlyd, crafangus: 'Twyllo Shibko dan ei drwyn, meddyliodd, tipyn o gamp!' (93). Nid hiliaeth y cymeriad sy'n ein synnu. Rhaid ymgodymu, yn noniolwch tybiedig y stori, ag agwedd anystyriol yr awdur ei hun.

Ni all, serch hynny, na wyddai Rhydwen Williams i'r gymdeithas yr ysgrifennai amdani fod yn euog o hiliaeth ffyrnicach na dim sydd yn ei nofelau. Yn *Y Briodas* (20) cynigir rhestr o genedl y mewnfudwyr a ffurfiai amrywiaeth hiliol y gymdeithas ddiwydiannol, ond nid yw'r drioleg yn eu dangos yn glynu wrth ei gilydd yn y gweithlu ac mewn cymunedau cydryw didoledig. Prin o'r herwydd yw'r enghreifftiau o'r bwlch diwylliannol yn ei amlygu'i hun mewn tyndra, trais, a therfysg, fel y gwnaeth mor aml yn y de-ddwyrain yn ystod cyfnod cefndirol cynifer o'r nofelau.[10] Crëir argraff gyffredinol o gyd-fyw a chyd-dynnu nad oedd ond yn *rhan* o'r darlun, ac o gymathu diwylliannol a symboleiddir ar ei fwyaf llwyddiannus yn achau Bertha Price:

> Deuai Bertha Price o hen gyff a fu yn y cwm ers cenedlaethau, hen fugeiliaid y mynyddoedd cyfagos, a'u gwaed wedi llifo i wythiennau newydd, gwŷr Cernyw, gwŷr o'r Iseldiroedd, Gwyddelod, Sbaenwyr, sipsiwn, oddi ar i'r diwydiant glo greithio wynebau a thiroedd yr ardal o Ferthyr Tudful i Abergorci, o'r Rhigos i Lyncorrwg draw. (*Amser i Wylo*, 31)

Cynigir ambell gipolwg sydyn ar hiliaeth y Gymru ddiwydiannol, megis ar ei himperialaeth, ond nid arhosir i ddatguddio mwy na hynny o ddelwedd annifyr y Gymru leiafrifol, ormesedig fel gormesydd lleiafrifoedd eraill.

Yr hyn nad oes amheuaeth ynghylch ei bresenoldeb yw'r ymdeimlad newydd ag undod dosbarth. Yr ymdrech i gryfhau ac ymarfer y math newydd hwn o undod drwy gyfrwng undeb a streic yw pwnc dwy nofel gan awduron eraill, *Y Crys Gwyn* J. D. Miller (nofel arall a leolir ym maes glo y De) a *Trais y Caldu Mawr* T. Wilson Evans. Ac er eu bod yn agosáu ato o ddau gyfeiriad gwrthwynebus – y gyntaf yn drwgdybio'r undod fel ffrwyth gorfodaeth, a'r ail yn ei ddyrchafu fel delfryd – mae'r ddwy nofel yn cyflwyno'r ymwybod gwleidyddol newydd fel calon eu darlun o'r bywyd diwydiannol. Mewn glofa yng ngogledd-ddwyrain Cymru, lleoliad *Trais y Caldu Mawr*, y cafwyd (yn 1830) yr enghraifft gynharaf o undebaeth ffurfiol yng Nghymru.[11] Yn y nofel ymdrinnir â pharhad yr ysbryd radicalaidd hwnnw tua diwedd y bedwaredd ganrif ar bymtheg, ond un gŵr yn unig sydd yn barod bellach i lynu'n ddiwyro wrth ei egwyddorion. Mae llyfrdra'r gweddill yn esgor ar drychineb, hwythau wedi hynny yn llithro'n ôl i'r hen ffyrdd diofal a di-hid a'i hachosodd, a'r arwr ar y diwedd yn ŵr dadrithiedig, chwerw a dialgar. Yn *Y Crys Gwyn*, ar y llaw arall, nid camddefnydd undebaeth o'i grym sy'n bwysig yn y pen draw, ond dygnwch moesol y ddau sy'n gwrthod plygu iddo.

Er mor wahanol i ddarlun *Y Crys Gwyn* yw darlun Rhydwen Williams o undebaeth, y mae i'r rhan fwyaf o'i gymeriadau yntau hefyd ruddin a oroesa drychineb, anghydfod mewnol a brad, ac nid oes dwywaith y tro hwn nad y De yw ei darddell. Drachefn a thrachefn fe gyfeirir at yr 'altrad' a gyflawnodd Cwm Rhondda yn agwedd Siôn, a cheir cymeriadau gwledig eraill yn rhannu'r 'chwistrelliad o ddur yn ei wythiennau' (*Amser i Wylo*, 54) a brofodd Tom Roberts wedi iddo ddod i'r De. Os dysgodd gŵr deallus, darllengar fel Siôn y gronyn lleiaf o'i radicaliaeth cyn cyrraedd y 'Sowth' nid oes dim sôn amdano. Mae yna dystiolaeth nad yn y trefi na'r ardaloedd diwydiannol y dysgodd pob gwladwr o Sais ei radicaliaeth,[12] ac yn ddiamau, bu rhywrai yng Nghymru hefyd yn gwrthryfela'n ddigofnod ar hyd y canrifoedd yn erbyn anghyfiawnder y drefn oedd ohoni. Mae gennym ambell enghraifft hyd yn oed o fewn y traddodiad swyddogol ceidwadol o gydymdeimlad â chyflwr yr isel radd.[13] Fodd bynnag, alltudir o nofelau Rhydwen Williams unrhyw gof o'r gydwybod wleidyddol yn dechrau egino yng nghefn gwlad Cymru cyn i'r cymunedau diwydiannol ei darparu â gwrtaith mwy effeithiol.[14] Aeth cyndynrwydd gwleidyddol a chrefyddol y Cymry gwledig ar wahanol adegau yn eu hanes, ynghyd â datblygiadau gwleidyddol diweddarach yn ei fro enedigol,[15] ar goll yn llwyr yn nisgrifiad Tom Roberts o drigolion sir Fôn 'yn cowtowio'n wasaidd nes bod eu trwynau yn cusanu'r ddaear' (*Amser i Wylo*, 38).

Yr eithriad i'r tawedogrwydd gwleidyddol gwledig yw Streic Fawr y Penrhyn, digwyddiad y gellid ei ddehongli fel prawf fod ysbryd mwy milwriaethus yn llechu ar hyd yr amser o dan radicaliaeth gymedrol Ryddfrydol chwarelwyr y Gogledd. Ond rhyfeddu a wneir yn *Y Briodas* i '"urddas" a "hunan-barch" a "gyts"' ymddangos mewn 'hen le bach mor glos â chadw-mi-gei' fel Bethesda (25), er bod lle i amau'r disgrifiad hwn o ran perthynas Gwynedd â'r byd allanol, modern, cyfalafol – ac, yn arbennig, o ran yr undebaeth a enillodd fuddugoliaethau i'r chwarelwyr ryw ugain mlynedd yn gynharach yn chwarel y Penrhyn ei hun.[16] Blaenoriaeth Rhydwen Williams yw sicrhau nad anghofiwn mai'r de-ddwyrain diwydiannol yw cerwyn ddarllaw blaengarwch gwleidyddol Cymru, ac ni all naws arloesol holl gyffro gwleidyddol yr ardal honno lai nag awgrymu cyd-destun gwleidyddol ehangach[17] – cyd-destun llawer iawn ehangach yn ôl honiad Tom Peters mai 'Ffederasiwn Glowyr De Cymru yw'r cryfa dan haul' (*Amser i Wylo*, 60).

Yr un mor rymus yw bwrlwm diwylliannol a chrefyddol y Cymoedd. Fe'n swynir gan y difyrion di-rif sydd ar gael i'r parchusaf o'u trigolion – alotment, capel, côr, band, eisteddfod, cwmni drama, a llyfrgell Neuadd y Gweithwyr yn eu mysg – ac amryw ohonynt yn amlygiadau o'r diwylliant Cymraeg torfol newydd a ddibynnai ar yr ardaloedd diwydiannol poblog am ei ffyniant. Mae llu o weithgareddau 'anghymreig' fel theatr, dawns, a 'lifin-pictiars' *Y Briodas* (63), yn ateg mai yn yr ardaloedd hyn y gwelir bywyd ar ei fwyaf amrywiol a chyfoethog, ac nid mewn rhyw bentref gwledig lle nad oes difyrrwch (yn narlun eithafol *Gallt y Gofal*) ond y 'chwedl a berthynai i'r elfennau', a 'hen, hen stori cyffredinedd achau ac arferion' (14). Hyd yn oed o ran y Cymreictod traddodiadol, capelog a gludodd y mewnfudwyr gwledig gyda hwy, crëir yr ymdeimlad, drwy fanylu ar ddigwyddiadau o ddiddordeb cenedlaethol megis helynt enwog Ben Bowen a'r 'Cymundeb Rhydd',[18] ac amlygiadau lleol Diwygiad 1904, mai'r Gymru ddiwydiannol sydd wrth y llyw bellach. Mae *Gallt y Gofal* yn nodedig am lymder ei gwrthgyferbyniad rhwng '"saint" swrth' y Smyrna gwledig, ar goll mewn 'hen bechodau a chasinebau a chelwyddau' (53), ac athro Ysgol Sul y Salem diwydiannol sy'n hyddysg yn ei Destament Groeg, yn arwain trafodaethau ar bynciau fel athroniaeth a chelfyddyd y beirdd yn ogystal â chrefydd, ac yn goleuo ei ddosbarth ynghylch perthnasedd Cristnogaeth i'r sefyllfa wleidyddol ac economaidd. Nid yw'r rhaniad cyn laned â hynny fel arfer – ymfalchïa Tom Roberts yn *Amser i Wylo* nid yn unig yn y pregethwyr mawr a berthyn i orffennol sir Fôn, ond hefyd yn y cewri y mae'n eu magu i'r dyfodol – ac nid yw cyn laned efallai ag ydyw yn achos economi a gwleidyddiaeth Cymru. Yr un, er hynny, yw amlinelliad y patrwm: patrwm y canol diwydiannol a'r ymylon gwledig.

O geisio cywasgu elfennau amrywiol ac anghydnaws yn ganol newydd mae rhwygiadau'n anorfod. Digwyddiad sy'n gweithredu fel gwahanfa o bwys yn natblygiad un rhwyg yw Diwygiad 1904.[19] Yng ngwrthdaro *Y Crys Gwyn* rhwng safbwynt gwleidyddol cymhedrol Mabon a safbwynt mwy milwriaethus arweinwyr iau, mae pleidwyr Mabon yn gapelwyr selog. Effaith y Diwygiad arnynt yw eu clymu'n dynnach wrth y gwerthoedd Cymreig, Ymneilltuol, Rhyddfrydol. Daeth arweinydd yr ail garfan o dan ddylanwad y Diwygiad hefyd, ond dargyfeiria Urias Gates y gwres diwygiadol i wasanaeth y gwrthryfel dosbarth, a daw'n gynrychiolydd y diwylliant seciwlar, sosialaidd, 'anghymreig' newydd. Mae swyddogaeth wahaniaethol i'r Diwygiad yn *Y Briodas* Rhydwen Williams yn ogystal, ond nid yr un yw'r pwyslais: yno mae'r dychweledigion lu wedi'u dyrchafu uwchlaw problemau gwleidyddol a chymdeithasol y dydd gan eu ffydd fod yr atebion i gyd yn llaw Duw, ac mae emosiynoldeb y Diwygiad yn dwyn mam Maggie a Siôn yn ôl i gyfnod pan oedd mynd ar bregethu 'dim ond efengyl' (30) yn syml ac â hwyl, yn hytrach nag ar *Criticism* oer a diwinyddiaeth gymdeithasol y 'Sowth' (28). Awgrymir yma yr hiraeth am sefydlogrwydd y gorffennol gwledig a gysylltir yn awr â'r Diwygiad, ond ei fod wedi'i gyfeirio yn benodol tua'r Gogledd. Amau a wna Maggie, fodd bynnag, mai'r un yw apêl y Diwygiad ag apêl 'siwgwr . . . fferins . . . tartan-fala . . . a chyflath ei Nain o Lanerchymedd!', a chyda'r cyfeiriad olaf try'r hiraeth am yr hen ffordd o fyw yn gynnyrch meddal yr un math o 'ddant melys' (52).

Arwyddocaol yw'r ffaith na lwyddodd y Diwygiad i syflyd blewyn ar ben Siôn gan mai ef, yn nhrioleg *Cwm Hiraeth*, sy'n cynnal fflam yr elfen wleidyddol flaengar. Nid 'sterics' (48) y Diwygiad yn unig sydd yn amherthnasol i anghenion ymarferol ei gymuned, ond holl 'lolian duwiol' (49) traddodiad Ymneilltuol a ddisgynnodd dan reolaeth 'meddyliau bach gwan' (36). Er nad yw Siôn yn rhannu profiad diwygiadol Urias Gates yn *Y Crys Gwyn*, ac er ei fod yn gymeriad llawer mwy dymunol, maent ill dau yn symboleiddio'r bwlch sy'n ymagor rhwng y werin draddodiadol a'r dosbarth gweithiol newydd-anedig. Dyna'r datblygiad sy'n achosi'r fath bryder i Wil Traws yn *Amser i Wylo*:

> 'Nid y bobl, y dynion, y *werin*, sy'n cega o gwmpas y pwll, ond rhyw dacla difanars, cnafon sydd am gael eu ffordd eu hunain . . . Gellwch ymddiried yn llais y bobl pan fo'r *werin* yn siarad, ond nid pan fo dynion wedi troi'n ddosbarth ar wahân.' (140-1)

Mewn modd tebyg, rhagrithiwr a symbylir gan uchelgais bersonol yw arweinydd y garfan y gellir ei diffinio yn *Y Crys Gwyn* fel carfan ddosbarth gweithiol, a'i ddilynwyr ef naill ai'n ddihirod neu'n wŷr diargyhoeddiad, di-asgwrn-cefn. Y ddau werinwr diundeb yw'r gwŷr o egwyddor. Ar y tu arall y 'Ffed', yn *Amser i Wylo*, yw'r prawf pennaf i ddyn Ffederasiwn fel Tom Peters fod yr ysbryd dynol yn drech na'i amgylchedd a'i amgylchiadau materol. A thrwy ymwybod y gŵr hwnnw y traddodir molawd fwyaf teimladwy holl nofelau Rhydwen Williams i gyfeillgarwch y cymunedau glofaol:

> Pan leddir dyn yn y pwll glo, nid yw'r cyhoeddiad syml yn y papur newydd fod gŵr wedi marw yn arwyddo'r hyn oll sydd i'w ddweud ar y mater a bod dynion eraill yn debyg o ddod i'w diwedd yn yr un modd. Na, y mae'r farwolaeth leiaf a mwyaf distadl, colli'r creadur bach dinotaf o'r gymdeithas, yn gadael ei hôl. Dyna'r prawf nad yw Marwolaeth ei hun yn absoliwt. (63)

Y cyfeillgarwch hwn yw'r wedd anffurfiol ar yr undod dosbarth gweithiol y rhoddir mynegiant ffurfiol iddo yng ngweithgareddau'r Ffederasiwn. Ofn Wil Traws, a dau arwr *Y Crys Gwyn*, gellir tybio, yw mai ar draul cyddynnu ansefydliadol, digymell y werin y sicrheir solidariaeth sefydliadol, gyfundrefnol y dosbarth gweithiol.

Nid o fewn yr un gofod daearyddol yn unig y bodola'r ddau fodel o Gymreictod; cydfodolant yn ogystal o fewn yr un gofod seicolegol. Serch i Siôn fynnu bod 'morol am gyfiawnder i goliars Cwm Rhondda' (*Y Briodas*, 49) yn bwysicach na ffyddlondeb i'r capel, yn bwysicach – fe awgryma – na'r Beibl ei hun, ond deil i fynychu'r gwasanaethau ac i obeithio am bethau gwell gan weinidogion y Ffydd. Gall ofyn iddo'i hun pam y dylai gyboli â'r pedwar mesur ar hugain pan fo'r Deddfau Ŷd yn bygwth cynhaliaeth teuluoedd, a gall amau gwerth eisteddfod o'i chymharu â brwydr y Ffederasiwn dros hawliau'r gweithiwr. Gall fynd cyn belled â rhoi'r gorau i'w farddoni am gyfnod, ond ni all gefnu'n llwyr ar ei Gymreictod traddodiadol. Parheir y tyndra yn hanes ei nai, Rhobet Esmor, ond ei fod yn awr wedi ymgorffori'n gystadleuaeth agored rhwng y diwylliant Cymraeg a'r diwylliant a gyflwynir fel un Seisnig. Dewyrth Siôn – 'llyfr newydd, darnadrodd newydd, gwna bennill imi rwan' (*Y Siôl Wen*, 138) – a chodwr canu'r capel yw ei ddau fentor yn y naill gylch. Y Cymro di-Gymraeg, Will Kingston, yw ei fentor yn y llall – 'dim adrodd, dim canu, dim ond hanes Jimmy Wilde, Firpo, Dempsey, Bilo Rees o'r Garnant, Rocyn Jones, Cornish, Ben Davies Aberafon . . . cewri' (138) – ac ef sy'n symbylu ymgais Rhobet Esmor i gefnu ar y Gymraeg. Gan nad yw cyfeiliorni ieithyddol Rhobet Esmor ond yn chwiw dros dro gellid ei ystyried ef fel pont rhwng y ddau ddiwylliant, prawf nad oes rhaid i'r rhaniad rhyngddynt ddilyn y rhaniad iaith.[20] Y trueni yw fod Will Kingston eisoes wedi categoreiddio'r Gymraeg;

wedi'i chyfyngu i fyd capel ac eisteddfod, a thrwy lysenwi Rhobet Esmor yn 'Mabon', wedi'i huniaethu â'r wleidyddiaeth geidwadol a ymddengys bellach yn wasaidd a hen ffasiwn. Eto nid oes dim yn llai *proper* na Saesneg *'talkin' proper'* (*Y Siôl Wen*, 132) Will: *'Mabon bach, you do dant me!'* (138), ac fe orgyffwrdd y ddwy iaith yn rheolaidd yn sgwrs y Cymry Cymraeg yn ogystal. Mae aelodau'r naill garfan yn gorfodi ar eu hiaith newydd gystrawennau ac idiomau'r iaith a gollasant, ac aelodau'r llall yn benthyca adnoddau'r Saesneg ar gyfer eu terminoleg ddiwydiannol, ac ar gyfer trafod *politics*. Collfernir yr olaf o'r tueddiadau gan Benjamin, ond mater hawdd yw i Siôn ei dwyllo i fradychu Seisnigrwydd ei 'tŵ-hwndrad-thwsan' (21) yntau. Cred y gogleddwyr fod 'yr hen iaith' ar eu tafodau hwy yn cael ei siarad 'fel y dyla hi' (*Y Briodas*, 126); barn Rhobet Esmor yntau yw fod Cymraeg ei fam ogleddol yn well na Chymraeg neb yn y stryd. Priodol felly mai hi a osodir i sefyll ar ei sodlau mewn llys barn dros hawliau'r iaith.[21] Eto, er cystal ei Chymraeg, mae ei 'jujis' (*judges*) a'i sôn am *'dransportio'* yn tanseilio delfryd y siarad 'fel y dyla hi'. Fel, yn wir, o safbwynt Saesneg y di-Gymraeg y mae 'Why – for – yew – ill – not – spick – the – *Ing-l-i-i-i-s*, oman?' (113) clerc y llys. Mae'r awdur yn bendant ar bwynt y *'pastiche* o iaith na feddai neb ond y sawl a anesid ac a fagesid yn y Cwm oddi ar y chwyldro' (*Y Siôl Wen*, 92), ond y gwir yw fod elfen o gymysgiaith yn sgwrs y rhan fwyaf o fewnfudwyr Cymraeg y drioleg. Heblaw'r geiriau a'r ymadroddion benthyg y teimla'r awdur eu bod yn galw am lythrennau italaidd, ceir llu a Gymreigiwyd i ymdoddi'n gymharol ddisylw i'w hamgylchfyd ieithyddol newydd. Weithiau bydd y naratif fel petai'n cywiro Cymraeg y cymeriadau (yn troi 'pasej' yn dramwyfa, 'manajar' yn oruchwyliwr y pwll, 'rejistrar' yn gofrestrydd), ond mae'r naratif ei hun hefyd yn arfer llawer o ffurfiau Seisnigaidd, 'ansafonol'. Drwyddynt fe ymuniaethir â'r cymeriadau, a'n dwyn i mewn i'w hymwybod. Er mor atyniadol y syniad o iaith lân safonedig, ecsbloetir posibiliadau'r elfen facaronig i'r eithaf – ac ohoni y tardd cyfran helaeth o hiwmor ac asbri'r drioleg, o'i lliw, a'i hegni, a'i hapêl. Yn y bersonoliaeth awdurol, yn gymaint ag yn lleferydd y cymeriadau, cywesgir ynghyd yr ymwrthod a'r cymathu a wnaeth ddiwylliant Cwm Rhondda yr hyn ydyw.

Mae'n rhaid inni ddiolch i Rhydwen Williams am ddarlun cydymdeimladwy o gyfyng-gyngor y di-Gymraeg. Nid cyflwr seicolegol syml yw un Will Kingston a'i debyg, y Cymry di-Gymraeg sy'n ddigon diniwed i'w dychmygu eu hunain yn Saeson. Saesneg yw iaith y mwyafrif o'r glowyr ymosodol hynny y perthyn Will Kingston iddynt, ond wrth ymladd yn erbyn plismyn o Loegr, y gri a ddilyn *'Up the Communists!'* yw

188   *FfugLen*

'*Down with the bloody foreigners!*' (*Y Siôl Wen*, 150) – nid '*Down with the bloody capitalists!*', fel y gellid disgwyl. Y demtasiwn, o ddadorchuddio'r sgitsoffrenia hwnnw mewn cyd-destun Cymraeg, yw inni anghofio mai'r diwylliant Cymraeg a fodolai o fewn cyd-destun diwylliant y di-Gymraeg erbyn y cyfnod (1916–31) a ddarlunnir yn *Y Siôl Wen*. Er bod Rhydwen Williams yn ceisio adlewyrchu hynny yn nhraen olaf y nofel, brwydro am gornel ar y gefnlen liwgar a wna'r gweithgareddau 'anghymreig' mewn mannau eraill. Mae hynny'n wir hyd yn oed am Ffederasiwn Glowyr De Cymru. Dyma'r corff a oedd i reoli bywydau a theyrngareddau'r glowyr o adeg ei sefydlu yn 1898 tan yr Ail Ryfel Byd,[22] y corff a ystyrir gan ei ddau brif hanesydd fel creadigaeth fwyaf ysblennydd dosbarth gweithiol y De diwydiannol,[23] a'r 'corff seciwlar lluosocaf ei aelodaeth a fu erioed yn hanes y genedl Gymreig'.[24] Er hynny oll, ni chawn fynychu ei gyfarfodydd (ac eithrio rhyw ddau dro sydyn) fel y cawn fynychu gwasanaethau'r capel, a lle y cawn ddisgrifiad hir a manwl o un o gyfarfodydd y Diwygiad drwy ymwybod Maggie, nid oes cymaint ag adroddiad ail-law o'r *mass meeting* a anerchir gan Siôn yn *Y Briodas*. Nid oes portread llawn o Siôn, nac un o'r arweinwyr eraill, fel areithwyr cyhoeddus i'w grogi wrth ochr y darluniau o berfformwyr y pulpud. Ni ddangosir, chwaith, arweinwyr lleol y Ffederasiwn yn cyflawni'r swyddogaeth gymdeithasol, fugeiliol a'u gwnâi yn ffigurau mor allweddol yn eu cymunedau. Casgliad o egwyddorion sydd gennym yn hytrach na chasgliad o weithgareddau. A chydnabod nad yw'r un diffygion i'w canfod yn *Y Crys Gwyn*, yno mae unochredd eithafol y darlun o gynrychiolwyr yr undeb yn amddifadu'r mudiad o bob urddas, heb sôn am ei le teilwng wrth ochr amlygiadau mwy 'Cymreig' o ddyheadau cenedl.

Yn *Amser i Wylo* ymddengys i Rhydwen Williams gydnabod drwgenwogrwydd Senghennydd ymysg cymunedau'r Cymoedd. Cwmpesir ystod ehangach o gymeriadau a gweithgareddau nag yn ei nofelau eraill, ac mae'r iaith yn frasach a'r hiwmor yn fwy mentrus a phriddlyd. Er hynny, rhoddir mwy o ofod i hanes y parchus a'r diwylliedig nag i hanes cymeriadau brith fel Eic Dwrn Haearn a Sand-y-Môr, a llawer iawn mwy o ofod i bregeth a rhigwm a chyfansoddiad cerddorol nag i'r llymeitian a'r bêl-droed, y biliards a'r dominos yr ymddiddora eraill ynddynt. Ni chyflwynir un o wir ddihirod y gymdeithas, ac os awgrymir y trais a'r gorthrwm a ddioddefai'r fenyw weithiau yn y fath gymdeithas wrywaidd, ni chyffyrddant â therfynau sylfaenol barchus prif gylch y nofel.[25] Swyddogion Seisnig o'r tu allan yw'r cymeriadau di-Gymraeg gan amlaf, ac er bod gan Tom Roberts gyd-weithyr Gwyddelig sy'n siarad rhyw

Saesneg 'mongrel, lobscows' (36) ni fu i un o laddedigion Senghennydd, yn fersiwn Rhydwen Williams o'r danchwa, farw â'r iaith Saesneg ar ei wefusau.[26] Wedi gosod y Gymru ddiwydiannol yng nghanol y darlun, erys y ffocws ar y Cymreictod traddodiadol a oedd yn cael ei alltudio'n gynyddol oddi yno. Amddiffynnir y Cymreictod hwnnw gan Wil Traws ar sail ei hanfod gwerinol. Tôn gron Wil yw fod diwylliant y werin Gymraeg yn esgor yn naturiol ar fath arbennig o gydraddoldeb cymdeithasol:

> 'Mi glywes bregethwr yn dweud unwaith mai ystyr y gair *gwerin* yw criw ar fwrdd llong . . . Mae gan bob dyn ei le a chan bob dyn ei dasg. Nid oes unrhyw dda yn bosibl onid yw'n fynegiant o ddyhead y bobl gyfan. Dyna pam yr ydym ni Gymry yn fwy ffodus na llawer. 'Does dim gwahaniaeth dosbarth i'r iaith Gymraeg . . . Rhannwn ein sefydliadau hefyd . . . Os oes rhithyn o wahaniaeth dosbarth ymysg y Cymry, peth sydd wedi digwydd treiglo'i ffordd yn llechwraidd ydyw, fel rhai o'r *germs* 'na sy'n achosi epidemig ar dro.' (141)

Tristwch i'r awdur mae'n siŵr yw na fedr un o'i nofelau diwydiannol gynnal delwedd apelgar y Gymru ddiddosbarth hon. Mae'r cysyniad o ddosbarth yn un gofodol yn ei hanfod, ac nid yw'r gyfatebiaeth rhwng strwythur y gofod cysyniadol a strwythur y gofod diriaethol yn agosach yn unman nag yn yr amgylchfyd diwydiannol. Amlygir hynny yn niddordeb y glöwr yn ei alotment a'i golomennod, ac mewn gweithgareddau eraill sy'n caniatáu iddo ofod i fod yn feistr arno'i hun. Fe'i hamlygir yn ogystal ym mhwysigrwydd y gofodau diwylliannol, megis capel a llwyfan, sydd o dan lywodraeth rheolau gwahanol i'r rhai a weithredir yn y pwll glo. Deallwn felly, pan ddown at y streic ar ddiwedd *Y Briodas*, fod y cynnydd yn y tensiynau cymdeithasol arferol wedi'i grynhoi yn y sylw fod yr eisteddfod bellach yn cael ei disodli gan y carnifal – gweithgaredd sy'n aflonyddu llawer iawn mwy ar drefn arferol y gofod cyhoeddus.

Afraid ychwanegu mai'r amlygiad mwyaf cyson-weladwy o strwythur y gymdeithas yw ei phatrwm anheddu. Os yw trigo mewn terasau culion lle y gall cymdogion 'weld tyllau chwys ei gilydd' (*Amser i Wylo*, 54) yn pennu ansawdd y gymdeithas glòs, gymdogol ac yn hybu solidariaeth wleidyddol y dosbarth gweithiol, mae amgylchiadau byw eu 'gwell' yr un mor arwyddocaol. Saif cartref Caswallon Edmunds, goruchwyliwr Pwll y Pentre yn *Y Briodas*, ar wahân mewn llecyn gwledig, didoledig. Perthyn awgrym o arwahanrwydd hefyd i gartref Urias Gates yn *Y Crys Gwyn*; ei dŷ ef yw'r un olaf yn y stryd, a'i 'bay window' (42) a'r 'porth'

(94) o flaen y drws ffrynt yn ffurfio math o ragfur a fradycha uchelgais gudd Urias i'w ddyrchafu'i hun uwchlaw y glöwr cyffredin. Diogelach, ac ymhellach fyth o ŵydd y gweithwyr, yw cartrefi'r perchenogion. Lleolir y Cwrt yn *Y Crys Gwyn* 'draw yn y coed' (73), a'r bont sydd raid ei chroesi i fynd ato, ei glwydi haearn a'r muriau uchel o'i gwmpas, yn atalfeydd ychwanegol; caer debyg yw cartref yr Arglwydd Merthyr yn *Amser i Wylo*. Arbennig o drawiadol yw'r modd y mae lleoliad daearyddol y dosbarth canol yn symboleiddio ei wir bwrpas yn y gymdeithas ddiwydiannol. Er mai swyddogaeth gwŷr fel Caswallon Edmunds yw amddiffyn buddiannau'r perchenogion fe ddengys hanes Edward Shaw yn *Amser i Wylo*, a hanes tebyg John Saunders yn *Trais y Caldu Mawr*, eu bod, mewn gwirionedd, wedi'u dal hanner ffordd rhwng gweithiwr a meistr, ac yn fwch dihangol i'r ddau.

Nid nad yw'r niwl yn dew weithiau o gwmpas y ffin rhwng y dosbarth gweithiol a'r dosbarth canol. Gwêl Siôn yn eglur ar ba ochr iddi y saif: '*capitalist*' (*Y Briodas*, 79) yw Caswallon Edmunds iddo, ac nid llai yw ei ddrwgdybiaeth o 'rw dacla bach ffroen-uchal dosbarth-canol neis-neis' (*Y Siôl Wen*, 21) ym mywyd y capel. Ond nid yw rhediad y ffin mor bendant i aelodau eraill o'i deulu, na'r awydd i'w chroesi yn gymaint o drosedd. Tra myn Siôn yn falch mai glöwr a fydd byth mwy, fe'i hanogir gan Maggie i geisio'i wella ei hun drwy fynd yn bregethwr neu'n athro neu'n offeiriad. A thra gweithreda Jane (chwaer Siôn a Maggie) yn ôl yr egwyddor mai 'morwyn ydy morwyn' (*Y Briodas*, 17) wrth weini yng nghartref Caswallon Edmunds, â ymlaen i briodi un o gynorthwywyr ei meistr, ac i fwynhau holl gysuron materol priodas 'dda'. Rhestra'r awdur yn hoenus y grasusau cymdeithasol dosbarth canol a ddysgodd Martha, mam-yng-nghyfraith Maggie, tra'n gweini ar deulu meddyg enwog yn Lerpwl. Ei phrif uchelgais bellach yw codi ei theulu o 'gyffredinedd' (*Y Siôl Wen*, 106) Cwm Rhondda. Gwireddir ei huchelgais ar ffurf y siop gigydd sy'n gwasanaethu 'hufen Cwm Rhondda' (110), y siop losin a ychwanegir at ei hymerodraeth, a llwyddiant ei mab, Rhobet Owen, fel gŵr busnes.

Nid oes dim yn grafangus yn nringo Martha. Yn rhinwedd 'ei hurddas, ei hanwyldeb, ei hewyllys da' (113), ymddengys ei siop yn fwy o wasanaeth cymdeithasol nag o fusnes – yn enwedig â Rhobet Owen yn ymlynu wrth athrawiaeth G. K. Chesterton ar fater 'pwysigrwydd y siopwr bach mewn cymdeithas' (112). Mae Rhobet Owen ei hun yn fwy o broblem. Fe'i clodforir am yr 'onestrwydd hwnnw a feddai tuag at ffigurau' (167), pwynt y teimla'r awdur fod angen ei wneud, mae'n debyg, gyda golwg ar esgyniad sydyn ei gymeriad i frig y fusnes yswiriant. Serch hynny, mae rhywbeth o'r sbif o'i gwmpas pan yw'n cynnig helpu Maggie a Tomos i grynhoi'r arian angenrheidiol ar gyfer dianc o ddiweithdra'r Cwm: 'Tynnodd sigaret allan o'i gasin-aur hardd. Taniodd. "Oes gynnoch chi dipyn o aur ma?" Roedd ei lygaid ar Maggie' (168). Diflanna Rhobet Owen o'r golwg yn *Dyddiau Dyn*, ond nid felly ei etifeddiaeth amheus. Ei fethiant i gywiro'i addewid i gael swydd i Tomos yng ngogledd Cymru sy'n anfon y teulu i ganol Seisnigrwydd Caer, ac os derbyniwn nad yw'r camwedd sy'n dwyn llid ei fòs ar ben Tomos yno ond yn 'un o driciau diniwed dyn-siwrin' (158), mae condemniad y Rhobet Esmor ifanc yn ysgubo pob esgus o'r neilltu: '*Insurance is a lie! Takin' money off people for somethin' that's not there!*' (113)

Gall Rhydwen Williams ganiatáu i gymeriad amwys fel Job Cornog fod yn hollol agored ynghylch ei benderfyniad i ymsefydlu'n aelod o'r dosbarth canol – lle y byddai rhai o deulu Maggie wedi ymuno ag ef yn barhaol oni bai am ddirwasgiad y dauddegau a'r tridegau. Ei broblem yn ei drioleg fywgraffyddol yw cymodi ei falchder yn uchelgais ac esgyniad cymdeithasol ei gyndadau â'i gydymdeimlad ag egwyddorion dosbarth gweithiol Siôn. Un o'i atebion yw apelio at yr hen foesau uchelwrol. Mae awgrym o'r apêl yn y modd y datgelir i Martha, ar un adeg yn ei hanes, fod yn ddyweddi 'mab y plas' (*Y Siôl Wen*, 40), ond mae'n llawer mwy nag awgrym yn achos cymeriad Maggie. Mentra gysylltu thema fawr Maggie o 'berchenogi'r tô uwch ei phen' (*Y Briodas*, 107), a'i phleser yng nghysur ei chartref, â pherchentyaeth yr uchelwyr gynt: 'Un o'r bonedd wyt ti, wsti,' medd Siôn, 'ac mi ddylset fod wedi cael byw dan yr un tô a dy hynafiaid i gyd a llyfr-acha gen ti . . . a thipyn o gyfoeth wrth gefn' (*Y Siôl Wen*, 107). Yn naturiol, felly, pan geir Maggie, ymhen ychydig o dudalennau, yn gweini ar filwyr clwyfedig, fe wna hynny yng nghwmni 'rhai o wragedd mwyaf bonheddig y cylch' (108). Ar yr un achlysur fe'i ceir, nid yn unig yn ymhyfrydu yng ngheinder cartref Mr Treharne, y sgweier bach Seisnigaidd, ond hefyd yn gosod y tŷ mawr hwnnw a'i chartref hithau ar yr un gwastad fel rhan o'r un 'diogelwch gwâr' (108). Ni chynhwysir *pob* perchennog tŷ yn y bartneriaeth athronyddol hon, fodd bynnag. Grŵp ysgymun yw'r rheini, fel yr hen Mrs Beynon yn *Y Siôl Wen* a Jonesey yn *Dyddiau Dyn*, sy'n gosod tai ar rent; yn eu hariangarwch a'u cybydd-dod cyflawnant frad yn erbyn eu Cymreictod. Cymryd 'lojar' yw'r ffordd dderbyniol o wneud elw o osod to uwchben person dieithr, a'i groesawu i'r cartref a'i wneud yn un o'r teulu yn hytrach na throi'r weithred yn un fasnachol:

> "Rown i'n gwbod y câi lety y funud y gwelet ef,' meddai Jim, yn canmol ei wraig am ei haelioni.

'Hen grwt pert fel hyn!' atebodd Bertha, 'Fe gâi gwtsio yn 'y nghesel i cyn bod heb le.'
'Ble caet ti fwy o groeso na hynny, Iestyn?' meddai Jim.
Aeth lliain gwyn dros y bwrdd a gosododd Bertha y tecell yn solet ar y tân.
'Dishgled o de amdani!' (*Amser i Wylo*, 31)

Cyd-ddigwyddiad hapus yw fod Bertha yn hanfod 'o hen gyff a fu yn y cwm ers cenedlaethau' (31); hithau, ar gyfrif ei thras hynafol, fel petai'n aelod o ryw bendefigaeth werinol, yn estyn ei nawdd – megis yn ysbryd yr hen uchelwriaeth – i'r newydd-ddyfodiad a'r diymgeledd. Mae uwchraddoldeb moesol, ysbrydol a theimladol Maggie hefyd yn rhywbeth a red yn y gwaed oherwydd mae'r un genynnau ar waith yn ymlyniad Siôn wrth ei egwyddorion gwleidyddol, ac yntau gymaint 'yn uwch o'i ysgwyddau i fyny' (*Y Briodas*, 47) na'r lliaws. Nid eiddynt hwy, y brawd a'r chwaer, y 'gwaseidd-dra beunyddiol' a briodolir i werin 'uffernol o dwp' (*Y Siôl Wen*, 50, 49) Siôn. Ac mae hydeimledd synhwyrus Maggie i fyd natur yn ei didoli, y llestr o wneuthuriad uwchraddol, oddi wrth greadigaethau y clai cyffredin a fyddai'n well ganddynt 'slidro ar eu penola i lawr ryw hen dip afiach' (*Y Briodas*, 19) na mwynhau harddwch yr 'Eden' naturiol o gwmpas cartref Caswallon Edmunds. Gwir mai yng ngofod daearyddol y dosbarth canol y lleolir yr 'Eden' honno, ond mae anian uchelwrol Maggie yn ei dyrchafu uwchlaw'r sffêr honno hefyd.

Os ag ansoddau gorau y Ganrif Fawr yr uniaethir harddwch cymeriad Maggie, cyfnodau cynharach fyth, cyfnodau arwriaeth Ifor Bach a Gruffudd ap Rhys, arglwyddi Senghennydd, a glodforir yn *Amser i Wylo*. Mae hanes y boneddigion diweddarach – pa un ai 'hen achau diog' sir Fôn neu 'feistri pell' Morgannwg (*Amser i Wylo*, 38, 149) – yn sawru'n drwm o Frad yr Uchelwyr, a phan droir at y blwtocratiaeth ddiwydiannol dilornir teitl Arglwydd Merthyr o Senghennydd (William Thomas Lewis) drwy gyfeirio'n ôl at ddydd 'pan *oedd* arglwyddi *yn* arglwyddi' (158). Eto i gyd, ceir ymdrech ar ddiwedd *Amser i Wylo* i waddoli'r byd diwydiannol â'i uchelwriaeth go-iawn ei hun. Ymgorfforir ym mherson gwraig yr Arglwydd holl rinweddau'r hen bendefigaeth Gymreig: 'yr oedd o linach hen deulu'r Reesiaid Llety Siencyn, ac yr oedd hen, hen urddas yn weladwy ym mhob modfedd o'i phresenoldeb' (284). Nid oes awgrym o'r llinach urddasol honno yn nisgrifiad cynharach yr un nofel o'r fam-gu, sefydlydd y cwmni glo a etifeddwyd gan Arglwyddes Merthyr, fel 'hen fenyw hirben, breichie fel nafi' (20). Ond gorau i gyd hynny, efallai. Oherwydd yn y cyfuniad annisgwyl hwn o ansoddau teuluol gwelir myth y werin uchelwrol yn ei lawn flodau. Ceir mwy nag awgrym o'r myth hwnnw yn hanes teulu-yng-nghyfraith Maggie yn nhrioleg *Cwm Hiraeth*: certmyn a phorthmyn a ffermwyr sy'n ffurfio corff y llinach deuluol, ond mae yno hefyd feirdd a phenceirddiaid a fu'n ymarfer eu doniau cyn Eisteddfod Caerwys (ni ddywedir pa un) ac, yn agosach at gyfnod y stori, fardd-bregethwr 'y gellid ymhyfrydu o'i blegid yn y cwmni urddasolaf' (*Y Siôl Wen*, 39). Yn y modd hwn trosglwyddir myth gwerin fonheddig y Gymru wledig i gwmpas y Gymru ddiwydiannol, ac i feddiant y bendefigaeth lafur newydd.

O ran delwedd ffuglennol Cymru byddai disgrifiadau Rhydwen Williams o waith a gweithle'r glöwr yn werthfawr pe na bai ond am eu prinder. Fe'n tywysant i dirlun sy'n fwy iasol o ddieithr nag anghyfannedd y Rhamantau:

> Nid oes gan y sêr na'r lloer na'r eangderau uwchben, mwy na'r cribau na'r llethrau na'r gwastadeddau o gwmpas dyn, yr union ias i'w chynnig iddo â honno pan yw'n sangu am y tro cyntaf yn nheyrnas ddu, anhygoel, annisgwyl, annherfynol hen grombil sarrug y ddaear . . . (*Y Briodas*, 117)

Agorant ein llygaid ar yr un pryd i'r urddas a berthyn i swydd y glöwr yn rhinwedd ei grefft a'i gelfyddyd, yn ogystal â'i ddewrder tra chyfarwydd. Nid yw bod yn lladmerydd i'r profiad diwydiannol yn gyfystyr â chymeradwyo diwydiannaeth ei hun, fodd bynnag, ac er bod perygl, bryntni, damwain a chlefyd yn elfennau anorfod yn narlun yr awdur, mwy dadlennol yw ambell drallod nad yw'n tarddu'n uniongyrchol o'r amgylchfyd hwnnw. Pan ddarganfyddir bod mam Maggie a Siôn yn dioddef o gancr y fron, sylwa Maggie fod y lliw tywyll a ddaeth i'r cnawd yng nghornel llygaid ei mam 'bron mor amlwg â'r olion a adawai'r glo yng nghil llygaid Siôn ar ôl sifft dan-ddaear' (91) a rhagflaenir ei marwolaeth gan lun llonydd o bobl y gymdogaeth yn sefyll yn eu hunfan, yn sŵn chwythu lloerig yr hwteri, i weld 'pwy a gludid yn ei waed a'i faw rhwng pedwar o'r pwll' (97). Troir salwch y fam yn glefyd neu'n ddamwain ddiwydiannol; troir diwydiannaeth ei hun yn gancr. Yn *Amser i Wylo*, yn wir, ymddengys diwydiannaeth fel datblygiad niweidiol yng nghorff hanes y genedl gyfan. Wrth i gwmni *Lewis Merthyr Consolidated* gloddio am lo yn Senghennydd mae'n difwyno hen diriogaeth Ifor Bach, yn diraddio dewrder Gruffudd ap Rhys o chefnogwyr Glyndŵr, ac yn sathru ar dir sanctaidd y seintiau.

Mae diwydiannaeth yn drais yn erbyn byd natur yn ogystal ag yn erbyn traddodiad dynol. Mae'n ddatblygiad 'annaturiol' yn ogystal ag 'abnormal', yn ddatblygiad sy'n ymyrryd â threfn pethau fel y tybir y dylent fod yn y ddau fyd, ac yn y gystadleuaeth rhwng Natur a diwydant cipir yr ucheldir moesol gan Natur o'r dechrau un. Bron na wneir hynny'n llythrennol yn achos y ffurfafen 'eang a serennog' uwch chwyrnu a chymylau duon Pwll y Pentre, a'r 'sêr tawel' ymhell 'uwchlaw'r mwg a'r llwch a'r tân' (*Y Briodas*, 66). Deil y byd naturiol i feddiannu'r ucheldir hwnnw mewn cystadleuaeth â chyffro'r Diwygiad, cyffro sy'n amddifadu Maggie o'r gallu 'i *feddwl*' a gynhyrfwyd cyn hynny 'wrth syllu ar y sêr bach llonydd a'r lloer brydferth a'r pellterau tawel uwch ei phen' (51). Uniaethir Natur rywsut â'r 'Rheswm' sydd bob amser o bwys mawr i Rhydwen Williams, ac mae treiglad di-dor y tymhorau yn wyneb llygredd diwydiannol y Cwm nid yn unig yn symbol ysbrydol Lasarusaidd, mae hefyd yn gydnaws â safonau'r person 'rhesymol' – 'Gellid dibynnu ar Natur . . . Ni chwaraeai'r ddaear driciau â neb' (86). Y symbol canolog o fuddugoliaeth Natur yw genedigaeth Rhobet Esmor ar adeg y difrod a achosir pan neidia'r afon ei gwely, a llithra'r tip glo a grogai dros ei gartref 'fel Angau' (*Y Siôl Wen*, 8). Pris y fuddugoliaeth yw'r niwed parhaol a wneir i gefn Maggie yng nghanol arswyd y llithriad, ond fel mam newydd caiff weledigaeth o'r dydd pan fydd Natur wedi adfeddiannu'r Cwm a'i adael yn ddi-graith. Efallai fod ei chyfeiriad at y 'nhw' (35) cyfalafol sy'n gyfrifol am y ddamwain yn esbonio pam y dychmyga'r Cwm fel lle y diflannodd pob enaid byw ohono. Beth bynnag am hynny, byd di-bobl sydd hefyd yn niweddglo *Dyddiau Dyn* lle y cawn Rhobet Esmor yn ymgysuro, wedi marwolaeth ei fam, yng ngwireddiad ei breuddwyd: 'mae dydd newydd wedi gwawrio ac y mae'r llethrau a'r oleddau o'r Pentre i Dreorci yn ogoneddus wyrdd erbyn hyn! Gall mai dyna'r testament gwychaf iddi hi a'i hach' (195).

Os oes gwrthddywediad amlwg rhwng y gwacter gwyrdd hwn a rhesymeg gynhaliol trioleg *Cwm Hiraeth*, ond fe'i gwthir o'r neilltu gan yr hiraeth am ddychwelyd i'r cyflwr 'naturiol', cynddiwydiannol. Yr hiraeth hwnnw a bair i Rhobet Esmor ymhyfrydu'n esthetaidd yn y 'gwastadedd paradwysaidd' (*Dyddiau Dyn*, 184) o gwmpas ei gartref yn Lloegr – er gwaethaf y profiadau chwerw a gaiff wedi i'w deulu orfod mudo yno – mewn modd na wneir bron o gwbl yn achos tirwedd ddiwydiannol Cymru. Hynod naïf yw ei dybiaeth fod 'erwau ysblennydd' cefn gwlad Littleton (pentref ger Caer) heb eu cyffwrdd erioed gan na 'dyfais na diwydiant dynol' (185), ond mae'r breuddwyd am wynfyd naturiol nad oes a wnelo ddim â llaw dyn yn ddwfn yng ngraen ei ddychymyg. Cas gan Rhobet Esmor ymuno â'i dad yn ei oriau llafurus o arddio; edmyga Dewyrth Siôn am iddo fedru gwneud ei ardd heb i neb byth – 'Byth' (*Y Siôl Wen*, 118) – ei weld ef wrthi. 'Y mae yno ryw ystyr hud', fe'n temtir i ebychu, ac yn achos gardd Maggie yn Littleton mae'r cyffyrddiad Mabinogaidd yn ddigamsyniol:

> Daeth i fod, yr ardd hon, fel 'roedd yr enfys yn dod i'r ffurfafen, heb chwys na cheibio, dim ond rhyw ddymuniad mawr wedi dod yn wir, meddyliau gwraig wedi troi'n flodau, ac yn cerdded o gwmpas ei thraed gan chwerthin a chanu eu lliwiau. Fel'na. (*Dyddiau Dyn*, 46)

Er mwyn sylweddoli breuddwyd Rhobet Esmor rhaid i'r awdur droi at ryw fyd chwedlonol lle nad oes galw am lafur, lle nad oes dim ond y diniweidrwydd a fodolai cyn y Cwymp a chyn datblygiad anghydraddoldebau gwaith ac eiddo.

Awgrym *Dyddiau Dyn* yw fod y chwilio am 'dir nad oedd yn bod' (48) yn ffrwyth y diwreiddio a ddioddefodd teulu Rhobet Esmor. Efallai hynny, ond nid yw'r 'pur' a'r 'iach' yn erwau gwledig Littleton ond yn ailadrodd yr ansoddau a dadogwyd eisoes ar gefn gwlad Cymru. Wedi'r cwbl, y nerth a'r iechyd y dywedir iddynt nodweddu gwas fferm rhagor na glöwr yw'r priodoleddau sy'n galluogi Tomos (gŵr Maggie) i achub bywyd Siôn yn y pwll glo. Ni waeth nad yw'r priodoleddau hynny'n gyson â bywyd gwas fferm fel y'i cofir gan Tom Roberts yn *Amser i Wylo*: 'cyflogau gwael, gwely mewn llofft stabal, a chynnwys hen grochan ffiaidd yr unig ymborth bob dydd gwyn' (36). Ac ni waeth anghysondeb y gŵr hwnnw wrth iddo fynnu i'r fath fywyd roi tipyn o ruddin yn ei gyfansoddiad, a hynny'n gorfforol yn ogystal ag yn foesol – ni newidir y neges. Yn *Gallt y Gofal* hithau, cawn Job Cornog yn ymosod yn ffyrnig ar gulni ofergoelus a hunanol y gymdeithas wledig; eto yr hyn sy'n ei achub rhag cael ei ddarostwng yn gaethwas cyfalafiaeth yw'r rhyddid mewnol a fedd 'o fod yn grwt bach o'r wlad' (97) a ddeil yn effro i holl ryfeddod ac amrywiaeth Natur. Mae'r gwrthddywediadau'n aml, ond mae'r pwyslais yn bendant, ac nid yw'n fwy pendant yn unman na phan ddywedir i Maggie lwyddo – 'er ei gosod bellach mewn cefndir diwydiannol' – i gynnal ei hargyhoeddiad 'mai camp y bywyd dynol oedd byw yn hardd' (*Y Siôl Wen*, 114).

Parheir y thema yn *Adar y Gwanwyn* (yr olaf o nofelau diwydiannol Rhydwen Williams o ran eu cronoleg fewnol) lle y mae cyfatebiaeth i frwydr Natur i adennill ei thiriogaeth yn nyfodiad 'adar y gwanwyn' i Gwm Hyder. Aelodau o gylch Moel Llewelyn, a fodelir ar y Cylch Cadwgan hanesyddol,[27] yw'r adar trosiadol hyn, ac arwyddant ddychweliad gwerthoedd mwy gwâr. Mae'n wir i'r nofel daflu trem hiraethus i gyfeiriad y gymdeithas ddiwydiannol gynharach, ond roedd honno'n gymdeithas wledig ei naws a'i diwylliant,[28] fel yr awgrymir yn y nofel gan glod Glanffrwd i ogoneddau naturiol yr ardal. Deil diwydiannaeth ddiweddarach, a mecanyddiaeth yn arbennig, yn weithgareddau i'w ffieiddio, hyd yn oed ar raddfa busnes undyn John P., y 'mecanig' (137). Er nad yw wedi creu dim sy'n fwy niweidiol i'r hil ddynol na theclynnau arbed gwaith, a'r math o 'gajets' a leinw gatalogau *Kleeneze* ein dyddiau ni, dychmygir bod ei forthwyl yn dyrnu â'r un rhythm 'â'r miloedd traed yn martsio dros gyfandir i saethu a bomio a lladd' (138) – ac ofnir y bydd yn taro ryw ddiwrnod ar declyn 'na ddichon dros ei grogi ei reoli ar ôl ei greu' (138). Yn *Y Siôl Wen* myfyria Maggie ar werth 'dawn-bysedd' a dyhea am fyd lle y byddai dyn dan orfodaeth i gadw crefft ac i 'ennill ei fara beunyddiol trwy waith ei ddwylo' (164). A hithau wedi amlinellu yn ddiarwybod iddi ddaliadau y mudiad Celfyddyd a Chrefft (adlach yn erbyn nwyddau cwrs y Chwyldro Diwydiannol) cynigir fersiwn chwerwwatwarus o estheteg y mudiad yn y 'gajets' a gynhyrchir gan John P. Clodforir y gwir fersiwn o'r estheteg Celfyddyd a Chrefft ym mywyd syml yr hen Gomer Evans a'i wraig, 'pobl ysblennydd . . . a wnâi fatiaurhacs a rhannu powlen o fara-te yr un pryd' (*Adar y Gwanwyn*, 135) – pobl, i ddyfynnu Saunders Lewis, a fyn 'wneud gwaith dyn mewn byd a gâr waith peiriannau'.[29]

Nid yw Rhydwen Williams yn brin o gydnabod bod cysylltiad rhwng y naturiol a'r diwydiannol – onid yw glo ei hun yn gynnyrch naturiol y ddaear: 'y fforestydd hynafol sy'n cysgu haen ar ôl haen o dan y mynyddoedd mawr' (*Y Briodas*, 116)? Prinnach, fodd bynnag, yw'r amgyffrediad o'r gwirionedd sydd yng ngosodiad Michael Dunford a Diane Perrons: 'a human being "confronts the materials of nature as a force of nature"'.[30] Mae'n wir y lled-awgrymir undod anorfod y byd diwydiannol a'r byd naturiol mewn un man yn *Y Briodas*: 'Symudai'r cymylau'n araf fel rhes hir o dryciau yn mynd allan o'r seidin. Treiglai mwg diwedd-sifft i ymuno â nhw ar y gorwel llwyd' (32); ond peth anarferol yw i'r awdur gyffelybu un o wrthrychau byd natur i wrthrych diwydiannol fel y gweneir yma. Tueddir i droi profiadau trigolion y Cwm yn ffenomenau o fyd natur yn hytrach na'u hidlo drwy'r dychymyg diwydiannol. Hesb, fe awgrymir ar un achlysur, yw technoleg o bob ysbrydoliaeth greadigol: 'Mae gan bawb adenydd, mae'r aderyn ymhob dyn, ond 'r oedd yn well gan ddynion mewn dydd fel hwn ddibynnu ar adenydd eroplên nag ar eu dychymyg eu hunain' (*Adar y Gwanwyn*, 139).

Tuedd arall yw i'r ddelweddaeth ddiwydiannol, pan y'i defnyddir, deithio'n unffordd i gyfeiriad tristwch a thrychineb. Dyna a wna'r delweddau o'r pwll glo ar achlysur marwolaeth Ben Bowen (*Y Briodas*, 37) ac yn nisgrifiadau *Y Siôl Wen* o faes y gad, ac arbennig o drymlwythog yw symbolaeth cledrau'r rheilffordd y gwna Iwan (*alter ego* newydd Rhydwen Williams) ddianc drostynt yn *Adar y Gwanwyn*. Cywasgant ganlyniadau'r Chwyldro Diwydiannol yn 'rhyw ddeilen fawr o ddur yn crino'n ddu ar wyneb y ddaear' (157); atgynhyrchant, yn eu 'tywyllwch dryslyd, satanaidd, metalig' (160), ynfydrwydd y rhyfel a yrrodd heddychwr fel Iwan ar ffo; symboleiddiant symudoledd yr oes, a chyflwr diwreiddiau Iwan a'i debyg; symboleiddiant hurtrwydd cyflwr y ddynoliaeth gyfan 'a'i rheiliau dryslyd yn arwain i bobman ac i unman yn y pendraw' (161). Ni ddylem synnu bod pechod a cholledigaeth yn crogi'n dawch uwch y cledrau yng ngorsaf Crewe. Yn ôl yn y Cwm, trosiad diwydiannol a ddefnyddiwyd i ddechrau eglurebu enbydrwydd y Cwymp ei hun pan rybuddir Siôn gan ei fam: 'Nid rhw gerrig y mynydd a thrawstia-Norwy ar gefn dyn oedd y cwymp yn Eden, cofia! . . .' (*Y Siôl Wen*, 166).

Nid yw'r cof am y Cwymp fyth ymhell wrth inni grwydro'r Cwm. Nid nad yw'r serch greddfol at olygfeydd bro mebyd heb belydru weithiau drwy'r sbwriel, drwy'r swn a'r drewdod, ond rhaid chwilio'n eithaf dyfal am enghreifftiau nad ydynt wedi'u llunio ar gyfer arddangos gwydnwch natur yn wyneb anrhaith diwydiant. Y cartref a'r amgylchfyd pentrefol, yn hytrach na'r dirwedd ddiwydiannol fel y cyfryw, yw cwmpas yr eithriadau gan amlaf. Ar un achlysur yn *Y Siôl Wen*, fodd bynnag, cynysgaeddir y gweithgarwch diwydiannol ei hun â mesur o apêl synhwyrus. Yn y gaeaf disgleiria'r tipiau glo gwlyb fel 'gwallt sipsi'; yn yr haf mae 'arogl tes ac anadl blodau fel pe'n cusanu'r glo-mân', a sawr y llwch glo fel 'arogl ryw gesail gynnes' yn gorwedd dros y Cwm 'cyn drymed â blodau'r gerddi' (57–8). Yng nghanol y rhuthr bygythiol ceir elfen o gynhesrwydd ac anwyldeb, ac o gymod â byd natur. Gan mai prysurdeb y diwydiant glo yn ystod y Rhyfel Byd Cyntaf yw'r pwnc, un o'r effeithiau yw tanlinellu trychineb rhyfel, eithr mae yma groesdynnu hefyd rhwng pwrpas dinistriol yr holl weithgarwch a'r ymhyfrydu yn y cyffro a'r ffyniant a ddaeth i'r Cwm yn ei sgil. Pan ddiflanna'r ffyniant hwnnw, dyna pryd y ffrydia i'r wyneb o'r newydd yr holl amheuon ynghylch y profiad diwydiannol, ac edrychir yn ôl ar y cwbl fel petai yn ddi-werth ac yn ddiystyr, 'fel ryw hen fyd gwag wedi dod i ben' (170).

Cynhyrchir pob math o wrthddywediadau gan ymateb Rhydwen Williams i'r byd diwydiannol. Nid meddwl a wneir yn awr am wrtheiriad bwriadol yr 'uffernol-nefolaidd' (*Dyddiau Dyn*, 9) a ysgogir gan groesebau anorfod bywyd y Cwm – er y gellid dyfalu, mae'n wir, sut y gall bywyd 'prysur, chwyslyd, peryglus, rhamantus' (*Y Briodas*, 15) ymddangos fel 'edafedd di-liw' (39) ychydig o dudalennau yn ddiweddarach, a sut y gellir cysoni'r llu gweithgareddau, y straeon, yr helyntion a'r cyffro gwleidyddol, â'r honiad mai 'digon undonog oedd bywyd yng Nghwm Aber' (*Amser i Wylo*, 24). Ond mae nifer o'r anghysonderau yn fwy ffeithiol bendant. Mae'r ardaloedd yr honnir dro ar ôl tro i ddiwydiant eu gwneud yn ddiadar, yn fyw ar achlysuron eraill gan adar yn 'herio'r gwifrau a'r rhaffau a'r dur' (*Y Briodas*, 86). Yna mae honiad *Y Siôl Wen* fod ei chymdeithas yn un 'lle nad oedd y pridd yn bwysig na thywydd na thymor' (113) wedi'i wrth-ddweud o'r dechrau gan yr oriau a dreulia'r glöwr yn ei ardd a'i alotment – a'r glöwr wedyn yn *Amser i Wylo* yn dal i gerdded â hen arafwch 'gŵr yn byw yn ôl y tymhorau' (164) ac i astudio'r ffurfafen i weld 'pa fath ddiwrnod oedd ar wawrio' (168) cyn mynd i mewn i'r caets. Beth hefyd am y darlun o'r Cwm 'ôl-ddiwydiannol'? Pan ddychwel yr awdur wedi marwolaeth ei fam yn *Y Briodas*, gorffen ei ymweliad yng nghanol 'y tomenni a'r tipiau a'r milltiroedd dolurus' (8); diweddglo *Dyddiau Dyn*, fel y cofiwn, yw'r ymfalchïo bod y 'llethrau a'r oleddau' bellach i gyd 'yn ogoneddus wyrdd'. Yn ei ymdrech i gael pen llinyn ar ei brofiad o'r Gymru ddiwydiannol pendilia'r awdur rhwng dau ddehongliad gwrthgyferbyniol. Yr un peth sefydlog yw cariad ei fam at y Cwm, ac yn ei hangau fe dry hwnnw yn gariad gwaredigol:

> ... gwn rywsut ei bod *hi* o gwmpas y mynyddoedd huawdl hyn o hyd ... ac mai yn ei hwyneb a'i henw a'i harddwch hi y bydd i mi weld y tomenni a'r tipiau a'r milltiroedd dolurus hyn yn deilwng i'w harddel fel rhan o'r 'winllan a roddywd i ni'. (*Y Briodas*, 8)

Dywed yr awdur ar ddechrau *Dyddiau Dyn* iddo gyfansoddi'r nofel 'heb orfod dyfeisio plot na chreu cymeriadau' (8). O'i gymryd ar ei air, ceir yn y nofel nifer o bobl a digwyddiadau a hepgorwyd yn gyfan gwbl o'i hunangofiant (*Gorwelion*),[31] a'r rheini'n cynhyrfu adwaith ffyrnicach a chwerwach na dim a adroddir yno am gyfnod Caer. Os achubodd Rhydwen Williams fantais ar ryddid ffuglen i greu fersiwn gonestach o'r cyfnod hwnnw yn ei fywyd, mae i'r fersiwn hwnnw hefyd bwrpas arall. Wrth nodi 'protogenedlaetholdeb' greddf y bol Rhobet Esmor yn llanc ifanc – hwnnw wedi'i ysgogi gan ddigwyddiad annymunol penodol – cipir y cyfle i grybwyll y dröedigaeth wleidyddol aeddfetach ddiweddarach:

> Mae'n wir mai'r tri a losgodd yr Ysgol Fomio yn Llŷn oedd i danio fy nghenedlaetholdeb unwaith am byth, ond nid wyf yn amau nad Didums

[y ci neu'r gath a laddwyd yn ddamweiniol gan ei dad] a Mrs Barnett [y perchennog] a'r plentyneiddiwch Seisnig yn Bold Square oedd y tanwydd. (34)

Mewn gwirionedd, bu'r argyhoeddiadau a ddeilliodd o hynny yn rhan o'r isdestun ar hyd yr amser. Rywbryd cyn ei fod yn bedair ar ddeg oed mae Rhobet Esmor fel petai'n amenio dysgeidiaeth Saunders Lewis ar bwnc cyfalafiaeth: 'Roedd gweld glo yn llosgi'n braf yn y grât ar aelwyd gynnes yn iawn. Mynyddoedd o lo oedd yn atgas' (*Y Siôl Wen*, 117). Ynghlwm wrth y ddysgeidiaeth honno roedd y gred a goleddid gan genedlaetholwyr y cyfnod mai wrth ddad-ddiwydiannu'r Deheudir a dychwelyd at y tir y gellid creu dyfodol newydd i Gymru,[32] a diau fod a wnelo'r agwedd honno at ddiwydiannaeth â rhai o'r cymhlethdodau yn nheyrnged ffuglennol Rhydwen Williams i hanes ei deulu.

Yn *Adar y Gwanwyn* trawsblennir y gwrthdaro i gyfnod diweddarach o ddirywiad yn hanes y Cwm. Pan ddychwel Iwan i Gwm Hyder dychmyga am ennyd y medr adfeddiannu rhai o elfennau cartrefol, cynnes yr hen fyd diwydiannol yng nghwmni Liwsi, un o'i gydnabod bore oes, ac yn awyrgylch yr 'enghraifft berffaith o gegin-glowr ar ei hesmwythaf' (67) lle y tendia arno fel y gwnâi ei fam gynt. Ond mae Liwsi yn briod (ag Americanwr), a rhamant eu cyfathrach yn hollol ffug. Mae ffatrïoedd arfau'r Ail Ryfel Byd (a Liwsi wedi'i chyflogi yn un ohonynt) wedi'u sefydlu yn ymyl y pyllau glo a oroesodd, a'r rhyfel yn porthi rhagfarn, drwgdybiaeth ac anoddefgarwch. Daw cost ddynol diwydiannaeth yn erchyll amlwg yn Ysbyty Glowyr Cwm Hyder, ac mae'r difrïo hiliol a fu ar ofal Elsa (Iddewes Almaenaidd y seiliwyd ei chymeriad ar Kate Bosse-Griffiths) dros y cleifion yn gwneud y trueni corfforol yn drosiad am gyflwr moesol cymdeithas lle mae 'llwch yn dechrau ennill y dydd' (144). Nid y Cwm yn unig a newidiodd, ac nid ei genedlaetholdeb yn unig a newidiodd Iwan/Rhobet Esmor. Ehangwyd ei orwelion gan fywyd dinesig Caer; trawsnewidiwyd ei synwyrusrwydd celfyddydol a'i chwaeth lenyddol yno, ac yno yr ailgydiodd yn ei addysg ac y gwnaeth adduned y byddai'n 'codi uwchlaw fy sefyllfa, costied a gostio' (*Dyddiau Dyn*, 58). Disodlwyd ffenestri bychain Cwm Rhondda, er 'eu hanwyldeb a'u harddwch a'u llawenydd', gan 'ffenestri mawr Lloegr' (10). Hynodir cartrefi'r Cwm gan y tanllwythi o dân a siriola eu haelwydydd haf a gaeaf; yng Nghaer dargyfeiria'r ffenestri mawrion ein sylw oddi wrth yr aelwyd tua'r byd y tu allan. Ac yn ei heglwys gadeiriol mae 'aruthredd' (20) ei ffenestri yn rhan o dablo pensaernïol a gynhyrfa hydeimledd ysbrydol na ddaw ar gyfyl Rhobet Esmor o fewn muriau capel. Datblygodd bwlch rhwng deallusrwydd Iwan ac ymateb greddfol, anystyriol, rhagfarnllyd y gweddill a arhosodd yn symlrwydd deuliw y 'culni du a gwyrdd' (18).

Cydnabyddir bodolaeth y ffin newydd rhwng yr addysgedig a'r anaddysgedig gan siom Garmon (gŵr Elsa) yn ymddygiad dwy athrawes yng Nghwm Hyder: 'dwy a gawsai dipyn o addysg, dwy y gallesid disgwyl iddynt wybod yn amgenach ac actio'n garedicach' (*Adar y Gwanwyn*, 131). Mae rheswm am eu diffygion, fodd bynnag, sef y ffaith mai 'B.A. (Bang)' yw'r 'tipyn o radd, sêl y Sefydliad ar gyffredinedd' (131) sydd gan y ddwy ohonynt. Rhaid astudio ym Mhrifysgol Rhydychen neu'r Sorbonne, neu yng Nghanada bell, cyn ennyn yr un edmygedd â Garmon a Rhymni (aelod arall o gylch Moel Llewelyn) am eu campau academaidd. Bu'r ffodusion dawnus hyn yn ymestyn eu hadenydd led y pen, ac wrth iddynt wneud, magodd yr ansoddair 'clòs' gynodiadau annymunol iddynt. Lle yr arferai ddynodi ansoddau gorau'r gymdeithas, y 'gymdeithas fach glos' sydd yn awr yn labelu aelodau cylch Moel Llewelyn yn 'Hereticiaid' a 'Bradwyr' (8) ar gyfrif eu heddychiaeth, ac yn gwneud Elsa yn wrthrych ei chasineb hiliol. Ni waeth at ba agwedd o'r bywyd Cymreig y trown, fe'n hanghysurir gan yr un nodweddion cul, crebachlyd – a hynny mewn gwrthgyferbyniad poenus â'r helaethrwydd, a'r rhyddid a'r amrywiaeth a gonsurir gan y cyfeiriadau edmygol at lenorion blaengar Lloegr a'r Cyfandir, ac at ddiwylliannau Groeg a Rhufain. Teimlad Iwan yw fod Cymru yn ei '*gadw'n gaeth*' (43).

Un o seiliau rhwystredigaeth Iwan yw ei ddyhead am ryddid i ddatblygu ei ddoniau creadigol ac i'w gyflawni'i hun fel unigolyn, a'i weledigaeth yw fod cytgord perffaith rhwng yr uchelgais bersonol honno a'r cenedlaetholdeb sy'n sylfaenol i ethos cwmni Moel Llewelyn. Mae terfynau pendant i gylch y weledigaeth honno, fodd bynnag. 'Cawsom bwrpas i'n llenydda yn ein cenedlaetholdeb', medd Garmon (82), ond nid yw bod o duedd genedlatholaidd yn ddigon ynddo'i hun i sicrhau lle yn y cwmni. Nid yw Cymreictod cul y Cwm na'r cenedlaetholdeb greddfol nad yw 'yn ddim dyfnach na phlwyfoldeb naturus a baw dan yr ewinedd' (131) i'w cymharu â chenedlaetholdeb ymroddedig, eang ei orwelion y dethol rai. Wrth gwrs, nid crebachu Cymreictod ymhellach yw nod y cylch wrth greu cymdeithas o fewn cymdeithas: y bwriad yw gweithredu fel ynys o obaith i achosion llenyddiaeth, cenedlaetholdeb a heddychiaeth. Er hynny, y cywair gwahaniaethol yn hytrach na'r cywair cenhadol sydd gryfaf. Wrth ochr uwchraddoldeb ysbrydol, deallusol a moesol aelodau'r cylch mae gweddill Cymru ar goll – agwedd y gellir ei chysylltu â deallusiaeth elitaidd, adweithiol weithiau, rhai o'r moderniaid Saesneg fel T. S. Eliot ac Ezra Pound a edmygir gan y cylch.[33] Bron na theimlir ar dro mai mater o chwaeth yw bod yn wir Gymry – y math o chwaeth a amlygir yn symlder uchel-ael cartref Garmon ac Elsa: 'Bwrdd, cadeiriau, llyfrau ... copi o XENOPHON ANABASIS rhwng y dorth a'r jam' (15) – ac mai gwir ddyhead aelodau'r cylch yw am weld Cymru wedi'i hail-greu ar eu llun hwy eu hunain. Rhwystrir ymdrechion y cwmni i godi pontydd gan elyniaeth y gymdeithas y tu allan. Ar y llaw arall, fe gyffesa Rhymni nad yw 'wedi gwneud gormod â dynol-ryw ers blynyddoedd' (36), a phrofiad Iwan yntau yw fod 'byw gyda chymdogion' (37) yn rhywbeth i'w osgoi. Daw gwendidau'r ddau hyn fel gwaredwyr eu cyd-Gymry i'r amlwg yn episod y ci a gafodd ei ddal mewn trap haearn, 'ei ddannedd gwyn milain yn dod i'r golwg fel drain ... ei wefusau'n ewynnog a'i gorff yn gryndod i gyd' (45) – trosiad, gellir dychmygu, am y modd y cynhyrfwyd Cymru, ym magl ei Phrydeindod, gan ryfelgarwch gorffwyll y cyfnod. Nid oes gan Iwan na Rhymni y dewrder angenrheidiol i geisio rhyddhau'r creadur argyfyngus; diffyg nad yw Elsa yn brin o'i ddannod iddynt. Diau nad heb reswm y cyfeirir at *Yr Adar* Aristoffanes mewn nofel lle mae'r 'haid o adar soniarus' (7) a nythodd yng Nghwm Hyder am fyw mewn cymdeithas fwy goleuedig a gwâr, ac efallai fod yn anallu Iwan a Rhymni adlais o'r dychan yn nrama Aristoffanes ar uchelgais iwtopaidd ei adar yntau yn eu gwlad cog a chwmwl.[34] Boed hynny fel y bo, ni fu angen dychanu safiad Siôn yn erbyn y Rhyfel Mawr – enghraifft gynharach o wrthwynebiad y lleiafrif i imperialaeth Prydain. Y gwahaniaeth yw mai sail ei flaengarwch gwrthimperialaidd yntau oedd ei deyrngarwch i'r dosbarth gweithiol a ffurfia asgwrn cefn ei gymdeithas – a'r ddau wedi'u clymu ynghyd yn ei haeriad mai'r un gwaed diniwed sy'n staenio baner werdd Erin ag sydd ar 'bob cnepyn o lo a ddeuai allan o grombil daear Cwm Rhondda ...' (*Y Siôl Wen*, 97).

Mae Rhobet Esmor yn *Dyddiau Dyn* yn fwy ymwybodol o'r perygl i sosialaeth ryng-genedlaethol o'r fath fygu'r hunanamgyffrediad cenhedlig. Eto, peth rhyfedd, hyd yn oed yn nhyb y llanc ei hun, yw mai'r Sam Cowmon gwerinol sydd, yn ystod ei gyfnod yn Littleton, yn ei amlygu ei hun iddo fel wyneb yr 'awdurdod mochaidd, ymherodrol, Seisnig' (132). Ar yr un pryd llwydda'r ymlyniad wrth yr uchelwrol i drosgynnu'r ffin genhedlig, fel y dengys mawl *Dyddiau Dyn* i Major Redcomb (cymydog i'r teulu) a'i gyndadau – teulu o feistri gwaith glo o bopeth – am fod yn 'esiampl a delfryd i eraill gyhyd', a'i thristwch i'r busnes fethu dan ofal y Major gyda'i 'hoywder bonheddig' (51). Mae'r nofel yr un mor barod ei theyrnged i Mrs Redcomb fel un a oedd 'wedi'i bwriadu i fyw mewn plas, ei hysbryd yn gwrtais a charedig, ei chalon yn gynnes a chroesawgar'

(152). Yn *Adar y Gwanwyn* mawrygir unwaith eto, ym mherson Rhys M. Jones, yr urddas a'r moesgarwch y credir eu bod yn nodweddu 'ysweiniaid cyfoethog Lloegr' (80). Ychwaneger at hyn yr ymserchu yn eglwys gadeiriol Caer fel adeilad lle y bu, neu dyna a honnir, 'pob gradd a dosbarth yn ymdoddi'n un' (*Dyddiau Dyn*, 21) ar hyd y canrifoedd, ac fe welir bod gennym – yn ddigon pell o'r Gymru ddiwydiannol – gyfran helaeth o'r defnyddiau crai a gywasgwyd yn un ym myth uchelwrol Saunders Lewis.

Cafodd yr oes lo ei disgrifio mewn un man fel 'a sort of prolonged industrial childhood',[35] ac fel y tyn y plentyndod diwydiannol at ei derfyn yn nofelau Rhydwen Williams mae *alter ego* yr awdur yn ymadael â'i blentyndod yntau. Priodol felly fod ei brofiadau rhywiol, a'i ymateb cyffredinol i'r ferch, mor aml yn adlewyrchu ei ymateb i'r byd diwydiannol. Mae diniweidrwydd hardd ei gariad cyntaf yn nodwedd 'nad oedd yn perthyn i'r bywyd caled, argyfyngus, cwrs a ffynnai yng Nghwm Rhondda' (*Y Siôl Wen*, 145); delwedd yw ei ail gariad o'r confensiwn a'r parchusrwydd a'r 'Rhinwedd, cap R' (*Adar y Gwanwyn*, 23) y mae'n eu casáu yn y gymdeithas o'i gwmpas; a thrwy ei gyfathrach â Liwsi, caiff ddianc am ennyd i ryw fyd hudol, arwrol, chwedlonol, gyda'r deffro yn ddrych o'i ddadrithiad â'r Cwm. Ond nid oes dadl nad y fam yw'r cymeriad pwysicaf. Mae'r symbolaeth fytholegol a weir o'i chwmpas yn drymlwythog gan fotiffau sy'n cyfuno'r Fam Fendigaid a'r fam ddaear yn ddelwedd y mae gwreiddiau Rhobet Esmor yn *Y Siôl Wen* yn ddwfn 'yn ei mawredd gwylaidd hi' (172). Mae'n ymgorfforiad o bob peth da yn y Cwm yr hiraetha Rhobet Esmor o orfod ei adael, os nad yn ymgorfforiad o ryw Gymru sanctaidd, ddelfrydoledig, ac yntau'n ei haddoli 'am mai ynddi Hi yr oedd ef yn byw, symud, a bod' (173). Nid oes dim i'w ryfeddu ato yn y darlun hwn, ar wahân efallai i'w fanylder ac amlder ei bresenoldeb, ond tua hanner ffordd drwy *Dyddiau Dyn* sylweddola Rhobet Esmor am y tro cyntaf erioed fod ei fam 'yn reial'. Mae'n 'berson byw' yn hytrach nag yn 'actores ar lwyfan fy hunan-bwysigrwydd' sydd 'yn perfformio er fy mwyn i ... gwenu ... gweini ... gwrando ... ymddwyn ... moes-ymgrymu ... popeth ... er fy mwyn i' (83). A chadwynau'r stereoteip wedi'u rhyddhau gallwn deimlo eu pwysau. Gwelwn yn sydyn mor debyg i'r baich a osodir ar ysgwyddau Liwsi – y dduwies y mae ei chorff yn offeryn i swyno ymaith ofnau'r dyn – yw baich y rhinweddau mamol: 'Byddaf ar gael unrhyw fore' (*Adar y Gwanwyn*, 69).

Agwedd gyffredin ar fytholeg y fam yw ei dylanwad llesol ar werthoedd ei theulu, ond mae ambell olygfa yn nofelau Rhydwen Williams – fel yr un o fam Maggie ar ddechrau *Y Briodas* â'i phwrs yn orlawn o arian, a'i phantri'n orlawn o fwyd – y gellir ei lleoli'n fwy pendant ymysg themâu gosod y Gymru lofaol. Mae lle i gysylltu â'i gefndir hefyd duedd Rhydwen Williams i sentimentaleiddio swyddogaeth y fam a'r wraig. Cyfyngai'r bywyd diwydiannol gyfraniad y fam i fuddiannau'r teulu yn dynnach i bedwar mur ei chartref nag a wnâi bywyd fferm a thyddyn:[36] y cartref yw cylch bywyd Maggie, ei mam, a'i chwiorydd, ac er mwyn rhoi gwerth ar y cylch hwnnw, mae'n ofynnol fod i briodas y potensial i ddatblygu cymeriad y ferch. 'Erbyn hyn,' meddir am Jane (chwaer hynaf Maggie), 'roedd hi'n wraig briod urddasol, pwyllog ei lleferydd, parod ei chymwynas a thawel ei ffordd' (*Y Siôl Wen*, 22). Cwblheir ei datblygiad personol pan ddaw'n fam, a thrawsffurfir Maggie, yn ei thro, â rhyw 'ogoniant newydd' (34) wedi genedigaeth Rhobet Esmor, ei chyntaf-anedig.

Yr arwyddion yw fod i'r dirgelwch benywaidd hwn ystyr gyfriniol i Rhydwen Williams; serch hynny, nid ymgolla ynddo'n llwyr – fe'i harbedir gan ei sensitifrwydd i ddiymadferthedd materol merched y meysydd glo. Wrth ragweld Jane a Maggie, a Siôn yn arbennig, yn priodi, gofidia'r fam 'Sut oedd byw? Sut oedd cadw'r cartref?' (*Y Briodas*, 56). Hoff o Benjamin neu beidio, nid oes ganddi fawr o ddewis ond ei briodi os am 'forol amdanaf fy hun' (57) heb ddibynnu ar ffafr ei phlant oherwydd, yn wahanol i'r widw o wraig fferm yn *Hanner y Gwir* D. J. Roberts, nid oes ganddi'r opsiwn i lywodraethu ei bywyd 'fel gwryw' (30). Pan dyr gartre'r teulu, mae'n rhaid iddi wneud hynny yn y ffydd y bydd i Maggie, er ei bod yn ddigariad ar y pryd, gerdded yn fuan at yr allor ac at ei drws ffrynt ei hun. Nid yw dal gŵr ynddo'i hun yn ddigon chwaith: '[y] peth pwysig yng ngolwg pobl wrth dynnu llinyn-mesur cyn i ferch briodi oedd dyfalu "*sut wraig fydd hi*"' (*Y Siôl Wen*, 15). Yng nghylchoedd y dosbarth gweithiol parchus y perthyn teulu'r drioleg iddo, ac yng nghanol ansefydlogrwydd y gymdeithas ddiwydiannol, mae'r cymhelliad i'r ferch gydymffurfio er mwyn cynnal statws y teulu yn ddiwrthdro. Deillia llawer o'r arbenigrwydd a briodola'r awdur i'w deulu o adnoddau moesol uwchraddol ei fam a mamau eraill y teulu.

Nid yw Rhydwen Williams heb ddymuno delwedd ehangach ar gyfer ei gymeriadau benywaidd. Pan gaiff Maggie ei lansio i olwg y cyhoedd am un ysbaid fer, fel tyst mewn achos llys, mae'r argraff a grëir ganddi – wrth iddi sefyll yn ddi-ildio dros ei hawl i ateb yn Gymraeg – ymhell y tu hwnt i bwysigrwydd yr achos ei hun. Nid oes sôn ei bod hi'n ymddiddori ym mhrotest merched y bleidlais; yn wir, nid oes ganddi fawr i'w ddweud wrth unrhyw fath o athroniaeth wleidyddol. Yn y cyd-destun diwinyddol, fodd bynnag, fe'i hynodir gan ei dehongliad ffeminyddol o berson Duw, a hwnnw wedi'i gyffroi a'i gadarnhau gan ei beichiogrwydd cyntaf:

'Be ydy'r rheswm yn bod ni'n deud Fo am y Brenin Mawr? Dwyt ti ddim yn meddwl fod dynion yn cael gormod o le mewn crefydd? Achos dydy'r Brenin Mawr ddim yn Fo na Hi. Ma na betha sy'n digwdd wrth fod yn *fam*, does gan ddyn syniad yn y byd amdanyn-nhw.' (17)

Mae perygl i'r blaengarwch hwn lithro i'r camdwll wrth inni geisio ei lyncu. Er hynny, ceir ynddo hadau'r ddelwedd o Elsa yn *Adar y Gwanwyn*, y wraig sy'n cynysgaeddu'r fam (oherwydd mae Elsa hefyd yn feichiog) â dysg a deallusrwydd, ac â diwylliant eang a chyfoethog, a'r wraig y mae ei hanghonfensiynoldeb yn ffenomen newydd ecsotig yn ochr parchusrwydd llwyd y Cwm diwydiannol: '*Nid oedd neb o'r rhai a wyliai'r symudiadau yng Nghoed-y-Gwanwyn yn awr wedi gweld aderyn fel y gantores felen erioed o'r blaen*' (*Adar y Gwanwyn*, 129). Ymdawdd y byd lledalegorïaidd hwn yn un â'r fytholeg Fabinogaidd a ddefnyddir i arwyddo'r rhin hudol sydd i gymeriad Maggie, ac i gymeriad cariad cyntaf Rhobet Esmor hefyd: 'Roedd hi fel yr eneth honno yn y chwedl. Blodau!' (*Y Siôl Wen*, 145). Yn y diwedd, saif Elsa yn yr un man â hwy yn yr hen ddicotomi rhwng natur a diwydiant, gyda natur wyllt yn ffynnu yn y pen eithaf oddi wrth goncwest a gormes diwydiant:

> *Bron nad oedd y foment yn llawn o hud a chwedl fel pan lamodd y carw yng Nglyn Cuch. 'Roedd adar eraill o gwmpas a symudiad eu llygaid fel pe bai pob nyth yn y gymdogaeth yn ymwybodol o bresenoldeb hon. Deryn-diarth, meddai un o'r dynion. Meddyliodd un arall wrth edrych ar amlinell ddur y pwll ar y gorwel: Mae dynion wedi disgyn, disgyn i ryw uffern fecanyddol. Mae dynion wedi ildio i'r peiriant. Ufuddhau i haearn! Ond y mae mawredd bywyd bob amser yn gynnes fel y gwaed sy'n cadw gwyrth yn fyw rhwng y plu. A cheisiodd ddyfalu beth a feddyliai'r lleill.*
> (*Adar y Gwanwyn*, 129)

O ddisgyn o'r uchelderau mytholegol i'r gwastad dynol, ni ellir methu tebygrwydd Elsa i Maggie o ran ei gofal mamol dros Iwan – a thros bob dyn arall yn ei bywyd. Yn hynny o beth, nid yw *Adar y Gwanwyn*, er holl amrywiol adnoddau ei chylch o ddeallusion, wedi symud gam ymlaen o'r hen fyd diwydiannol. Llawer mwy blaengar yw agwedd agored Elsa at rywioldeb y ferch, yn ôl yr honiad, yn y nofel a ysgrifennwyd ganddi.[37] Er hynny, wedi iddi ofyn ei chwestiwn i Iwan ynghylch ei brofiad rhywiol, 'fel pe bai'n dweud eto, Wyt ti am gwpaned o de?' (16), nid oes fawr ddim yn ei hymddygiad i wahaniaethu rhyngddi ac unrhyw ferch gyffredin, gonfensiynol barchus. Nid yw Rhydwen Williams yn fwy awyddus i chwilota i rywioldeb personol Elsa, y wraig sy'n fath o fam ddeallusol iddo, nag yr ymddengys iddo fod yn achos ei fam fiolegol.

Mae'r 'ymddengys' yn bwysig yn achos Maggie gan fod elfen rywiol ledguddiedig yn ei hanes nad yw ei chysylltiadau mor annisgwyl â hynny. Gwyddom i'r sipsiwn wibio'n fynych drwy ddychymyg Rhydwen Williams;[38] lluosog hefyd yw'r cyfeiriadau 'sipsïaidd' yn ei nofelau, ac mae Maggie ei hun weithiau, ac yn arbennig yn *Dyddiau Dyn*, yn ymdebygu i sipsi o ran ei gwedd allanol. Ond yn y nofel honno mae'r cyffelybu'n magu mwy o gnawd pan ddaw sipsi i ddrws cartre'r teulu yn Littleton:

> Gwraig yr un oedran â fy mam oedd y sipsi. Ar fwy nag un ystyr, nid oedd yn annhebyg iddi, yn enwedig ei thresi duon a'i llygaid mawr glas. 'Roedd wyneb y sipsi'n fwy crwn na wyneb fy mam, cnawd ei hwyneb wedi llosgi'n fwy, a rhyw galedwch yn yr edrychiad a'r ên nad oedd yn wyneb fy mam. Deures o ddannedd yn fflachio i'r golwg wrth iddi siarad yn gyflym, ond yr oedd rhai o'r dannedd yn ddu ac mor stwbwrn â'r graig yn ei phen. 'Roedd y sipsi'n rhannu'i gwallt yn y canol yr un fath â fy mam. (118)

Er bod yr elfen wahaniaethol yn eglur, deil y cyffelybiaethu a'r uniaethu a'i gymhlethu arwyddocâd yr hyn a ddilyn: 'Gwisgai [y sipsi] flows wen ysgafn a gallwn weld ei bronnau'n llenwi'r gwddf isel fel pe na bai digon o le iddynt a'r ddwy deth goch yn gwenu'n dawel fel blodau tu ôl i gyrten' (119).

Am wn i nad hon yw'r ddelwedd fwyaf rhywiol yn nofelau hunangofiannol Rhydwen Williams drwyddynt draw; yn sicr, y mae gwir angen y presenoldeb sipsïaidd ar Rhobet Esmor yn *Dyddiau Dyn* a'i wrywdod dan fygythiad yno ar ddau achlysur gwahanol. Y tro cyntaf, aelod o'r capel Cymraeg yng Nghaer sydd am roi siwt ei mab iddo yn lle ei siwt dreuliedig yntau: 'Cuddiais y clytio ar fy siaced mor orffwyll â phe bai rhywun yn bygwth fy malog' (43). Y tro arall, Sam Cowmon sy'n ei bryfocio: 'Gwelais Sam yn fflachio pâr o lygaid cellweirus gan droi coes ei bicfforch tuag ataf a'm pwnio yn fy mol a'm balog. Fflachiais fy llygaid arno yntau. "*Stop it!*"' (128). Yn ochr y bygythiad iddo gael ei ybsaddu'n seicolegol gan ormes Saeson Caer, neu gan barchusrwydd snobyddlyd, busneslyd ei Chymry alltud, mae bronnau'r sipsi yn symbol cysurlon, cynnes o naturioldeb rhywiol a ffrwythlondeb.

Rhy anghysurus o bersonol, mae'n siŵr, fyddai'r fath ddelwedd ar gyfer y fam, ond datgelir ei ffrwythlondeb hithau ym mytholeg ei gardd Olwenaidd. O ran doniau dweud ffortiwn y sipsi, unwaith eto, ceir bod gan y fam ddoniau sy'n cyfateb iddynt ar wastad mwy dyrchafedig: yn nistawrwydd ei nos ddi-gwsg mae Maggie fel petai'n dringo 'i ryw dŵr . . . ac yn gweld holl gylch bywyd a'r bydoedd a phinaglau'r sêr ac ogofeydd y dyfnder, ac yn syllu ar y cwbl yn ei aruthredd mawreddog ac yn ei leiafrwydd rhyfeddol' (126). Ceir yn ogystal fod yr Elsa ddysgedig yn ymddiddori mewn astroleg (serch nad yw'n credu mai'r sêr sy'n llywio bywyd) ac yn 'ambell gledr llaw' (*Adar y Gwanwyn*, 93).[39] Mae Rhydwen Williams fel petai'n cynysgaeddu mam draddodiadol y De diwydiannol ag ychydig o ddirgelwch y sipsi, ac yna yn ei gweddnewid yn ysbryd bohemaidd, rhydd – ysbryd rhydd ond hollol gyfrifol, sylwer, oherwydd Elsa yw 'mam' y cylch bychan o weinidogion ac academyddion sydd, fel y sipsi, heb eu llygru gan ddrwgeffeithiau diwydiant a chyfalaf, masnach a materoldeb.

Diweithdra a orfododd Maggie i adael y Cwm gyda'i gŵr a'u plant, gan ei rhwygo o gôl ei theulu bach clòs. Rhagfarn goroeswyr y cyfnod hwnnw a orfoda Elsa a'i gŵr i adael y Cwm, gan wasgar aelodau eu cylch o eneidiau cytûn. Crynhoir sefyllfa Elsa mewn darn o gerdd Sbaeneg lle yr amlinellir esgyrn pob erlid a thrais, fel bod y creulondeb a ddioddefodd yng Nghwm Hyder yn un â chreulondeb y rhyfel sy'n gefndir i'r cwbl:

> Meddai Elsa, 'Y darn sy'n sôn am y plant yn chwarae gêm. Un yn chwarae rhan y 'fam' – allan i amddiffyn y diniwed! Un yn chwarae rhan yr 'hebog' – allan i ddifetha'r diniwed! *Terribles cuatro unas de gato*. Mae'n siŵr mai fi yw'r fam – a Mrs Agnes Watkins yw'r 'hebog!' (148)

Ac ydy, mae'n wir mai merch a fu'n bennaf cyfrifol am daro'r ergyd farwol i obeithion Elsa a'r gweddill o 'adar y gwanwyn', ac mai merched y Cwm a fu y tu ôl i lawer o ddioddefaint Elsa cyn hynny. Perthnasau ydynt i'r mamau y dywedir amdanynt ar ddiwedd *Y Siôl Wen* nad oedd iddynt 'yr eiddilwch hwnnw' sy'n nodweddu Maggie ac 'sy'n eneinio pob dim o gwmpas â gras a phrydferthwch'. Nid oes yn eu cymeriad 'ond ryw erchylltra fel pe bai eu hwynebau'n ddim ond penglogau'n crechwenu a'u dillad yn ysgorpionau a'u cegau canibalaidd yn sychedig am waed' (173). Efallai nad oes llawer o le i'r ferch ym mywyd swyddogol y Gymru ddiwydiannol ond hithau, yn y nofelau hyn, sy'n ymgorffori eithafion ei hysbryd.

Nodiadau

1 John Davies, *Hanes Cymru: A History of Wales in Welsh* (Harmondsworth, 1990), t. 384: 'erbyn hynny [1913] profasai rhannau helaeth o'r byd ddatblygiad economaidd trwy gyfrwng ffynhonnell ynni o darddiad Cymreig'. Am bwysigrwydd glo ym meddylfryd yr oes, gw. Barbara Freese, *Coal: A Human History* (London, 2005), tt. 10–12.

2 Hywel Francis and David Smith, *The Fed: A History of the South Wales Miners in the Twentieth Century* (London, 1980), t. 36. Dyfynnir *The Times*, 29 Mawrth 1928.
3 John Davies, *Hanes Cymru*, tt. 521–2.
4 Ernest Gellner, *Nations and Nationalism* (reprint, Oxford, 1994), t. 42. Gw. hefyd B. R. Tomlinson, 'Economics and empire: the periphery and the imperial economy', *OHBE: the Nineteenth Century*, III, ed. Andrew Porter (Oxford, 1999), tt. 53, 55; Christopher Hill, *Reformation to Industrial Revolution: British Economy and Society 1530–1780* (Harmondsworth, 1969), t. 234; E. J. Hobsbawm, *Industry and Empire* (Harmondsworth, 1990), tt. 48–54.
5 Christopher Hill, *Reformation to Industrial Revolution*, t. 245; Gwyn A. Williams, 'Imperial south Wales', *The Welsh in their History* (London, 1982), tt. 171–87.
6 Michael Lieven, *Senghennydd: The Universal Pit Village, 1890–1930* (Llandysul, 1984), tt. 246–9, 272, 276.
7 Tanseilir myth gwrthwynebiad unfryd y Cymry i'r rhyfel yn Ne Affrica yn Kenneth O. Morgan, 'Wales and the Boer War – a reply', *CHC*, 4, 4 (Rhagfyr 1969), 367–80. Ond gw. hefyd John Davies, *Hanes Cymru*, t. 460.
8 Ni wn a oes a wnelo'r sylw hwn â'r frwydr dros hawliau meddygon du yn America. Gw. 'The history of surgery in St Louis', *St Louis Metropolitan Medicine*, 22, 1 (January, 2000) ar: www.slmms.org/text/Publications/2000/January/the.htm
9 Mae gan Rhydwen Williams gerdd, 'John Mathews', i'r union ddyn du hwn yn *Barddoniaeth Rhydwen Williams* (Llandybïe, 1965), tt. 22–4.
10 Geoffrey Alderman, 'The anti-Jewish riots of August 1911 in south Wales', *CHC*, 6, 2 (Rhagfyr 1972), 190–200; Colin Holmes, 'The Tredegar riots of 1911: anti-Jewish disturbances in south Wales', *CHC*, 11, 2 (Rhagfyr 1982), 214–25; Campell Balfour, 'Captain Tupper and the 1911 seamen's strike in Cardiff', *Morgannwg*, XIV (1970), 72–6; Neil Evans, 'The south Wales race riots of 1919', *Llafur*, 3, 1 (1980), 5–9; *idem*, 'Immigrants and minorities in Wales, 1840–1990: a comparative perspective', *Llafur*, 5, 4 (1991), 5–26. Gw. hefyd Neil Evans, 'Immigrants and minorities in Wales, 1840–1990: a comparative perspective', *A Tolerant Nation?: Exploring Ethnic Diversity in Wales*, eds Charlotte Williams et al. (Cardiff, 2003), tt. 14–34; Neil Evans, 'Through the prism of ethnic violence: riots and racial attacks in Wales, 1826–2002', yn yr un gyfrol, tt. 93–108; Paul O'Leary, 'Brithwaith o ddiwylliannau: lleiafrifoedd ethnig yn hanes Cymru fodern', *CC*, XXI (2006), tt. 97–128.
11 Emlyn Rogers, 'The history of trade unionism in the coal mining industry of north Wales to 1914: chapter III', ed. R. O. Roberts, *TCHSDd*, 13 (1964), 219–40.
12 Raymond Williams, *The Country and the City* (Hogarth edition, London, 1993), tt. 117–18, a'r dyfyniadau a geir yno.
13 Er enghraifft, 'Cywydd y Llafurwr' Iolo Goch', *IGE*, tt. 79–81; 'I Wagedd ac Oferedd y Byd' Siôn Cent, ibid., tt. 288–92.

14 Gwyn A. Williams, 'Locating a Welsh working class: the frontier years', *A People and a Proletariat: Essays in the History of Wales, 1780–1980*, ed. David Smith (London, 1980), t. 29: 'The ideology of democracy is pre-industrial (a truth whose implications we do not seem to have thought through).' Hefyd Kenneth O. Morgan, *Rebirth of a Nation: Wales 1880–1980* (Oxford, 1981), t. 11.

15 John Davies, *Hanes Cymru*, tt. 413, 416, 524. Roedd ymgeisyddiaeth gyntaf Richard Davies ym Mwrdeistrefi Arfon yn 1852, ac yntau'n Fethodist, yn rhan o'r her i freintiau'r Eglwys Wladol. Fe'i dychwelwyd yn ddiwrthwynebiad yn sir Fôn yn etholiad 1868. Yn 1918, bum mlynedd ar ôl dyddiad digwyddiadau *Amser i Wylo*, dychwelwodd y sir Lafurwr Annibynnol.

16 R. Merfyn Jones, 'The first Penrhyn lock-out', *The North Wales Quarrymen: 1874–1922* (Cardiff, 1982), tt. 175–209. Am y sylwadau cyffredinol ar Wynedd, gw. Merfyn Jones, 'Notes from the margin: class-society in nineteenth-century Gwynedd', *A People and a Proletariat*, tt. 200–6.

17 Kenneth O. Morgan, 'The Welsh in English politics, 1868–1982', *Welsh Society and Nationhood: Historical Essays Presented to Glanmor Williams*, eds R. R. Davies et al. (Cardiff, 1984), tt. 241–5.

18 Gw. David Bowen [Myfyr Hefin] (gol.), *Cofiant a Barddoniaeth Ben Bowen* (Treorci, 1904), tt. lvii–lxxv. Am ddiddordeb arbennig Rhydwen Williams yn yr helynt gw. Cennard Davies, '"O olwg hagrwch cynnydd": golwg ar farddoniaeth Ben Bowen', *Cwm Rhondda*, Cyfres y Cymoedd, gol. Hywel Teifi Edwards (Llandysul, 1995), t. 154; Donald Evans, 'Rhondda Rhydwen', *Cwm Rhondda*, tt. 303–4.

19 Am wahanol ddeongliadau o'r Diwygiad, gw. Ieuan Gwynedd Jones, 'Language and community in nineteenth century Wales', *A People and a Proletariat*, t. 68; David Smith 'Wales through the looking-glass', ibid., tt. 224–5; Hywel Francis and David Smith, *The Fed*, t. 7; C. Gwyther, 'Sidelights on religion and politics in the Rhondda Valley, 1906–1926', *Llafur*, 3, 1 (1980), 33–4. Am ddeongliadau llai seciwlar eu tuedd gw. R. Tudur Jones, *Ffydd ac Argyfwng Cenedl: Hanes Crefydd yng Nghymru 1890–1914* (dwy gyfrol, 1981–2), II (Abertawe, 1982), penodau 4, 5, 6; a D. Densil Morgan, 'Diwygiad Crefyddol 1904–5', *CC*, XX (2005), tt. 167–200.

20 Tueddir i anghofio am y Cymry di-Gymraeg hynny yr oedd eu moesau, a'u gwerthoedd a'u ffordd o fyw yn hynod debyg i eiddo'r Cymry Cymraeg 'parchus'. Am olwg ar fyd un ohonynt (serch nad yn yr un ardal â magwraeth Rhydwen Williams) gw. *Eileen: Memories of a Working-Class Girl in Depression and War, 1919–1945* (Abertawe/Swansea, 2006).

21 Sian Rhiannon Williams, 'Y Gymraeg yn y sir Fynwy ddiwydiannol c.1800–1901', *Iaith Carreg fy Aelwyd: Iaith a Chymuned yn y Bedwaredd Ganrif ar Bymtheg*, gol. Geraint H. Jenkins (Caerdydd, 1998), t. 205, lle y cyfeirir at dyston dwyieithog yn gwrthod rhoi tystiolaeth yn Saesneg. Dywed Donald Evans, 'Rhondda Rhydwen', t. 310, fod mam Rhydwen Williams, 'ymhell cyn ei eni', wedi gwrthod rhoi tystiolaeth Saesneg yn Llys Ynadon Tonpentre.

22 Gwyn A. Williams, *When Was Wales?: A History of the Welsh* (reprint, Harmondsworth, 1991), t. 243.
23 Hywel Francis and David Smith, *The Fed*, tt. xvi, 42.
24 John Davies, *Hanes Cymru*, t. 458.
25 Am yr ochr arall i'r darlun gw. Michael Lieven, *Senghennydd*, tt. 99–105, 113–15, 140–2, 240–1.
26 Ibid., tt. 97–9 am y sefyllfa ieithyddol hanesyddol.
27 Gw. Rhydwen Williams, 'Cylch Cadwgan', *Barddas*, 60 (Chwefror 1982), 6–8; Cathryn Eleri Lewis, 'Astudiaeth o waith Rhydwen Williams' (Traethawd M.Phil. Prifysgol Cymru, Aberystwyth, 1994), 71–110.
28 Perthynai nifer o'r cymeriadau a enwir yn y nofel i Glic y Bont, un o'r ysgolion barddol a ffynnai yn y de-ddwyrain diwydiannol yn ystod y bedwaredd ganrif ar bymtheg. Gw. Beti Rhys, 'Bywyd llenyddol Pontypridd a'r cylch yn ystod y bedwaredd ganrif ar bymtheg gan gynnwys hanes Clic y Bont', *Y Traethodydd*, CXLV (Gorffennaf 1990), 131–50; hefyd Dafydd Morse, 'Thomas Williams (Brynfab, 1848–1927)', *Cwm Rhondda*, tt. 134–52.
29 Saunders Lewis, *Canlyn Arthur: Ysgrifau Gwleidyddol* (ail argraffiad, Llandysul, 1985), t. 152.
30 Michael Dunford and Diane Perrons, *The Arena of Capital*, Critical Human Geography Series (London, 1983), t. 57. Dyfynnu Marx y maent.
31 Rhydwen Williams, *Gorwelion* (Llandybïe, 1984).
32 D. Hywel Davies, *The Welsh Nationalist Party 1925–1945: A Call to Nationhood* (Cardiff, 1983), tt. 85–95; Richard Wyn Jones, *Rhoi Cymru'n Gyntaf: Syniadaeth Plaid Cymru* (Caerdydd, 2007), tt. 94–6, 104, 134–5.
33 John Carey, *The Intellectuals and the Masses: Pride and Prejudice among the Literary Intelligentsia, 1880–1939* (paperback edition, London, 1992), yn arbennig tt. 16–19.
34 Alan H. Sommerstein (ed.), *Aristophanes: Birds*, The Comedies of Aristophanes, vol. 6 (Warminster, 1987). Ceir cyfieithiad llawn o'r ddrama ar http://www.mala.bc.ca/~johnstoi/aristophanes/birds.htm
35 Barbara Freese, *Coal: A Human History*, t. 272.
36 Gw. Deidre Beddoe, 'Images of Welsh women', *Wales: The Imagined Nation*, ed. Tony Curtis (Bridgend, 1986), tt. 230–1.
37 Nofel gyntaf Kate Bosse-Griffiths, *Anesmwyth Hoen* (Llandybïe, 1941), sydd dan sylw yma.
38 Er enghraifft, Rhydwen Williams, *Gorwelion*, t. 14, lle y gwêl ei hun fel 'rhyw grwydryn neu sipsi o'r crud'; ibid., t. 133, lle y cyfeiria at gerdd a gyfansoddodd i'r sipsi tra oedd yn fyfyriwr.
39 Priodol nodi yma gyfrol arall o waith Kate Bosse-Griffiths: *Byd y Dyn Hysbys: Swyngyfaredd yng Nghymru* (Talybont, 1977).

7

Cymru'r Brotest:
newid delwedd, newid nod

(1) Newid delwedd – y Gymru ôl-fodern

Gellir canfod patrwm yn ymffurfio erbyn hyn yn ein delwedd o'r Gymru fodern sy'n cwmpasu dynwared ('Y Gymru Imperialaidd'), cymathiad ('Y Gymru Ddiwydiannol'), a gwrthryfel ('Cymru'r Brotest').[1] Gan fod y tueddiadau hyn bob amser yn cydfodoli i ryw raddau fe ddâl inni gofio cyn ddycned fu brwydr y Gymru ddiwydiannol dros hawliau ei gweithwyr yn rhai o'r nofelau blaenorol. Yn erbyn cefndir diwydiannol *Adar y Gwanwyn* Rhydwen Williams hefyd y cyflwynwyd yr arwyddion cliriaf a gafwyd hyd yn hyn o ddatblygiad y meddylfryd cenedlaetholaidd. Ond beth bynnag yw'r union berthynas rhwng diwydiannaeth a chenedlaetholdeb (a bu llawer o ddyfalu yn ei chylch),[2] un gwahaniaeth hanfodol rhwng y brotest broletaraidd a'r brotest genedlaetholaidd yw fod brwydr y mwyafrif di-rym yn erbyn lleiafrif hollbwerus wedi'i throi'n frwydr y lleiafrif dylanwadol i geisio newid agwedd meddwl y mwyafrif di-hid.[3] Mae'r gair 'lleiafrif' yn un allweddol. Oherwydd cydddigwyddodd ymchwydd cenedlaetholaidd y 1960au â datblygiad mudiad protest rhyngwladol a gwmpasai nifer o grwpiau 'lleiafrifol' eraill – pobl liw, menywod, hoywon – gyda gweithredu Cymdeithas yr Iaith fel petai'n amrywiad ar y protestiadau a oedd ar led ymysg myfyrwyr a phobl ifanc. 'Mi roedd 'na rywbeth yn yr awyr . . .'.[4]

Hawdd gweld y cysylltiadau rhwng y datblygiadau hyn ac agweddau ar fyd y gellir ei ddisgrifio bellach fel un ôl-fodern – byd ôl-ddiwydiannol lle y llenwir y gwacter a adawodd dadfeiliad y proletariat monolithig gan lu o grwpiau gwahanol, gan gynnwys y di-waith a'r isddosbarth newydd yn ogystal â'r grwpiau protest a grybwyllwyd.[5] Mae gorgyffwrdd amseryddol rhwng y datblygiadau dan sylw a dechreuad ôl-foderniaeth fel mudiad celfyddydol;[6] rhwng y dechreuad hwnnw a dwysâd y diddordeb damcaniaethol yn yr ôl-drefedigaethol,[7] a gellid tybio y byddai ôl-foderniaeth, gyda'i thueddfryd lluosogaethol a dadadeiladol, yn hybu'r nod o ddatod rhwymau'r uned wleidyddol Brydeinig. Ar y tu arall, mae'n bosib fod anghysondeb rhwng tueddiadau cydgenedlaethol yr ôl-fodern a thwf cenedlaetholdeb,[8] a bod yr ymwybod ôl-fodernaidd yn rhy ddrylliedig i fedru mabwysiadu'r agenda ôl-drefedigaethol, genedlaetholaidd. Daw amwysedd eu perthynas i'r amlwg yn fynych yn y nofelau a drafodir yn awr.

Caerdydd yw lleoliad amryw o'r nofelau hyn, ffaith y gellir ei hystyried yn gydnabyddiaeth o safle Caerdydd er 1955 fel prifddinas Cymru. Y mae hefyd, yn enwedig o sylwi ar y modd yr anwybyddir y gwrthwynebiad gogleddol i safle breintiedig Caerdydd,[9] yn cydnabod angen y Cymry am ffocws dinesig i'w bywyd – nid yn Lerpwl neu Gaer neu Lundain, ond o fewn eu tiriogaeth eu hunain.[10] Dod i Gaerdydd o'r Gogledd i chwilio am waith a wneir yn *Dyddiadur Dyn Dwad* Goronwy Jones (ffugenw Dafydd Huws) a *Cyw Dôl* Twm Miall, ac o'r safbwynt hwnnw mae'r ddinas yn llenwi lle yr hen Ddeheudir diwydiannol. Y gwahaniaeth yn awr yw fod amrywiaeth a chyffro a rhyddid yn bethau a chwenychir yn fwy na gwaith. Yn y ddinas, yn ôl Bleddyn yn *Cyw Haul* (rhagflaenydd *Cyw Dôl*), y profir 'bywyd efo B fawr' (182). Fe'i cefnogir gan Dewi, yr athro o sir Aberteifi sy'n brif gymeriad *Bodio* Hefin Wyn: 'Yn y ddinas y ceid her a sialens bedair awr ar hugain y dydd. Yn y ddinas y gellid llosgi ynni a chyffroi adrenalin'; dyna'r lle 'i foddhau nwyd ieuanc' (62). Nid gweithredu fel lleoliad math ar *rite de passage* i'r gwŷr ifainc hyn yn unig a wna'r ddinas. Fe gynnig gyfle i brif gymeriad Siôn Eirian yn *Bob yn y Ddinas* oresgyn ei argyfwng canol oed: 'i ymestyn yr adenydd, i deimlo'r gwynt yn goglais y plu, i roi trei fach ar fflïo' (64). A Chaerdydd, yn anad unlle arall, yw Meca'r Cymry dosbarth canol, y 'Cymry Cymraeg swanc' (64) sy'n chwilio am gyfle i wireddu uchelgais ac i adael eu hôl ar y byd. Gellir dweud i'r math o Gymry a fu gynt yn alltud yn ninasoedd Lloegr ddychwelyd adref.

Yn y canol newydd hwn, fodd bynnag, caiff Cymreictod ei hun ei ddiganoli. Mor denau y'i gwasgerir ar hyd strydoedd y ddinas fel na ellir canfod ond yr arlliw gwelwaf ohono y tu allan i gapel, neu ambell dafarn 'Gymraeg'. Mor denau ydyw yn *Bob yn y Ddinas* fel y medr Bob fyw yn y ddinas am ryw bum mlynedd cyn iddo'i gael ei hun am y tro cyntaf – a'r olaf – 'ar goll mewn môr o Gymry Cymraeg' (27). Ar ddamwain y digwydd hynny oherwydd cynrychiolant yr union barchusrwydd Cymreig Ymneilltuol y dihangodd i Gaerdydd i'w osgoi. Y parchusrwydd hwnnw, ar ffurf gwrthwynebiad ei rieni, a ddifethodd ei unig garwriaeth:

'Ei rhieni heb fod yn gapelwyr, heb fod yn Gymry Cymraeg . . . dydyn nhw ddim yn bobol neis' (46); ac mae methiant y garwriaeth honno'n taflu cysgod dros ei fywyd cyfan, os nad yn rhagamlygiad o'i gyflwr unig, ynysig a digymdeithas wedi methiant yr arbrawf dinesig. Yn *Bodio*, lle y neilltuir y rhan orau o saith tudalen i ymosodiad Dewi a'i gariad unnos ar 'biwritaniaeth ac anghydffurfiaeth haearnaidd' (38) eu magwraeth, mae'r chwerwder yn ddigymell a diatal megis y llif pan wna Dewi ddŵr yn erbyn drws un o gapeli'r ddinas. Anablwyd Bob a Dewi yn seicolegol ac yn emosiynol gan lyffetheiriau'r Gymru Ymneilltuol.

Os yw'r cyffyrddiad yn ysgafnach yn nofelau Dafydd Huws a Twm Miall, ysgafnder twyllodrus ydyw. Yn achos ffiasgo cystadleuaeth lenyddol capel ei fro enedigol, gellir dehongli'r hwyl a gaiff Bleddyn ar draul y gweinidog fel protest ar ran y 'dwl-als' (*Cyw Haul*, 73) yn erbyn y monopoli sefydliadol ar wybodaeth[11] – yn erbyn yr hawl i wahaniaethu rhwng y gwir a'r gau, a'r awdurdod, yn sgil hynny, i bennu safonau moesol ac ymddygiadol cymdeithas. Yn *Dyddiadur Dyn Dwad* ceir Gron, gwas siop nad yw ei wybodaeth a'i ddiwylliant yn ymestyn fawr pellach na'r dafarn a'r bwci agosaf, yn ymuno yn y brotest drwy gyfrwng ei gyfraniadau i bapur bro *Y Dinesydd*, a'r rheini'n ennyn gwrthwynebiad hysteraidd parchusion Caerdydd. Nid 'dyn dŵad' i Gaerdydd yn unig yw Gron. Mae'n ddyn dŵad hefyd i'r cylch bychan o Gymry Cymraeg dosbarth canol – llawer ohonynt yn athrawon ac yn bobl y cyfryngau – sy'n rheoli'r wybodaeth a drosglwyddir am fywyd Cymreig y ddinas. Mae'n annerbyniol yn eu mysg am iddo danseilio eu darlun 'Capeli hyn, Urdd llall' (10) o'r bywyd hwnnw; am iddo herio eu fersiwn cyhoeddus hwy o realiti.

Mae'r gwrthryfel felly yn un deubig: yn erbyn hawl y dosbarth canol i ddiffinio Cymreictod, ac yn erbyn cynnwys y diffiniad ei hun. Gall hefyd fod yn wrthryfel yn erbyn y rhaglen genedlaetholaidd i amddiffyn y Cymreictod hwnnw, fel yn nirmyg Bob wrth ganu'n iach i'w fro enedigol:

> . . . ffarwél geidwaid ein diwylliant simsan; ffarwél i'r gwylwyr ar y tŵr . . .
> Ffarwél i bawb sy'n ymdrechu i fagu defaid ac adfer yr heniaith a chodi safon addysg. Ffarwél i chi i gyd, y bastards! (*Bob yn y Ddinas*, 9)

Mae'r ymwrthod yn gyfrwysach yn *Bingo!* Wil Roberts. Llecha yn y bwlch rhwng defnydd y prif gymeriad (yr 'W' ar d. 37 yw'r agosaf y down at ei enw) o idiomau Cymraeg cyfarwydd – defnydd gorfynych, parodïaidd bron – ac absenoldeb unrhyw arwydd ohono'n rhoi mynegiant cymdeithasol neu wleidyddol i'w Gymreictod. Os yw'n cyfathrebu drwy gyfrwng y Gymraeg â'i gyfaill Mihangel, lletach eto yw'r bwlch rhwng y

Cymreigio a fu ar enw bedydd hwnnw, ar rith rhyw Gymro pybyr, ymrwymedig, a'i fywyd diargyhoeddiad, digyfeiriad. Yn y ddwy nofel chwyddir y gwrthgyferbyniad yn un rhwng bywyd cyffredinol wag a diamcan y prif gymeriad a chyfoeth yr adnoddau ieithyddol sydd ganddo i'w ddisgrifio. Testun balchder i Bob yw 'fod gen i gymaint o briodddulliau da ar flaenau fy mysedd' (9), a thestun pleser eironig i brif gymeriad *Bingo!* yw 'fod iaith crefydd wedi treiddio mor ddwfn i fêr fy esgyrn' (33). Cyfranoga *Bodio* o eironi'r olaf, ond mae i Gymreictod Dewi agweddau eraill; yn achos prif gymeriad *Bingo!* ei ieithwedd yn unig a ddiffinia'i Gymreictod. Mae hynny bron mor wir am Bob gan mor brin yn ei fywyd yntau yw gweithrediad unrhyw weithgareddau neu deyrngareddau Cymreig eraill.

Os yw eu hieithwedd yn sodro'r cymeriadau hyn yn eu cefndir diwylliannol, mae ar yr un pryd yn arf yn eu gwrthryfel yn ei erbyn. Mae cysgod *pastiche*, parodi a chyfeiriadaeth eironig – y technegau llenyddol sydd mor ddefnyddiol ar gyfer tanseilio traddodiad – i'w deimlo bob amser yn y gwrthgyferbyniad rhwng cynnwys y ddwy nofel hyn a chysylltiadau eu harddull. Ond digwydd enghreifftiau mwy penodol yn ogystal. Yn eu plith y mae disgrifiad prif gymeriad *Bingo!* o dafarnwr o Sais yn 'sefyll yn y bwlch' (44), ei wyrdroi ar gywirdeb ymadrodd a sentiment 'Ni allwn ddianc rhag hon' (63) T. H. Parry-Williams, a chyfeiriad Bob yntau at 'ffycins' a 'wancyrs' plant ysgol Caerdydd 'yn cadw i'r oesoedd a ddêl y budreddi a fu' (*Bob yn y Ddinas*, 35). Ni ellir methu benthyciad hir Bob o *Rhys Lewis* (47),[12] hwnnw wedi'i gynnwys yn ddigydnabyddiaeth ac mewn cyd-destun seciwlar yn hytrach na'r un crefyddol gwreiddiol, fel rhan o naratif ei fywyd yntau. Fe all chwarae rhyngdestunol o'r fath gau allan y rhyngweithio rhwng testun a 'realiti' allanol a geir mewn naratif confensiynol, ac yn *Bob yn y Ddinas* a *Bingo!* ni chynigir unrhyw realiti newydd yn lle'r hen ddaliadau a'r hen safonau. Nid erys ond dynwarediad ymyrgar o'r hyn a arferai fod yn ystyrlon.

A oes yma ymdeimlad nad oedd y Cymry eu hunain erbyn 1979 ond yn ddynwarediad o genedl?[13] A beth am ddisgrifiad Bob o Gaerdydd – calon wleidyddol arfaethedig y genedl ôl-Refferendwm – fel 'hen hwrast' (27)? Nid yw'r ddelwedd honno o Gymru yn un anghyfarwydd, ac yn *Cadw'r Chwedlau'n Fyw* Aled Islwyn, yn fwy penodol, mae syniad Lois o'r Cynulliad yr ymgyrchir drosto fel 'embryo erthyladwy' (229) wedi'i gydio'n dynn wrth ei gorffennol gorliwgar, wrth odineb ei gŵr, a'i theimladau cymysg ynghylch ei beichiogrwydd. Parheir y thema yn y maddeuant dirprwyol a estynnir i Gymru wedi'r enedigaeth: '*Ni ddaw'r un fach byth i wybod un mor anllad fu ei mam, meddyliais*' (256). Yng nghyswllt y cyflwr ôl-fodern, fodd bynnag, fe all godineb a phuteindra fagu arwyddocâd ychwanegol; gallant nodi pen draw rhesymegol y realiti coll – sef y cariad ffug neu'r cariad a gollodd ei ystyr. Rhoddir tro ychwanegol yng nghorn gwddf realiti yn *Bingo!*, lle y twyllir y prif gymeriad, mewn breuddwyd hunllefus, i ymateb yn rhywiol i ferch ddieithr sydd, fe ddarganfyddir, yn ddyn. Mae'r brifddinas (a dinas Gymreig ddienw *Bingo!*) yn ddolen gyswllt rhwng profiad afreal yr unigolion hyn a phrofiad y genedl, ac mae'r cysylltiad yn ddiamwys yn *Bodio*, a Dewi yn dathlu Gŵyl Ddewi drwy gael cyfathrach â phutain. Dyna'i adwaith yn erbyn ffalsedd y cenedlgarwch o'i gwmpas, a'r adwaith yn adlewyrchiad o'r peth yr adweithir yn ei erbyn.

Cyffredin yn y nofelau hyn yw'r ddyfais o daflunio cyflwr seicolegol yr unigolyn ar y gofod daearyddol allanol, cyhoeddus. Yn y nodi mynych ar enwau strydoedd a thafarnau, yn arfer y cymeriadau o fapio eu llwybr o fan i fan yn y ddinas – a chyda chymorth ychwanegol manylion o fapiau go-iawn a gynhwysir yn *Dyddiadur Dyn Dwad* – ymdeimlwn ag ymdrech y cymeriadau i'w lleoli eu hunain yn y ddinas. Gallwn wneud hynny heb golli golwg ar statws Caerdydd fel prifddinas y genedl ar y naill law, nac ar bwysigrwydd y ddinas aralledig ar y llaw arall fel symbol o'r byd ôl-fodern.[14] Dyna gymysgedd addas ar gyfer ychwanegu ato yr ymgyrch yn *Bodio* i ailfapio tiriogaeth Cymru yn ei mamiaith, a'r dadrith a ddilyn o sylweddoli anallu plant ysgol Caerdydd i leoli arwyddion ffyrdd Cymru yn gywir mewn unrhyw iaith. Yn *Bob yn y Ddinas* mae tirnodau'r ddinas – y tafarnau digymdeithas, y capel Cymraeg na thywyllodd ei ddrws erioed, y sinemâu ffilmiau-x – yn dal drych i agweddau ar bersonoliaeth ranedig Bob. Wrth grwydro o'u cwmpas, a'i feddwl yr un mor brysur grwydro yn ôl i'w hen fro a'i hen fywyd, mae fel petai'n ymdrechu i gasglu at ei gilydd y 'darnau dilys o brofiad' yn nyfnderoedd ei ymwybod a all 'ailadeiladu ac ailgyfannu' (43)[15] ei hunaniaeth. Ond nid yw'r dymchwel a'r ailadeiladu sy'n rhoi 'calon newydd o wydr i gorpws yr hen ddinas flinedig' (22) – y math o arwyneb[16] a fydd yn adlewyrchu'r byd a'i bobl dim ond i'w cau allan – yn argoeli'n dda ar gyfer dyfodol Bob yno. O fewn dim i'w sylwadau sarrug ar gyflafan yr adnewyddu trefol, fe'i cawn yn profi rhyw fath o ryddhad wrth ail-fyw yn ei feddwl dreisgarwch digymell, dibwrpas un o ffilmiau Andy Warhol, ac er i'w chwerthin dewi nid yw'r jôc ôl-fodernaidd ei hun wedi darfod. Wrth eistedd y tu allan i'r ABC, fe'i trewir gan y sylweddoliad:

> Taswn i'n marw'n sydyn ar y sedd 'ma, yma y byddwn i'n gelain am wythnosau, a neb yn sylwi arna i'n pydru a magu cynrhon – hyd nes i ddrewdod

fy nghorff ddechrau anesmwytho ffroenau cwsmeriaid Marks and Sparks.
(23–4)

Nid dyna'r union senario ar adeg ei farwolaeth annhymig, ond nid oes fawr o wahaniaeth rhwng unigrwydd y stryd ac arwahanrwydd ei ystafell ddinesig. Yno fe'i darlunnir yn ymollwng i dirwedd 'Pornotopia Marcus', tirwedd ar ffurf yr hyn sy'n amlwg yn gorff benywaidd: 'Yn y pellter canol fe gwyd siâp mawr aneglur. Ar y gorwel, ymchwydd dau fryncyn enfawr dan eira, ac ar eu copäon pwyntiau pinc abswrd . . .' (102–3). Parheir i'w ddisgrifio nes cyrraedd 'cyrchfan ein taith':

> Fforest drionglog yn tyfu'n dalog o'r twndra. Ac yn ei chanol, hollt yn y ddaear . . . Hafan y pererinion, teyrnas tywysogion y tywyllwch. Crombil y ddaear, dechreule a diweddle yr hil ddynol. (103)

Steven Marcus a fathodd y term 'pornotopia' yn ei gyfrol *The Other Victorians*, a benthyciad o'r gyfrol honno yw'r disgrifiad uchod.[17] Daethom yn gyfarwydd eisoes yn y nofel â diddordeb Bob mewn ffilmiau a chylchgronau pornograffaidd, ac â'i ffantasïo rhywiol mynych. Yn awr, wedi nodi honiad Steven Marcus mai tuedd lywodraethol pornograffi yw dileu pob realiti allanol neu gymdeithasol,[18] nodwn sylw Bob yntau ar drothwy ei ffantasi olaf: 'Does yna ddim dinas rŵan, na dinasyddion – dim ond tirwedd Pornotopia Marcus yn llenwi'r llygaid' (102). Mae'n hollol sicr fod Siôn Eirian yn gyfarwydd â'r ddamcaniaeth fod twf pornograffi wedi'i gysylltu â thwf y ddinas,[19] a hefyd â sylw Marcus ei hun fod pornograffi wedi'i greu 'by men who at some point in their lives had been starved'.[20] Dyma felly ddarlun deublyg besimistaidd – o'r Gymru wledig, Ymneilltuol y dihangodd Bob rhagddi, a'r Gymru ddinesig, ôl-fodern y dihangodd iddi, a'r ddwy rhyngddynt yn cynhyrchu rhyw gorff chwithig o dociedig a di-ben.

Deil Bob tan y diwedd, fodd bynnag, i led-hiraethu am ei hen fywyd 'gwerth chweil' (102), ac i addunedu ailafael ynddo. Er iddo suddo yn y diwedd i ddyfnder afrealiti, ni wnaeth hynny heb ambell ystum o'i ddymuniad am ddihangfa. Anodd gwybod i ble y dihangai prif gymeriad *Bingo!*. Ni wyddys nemor ddim am ei wreiddiau ac eithrio tystiolaeth ei ieithwedd ei fod yn gyfarwydd â chapel ac â chefn glwad. Ar wahân i'r ychydig ffeithiau am ei dor-briodas (digwyddiad nodweddiadol ôl-fodern ynddo'i hun) bron nad yw'n berson dihanes; yn ymgorfforiad o'r *pastlessness* ôl-fodern.[21] O'r braidd fod ganddo ddyfodol chwaith gan fod yr ailgylchu ar rannau o'r ddigwyddiadaeth yn ei gaethiwo i ryw bresennol ailadroddus, diddiwedd. Mae amser yn gorymdeithio ymlaen yn ddidrugaredd – 'wyddost ti faint o'r gloch ydi hi?', ' Faint o'r gloch oedd hi erbyn hyn tybed?' (94, 95) – ond i'w ddwyn yn ôl i'w unfan megis y ceffylau rasio pan wesgir y *fast forward* ar beiriant fideo Mihangel. Dryslyd yn aml yw ei brofiad gofodol hefyd, a'r atal ar enw'r ddinas, ac ar enwau bron pob un o'i thirnodau, yn arwyddo ei arwahanrwydd ynddi. Ar un achlysur caiff ei hun mewn 'man anghysbell, diarffordd' (87) heb fwriadu bod yno, a heb wybod yn iawn sut y daeth yno. Nid yw o fawr bwys mai mewn hunllef y digwydd hynny unwaith eto gan mor gymysglyd yw ei fywyd ar ei hyd, ac mor anesboniadwy cynifer o'i brofiadau. Dro arall, wrth geisio ailgysylltu â'i wraig yn ei fywyd 'go-iawn', daw i 'ddarn o dir diffaith' (128) lle y mae sborion gwrthodedig bywydau pobl eraill yn rhwystr rhyngddo a'i gyrchfan. Sborion pobl eraill? Ie, ond un o'r 'hen bethau diwerth' (95) a gollodd pan aeth ei sied ar dân oedd ffrâm gwely fel yr un y beglir drosti yn awr. Mae yma gydddigwyddiadau sydd fel petaent yn ymwthio rhwng amser a gofod; yn ymyrryd â natur y berthynas arferol rhyngddynt.

A'r oes ôl-fodern wedi ymlithro'n oes y cyfryngau, nid y peiriant fideo yw'r unig enghraifft o'r dechnoleg ôl-fodern sydd wrth law i gynhyrchu, neu atgynhyrchu, yr effeithiau hyn. Gellir ychwanegu ato y ffilm ar y dechrau sy'n rhag-ddweud tynged prif gymeriad y nofel; y recordydd tâp sy'n ailchwarae ei sgwrs â'i gyfreithiwr yn ei absenoldeb; a'r sgript ar y diwedd sydd fel petai'n barhad o'r ffilm, ac sy'n awgrymu mai'r un person (efallai) yw prif gymeriad y ffilm a'r nofel. Ymyrra'r rhain, ac eitemau eraill o gyfarpar cyfathrebu, â'i ofod personol gan ddileu'r gwahaniaeth rhwng yr allanol a'r mewnol 'in a sort of obscenity', chwedl Madan Sarup wrth drafod syniadaeth Jean Baudrillard, 'where the most intimate processes of our lives become the virtual feeding ground of the media'.[22] Amlygiad pellach ar y porthi anweddus hwnnw (yn y nofel hon, o leiaf) yw'r fideo pornograffaidd a dry byd y ffantasi breifat yn eiddo cyhoeddus. Cyn llwyred wedyn yr ymdodda'r ffilm ddechreuol a bywyd 'go-iawn' i'w gilydd, fel nad oes modd penderfynu ai bywyd prif gymeriad y nofel (actor wrth ei alwedigaeth) sy'n dynwared y ffilm, ynteu'r ffilm sy'n rhagfynegiant dynwaredol o'i fywyd yntau. Nid gwahaniaethu rhwng realiti ac afrealiti yw'r broblem bellach, ond y ffaith ein bod yn byw mewn byd Baudrillardaidd a nodweddir gan 'the generation by models of a real without origin or reality: a hyperreal'.[23]

Yn niffyg unrhyw gysylltiadau â bywyd Cymreig y ddinas, defnyddia Wil Roberts yr iaith i gynnwys y genedl yn y byd afreal hwn. Dywed ei brif gymeriad am y gŵr – y llofrudd – yn y ffilm ei fod yn 'paranoid' ac yn *'schizophrenic'*. Yna â ymlaen: 'Ac mi roedd o hefyd yn diodde o – wel – be alwi di o yn Gymraeg – cymhlethdod erlid –?' (41). Tybed hefyd a oes swyddogaeth debyg i'r corgi bach a ddaw i lynu'n sydyn wrth sodlau'r prif gymeriad a'i gyfaill yn ystod y siwrnai seithug sy'n arwain at y llofruddiaeth anfwriadol ar ddiwedd y naratif? Efallai nad yw'n ddim ond gwrthrych jôc Kafkaésg.[24] Ond mae'n werth nodi, yn sgil ei gysylltiad â rhyw gefndir gwledig Cymreig coll, iddo gael ei hysio i ganol y stori yn y fan lle y cyflyma honno tuag at uchafbwynt trychinebus ei hailadrodd diystyr, di-wers. Yn y sgript ar y diwedd, wedyn, cawn ein dwyn o fewn cyrraedd i'r cefndir capelyddol yr ymddengys i'r prif gymeriad darddu ohono. Mae yntau yn awr yn y ddalfa am lofruddio gwraig ddieithr, ac yno fe wna'r capelwr o Inspector, sydd 'newydd fod mewn gwasanaeth hyfryd' (149), ymgais i gynnal sgwrs ag ef ar bwnc bodolaeth Duw. Datgelodd y cyhuddedig ei farn cyn iddo erioed gyflawni'i drosedd wrth wfftio 'ofergoeliaeth' (85) Martin Luther, ond mae ei drosedd yn ei ddarparu â chyfle ardderchog i gywasgu ei brotest yn erbyn yr uwchnaratif Cristnogol yn un gair:

> *Inspector*: Ydach chi'n cydnabod eich euogrwydd? Ydach chi'n derbyn eich cyfrifoldeb?
> *Gŵr hefo'r graith*: Na. (151)

A bwrw bod yn *Bingo!* ryw ddarlun damhegol o Gymru'r wythdegau – ac fe ellid dehongliad gwleidyddol yn ogystal â chrefyddol o'r cwestiwn ac ateb uchod – nid yw ymwybod â dosbarth yn rhan amlwg o'i sylwedd. Anodd cynnal graddau dosbarth pan fo gwacter ystyr yn gorlifo'r rhaniadau gofodol haniaethol rhyngddynt, ac efallai fod mwy nag un rheswm pam y dewiswyd actor – un o'r proffesiynau 'di-ddosbarth' – fel prif gymeriad y nofel. O droi at *Dyddiadur Dyn Dwad* a *Cyw Dôl*, ar y llaw arall, cawn fod ymwybyddiaeth o ddosbarth yn rhan hanfodol o'r bywyd dinesig. Yn wleidyddol saif Gron yn y naill, a Bleddyn yn y llall, ar dir ansicr y Cymry sydd yn 'dipyn o Blaid Cymru' heb fod yn 'uffernol' felly, chwedl Gron (6),[25] ac un o effeithiau'r bywyd dinesig arnynt hwy yw eu hynysu ymhellach rhwng dau fath o Gymry dŵad. Mae'r naill fath yn bradychu, nid yn unig eu parodrwydd i gydweddu â Seisnigrwydd y ddinas, ond hefyd eu safle ymysg y di-chwaeth a'r diddiwylliant, drwy gyfrwng yr enwau – 'Simon, Tracey, a Samantha' – a roddant ar eu plant. Mae'r enwau a roddir gan y math arall ar eu plant hwythau – 'Cadfan, Meilir a Meleri' (*Cyw Dôl*, 171–2) – yn datgan eu bod yn bobl ddiwylliedig, addysgedig, yn ogystal ag yn Gymry cydwybodol. Er bod Gron a Bleddyn yn rhy ymwybodol o'u Cymreictod i ymuno â'r garfan gyntaf, fe'u rhwystrir gan eu diffygion diwylliannol ac addysgol rhag ymuniaethu â'r ail. Ni chlywodd Gron erioed am Amgueddfa Werin Cymru, ac nid yw Bleddyn ddim callach pan ddywed cyd-yfwr wrtho mai Saunders Lewis yw'r 'dyn bach' yn y llun ar wal y New Ely, 'hwnnw oedd â golwg arno fo fel tasa fo wedi bod yn bwyta gwellt ei wely' (109). Rhan o'r broblem yw nad yw 'tichyrs', a 'stiwdants', a chriw'r cyfryngau am gyfeillachu â rhywun fel Gron nad yw wedi bod i'r 'col', ac fe rwystrir Bleddyn rhag gweithredu dros yr iaith gan snobyddiaeth aelodau'r union gymdeithas a ffurfiwyd i'w hamddiffyn:

> Roedd hi'n chwithig gweld Cymdeithas yr Iaith yn martshio i lawr y ffordd fel yna. Falla y dylwn i fod efo nhw, medda fi wrtha fi'n hun . . . Ro'n i wedi gweld rhai o griw y New Ely ynghanol y protesdwyr – rhai oedd wedi troi eu trwynau arna i pan oeddwn i wedi trio codi sgwrs efo nhw. Be' oedd y pwynt mewn protesdio dros yr iaith os nad oeddan nhw'n medru siarad Cymraeg efo Cymro fel fi, oedd yn bell i ffwrdd o adra? Dydi iaith yn da i ddim os 'wnaiff pobol ddim ei defnyddio hi i siarad efo'i gilydd. (136)

Y canlyniad yw i'r bywyd dinesig ddwysáu'r ymdeimlad o alltudiaeth a fodolai eisoes ymhlith y rhai nad ydynt yn cydymffurfio â phatrwm gosod yr elît cenedlaetholgar.

Goroesodd ar yr un pryd elitiaeth tu chwith yr ymlyniad wrth y Gymru werinol. Yng ngeiriau un o 'hogie'r werin hefo caib a rhaw' – ac mae'r gair 'gwerin' bellach wedi'i fabwysiadu gan broletariat gweriniaethol – nid yw 'swancs uffern' Caerdydd 'ddim tebyg i Gymry' (*Dyddiadur Dyn Dwad*, 18). Yn y *Dyddiadur* rhed y rhaniad yn syth drwy fywyd tafarnau 'Cymraeg' y ddinas. Y New Ely, nythle'r 'wêr' a'r 'hogia', lle da am chwerthin a chanu a cholli arian wrth chwarae cardiau, honno 'ydi'r unig dafarn i Gymro yn Gaerdydd 'ma' (18). Tafarn y 'crach Cymraeg' yw'r Conway: cartref criw'r dawnsio gwerin, yr helfa drysor, a'r Wlpan. Peth naturiol, yn ôl Nowi Bala, labrwr ar yr M4, yw i Gron 'chwdu 'mherfadd ar y pafin' (19) ar ddiwedd ei noson gyntaf yn y fath awyrgylch, ac, ar yr unig achlysur y gellir dweud i Gron fod yn weithredol o blaid y mudiad cenedlaetholaidd yn y *Dyddiadur*, fe'i ceir yn cyfeillachu ag aelodau Byddin Rhyddid Cymru ac ag elfennau mwyaf gwerinol (yn yr ystyr uchod) ac ymylol y mudiad. Cofia Gron yn nes ymlaen, wedi iddo symud i blith parchusion Radyr yn *Un Peth 'Di Priodi Peth Arall 'Di Byw*, sut y byddai 'hogia Sgubs' (stad tai cyngor) yn cadw draw oddi wrth 'snobs St David's Road' (84) gartref yng Nghaernarfon. Os yw'r ddau ddosbarth yn fwy tebygol o hel at ei gilydd yn y ddinas, nid yw'n achos dathlu. Nid yw unrhyw gyfeillgarwch rhyngddynt ond yn ffug gynnyrch eu hamgylchfyd Seisnig.

O safbwynt 'gwerin ddiaddysg, ddiddiwylliant, ddiamddiffyn', chwedl Bob (*Bob yn y Ddinas*, 25), neu o leiaf o safbwynt pobl sy'n ymuniaethu â hi, y cyflwynir y bywyd dinesig gan amlaf. Parodi hunanymwybodol yw Bob ei hun, y cyn-weithiwr dur darllengar gyda'i bentwr llyfrau, o'r hen werin hunanaddysgedig, ddiwylliedig:

> Hen lyfrau wedi eu dwyn o'r ysgol gynt neu wedi eu prynu yn siop War on Want yn City Road ac yn ffeiriau sborion y Morning Star. Yn tydw i'n ddyn dysgedig? Sgrifennwr a darllenwr mawr. Yn treulio oriau benbwygilydd yn unigedd ei ystafell yn myfyrio uwch problemau dwysaf ein bod. (92)

Y gwir yw fod ymysg ei lyfrau rai (fel *Lolita* a *How to Pick up More Girls*) na fyddent erioed wedi cael lle ar silffoedd ei gyndadau parchus; cylchgronau rhyw hefyd, yn hytrach na'r *Faner* neu gylchgronau enwadol, sydd wrth erchwyn ei wely. Os nad yw'r werin hon yn cyfateb i werin wâr, ddiwylliedig nofelau fel *Hanner y Gwir* a thriloeg *Cwm Hiraeth*, nid yw'n cyfateb yn union chwaith i werin gymharol barchus y dafarn a'r cae chwarae. Mae diddanion y cymeriadau hyn – diota, betio, mercheta, ymweld â chasinos a chlybiau nos a chlybiau strip, ysmygu canabis a gwylio ffilmiau budr – yn fwy amrywiol ac, o'u cymryd gyda'i gilydd, yn llai 'Cymreig' eu cysylltiadau. Ac wrth iddynt gellwair, herian a rhegi eu ffordd o'r naill ddiddanwch i'r llall dônt i gyffyrddiad â grwpiau lleiafrifol eraill y ddinas, ac â'i phobl ymylol. Nid cyffwrdd wrth fynd heibio yn unig a wnânt. Dymuniad Dewi yw cael diosg baich ei Gymreictod wrth ymuno â'r bobl hynny – 'crwydriaid, puteiniaid, twyllwyr a chardotwyr' (*Bodio*, 97) – a anwybyddir gan gymdeithas barchus, ac fe lwydda i gyrraedd yr ail nod os nad y cyntaf. Daw prif gymeriadau pob un o'r nofelau hyn yn rhan eu hunain o'r isddiwylliant wrth fod yn ddiwaith (pob un ohonynt ar ryw adeg); wrth gysgu gyda phuteiniaid neu gael eu hudo gan drawswisgwyr (Dewi, a phrif gymeriad *Bingo!*); wrth gael eu derbyn, neu eu goddef o leiaf, mewn bariau hoyw (Bob); wrth gael blas byr ar fywyd carchar (Bleddyn); ac, yn y pen eithaf, wrth gyflawni llofruddiaeth (prif gymeriad *Bingo!*).

Ysgubir y cymeriadau hyn i lif gwyllt yr ôl-fodern yn union fel yr ysgubir Bleddyn, yn ddifwriad, i ganol protest Cymdeithas yr Iaith, a'i ddrysu i gamgymryd cyfeiriad diweddarach at *post-modernist* am gyfeiriad at y *Post Office* lle y digwyddodd y brotest. Pwynt y cyfosodiad yw fod *Cyw Dôl*, a'r nofelau eraill, yn gwneud mwy nag ymwrthod â'r ddelwedd draddodiadol, dderbyniol o Gymru: cliriant ofod ar gyfer y math 'newydd', 'amharchus' o Gymreictod y mae llawer agwedd arno wedi bodoli erioed. Nid yw eu nod yn anghydnaws ag un y brotest genedlaetholaidd, neu ôl-drefedigaethol, mewn ffuglen fel *Treffin* Gareth Miles, lle y cyfunir y brotest yn erbyn Prydeindod â phrotest 'yn erbyn hualau'r "hen ffordd Gymreig o fyw"' (y clawr cefn). Trewir yr hoelen ar ei phen yn *Dyddiadur Dyn Dwad* pan ddanodir i olygydd *Y Dinesydd* fod cyhoeddi dyddiadur Gron yn gyfystyr â haeru bod 'popeth yn dderbyniol nawr te, ond iddo fe fod yn "Welsh, chware teg"!' (76). Un o amcanion y nofelau hyn yw gwthio o'r neilltu y cyfyngiadau a osodwyd ar y pethau y gellir eu dweud a'u gwneud drwy gyfrwng y Gymraeg. Enghreifftir yr egwyddor i'r dim gan Gron yn *Un Peth 'Di Priodi Peth Arall 'Di Byw*: 'Ddim *Fuck* ti fod ddeud . . . *Ffwc*, ia' (180).

Yr hen gyfyngiadau traddodiadol, o bosib, a barodd i Bob dybio na fedrai Daniel Owen, 'petai . . . yn byw yn Splott heddiw' (*Bob yn y Ddinas*, 34), sgrifennu am drigolion yr ardal: y plant bach budr, y plant bach du, y rhieni anghyfrifol, y tadau yn y carchar a'r meibion yn Borstal, y cardotwyr meddw, digartref. Wrth inni sylwi felly fod Daniel Owen yn un o'r 'meistri' y penderfyna Bob elwa ar eu harddull a'u techneg yn ei 'gronicl', sylwn hefyd mai i'r rhan ogleddol o'i hanes y trawsblennir ei fenthyciad o *Rhys Lewis*. Nid oes raid derbyn yn sgil hynny fod angen dynwared arddull nofelwyr estron fel Bram Stoker a Raymond Chandler, fel y gwneir ar ddau achlysur o leiaf, er mwyn disgrifio bywyd y ddinas – ond nid oes rheswm pam *na* ddylid eu dynwared. Eclectiaeth yn hytrach na phurdeb yw'r arwyddair diwyllannol yn awr. Eclectiaeth sydd nid yn unig yn nodweddu'r ôl-fodern, ond sydd hefyd yn duedd gref erbyn hyn yn y meddylfryd ôl-drefedigaethol[26] (er nad yw hynny'n oramlwg yn y nofelau 'ôl-drefedigaethol' a drafodir yn y man), ac sy'n rhychwantu gwahanol haenau o'r un diwylliant yn ogystal ag elfennau o ddiwylliannau gwahanol. Y ddau lyfr a gludir gan Bleddyn o Wynedd i Gaerdydd yw *Cerddi William Oerddwr* (gwaith bardd gwlad o Wynedd)[27] a *The Autobiography of a Super-Tramp* W. H. Davies (hanes anturiaethau'r bardd enwog hwnnw yn America). Mewn modd tebyg, dilynir cân Americanaidd ar y naill dudalen – geiriau Bob Dylan a Woody Guthrie ymysg eraill – gan gân Gymraeg, telyneg gan Eifion Wyn neu englyn gan Gwallter Mechain ar y llall. Mwy eclectig fyth yw'r teitlau ym mhentwr llyfrau Bob: popeth o *Ulysses, Enoc Huws* a'r *Beibl* i *The History of Boxing* a *The Little Pot Boiler*; o *Late Lyrics and Earlier* a'r *Flodeugerdd Gymraeg* i'r *Pan Book of Limericks*. Nodwn wedyn y ffilmiau Ewropeaidd ac Americanaidd o gyfnod y ffilmiau mud ymlaen y mae nifer o'r cymeriadau mor gyfarwydd â hwy.

At y cwbl, rhaid ychwanegu'r cylchgronau a'r ffilmiau pornograffaidd sy'n ymddangos rywle yn y rhan fwyaf o'r nofelau hyn ac sydd, fe ddamcaniaethir weithiau, yn rhan o'r ymgais ôl-fodern i ddemocrateiddio diwylliant drwy ddileu'r bwlch rhwng yr uchel a'r isel.[28]

Yn *Bodio* mae'r lliwgarwch Americanaidd yn arbennig o drawiadol gan i Dewi deithio (neu freuddwydio am deithio) yno yn ystod ei lencyndod. Crëir adleisiau rhwng y teithiau dychmygol hynny a'i deithiau real (hyd y gwyddom) o gwmpas Cymru wrth i Dewi amyneilio enwau arwyr Cymru ac enwau arwyr y sinema Americanaidd: 'Pob un ohonom yn Owain Glyndŵr, Clint Eastwood, Gerallt Gymro, Shane, Llywelyn y Llyw Olaf, a Tarzan' (123). Mae dylanwad cenhedlaeth y *Beat Generation* yn hollol amlwg hyd yn oed pe na bai'n enwi William S. Burroughs a Jack Kerouac (nac yn tynnu ar *On the Road* yr olaf):[29] 'Cyffuriau, llymeitian, a rhyw tragywydd, yn un darlun caleidosgopic. Gwahoddai golygfa lachar fy meddwl ymdrybaeddu llwyr' (52). Yn ei folawd hir i fywyd San Francisco, Los Angeles, Chicago ac Efrog Newydd, lle y ceir 'acenion, ieithoedd, cenhedloedd, gwisgoedd, arddulliau a rhywiau, yn un gybolfa gymysglyd' (56), crynhoir yn berffaith y lluosogaeth ansefydlog, ôl-fodern sydd mor debyg i'r bywyd a brofir ganddo yn ardal dociau Caerdydd – a Chaerdydd yn rhan o'r diriogaeth a gafodd ei diffinio gan un sylwebydd fel y Gymru Americanaidd.[30]

'If postmodernism is at least partially about "how the world dreams itself to be 'American'",' medd Diana Brydon, 'then post-colonialism is about waking from that dream, and learning to dream otherwise.'[31] Dyna pam fod 'mynd i 'Merica' (118) yn opsiwn a ystyrir ac a wrthodir gan Blodeuwedd yn *Yma o Hyd* Angharad Tomos. Ond poenus ac anghyflawn yw'r dihuno yn achos Dewi yn *Bodio*. Erys y tyndra rhwng yr ôl-fodern a'r ôl-drefedigaethol yn thema barhaol, thema a enghreifftir yn y ddadl rhyngddo ac un o'i gariadon. Iddo ef, ymddengys America yn ddihangfa rhag llyffetheiriau a phroblemau Cymru:

> Brenhinoedd a phroffwydi pregethu sychlyd yr Hen Destament oll mor farw â hoelion. Duw wedi diflannu yng Nghlunderwen. Sloganau a dadleuon achos yr iaith wedi eu sgubo o'r cof. Dim rhagor o arfer amynedd â Chymry o wrthwynebwyr pengaled ystyfnig. (57–8)

Iddi hi, ymddengys America yn:

> '... wlad bwdwr ddrewllyd. Cymysgedd hiliol nad yw wedi llwyddo i asio'n undod ... Alli di ddim aros yn llonydd 'na ... ma' ishe rhywle arnot ti i fwrw dy wreiddie rywbryd'. (134)

Amlygiad yw'r ddadl, mewn gwirionedd, o dueddiad mewnol Dewi i gloffi rhwng dau feddwl ar fwy nag un pwnc: weithiau'n hiraethu am fywyd gwledig bro ei febyd ac yn ei gyflwyno ar ffurf math o Gymru lawen, Ymneilltuol ond 'cyn-bietistig',[32] sy'n hollol groes i'w ddarlun ohono mewn mannau eraill; weithiau'n ymhyfrydu yn y bywyd dinesig, a phryd arall yn ei ffieiddio â'i holl galon. Weithiau eto'n cydymdeimlo â hiraeth yr 'Indiaid Cochion' fel pobl a amddifadwyd o'u cynefin – 'Roedd caethiwed dinasoedd yn glwyfus iddynt' (18) – ac weithiau'n ildio i atyniad yr America a'u hamddifadodd ohono. Enghreifftiau yw'r gwrthddywediadau hyn i gyd o'r tensiwn rhwng symbyliad cyntaf y brotest ôl-drefedigaethol i geisio dychwelyd at wreiddiau cenedl, ac at ryw orffennol dilychwin, a'r symbyliad ôl-fodern i gofleidio holl amrywiaeth llygredig y presennol.

Ceir fflachiadau achlysurol o obaith fod modd uno gwahanol haenau cymdeithas amlhiliol, amlddiwylliannol, amlieithog yng nghôl y Gymru y darperir gofod ar ei chyfer gan y ddinas ôl-fodern.[33] Cymro di-Gymraeg o'r ddinas, yn hytrach nag aelodau Cymdeithas yr Iaith, sy'n argyhoeddi Bleddyn y dylai pob Cymro a Chymraes fedru'r 'lingo' (*Cyw Dôl*, 135), a bodola digon o dir cyffredin rhwng y Cymry Cymraeg a'r Cymry di-Gymraeg i Bleddyn fedru disgrifio criw'r Tavistock fel 'petha digon tebyg i mi, ond doeddan nhw ddim yn medru siarad Cymraeg' (32). O dro i dro hefyd mae yna glosio at fewnfudwyr o genhedloedd eraill, a rhai o'r cenhedloedd hynny yn gyn-wrthrychau'r imperialaeth Brydeinig y bu Caerdydd yn ganol economaidd iddi. Er gwaethaf sawr hiliol ei 'nigars bach', a'i ddisgrifiad o'u 'cerddediad llac mwncïaidd', nid oes dwywaith nad yw hoffter Bob o blant bach du y Sblot – 'maen nhw mor annwyl' (*Bob yn y Ddinas*, 34–5) – a'i gyfeillgarwch â Yanis, y 'Groegwr bach crin' (57), ymhlith yr ychydig glytiau golau yn ei fywyd. Mae cyfeiriadau difeddwl rhai o gymeriadau'r nofelau hyn at 'blacs', 'nigars' a 'wogs' yn dyst i gyndynrwydd y meddylfryd imperialaidd Cymreig, ond stripwraig ddu yw ffrind gorau Belinda, cariad Gron yn y *Dyddiadur*, ac mae'r Belinda wen yn ysgwyddo'r cyfrifoldeb anfwriadol wrthimperialaidd o'i hamddiffyn rhag cael ei hecsbloetio. Dro arall, a Gron yn ei gael ei hun yr unig berson gwyn ar fws i ardal y dociau, troir trigolion yr ardal honno yn fath o wrthdrefedigaethwyr hynaws:

> Rodd 'na ddwy fodan ddu anfarth yn yn nilyn i o'r bys. Peth nesa dyma nhw'n gafal yna fi un bob braich a'n halio fi mewn i'r clyb [y Casablanca] os o'n i isho neu beidio ac yn ysgwyd drostyn i gyd wrth farw chwerthin am y 'mhen i . . .

Cymru'r Brotest 223

'Whitey look lost, so we brings him in! Der now whitey you go talk double-dutch wit yore foreign friends.' (*Dyddiadur Dyn Dwad*, 50)

Ceisir ein hargyhoeddi weithiau fod y 'gwrthdrefedigaethu' hwn, mewn cyfuniad â'r meddylfryd ôl-fodern, eisoes wedi meithrin agwedd fwy goddefgar a goleuedig tuag at ddiwylliannau eraill: 'Clwb ardderchog aye!', medd Max Merthyr, 'Great big melting pot ife?' (50). Ond erys yn haws i weithredu dros y mudiad gwrth-apartheid, fel y gwna Siân, gwraig Gron yn *Un Peth 'Di Priodi Peth Arall 'Di Byw*, nac i ddileu yn nes adref 'orthrwm y gwyn ar y du' (180). Nid yw Siân yn petruso rhag digartrefu ei thenant du yn y Sblot er mwyn iddi allu prynu tŷ crand yn Radyr, ac mae'r weithred yn un sy'n tynnu sylw yn ogystal at barhad yr hen raniadau daearyddol. Digwyddiad prin yw inni gyfarfod â pherson nad yw'n wyn y tu allan i'r dociau a strydoedd y Sblot, y clybiau nos a thai bwyta'r Indiaid a'r Tsieineaid. Yn *Bodio*, serch hynny, mae'r cymysgedd hiliol yn cymhlethu'r cysyniad o beth yw bod yn Gymry. Gwna'r athro hanes ifanc, Owain Ioan, ymdrech ymwybodol i ymwrthod â hil fel cymhwyster cenhedlig wrth ddysgu Hanes Cymru i'w ddisgyblion: 'Mae gan y rhain yr un hawl hefyd i wybod am eu gwlad on'd oes – Cymry ydynt wedi'r cyfan' (85). Y syniad yw fod rhannu'r un diriogaeth, nid yn unig yn golygu rhannu'r un cof, ond hefyd yn galluogi'r mewnfudwyr rywsut i ôl-ddyddio'r cof hwnnw i gyfnod cyn eu dyfodiad i'w tiriogaeth newydd. Nid yw fel petai'n amgyffred nad yw dysgu Hanes Cymru i'r mewnfudwyr hyn yn union yr un fath â'u dysgu am gyfraniad eu cenedl hwy i hanes Cymru. Chwilia am ddolen gyswllt rhwng diwylliant y newydd-ddyfodiaid a'i ddiwylliant ef, a'i chael yn y cyfatebiaethau a wêl rhwng patrymau seinegol diwylliant llafar Ynysoedd India'r Gorllewin a'r gynghanedd Gymraeg. Ei freuddwyd yw y medrir dysgu'r 'Cymry croenddu' hyn i gynganeddu, ac y gwelir 'rhyw Seimon o Sblot' (88), ryw ddiwrnod, yn cael ei gadeirio ar lwyfan Eisteddfod yr Urdd.

I'r cyfeiriad arall y gweithia'r dylanwad traws-ddiwylliannol gan amlaf yn y byd real. Consuria curiad *reggae* un o ganeuon Geraint Jarman ddarlun hudol yn nychymyg Dewi o 'ardal Bute llawn clybiau, a thai bwyta, ac yn berwi o frodorion Ynysoedd y Gorllewin a charnifalau'r strydoedd ar ddiwrnodau hirfelyn yr haf' (124). Yma, ac mewn mannau eraill, ymdeimlir â'r dylanwadau y tu ôl i'r canu pop cyfoes a oedd yn herio'r hen dabŵau hiliol. Llawn bwysiced â'r dylanwad cerddorol, fodd bynnag, yw'r elfen o garnifal: yr elfen afreolus, wrthsefydliadol y sylwyd ar ei harwyddocâd eisoes mewn ambell gyswllt arall, ac sydd bellach yn rhan o ddiwylliant y Cymry ifainc. Ymgysyllta â chyfeiriadaeth lenyddol eironig yr haf 'hirfelyn' (ni allwn beidio â chofio Ellis Wynne) i ymdoddi'n rhan o wrthryfel Dewi yn erbyn yr hen Gymru biwritanaidd. Anos yw cysylltu'r agwedd hon ar ddiwylliant yr ifanc â gweithredu Dewi dros yr iaith. Cedwir y gweithredu hwnnw, er y manylu ar yr argyhoeddiadau y tu ôl iddo, ar ymylon ei fywyd yn y ddinas. Eto, ni all y duedd buryddol yn ei brotest ôl-drefedigaethol beidio â suro ei ymbleseru yn amrywiaeth diymrwymiad y ddinas ôl-fodern. Gan mor gyndyn yw i gynnwys y di-Gymraeg fel aelodau o'r genedl – 'Olreit, dwi ddim yn amau mai Cymro wyt ti – yn ôl dy ddiffiniad dy hun' (46) – nid oes llawer o obaith fod ynddi le i'r di-Gymraeg sydd hefyd yn anghymreig eu tras. Cydnaws â hynny yw'r ymdrech am 'gywirdeb' a 'phurdeb' a ddadlennir weithiau yn ei arddull mewn ffurfiau hynafol neu orlenyddol fel 'ystafell faddon', 'trawswch', 'noethlymuno' (7, 8, 81) ac mewn ambell newyddair gofalus fel 'nengrafwyr' (54). Yn y diwedd mae'r gwrthdaro rhwng y ddwy ochr i'w bersonoliaeth yn parlysu ei ewyllys ac yn ei gloi mewn 'stad o ddiymadferthedd' (97) – yn llythrennol felly ac yntau'n ail-fyw ei fywyd o'i wely, a'i ymwybod yn llithro'n barhaus rhwng cwsg ac effro, rhwng breuddwyd a realiti. Er gwaethaf yr argoelion i'r gwrthwyneb ni sylweddolir yn *Bodio* y posibilrwydd cyffrous o harneisio grym delwddrylliol yr ôl-fodern wrth gymhelliad adeiladol yr ôl-drefedigaethol. Daw Gron, yn ei holl ddoniolwch, yn agosach at eu huno wrth ddwyn ei Gymreictod greddfol, anwybodus ond didwyll, i Grangetown i wneud ei nyth yno gyda Belinda, a 'thyfu'n ddyn' (*Dyddiadur Dyn Dwad*, 97). Gresyn na chawn wybod pa fath o Gymru a grëir ganddo yn Grangetown. Yn *Un Peth 'Di Priodi Peth Arall 'Di Byw* fe'i cawn yn briod â merch o'r dosbarth canol Cymraeg, a'i brotest mewn perygl o gael ei llyncu gan yr union fath o fywyd y bu'n protestio yn ei erbyn.

Adleolir yn awr yn un o'r ardaloedd hynny, ardaloedd 'pobol fowr gachu' (43), na fuom ond am ambell wibdaith i'w cyffiniau cyn hyn. O lecyn manteisiol 'ghetto' y dosbarth canol gallwn weld sut, mewn cymhariaeth, y gwasgarwyd y dosbarth gweithiol Cymraeg a oedd mor unol yn y Gymru ddiwydiannol – neb o gyfeillion Gron yn y *Dyddiadur* (hyd y gellir deall) yn byw ar bwys ei gilydd, pawb yn gweithio mewn mannau gwahanol ac mewn gwahanol fathau o swyddi, a'r swyddi di-rif ar *CV* Gron yn dyst i'r ansefydlogrwydd newydd. Y peth a oroesodd yw'r syniad o'r hyn sy'n gwneud yr 'hogia' yn 'hogia'. O dan y pwysau Radyraidd i 'smalio bod yn glên' (84) wrth bob un person a fedr y Gymraeg, ymffurfia etheg bendant ym meddwl Gron:

Hogia ydi pobol 'dach chi'n medru gneud efo nhw. Pobol sy ddim yn newid, ddim yn llancio, ddim yn trïo rhoid eu hunan yn rwbath nad ydyn nhw ddim. (*Un Peth 'Di Priodi Peth Arall 'Di Byw*, 55)

Yn ei gynefin newydd hiraetha am y naturioldeb gwerinol hwnnw, ac am y Cymreictod anhunanymwybodol nad yw, fe ddichon, yn bodoli bellach yn unman. Nid yw am ymuno ag un o'r llu cymdeithasau Cymraeg a gymeradwyir iddo gan Siân, nid yw am ymuno ym mhrysurderb y 'trïo dangos bod y Cymry'n sbeshal': 'Isho "bod"' y mae 'fatha boi naturiol yn mynd o gwmpas ei betha bob dydd' (84). A chan fod 'naturioldeb' a rhywioldeb mor aml yn gyfystyr, nid yw 'impotens' Gron yn ddim i ryfeddu ato. Mae ei anallu rhywiol wedi'i gysylltu â newid cymdeithasol y 'rôl-rifyrsal' lle y mae Siân yn gweithio fel athrawes a Gron yn aros gartref i wneud y gwaith tŷ, ond mae'r dyhead am Gymreictod 'naturiol' fel petai'n cryfhau pan geir 'coc oen' fel Ben Bach, darlithydd sydd wedi hen ymfudo o blith y werin, yn malu awyr am 'impotens' y genedl (61, 60). Pan ddaw iachawdwriaeth, neu iechydwriaeth, i Gron drwy ddechrau sgrifennu ei hanes i S4C, mae'r cysylltiad ag egni rhywiol naturiol yn amlwg yn ystyr ddwbl y beiro yr ofnai ei fod 'wedi hen rydu' (120).

Mewn gwrthgyferbyniad eironig mae'r sgript deledu a ragflaena'r naratif, ynghyd â phresenoldeb y Lone Ranger yn nes ymlaen fel sgriptiwr/olygydd, yn sicrhau ein bod yn ymwybodol ar hyd yr amser fod y sefyllfa yn un 'annaturiol'. Mae cyfraniadau'r Lone Ranger yn codi cwestiynau ynghylch rôl 'awdurol' Goronwy Jones[34] a dilysrwydd ei hanes 'true to nature' (chwedl Wil Bryan) o'i fywyd bob dydd; ac mae Dafydd Huws, yr awdur 'go-iawn', yn benderfynol – gyda'i gyfeiriadau at fwgwd y Lone Ranger, a'r winc amlwg yn sylw Ben Bach am y 'sgript [sydd] wedi'i sgwennu cyn bo ni'n neud dim byd ... gan y Creawdwr, yndefe?' (245) – na wnawn fethu pen y ffordd. Nid yw hynny'n rhwystro Gron, yn ei anwybodaeth, rhag ymsythu i'w lawn daldra wrth hysbysu'r dyn drws nesa busneslyd: 'I'm a freelance television story-liner' (128). Fel y dywed Bob (*Bob yn y Ddinas*): 'Mae sgrifennwr yn "rhywun"' (93). Ond am y gred fod 'sgrifennwr', wrth natur fel petai, yn *freelance* – fel y rhed cymhlethdodau rôl awdurol Gron yn un â dryswch a thwyll 'Media City' sylweddolir cymaint o gamddisgrifiad yw'r ymadrodd hwnnw.

Y tro cyntaf, efallai, i'w sefyllfa ddod yn eglur i Gron ei hun yw pan gawlia'r papurau newydd y ffeithiau ar yr adeg y'i hachubir gan Rocky Regan o Afon Taf, a chymysgu rhyngddo ac academydd enwog o'r un enw. Fel y digwydd, mae'r stori honno, fel y cawn wybod yn ddiweddarach, yn un a sgrifennwyd gan y Lone Ranger. Stori arall y mae'n cyfaddef iddo ymhél â hi yw'r un am y twmpath dawns lle y bu Gron yn celwyddo ei fod yn adnabod Hywel Gwynfryn. Dyna pryd y gwna Gron ei apêl druenus: 'Cwbwl o'n i isho rioed oedd llonydd i fod yn fi'n hun [...] A'r cwbwl dwi'n gael o bob man ydi'n hwrjo i fod yn rwbath arall...' (*Un Peth 'Di Priodi Peth Arall 'Di Byw*, 80) – dim ond i gael Siân yn ei gyhuddo o 'ddwgid' geiriau un o ganeuon Bob Dylan. Mewn gwirionedd mae pawb yn yr un picil: diwydiant y cyfryngau torfol yn rheoli eu hamgylchfyd, y 'ffeithiau' a'r delweddau a ledaena yn fath newydd o gynnyrch, a bywyd yr unigolyn fel petai wedi dirywio'n ddim ond gwneuthuryn cyhoeddus.[35] Rhai o symptomau'r dirywiad yw'r 'selebritis' sy'n baglu dros ei gilydd yn y ddinas, awch pobl fel Ben-a-Lun i frolio cynifer ohonynt sy'n gydnabod iddynt, a pharodrwydd diniweityn fel Gron i'w hefelychu. Gweir iddo'u dychanu, a'i ddychanu ei hun, wrth raffu rhestr wirion o'i gysylltiadau honedig â 'holl selebritis y greadigaeth':

> 'Wyt ti wedi cael peint efo Joe Erskine yn y Royal Oak? Neu efo Gareth Davies yn y Gower? Wyt ti wedi malu cachu efo Ray Gravell yn Clwb Rygbi Crumlin? Nath Ryan a Ronnie brynu pinc jin i chdi yn Clwb 99... Gest ti sgwrs efo Max Boyce yn Top Rank *cyn* bo fo'n enwog?... Wyt ti wedi byta cyri ar yr un bwr' a Caryl Parry-Jones? Ydi Dafydd Iwan wedi cysgu yn dy fflat *di*, do?...
> Dw 'di bod efo merch President Meibion Kernow... Dwi 'di ysgwyd llaw efo Gerry Adams...' (102)

Y symbol eithaf o'r ystumio a'r ffugio yw iddo fynd am beint bach tawel i'r Lewis Arms, Tongwynlais, a'i gael ei hun yn ddiarwybod yn y Deri Arms ar set 'Pobol y Cwm'. Eto i gyd mae'n bosib y caiff y symbol hwnnw effaith debyg i'r hyn a ddywed Baudrillard am 'set' arall: 'Disneyland is presented as imaginary in order to make us believe that the rest is real...'[36]

Cyd-ddigwyddiad cyfleus o'r safbwynt hwnnw yw mai yn un o hoff ardaloedd preswyl pobl y cyfryngau, '*Mayfair Morgannwg Ganol*' (197), y caiff Gron ei herwgipio gan yr heddlu cudd fel rhan o'u hymgyrch yn erbyn Meibion Glyndŵr. Wrth i Gron ddianc yn ddiweddarach o grafangau'r heddlu yn ei drôns, mae yna olygfa sy'n creu'r argraff fod yr hyn sy'n digwydd iddo yn wir yn 'real'. Y bobl o'i gwmpas a gafodd eu twyllo i'r gwrthwyneb: 'Nath un neu ddau sbïo'n wirion arna fi yn naturiol, ond oedd y rhan fwya yn chwilio am y camera – wedi hen arfar gweld Welshis gwirion yn gneud ffilmia lawr ffordd hyn' (207). Nid oes neb ar wahân i'r 'hogia' yn yr Halfway yn credu ei stori, fodd bynnag, ac ar un adeg, pan yw'n ymguddio bob nos yn siop Howells, ceir Gron yn gofyn iddo'i hun: 'O'dd hyn i gyd yn digwydd i fi go iawn?' (212). Cred yntau mai byw yn 'Media City' sy'n achosi ei brofiadau rhyfedd, ond nid dyna'r unig wedd ar bethau. Yn ystod ei 'interogeshon' mae darnau o wybodaeth boenus a hollol gyfrinachol am ei gefndir a'i fywyd yn y Gogledd wedi'u mewnosod â chlipiau o ffilmiau Americanaidd poblogaidd, ac yntau'n ymdopi â'i sefyllfa wrth ei ddychmygu ei hun yn arwr ar lun John Wayne, Steve McQueen, Butch Cassidy ac eraill. Drwy'r nofel ar ei hyd cyfeiria at wahanol ffilmiau a rhaglenni teledu, gan fradychu'r ffaith ei fod wedi hen arfer dehongli ei fywyd yn nhermau'r hyn a wêl ar y sgrin: *'Blind Date* myn uffar, tasa rywun yn traffath gneud ffilm o 'mywyd i ar hyn o bryd fysa raid iddyn nhw'i alw fo yn *Colditz 2'* (64). Ymestyn dylanwad technolegau diwylliant poblogaidd yr oes ôl-fodern ymhell y tu hwnt i ffiniau dinas, neu ddinasoedd, y cyfryngau, ond fe ddengys hunanddelweddu Gron mor dlawd o hyd yw'r stoc o ddelweddau Cymreig a Chymraeg ar ei gyfer ef a'i debyg. Nid yw 'Media City Gaerdydd' (79) wedi talu fawr mwy o sylw i'w anghenion nag a wnâi'r *Cymru'r Plant* 'owt-o-dêt' (189) a orfodid arno yn yr ysgol fach. A chan nad oes ond un rhaglen ('Torri Gwynt') at ei ddant ef a'i 'fêts' ar S4C, dyma un tro pan nad oes angen amau geirwiredd y Lone Ranger yn ei gyswllt â storïau Gron: 'Ma'r werin yn ysu am weld petha fel hyn ar y sgrin' (127).

Wedi i Gron ddychwelyd i ddiogelwch ei gartref caiff hunllef seicedelig hir 'ym mhictiwrs 'y mrêns' (220) lle y dychwelir at ddau o'r pynciau personol a godwyd yn yr 'interogeshon'. Un ohonynt yw'r ddrwgdybiaeth mai mab Twm Coc Aur ydyw, nid mab y gŵr a gyfrifa'n dad iddo. Y llall yw beichiogrwydd ei gyn-gariad, Pegi Wyn, ei amharodrwydd yntau i fod yn dad i'w 'basdad bach' (227), a'i wewyr meddwl ynghylch yr erthyliad yr oedd am iddi ei gael. Yn gymysg â'i euogrwydd, a'i ymdrechion i'w gyfiawnhau ei hun, ceir ei bryderon ynghylch ei berthynas â Siân; hithau'n anniwair ac yn disgwyl plentyn dyn arall yn yr hunllef. Gwyddom erbyn hyn y gall fod symbolaeth wleidyddol i'r materion rhywiol hyn – ac oes, mae lle yn yr hunllef i siom Refferendwm 1979, serch mai mam Siân, nid Gron, sy'n troi'n 'alci' (229) o'r herwydd. Ond pe byddem am gynysgaeddu agweddau ar episod dychmygol Meibion Glyndŵr ag arwyddocâd symbolaidd, byddai'n rhaid inni ymgodymu'n gyntaf â chynigion Seimon fab Jona (tad-yng-nghyfraith Gron) ar ran Cymdeithas Lenyddol Rhiwbeina.

Chwaraeir yma â'r closio ôl-fodern rhwng uwchddiwylliant yr elît deallusol ac isddiwylliant y dorf – gan grybwyll *Dyddiadur Dyn Dwad* unwaith yn yr un anadl â gwaith Ellis Wynne. Prawf o gyfrwystra'r awdur yw iddo wneud hynny mewn ffordd sy'n gwatwar crachfeirniadaeth a chrachddamcaniaethu llenyddol; llwyddodd i dorri i mewn o'n blaenau a'n rhwystro rhag mynd i hwyl ar gefn syniadau tebyg. Mae hynny yn ein gwasgu yn ôl yn erbyn y dimensiwn 'hanesyddol' ac, fel y digwydd, dulliau *Un Peth 'Di Priodi Peth Arall 'Di Byw* yw'r union rai ar gyfer ein hatgoffa mor bisâr oedd agweddau ar episod hir yr ymgyrch losgi go-iawn: camarestiadau'r heddlu; y cyhuddiadau ynghylch eu defnydd o *agents provocateurs*, ac ynghylch ymyrraeth MI5;[37] a'r gwahanol gyfeiriadau a fu at y *Keystone Kops* a'r *X-Files*.[38] Dyma agwedd ar y brotest genedlaetholaidd y medrai Dafydd Huws ei hasio ag afrealiti ei 'Media City', ac â dryswch Gron yn ei chanol – a hynny heb ymyrryd â phrotest Gron yn erbyn y pwysau i ymrwymo i Gymreictod parchus y sefydliad.

Drwy ddamwain hefyd y gwna Gron ei gyfraniad gwibiog i ymgyrchu Cymdeithas yr Iaith. 'Bob dydd,' medd am ei fywyd yn y 'bryf-ddinas', 'ma 'na dipyn bach chwanag ohona fi'n diflannu . . .', gan gyfeirio yn ôl a ddywedodd eisoes, at ei fywyd newydd yn Radyr (ni ŵyr eto fod ei olygydd yn prysur ailysgrifennu hwnnw). Dyna sylw a gamddehonglir, fodd bynnag, gan ei gyd-yfwr yng Nghlwb Ifor Bach: '"Dwi'n hoffi'r ddelwedd," mo. "Ma'r iaith yn marw. Dyna wyt ti'n drïo ddeud, 'de?"' (175). Y peth nesaf a wyddom mae Gron yn paentio sloganau ar furiau'r Swyddfa Gymreig. Nid yw'r gamddealltwriaeth ond yn un ymhlith llu, ac o gyfuno'r rheini â'r chwarae geiriol diddiwedd, ac â'r holl jôcs nad ydynt yn aml yn ddim ond rhyw *non sequitur* digri, cynhyrchir y llithriant ystyr sydd mor gydnaws ag ansefydlogrwydd ac arwynebolrwydd y byd ôl-fodern. Eto i gyd, wrth ddefnyddio'r dyfeisiau hyn gall Dafydd Huws anfon Gron i feysydd na fyddai byth yn gysurus ynddynt fel arall. Nid enwir y 'boi' yng Nghlwb Ifor Bach sydd, wrth 'grafu 'nhin i' (175), yn argyhoeddi'r Gron meddw i weithredu, ond mae'n sicr nad cyd-ddigwyddiad yw ei fod yn cyfateb yn union i ddau ddisgrifiad *Cyw Dôl* o Saunders Lewis: y dyn yn y llun ar wal y New Ely sydd (yng ngeiriau Gron y tro hwn) yn edrych 'fatha 'sa fo'n byta gwellt ei wely' (175). Ystrywiau llenyddol ôl-fodernaidd o'r fath sy'n galluogi Dafydd Huws i wthio Gron yn achlysurol i ferw'r brotest genedlaetholaidd heb iddo orfod diosg ei ddiniweidrwydd gwleidyddol nac aberthu diffuantrwydd ei ddyhead am gael 'llonydd i fod yn fi'n hun'.

Daw Gron i wybod, wrth gwrs, am ymyrraeth ei 'olygydd' yn stori ei fywyd, ond mae fel petai'n dal i gredu bod ailgydio mewn rhyw realiti 'naturiol' digyfryngiad yn bosibilrwydd o gael gwared arno. 'Back to the future!' (249) – dyna'i orchymyn i'r gyrrwr tacsi wrth iddo adael swyddfa'r Lone Ranger am y tro olaf. Yr eironi yw fod yr ymadrodd wedi'i fenthyca o deitl ffilm boblogaidd, a'i fod, o fewn strwythur *Un Peth 'Di Priodi Peth Arall 'Di Byw*, yn arwain Gron yn ôl at y sgript ar y dechrau (sgript y Lone Ranger) sydd yn ôl-ddyddio diwedd hanes Gron yn y nofel 'go-iawn'. Ar ôl iddo ef a Siân lwyddo (yn ôl y sgript) i ddianc i Sbaen cawn wybod yn 'Postsgript' y Lone Ranger fod Gron yn brolio wrth un o'i hen gydnabod fod eu fila o fewn 'tafliad potel *San Miguel*' (251) i rai Kevin Keegan, Jimmy Tarbuck a Sean Connery. O fewn tafliad carreg, mewn geiriau eraill, i atyniad y cyfryngau torfol a'u 'selebritis' yn y sbectacl cyhoeddus[39] a fu'n help i'w ddrysu yng Nghaerdydd. A bwrw bod i'r 'epil-og' twt, a ysgrifennwyd hefyd gan y Lone Ranger, bwrpas heblaw'r elfen barodïaidd, a heblaw cynnal yr amwysedd awdurol, Siân sy'n ei greu. Nid yn unig wrth ddarparu'r wybodaeth ar ei gyfer ond hefyd wrth fod ynddo; oherwydd mae un peth ynghylch gwraig Gron sy'n ei gwneud yn wahanol i bron pawb arall o'i gydnabod, sef iddi gael ei geni a'i magu yng Nghaerdydd. Mae nifer y cymeriadau y gellir dweud hynny amdanynt – a chymryd y nofelau dinesig i gyd gyda'i gilydd – yn brin i ryfeddu. O ran y Cymry Cymraeg, mae'n hollol bosib mai Siân yw'r unig un â'i gwreiddiau yn y ddinas:

> O'n i wedi bod yn gwrando ar Ben-a-Lun yn mwydro yn y Tŷ Nant un noson gymaint o selebritis oeddan nhw'n eu nabod yn y Media City Gaerdydd 'ma. Dydi Siân ddim fel 'na, ma'n rhaid i mi ddeud. Gath hi ei magu'n eu canol nhw yn Ysgolion Bryn Taf a Rhyd-y-felan. Rarglwydd, toedd 'na tua dwsin o awduron, actorion, a chantorion o fri yn camdrin y *Bunsen Burners* yn yr un gwersi cem â hi am flynyddoedd, a ma'n siwr bo chi yn tueddu i gymyd y petha 'ma yn ganiataol wedyn, yndach? (79)

Yn sicr, hi yw'r unig gymeriad yn *Un Peth 'Di Priodi Peth Arall 'Di Byw* a fedr ymdopi â 'Media City Gaerdydd' heb golli'i phen. Ai dyma tybed y 'naturioldeb' Cymreig dinesig newydd?

Fe all hynny fod. Oherwydd wrth i Gron ddelfrydu'r Cymreictod 'naturiol', gwerinol a gyfrifa'n rhan o'i enedigaeth-fraint, fe'n darperir â thystiolaeth gyson sy'n bwrw amheuon ar ei werth a'i wydnwch. Ymysg hogiau Caernarfon mae Fferat Bach, er mor driw i'w ffrindiau, yn 'hen gont' i'w wraig, a Cooks yn 'jynci' (63, 174). Mae mêts Gron yng Nghaerdydd, fel Gron ei hun, yn ymddyrchafu ac ymbarchuso; ac mae'r modd y llwyddodd Twm Talsarn, yr heddwas cudd, i ymgartrefu yn eu mysg yn brawf terfynol o ramantiaeth y diffiniad o'r 'hogia' fel pobl 'sy ddim yn newid' nac 'yn trïo rhoid eu hunan yn rwbath nad ydyn nhw ddim'. Mwy gobeithiol yw naws deuluoedd dedwydd rhagolwg Siân ar ddiwedd yr

'Epil-og': Gron a hithau'n dychwelyd cyn hir o Sbaen a hithau'n benderfynol y bydd ei gŵr yn cadw mewn cysylltiad â'i fab bach (mab Pegi Wyn) yng Nghaernarfon. Fersiwn ôl-fodern o'r gêm ydyw, fersiwn y teulu gwahanedig, gwasgaredig, ond mae'n creu diweddglo gobeithiol a dealladwy i stori Gron, ac efallai y dylem gofio i'r gŵr a sgrifennodd yr 'Epilog' ddysgu ei grefft drwy sgrifennu sgetsys crefyddol i blant yr Ysgol Sul. O gloriannu gyrfa Gron drwy sylwi ar y pethau *na* ddigwyddodd iddo, fe welwn yn fuan mor wahanol yw'r nofel hon (a'r *Dyddiadur*) i nifer o'r nofelau dinesig gan awduron eraill. Pa mor afreal bynnag ei helyntion, a pha faint bynnag yr ymyrraeth allanol â'i 'sgript', nid yw yn y pen draw yn colli'i iechyd na'i bwyll, nid yw ei briodas yn chwalu, ni leddir ei gymeriad, ac ni wneir iddo ladd neb arall. Nid yw hyd yn oed yn cael ei anfon yn ôl i'w hen fywyd yn y Gogledd. Yn ei ffordd ei hun – ac mae'n greadigaeth hynod foesol a chonfensiynol o'i gymharu â phrif gymeriadau *Bingo!*, *Bodio*, a *Bob yn y Ddinas* – llwyddodd Goronwy Jones i oroesi'r profiad dinesig ôl-fodern.

(2) Newid nod – y Gymru ôl-drefedigaethol

Mae'r grŵp nesaf o nofelau yn rhai y gellir eu huniaethu'n uniongyrchol â'r ymwybod ôl-drefedigaethol, a hynny heb wneud cam â'r ymadrodd, na'r nofelau, nac â'r brotest genedlaetholaidd y cyflymodd ei cherddediad o'r 1960au ymlaen. Cofiwn inni eisoes fabwysiadu (yn y Rhagymadrodd) ddiffiniad cynhwysol o'r 'ôl-drefedigaethol', ac os gellir ystyried yr archif ddamcaniaethol fel 'a set of discursive practices, prominent among which is *resistance* to colonialism, colonialist ideologies, and their contemporary forms and subjecticatory legacies',[40] gallwn ymestyn y categori i gynnwys gweithiau creadigol o gyffelyb fryd. Adlewyrchwyd y brotest wleidyddol o bell yn nifer o'n nofelau hanes, ond yn awr fe'i cyflwynir yn ei hoes ei hun, ac fel rhan o feddylfryd ei chyfnod. Yn y cyswllt hwnnw, un nodwedd gyffredin sylfaenol rhwng yr ôl-drefedigaethol a'r ôl-fodern yw'r modd y ceisir rhoi llais i'r di-lais. Lle y bu nofelau rhan gyntaf y bennod hon yn aml yn lleisio protest y rhai ar gyrion cymdeithas barchus, lleisir yn y nofelau hyn brotest y rhai a wêl Gymru fel cenedl ar gyrion y sefydliad Prydeinig. Rhywbeth cudd neu ymylol, neu rywbeth a liwiwyd gan amwysedd y cyflwr ôl-fodern oedd yr elfen genedlaetholaidd o'r blaen, bellach fe gyflwynir agweddau ar y brotest yn fwy manwl realaidd. Ni cheisir awgrymu bod ymrwymiad gwleidyddol, o anghenraid, yn ei fynegi ei hun drwy gyfrwng realaeth lenyddol, ac nid yw'n ffon fesur i bwyso arni yng nghyswllt dwy adran y drafodaeth hon. Er hynny, ymddengys fod canllawiau cyfarwydd y nofel realaidd – ei thestun cymharol gaeedig a'i hystyr gymharol gyfyngedig – yn naturiol gydnaws â'r nod o sicrhau i'r genedl y cydlyniad a'r hunanreolaeth sydd mor amlwg absennol o fywyd yr unigolyn ôl-fodern. Dylid ychwanegu bod y Gymru ymrwymedig hon, gydag ychydig eithriadau, yn llawer iawn mwy parchus ei hiaith a'i buchedd na'r Gymru ôl-fodernaidd, ddineges. Megis yn y nofelau hanes, ymddengys fod goblygiadau moesol personol i'r ymrwymiad cenedlgarol neu genedlaetholaidd.

Calon y neges ôl-drefedigaethol yw'r alwad ar bobl Cymru i ehangu'u gorwelion – i adael ystafelloedd unig, clawstroffobaidd rhai o'r nofelau y buom yn eu trafod – drwy ystyried eu dyfodol fel cenedl. Rhoddir cyfeiriad i'w crwydro diamcan drwy eu hysgogi, fel y gwna Blodeuwedd yn *Yma o Hyd*, i gymryd cyfrifoldeb am y dyfodol hwnnw:

'HEI CHI – DOWCH ALLAN!' . . .
MENTRWCH EFO FI. MENTRWCH ALLAN O GARCHAR Y SAIS. MI WNAWN NI RYWBETH O'N BYWYDAU YN LLE EDRYCH ARNO'N PYDRU YN FAN HYN.' (123)

Yr un yw'r elfennau yn niweddglo *I'r Gad* Meg Elis, sef ymdeimlad o ryddid gofodol newydd, ac o orymdaith unol at gyrchnod pendant cyffredin: 'Ond fe'i clywai ef yn canu, clywai'r dorf i gyd yn canu, wrth iddynt fynd heibio a gadael y carchar y tu cefn iddynt' (157). Agwedd aml ar yr ehangu gofodol yw'r lleoliad o'i gymharu â'r ddinas ôl-fodern – yn awyr agored cefn gwlad Cymru, ac yn ei threfi bach gwledig a'i threfi prifysgol lle y mae môr a mynydd yn ffurfio cefnlen i'r digwyddiadau. Nid yw'r ehangu, fodd bynnag, yn gyfystyr â chyfannu; i'r gwrthwyneb, mae'n cyd-fynd â phwyslais digamsyniol ar y ffiniau cymdeithasol sy'n amgylchynu'r protestwyr. Nid oes ond un neu ddwy nofel y gellir dweud bod eu prif gymeriadau'n cynrychioli trawsdoriad cymharol eang o'r gymdeithas. Yn eu plith y mae *Treffin* Gareth Miles[41] a *Dan Leuad Llŷn* Penri Jones (nofel a drafodir oherwydd, yn hytrach nag er gwaethaf, y ffaith ei bod wedi'i hanelu at yr arddegau). Dosberthir y prif rannau gan amlaf rhwng myfyrwyr a graddedigion prifysgol, a chwaraeant eu rhan yn *Treffin* a *Dan Leuad Llŷn* yn ogystal.

Adlewyrcha'r sylw a roddir i fyfyrwyr y ffaith iddynt dyfu, o'r 1960au ymlaen, yn rym cymdeithasol a gwleidyddol pwysicach nag erioed o'r blaen.[42] Rhan o'u grym oedd y cynnydd aruthrol yn eu niferoedd, a hynny'n golygu o raid fod canran uchel iawn ohonynt yn fyfyrwyr cenhedlaeth gyntaf. Yn y nofelau, serch hynny, daw llawer, os nad y rhan fwyaf, o'r bobl ifanc addysgedig o gefndir dosbarth canol, proffesiynol. Mae addysg yn eu gwaed – bron yn llythrennol felly yn achos Heulwen yn *Hen Fyd Hurt* Angharad Tomos:

> Yma [yn y Coleg hwn] y mae fy ngwreiddiau. Yma bu fy nhaid a'm nain; yma bu fy nhad a'm mam. Yma y cwrddasant. Gwyntoedd y fan hon gludodd negeseuon eu serch. Cysgodion y fan dystiodd i'w dyfod ynghyd. Yma yr asiwyd eneidiau mewn dwy genhedlaeth i'm creu i. Yma, rwy'n perthyn. (4–5)

Derbyn Heulwen a'i chymheiriaid eu safle breintiedig fel eu genedigaeth-fraint, ac er mai o'u safbwynt hwy yr adroddir y naratif, cadarnhant yn aml – fel yn niolchgarwch Heulwen am 'gael fy ngeni'n athrylith ac nid yn borthor' (8) – ragfarnau cymeriadau fel Gron, Bleddyn a Bob yn eu herbyn. Yr un cywair uwchraddol sydd i drafodaeth *I'r Gad* ynghylch sut i addasu llenyddiaeth Cymdeithas yr Iaith ar gyfer Cymry digoleg fel Gwyn. Medd Mair:

> 'Nid efo stwff fel hyn yr wyt ti'n mynd i argyhoeddi pobl – fasa waeth iti fynd i ganol haid o . . . o bengwins, a dechrau darlithio iddyn nhw am etholedigaeth ac Athrawiaeth yr Iawn.'

Rhan o amddiffyniad ei ffrind yw 'ond tase'r boi'n gallu darllen a dyall Cymraeg yn iawn . . .', a hwnnw'n gorffen: 'Yr unig iaith mae eu hanner nhw'n ddyall yw Saesneg, a smo nhw'n dyall honno'n iawn' (30).

Ar adegau fel hyn daw'r protestwyr yn agos at ddynwared haerllugrwydd y gyfundrefn imperialaidd y ceisir ei thanseilio. Un o gryfderau *I'r Gad* yw ei bod yn barod i wynebu'r broblem, oherwydd mae Mair yn ymwybodol o'r angen am ddwyn rhagor o Gymry y tu allan i gylch bach 'pobl Coleg . . . Titsiars aballu' (18–19) i mewn i'r frwydr, ac o'r golled a gafwyd o beidio â gwneud hynny o'r cychwyn cyntaf. Er hynny deil nodyn nawddoglyd yn ei chyfeiriad at Gwyn, 'mae pawb yn bwysig' (46), ac effaith ei hawydd i weld Gwyn a'i debyg yn cenhadu 'ymhlith eu pobl eu hunain' (59) yw gwneud iddynt ymddangos fel pobl o ryw genedl israddol arall. Wrth i'r nofel ddatblygu caniateir i Gwyn ei lais ei hun, a'r llais hwnnw'n un call a chyfrifol sy'n gorfodi Mair i wynebu'i rhagfarnau:

> 'Mae nhw – y "bobol o'r tu allan" – yn barod i wynebu petha, fel chi. Pam na barchwch chi nhw am hynny, a'u derbyn nhw, yn lle poeni yn eu cylch nhw, a theimlo'n euog neu'n gyfrifol amdanyn nhw? Tydi pobl o'r tu allan i'r

Colegau ddim mor arbennig o ddelicet â hynny, nac yn ddwl chwaith – fydd dim raid i chi sefyll wrth eu hochra nhw yn barod i redeg atyn nhw tasa nhw'n digwydd brifo. Ddylat ti ddim meddwl am bobl yn wahanol felna: ti sy'n creu'r gwahaniaethau, nid y fi.' (104–5)

Ond nid oes sicrwydd ar ddiwedd *I'r Gad* y bydd cydweithrediad newydd y dref â'r coleg yn parhau ar lefel unigol Gwyn, heb sôn am unrhyw gydweithrediad mwy cyffredinol. Am Mair ei hun, mae agwedd negyddol i'r awgrym y bydd ei pherthynas â Gwyn yn datblygu i lenwi lle ei charwriaeth aflwyddiannus ag athro ifanc. Ni all ond creu adlais o'r rheidrwydd a deimlai'n gynharach i ddewis rhwng y ddwy garfan y cred ei bod yn eu huno: 'I'r diawl â phobl Coleg, rydwi wedi cael llond bol ohonyn nhw' (105).

Ryw hanner ffordd drwy'r saith mlynedd rhwng cyhoeddi *I'r Gad* a *Hen Fyd Hurt* cafwyd Refferendwm 1979. Rai blynyddoedd wedi hynny bu Angharad Tomos yn esbonio'r effaith a gafodd ei siom ar ei gwleidyddiaeth, effaith a grynhoir fel hyn gan Jane Aaron: 'Gwnaeth iddi edrych ar hanes Cymru yn nhermau gwrthdaro dosbarth, yn ogystal ag yn nhermau'r frwydr dros Gymru rydd'.[43] Gellid disgwyl i'r newid hwn fynnu mynegiant yn ei nofelau, a rhaid cytuno bod diddymdra'r di-waith a diddymdra gwleidyddol Cymru wedi'u cydblethu yn *Hen Fyd Hurt*. Neu wedi'u cydblethu ar *un* olwg, oherwydd mae rhywfaint o amwysedd o'r dechrau ynghylch diweithdra Heulwen. Er ei bod yn un o dair miliwn ar y dôl yn y Gymru Thatcheraidd, hi yw'r unig un yn y cyflwr hwnnw o blith ei hen gyfeillion coleg. Ymddengys na fu iddi chwilio am waith neu gwrs hyfforddi am ei bod yn ffyddiog y cynigir swydd darlithydd iddi yn y Coleg lle y cafodd ei gradd. Cydgynllwyniodd yn ei herbyn ei disgleirdeb academaidd a'i hymdeimlad fod perthynas arbennig rhyngddi a'r Coleg, gan gymryd ffurf breuddwyd yr etholedig: 'Er mwyn hyn y crewyd fi. Gyda'm dyfodiad gwireddwyd tynged. O oleuedig fyd!' (5). Mae iddi orfod dihuno o felyster y breuddwyd hwnnw yn gwneud ei dadrith yn arbennig o boenus. Nid dal drych i argyfwng y dosbarth gweithiol a wneir yn gymaint â dal chwyddwydr i ddadrith yr aelodau o'r dosbarth canol a syrthiodd o'u safle cymdeithasol uwchraddol, a'u gyrfaoedd addawol, i blith trueni'r di-waith – i blith y 'cwmni hurt' (26) na all Heulwen wneud dim â hwy.

Fodd bynnag, wrth i un breuddwyd ddiffodd, cyneuir un arall yn ymwybod Heulwen; breuddwyd ac iddo bwnc gwahanol ond yr un thema etholedigaethol ag o'r blaen. Clyw lais Llywelyn y Llyw Olaf yn galw arni o'r byd canoloesol – byd a oedd fel breuddwyd liw dydd hudolus iddi yn ystod ei dyddiau coleg – i godi o'i blaid a'i waredu o *'daeogion y wlad hon'* (17). Didolir Heulwen oddi wrth y 'taeogion' gan yr alwad oddi uchod, a honno'n cyfuno â'r arbenigrwydd yr ymdeimlai ag ef yn barod i ffurfio cylch anhydor rhyngddi a phob oedolyn arall yn y byd tu allan. Nid oes sôn iddi erioed berthyn i Gymdeithas yr Iaith, ac nid yw llais Llywelyn yn ei gyrru ar ei hunion i ymaelodi. Y creulonaf o bob eironi yw ei bod, yn ei hunigolyddiaeth lem, bron yn ddarlun o'r gred Thatcheraidd nad oes y fath beth â chymdeithas. Er iddi ddod i ddeall bod rhaid tynnu'r Cymry ynghyd 'yn un fyddin gref' (53) i frwydro yn erbyn y gyfundrefn Seisnig sy'n bygwth bywoliaeth a diwylliant y Cymry – a'i 'niwcliars' yn bygwth bodolaeth y ddynoliaeth gyfan – fel unigolyn rhwystredig y gweithreda tan y diwedd.

Daw Blodeuwedd o gefndir digon tebyg i un Heulwen; tebyg hefyd yw'r nodyn etholedigaethol yn ei seicoleg: 'Mi ges i ngeni'n Weithredwr a fedar neb wneud dim i newid hynny' (*Yma o Hyd*, 49). Gwir ei bod hithau wedi myfyrio cryn dipyn yn fwy na Heulwen ynghylch y drefn wleidyddol, gymdeithasol ac economaidd sydd ohoni, gan adlewyrchu'r datblygiadau a fu ym mholisïau Cymdeithas yr Iaith, ond yn y pen draw mae wedi'i gwneud o ddeunydd gwahanol hyd yn oed i'w chyd-aelodau o'r mudiad hwnnw. Ffurfiwyd ei chydwybod gymdeithasol yn gynnar – cofia'r tlodi a welodd yn yr ysgol uwchradd a chofia'r athro a'i hargyhoeddodd 'bod ffatri sy'n cynnig gwaith i ddyn yn gallu harddu dyffryn' (51) – ac nid yw'r weithred sy'n ei glanio yng ngharchar (torri i mewn i siop a'i gadael yn llanast llwyr) yn rhan o unrhyw gynllun gan y Gymdeithas. Ystyria am ennyd ei bod yn bosib iddi gael ei symbylu gan yr un math o rwystredig-aeth unigolyddol a hyrddia Heulwen drwy ffenestr y gegin: 'Jest taro allan yn erbyn rwbath on i felly? Jest chwythu i fyny?' (*Yma o Hyd*, 80). Ond yn ei dadansoddiad pellach o'i gyrfa, amlygiad yw'r weithred o'i gwrthryfel yn erbyn cyfalafiaeth, ac mae'r gwrthryfel hwnnw'n nodi'r gwahaniaeth rhwng gweithredu a bod yn 'rebel' (49) – yn 'rebel' go-iawn yn erbyn trefn cymdeithas.

Er hynny nid yw ymgais Angharad Tomos i ddwyn y gad i dir y dosbarth gweithiol Cymreig yn hollol lwyddiannus. Nid oes i'r dosbarth hwnnw bresenoldeb cryf yn *Yma o Hyd* mwy nag yn *Hen Fyd Hurt*. Tor-calonnus yw cyflwr Islwyn yn yr olaf, y gŵr o'r stad tai cyngor a osodir i eistedd yng nghornel y dosbarth celf 'yn rhybudd o'r hyn a allai ddigwydd i Gymro cyffredin di-waith yng nghefn gwlad Cymru' (23). Eto, syllu arno o'r tu allan, fel ar fodel, a wnawn. Mwy na hynny, wrth i'r straen o weithredu fel model go-iawn i weddill y dosbarth fynd yn ormod iddo, ac yntau'n analluog i wneud dim ond ochneidio a chrio, ni allwn lai na chofio sylw Gwyn (*I'r Gad*) nad yw Cymry cyffredin 'ddim mor arbennig o ddelicet â hynny, nac yn ddwl chwaith'. Yn *Yma o Hyd* mae hogiau Grugan Ddu yn hollol abl i ateb drostynt eu hunain, a Blodeuwedd yn cywilyddio bod y Blaid, ar adeg etholiad, yn 'trio prynu eu teyrngarwch efo sticars papur a miwsig'. Yn anffodus, effaith ei hychwanegiad cyflym, 'Ond ni ddaru ennill yn y diwedd' (84), yw troi'r dacteg blentynnaidd heibio fel peth sylfaenol ddibwys. Mae'r dychan yn byrlymu wrth iddi ddisgrifio gwireddiad y dosbarth canol o weledigaeth Saunders Lewis: 'Wedi plannu'r winllan mewn swbwrb tra ffrwythlon. Wedi codi'n ymgeledd *semi-detached* tra moethus . . .' (111). Ar yr un pryd, cawn yr argraff na all ddychmygu byw mewn unrhyw fath arall o Gymru Gymraeg. Dyna, er gwaethaf yr elfen o goegni, dystiolaeth bron pob opsiwn sy'n ymgynnig iddi o roi'r gorau i'w gweithredu:

> . . . bodloni efo rhyw athro bach desant, neu ddyn swyddfa. Cenedlaetholwr cymhedrol o'r iawn ryw, rhywun fasa'n cynnal y Pethe . . . Cael plant . . . Byngalo del. Dau gar a swydd ran amser. (117)
>
> Mi faswn i'n gallu mynd yn ôl adre a sgwennu. Cael fy hun ar staff Prifysgol Cymru . . . Neu mi allwn i Fentro i'r Cyfryngau . . . Sgwennu er mwyn y Sianel. Milltiroedd o sgriptiau i achub yr iaith. (118)

Mae agweddau tra gwahanol i nofel gyffrous Penri Jones, *Cymru ar Werth*. Ei phwnc yw cynlluniau cwmni datblygu mawr o Lundain ar gyfer tref fach gysglyd ar arfordir gogledd Cymru, a'r cynllwyn peryglus yn eu herbyn – cynllwyn sy'n dwyn y Cymry y tu ôl iddo i gysylltiad â'r byd busnes amheus a gynhelir gan drosedd ac arian brwnt, ac yn eu troi at Fyddin Rhyddid Iwerddon am gymorth. Fel y gellid disgwyl, mae ynddi dipyn mwy o drais a diota a rhyw nag yn nofelau Meg Elis ac Angharad Tomos; ond pwysicach o lawer yw ei bod yn cynnwys, yn agos iawn at ganol y darlun, ddau gymeriad o'r fath a wesgir yn dynn fel arfer at ymyl y ffrâm. Mam sengl ddi-waith yw Sharon a gaiff ei churo a'i threisio gan dad ei phlentyn yn ystod ei ymweliadau prin. Mae Wil Efengýl, ei charwr ysbeidiol, yn greadur od, anghymdeithasol sy'n byw dan gwmwl yr wybodaeth mai plentyn siawns ydyw, a chyda'r rhwystredigaeth o fod yn 'rhyw ewach dan fawd ei fam' (13). Dyma fersiwn Cymreig o'r dosbarth a ddisgrifir gan Kwame Anthony Appiah fel 'the niggertrash, who have no nationality'.[44] Nid yw 'slag' fel Sharon yn cael mynd i'r Clwb Rygbi i gymdeithasu; 'herco . . . yn crwydro'r dwnan bob oriau' (84) yw Wil Efengýl. Eto, y ddau hyn yw'r rhai cyntaf i ddioddef yn uniongyrchol oherwydd y datblygiad arfaethedig yn fferm Maes Môr, ac yn ddiarwybod iddynt ânt ymlaen i chwarae rhannau allweddol yn ffawd cynllwyn y lleill, ac yng nghanlyniadau tymor hir ei lwyddiant. Er mwyn rhyddhau Wil Efengýl o garchar y penderfyna Mos, yr unig gynllwynwr lleol, fynd at yr heddlu i gyffesu ei drosedd. Wrth wneud hynny, ildia ei gyfran o ysbail ariannol y cynllwyn, ac fe'i rhwystrir o'r herwydd rhag dilyn y cynllun i ddefnyddio arian brwnt er mwyn 'dechre prynu Cymru'n ôl' (110). Y si, yn hytrach, yw y bydd ei ddarpar wraig, Enlli, yn etifeddu busnes gwerthu tai ei thad (un o gyn-gefnogwyr y datblygwr o Loegr) ac yn newid ei ethos i'w redeg er budd pobl leol. Y canlyniad arall yw fod yr hyn a ddatgelodd Mos wrth achub Wil yn tynnu'r Gwyddelod yn ei ben, ac yn eglurebu sut mae trais yn esgor ar drais. Pan ddywed Sharon mai 'ar rai gwirion a thlawd fel chdi a fi ma' dyfodol Rhos Goch yn dibynnu, dim ar syniada mawr crand' (240), mae'n agosach at y gwirionedd llythrennol nag a ŵyr.

Un fersiwn ymysg llawer yw'r anghydweld teuluol rhwng arwerthwr tai ariangar *Cymru ar Werth* a'i ferch. Mae fersiynau chwerwach yn bod, yn enwedig pan fo'r rhwyg teuluol yn ymagor yn rhwyg dosbarth. Yn *Rhian* Angharad Dafis mae dirmyg Rhian tuag at ei mam ddiaddysg a gwleidyddol ddiddeall yn cael ei adlewyrchu'n ôl ym mharodrwydd y fam i ddosbarthu'i merch gyda'r 'snobs academedd' (11) – gyda'r deffro cenedlaetholaidd yn dyfnhau'r hen raniad rhwng yr addysgedig a'r anaddysgedig. Ategir hynny drwy wneud y fodryb a fu yn y coleg yn fwy cefnogol o lawer na rhieni Rhian i weithredu Cymdeithas yr Iaith, a thrwy wneud y fam yn gymeriad diruddin, diddiwylliant, plentynnaidd hyd yn oed, sy'n gaeth i'w theledu a'i *TV Times*. Cyflwynir amheuon tebyg ynghylch adnoddau deallusol a moesol y werin anweithredol yn y rhan fwyaf o nofelau'r brotest genedlaetholgar o gyfnod *Adar y Gwanwyn* ymlaen, ac fe all yr amheuon hynny ymestyn yn ôl i lychwino delwedd yr hen werin ddeallus, wleidyddol effro. Dyna a wnânt yn nofel Penri Jones pan sylweddola Mos fod ei deulu wedi bod yn 'rhoi Cymru ar werth' (120) ers y genhedlaeth o'r blaen: eu bai hwy yw ei fod yntau'n teimlo rheidrwydd i ymuno â'r cynllwyn peryglus i gadw gafael ar beth o'r hyn sy'n weddill. Y gwir amdani yw fod y protestwyr ifainc nid yn unig yn perthyn, y rhan fwyaf ohonynt, i ryw elît cymdeithasol, maent hefyd yn ffurfio elît cenedliadol. Rhaid cydnabod bod y rhaniad rhwng y protestgar a'r dibrotest weithiau'n gysylltiedig â'r bwlch oesol rhwng y cenedlaethau, ond nid rhyw ddiweddariad o'r diffyg deall traddodiadol hwnnw sydd yma, mwy nag yn y gwrthryfel ehangach ymhlith myfyrwyr gwledydd y Gorllewin. Roedd hwnnw'n rhan o'r hyn y dylid ei ystyried, yn ôl Fredric

Jameson, 'as a period of unexpected political innovation rather than as the confirmation of older social and conceptual schemes';[45] ac yng nghanol yr arbenigrwydd a'r newydd-deb hwnnw y mae lle y 'Gymru rydd ifanc newydd' (*Cymru ar Werth*, 53) sy'n ystwytho'i chyhyrau yn ein nofelau. Mesur o'r newid a fu yw fod yr union ymgyrchu sy'n lledu'r bwlch rhwng yr ifainc a'r diddirnad yng nghenhedlaeth eu rhieni yn rhoi statws anghyffredin o uchel iddynt yng ngolwg to hŷn o genedlaetholwyr. Myn Goronwy Kyffin yn *Trefaelog* Gareth Miles na chafwyd cenhedlaeth o'i bath 'er dyddia Glyndŵr' (37), a drachefn a thrachefn fe'i clodforir fel 'y genhedlaeth orau gafodd Cymru erioed' (*Yma o Hyd*, 99). Mae ymateb eironig a dychanol Blodeuwedd i eilunaddoliad y cydymdeimlwyr hynny yn cadarnhau eu hasesiad hwy eu hunain o'u hisraddoldeb. Fe'i cynhyrfir i'r eithaf gan euogrwydd y 'Taswn i 'di gneud be ddaru chi pan on i'n ifanc, fasa dim rhaid i chi fod yn fanna [yn y carchar] heddiw'; ei chwestiwn yw 'Pam ddiawl na fasach chi wedi, ta?' (11). Ond mae ymateb Dafydd yn *Treffin* i fynegiant tebyg iawn o euogrwydd yn cydnabod fod a wnelo'r dulliau newydd â ffactorau a dylanwadau allanol: 'Todd hi ddim yn bosib i fudiad fel Cymdeithas yr Iaith ddwad i fodolaeth tan 'yn cenhedlaeth ni' (68). Llefara yn ysbryd rhybudd Frantz Fanon fod rhaid (ac fe ryddgyfieithaf) 'cael gwared o'r arfer, nawr ein bod yn ngwres y frwydr, o wneud yn fach o weithredoedd ein tadau ac o esgus peidio â deall wrth ystyried eu mudandod a'u syrthni'.[46] Yna, yn *Trefaelog*, pan edliwir i'r Cymry na wnaethant erioed ymladd fel y gwnaeth y Gwyddelod, achubir y cyfle yn ateb Gerwyn – 'Not for national independence, perhaps, but for social justice and trade union rights' (97) – i ddyrchafu gwerth math arall o weithredu, a math arall o undod.

Efallai mai'r perspectif hanesyddol hwn a esgorodd ar atgynhyrchiad *Trefaelog* o ddelwedd y werin ddarllengar, ddiwylliedig. Hynny yng nghymeriad tad-cu Gerwyn, ac wedyn ym mherson y tafarnwr a fedr ymgomio'n felys â Gerwyn, y darlithydd prifysgol, am lenyddiaeth Cymru. Yn sicr, mae rhychwant eang ei ddehongliad cyffredinol o wleidyddiaeth Cymru yn rhoi cyfle amheuthun i bobl o fwy nag un genhedlaeth, ac o fwy nag un lliw gwleidyddol a chrefyddol, ddweud eu dweud ar rywbeth yn debyg i dir gwastad. Un o'i hynodion eraill yw'r rôl ganolog a ganiateir ynddi i gymeriadau sy'n bwrw am, neu sydd wedi cyrraedd, eu canol oed – a'r prif gymeriad, Gerwyn, yn un ohonynt erbyn y diwedd. Dywed Eric Hobsbawm am y bobl ifanc a radicaleiddiwyd o'r 1960au ymlaen eu bod yn gwarafun 'full humanity to any generation above the age of thirty, except for the occasional guru',[47] a dyna'r argraff a geir yn amryw o'r nofelau eraill. Mae rhieni naill ai'n faen tramgwydd ar lwybr y gweithredwr ifanc neu'n bresenoldeb annelwig, hanner mud yn y cefndir. Mae gweddill eu cenhedlaeth naill ai'n absennol neu'n nodedig am eu diffyg egwyddor. Ar y gorau, dod allan i'r golau dydd bob nawr ac yn y man a wna'r rhai o amgenach anian – gweinidogion gan mwyaf – i gefnogi'r genhedlaeth ifanc yn ralïau Cymdeithas yr Iaith. Eithriad yw i un o'r gweinidogion hynny gael llwyfan, fel y digwydd yn *Dan Leuad Llŷn*, i grynhoi argyfwng Cymru mewn pregeth herfeiddiol.

Os gallwn edrych ar y byd drwy lygaid yr ifanc heb fod yn arbennig o ymwybodol, y rhan fwyaf o'r amser, o'u rhagfarnau oed, mae'r rhagfarnau hynny yn anos eu methu yn *Yma o Hyd*. Yn y carchar mae Betty 'wedi hen basio oed gweiddi ar hogiau' (22); ni all Blodeuwedd gynnal sgwrs â chyfeillion Betty am eu bod yn rhy hen (un ohonynt yn bymtheg ar hugain); a cheir darlun creulon o'r 'hen ddynas caplan', gyda'i hwyneb hyll 'yn union fel mynydd o does, yn blygiadau i gyd' (25). Y gogwydd meddwl hwn sy'n peri i Blodeuwedd, wrth iddi droi'n ôl at Gymru, ac at ei Nain, amau a oes pwynt brwydro dros yr iaith o gwbl: 'I be os mai hen wreigan mewn cadair freichiau fydda i mewn hanner can mlynedd?' (75). Delwedd sydd yn ei chwestiwn o'i hofnau ynghylch dyfodol y Gymraeg, a hithau'n ei gweld fel 'hen wreigan, wedi'i stwffio i gongl a set deledu wedi'i sodro o'i blaen' (126) (rhywbeth yn debyg i fam Rhian, ond ei bod hithau heb fantais S4C). Y canlyniad, fodd bynnag, yw fod henaint ei hun yn ymddangos yn wrthun o ddiobaith a di-wers. Yn sgil hynny, mae'r 'genhedlaeth orau gafodd Cymru erioed' fel petai wedi'i hynysu mewn amser, neu – o edrych arni o safbwynt cystadleuol y 'gorau' – fel petai wedi dod i gynrychioli (gan ddyfynnu Hobsbawm eto) 'the final stage of full human development'[48] yn hanes y Gymru Gymraeg.

Mae pwysau seicolegol y cwbl yn anferth. Mae syniad yr unigolyn etholedig a syniad y genhedlaeth etholedig yn ymglymu wrth ei gilydd, a'r alwad i weithredu o natur unigryw, os nad uwchnaturiol. Yn *Hen Fyd Hurt* esgor taerineb yr alwad ar unigrwydd eithafol ac yna ar wallgofrwydd llwyr. Gwelir meddwl Blodeuwedd hefyd, a hithau wedi'i halltudio ei hun o gwmnïaeth ei chyd-brotestwyr hyd yn oed, yn llithro'n ysbeidiol i'r tywyllwch: 'Namyn Duw, pwy a'm dyry pwyll?' (*Yma o Hyd*, 126). Mae'r gyfeiriadaeth lenyddol ddwbl at Ganu Heledd ac at *Tywyll Heno* Kate Roberts yn cynhyrchu'r un ymdeimlad o *déjà-vu* ag y sylwyd arno yn *Bingo!* – ond ei fod yn awr yn ymwneud â'r genedl, yn hytrach na'r unigolyn – a'r ymdeimlad hwnnw'n dileu realiti y presennol ac yn nacáu posibiladau'r dyfodol. Dwyseir y negyddoldeb gan y bygythiad niwclear a chan benderfyniad, nid anghysylltiedig, Blodeuwedd nad yw am gael plant. Hyd yn oed os llwydda i osgoi'r un dynged â Heulwen, deil ei 'galwedigaeth' i'w hynysu'n beryglus oddi wrth gyffredinedd bywyd. Fe'i hynysa oddi wrth y bywyd bob dydd hwnnw sy'n cynnal yr uned genhedlig, mewn modd paradocsaidd, ar ei fwyaf sylfaenol a'i fwyaf ansicr.[49] Yng nghysgod hynny ceir Blodeuwedd yn cynysgaeddu digwyddiadau cyffredin ei gorffennol ag awra mythologol sy'n ein hatgoffa o golled – ac o euogrwydd – Heledd. Megis wrth iddi gofio ei theulu 'o amgylch bwrdd, eu hwynebau wedi eu goleuo gan ganhwyllau pen-blwydd [. . .] A dwi di'u chwythu nhw i gyd i ffwrdd . . . a 'ngadael fy hun mewn tywyllwch mawr' (97–8). Caeodd y tywyllwch hwnnw rhyngddi a bywyd teuluol, cymdeithasol, 'normal' y 'cenedlaetholwr cymhedrol' (117).

Beth felly pan yw pwysau'r cymhelliad cenedlaetholaidd yn ceisio gollyngdod drwy ddulliau treisiol o weithredu? Yn nifer o'r nofelau eraill dangosir sut y cynhyrfir i lwybrau eithafiaeth Gymry a fu cyn hynny yn cyfyngu eu gweithredu i ddulliau anghyfansoddiadol di-drais, neu a fu heb weithredu o gwbl. Weithiau, fel yn achos Gerwyn yn *Trefaelog*, mae methiant yr ymgyrch dros Gynulliad i Gymru yn rhan o'r cymhelliad. Ond nid ymddengys fod criw ifanc *Dan Leuad Llŷn* yn perthyn i unrhyw fath o fudiad cenedlaetholaidd, heb sôn am geisio gweithredu ar ei ran. Tensiynau lleol rhwng Cymry a Saeson ifainc, rhwng buddiannau un o ffermwyr y fro a datblygiadau'r diwydiant twristiaeth, a symbyla eu gweithred gyntaf, gymharol ddiniwed. Yr un tensiynau, wedi'u chwyddo i'r eithaf, a bair iddynt ystyried gofyn am gyngor mudiad cudd Brodyr Llywelyn; a'r un tensiynau eto sydd wrth wraidd penderfyniad Tom, y Cymro o'r tu allan sy'n achub y blaen ar y criw wrth losgi llond cae o gabanau haf. Mae tir ac eiddo, megis yn *Cymru ar Werth*, a *Llais y Llosgwr* Dafydd Andrews yn ogystal, fel petaent yn cyffwrdd â rhyw reddf feddiannol gyntefig i ddiriaethu'n ddramatig y frwydr dros iaith a diwylliant a ffordd o fyw. Mae natur y mudiadau a'r grwpiau cudd yn adlewyrchu ar ei mwyaf eithafol gyflwr gofidus a pheryglus y Gymry Gymraeg fel rhyw fath o gymdeithas ddirgel, anghyfreithlon yn ei thiriogaeth ei hun – ond maent hefyd yn adlewyrchu ar ei mwyaf eithafol gyffro a gwefr y sialens o weithredu dros y Gymru honno.

Anghymeradwyir y gweithredu treisiol drwy wahanol ddulliau: drwy ei gysylltu, fel y gwneir yn *Cymru ar Werth*, ag elfen o ddialgarwch personol; drwy ddangos mor amhosibl yw rheoli ei ganlyniadau; a thrwy dynnu sylw, megis yn *Llais y Llosgwr* a *Dan Leuad Llŷn*, at y perygl bythol bresennol o ddwyn trychineb i fywydau'r diymadferth a'r diniwed. Mae hanes personol Gwil Bach yn *Cymru ar Werth*, y cynllwyniwr sy'n camdrin Sharon, mam ei blentyn, ac yn cam-drin y ferch fach ei hun, yn dangos – a'i fam yntau wedi ysgaru â'i dad ar sail ei greulondeb – nad yw trais yn ddietifedd. Wedi dweud hynny, nid oes gwadu nad yw trais weithiau'n llwyddo i gyrraedd y nod. Ar ddiwedd *Cymru ar Werth* daw'r eiddo a brynwyd gan y tirddatblygwr Seisnig i feddiant Mos; daw cartref y tirddatblygwr, sydd hefyd wedi'i leoli yng Nghymru, i ddwylo un arall o'r cynllwynwyr; a daw busnes gwerthu tai tad Enlli i'w dwylo mwy egwyddorol hithau. Mae hyd yn oed Alun, y cymeriad y mae'r tân yn Nhy'n Rhos yn dwyn colled bersonol iddo yn *Llais y Llosgwr*, yn cyfaddef i'r digwyddiad ei brocio i ystyried, am y tro cyntaf erioed, broblemau ieithyddol, diwylliannol ac economaidd ei gymuned leol.

Yn *Trefaelog* niweidir y diniwed heb i unrhyw elw ddeillio o'r golled. Neu dyna fel yr ymddengys ar y pryd. Oherwydd rai blynyddoedd yn ddiweddarach daw Gerwyn â thystiolaeth am gysylltiad Hywel Kyffin (mab Goronwy) â Byddin Owain – ac â marwolaeth merch ifanc a oedd yn aelod ohoni – i'r adwy i ennill buddugoliaeth i streicwyr Hufenfa Trefaelog yn erbyn gormes Hywel fel eu meistr newydd. Ei wybodaeth am yr episod treisiol hwnnw, fel un a fu'n ymwneud â'r Fyddin ei hun, yw'r arf a roddir i Gerwyn, y Pleidiwr Sosialaidd, i drechu Ceidwadaeth Thatcheraidd Hywel, ac i adael y dyfodol yng ngofal Cymry ifainc o'r iawn ryw. Nid yw hynny'n cyfiawnhau trais y gorffennol, wrth gwrs, ac nid yw symbolaeth y 'ddamwain' angheuol a drefna Hywel ar gyfer Gerwyn ond yn rhy amlwg. Y peth ynghylch trais, fodd bynnag, yw ei fod yn ein hatgoffa o ddifrifoldeb y gwrthdaro; yn ein hatgoffa bod tynged y genedl, yn wir, yn fater o fywyd a marwolaeth.

Nid yw'r tyndra hwn rhwng moesoldeb ac effeithioldeb yn annhebyg ar ryw olwg i'r tyndra rhwng *societas* ac *universitas* sydd, yn ôl Michael Oakeshott, bob amser yn nodweddu'r gofod cenedlaethol:[50] y naill yn ymwneud â rheolau moesol a chonfensiynau ymddygiadol y gymdeithas, a'r llall yn ymwneud â'r amcanion cyffredin a gyflawnir mor aml drwy drais. Yr ofn sy'n stelcian drwy'r nofelau hyn yw nad oes modd datrefedigaethu Cymru mewn unrhyw ffordd arall. Yr ofn nad yw arweinydd Byddin Owain ond yn dweud y gwir pan fyn: 'Nid bod pobol yn barod i farw dros genedl sydd â'i chefen ar y mur yw'r ernes ore y caiff hi fyw, ond parodrwydd ei phobl i ladd drosti' (*Trefaelog*, 126). Un o'r gwledydd y cyfeiria atynt i brofi ei bwynt yw Iwerddon, gwlad a ddefnyddir yn aml fel rhybudd ac/neu esiampl yn y nofelau hyn. Yn *Cymru ar Werth*, rhybuddir y Cymry gan aelod o Fyddin Rhyddid Iwerddon fod poeni am 'ddwylo glân' yn eu rhwystro rhag wynebu 'her difodiant' eu cenedl. Gwrthymosodiad Mos yw:

'Hy, 'dach chi 'di wastio cymint o egni yn saethu'ch gilydd fel nad oes gynnoch chi amser ar ôl i gadw'r petha sy'n eich gneud chi'n genedl go iawn.' . . .
'Fedri di ddim hyd yn oed siarad Gwyddeleg, was.' (232)

Digwydd dadl ar yr union batrwm rhwng Gerwyn a Geordie o Wyddel yn *Trefaelog* (97). Cynysgaeddir yr iaith â hanfod moesol sy'n ei dyrchafu uwchlaw dulliau treisiol y Gwyddelod; ond fe'i dyrchefir hefyd uwchlaw'r hunanlywodraeth a gymerasant fel eu nod, ac fe erys ymdeimlad o anghysur fod diben y delfryd cenedlaetholaidd wedi'i ansefydlogi yng Nghymru gan ansicrwydd ynghylch y modd.

Nid mor amlwg yw perygl ambell ddull arall o ddelio â'r symbyliad treisgar. Yn *Yma o Hyd* ceisir rhyddhad iddo yn y ffantasi lle y gollyngir y Bom ar Loegr, a lle y ceir Blodeuwedd yn ei dychmygu ei hun yn gwylio'r '(g)ast fudr Saesneg' (57) sy'n rhannu ei chell yn 'marw yn raddol bach heb [imi] wneud dim i'w helpu hi' (58). Dyna'r math o ffantasi y gellid ei disgwyl fel cynnyrch rhwystredigaeth y gorchfygedig di-rym: 'The native is an oppressed person whose permanent dream is to become the persecutor'.[51] Serch hynny, fe deifl y Bom ei gysgod dros Gymru yn ogystal. Gwna hynny mewn modd a'n cymell i'w uniaethu â'r bygythiad Seisnig i'r iaith; ar yr un pryd, cydblethir arswyd y 'Disgwyl Mawr' (59) â dyhead am gael profi gollyngdod y ffrwydrad terfynol – 'un bang mawr a fasa fo'n arbed lot o ofid' (119). Gwelir yr atgasedd a gyfeirir at y gormeswr yn cael ei droi'n ôl, mewn symbyliad hunanddinistriol, i gyfeiriad y gormesedig ei hun. Yng ngeiriau Homi K. Bhabha: 'The problem is, of course, that the ambivalent identifications of love and hate occupy the same psychic space; and paranoid projections "outwards" return to haunt and split the place from which they are made.'[52] Sianelir yr atgasedd hwnnw i gyfeiriad yr hunan yn ymgais Heulwen (*Hen Fyd Hurt*) i gyflawni hunan-niwed neu hunanladdiad. Fe'i sianelir hefyd i gyfeiriad Cymru ei hun: 'Hen wlad hyll, ddigalon. Hen dwll o le' (*Yma o Hyd*, 14).

Ni ddylid synnu, felly, fod nifer o'r nofelau cenedlaetholaidd eu neges yn hynotach am ymosodiadau eu prif gymeriadau ar eu cyd-Gymry nag am agwedd genhadol, gymodlon Mair yn *I'r Gad*. Anelir dirmyg Heulwen at bawb – clerc, gweinidog, dysgwr, cydnabod, y di-waith – yn ddiwahân; arbenigedd Rhian yw 'poeri fy mustl ar fy mro fy hun' (*Rhian*, 38); ac mae Blodeuwedd hithau yn barod i gyfaddef ei bod yn 'methu gwneud efo neb' (*Yma o Hyd*, 55). Mae Saeson a chyd-Gymry wedi'u dosbarthu ynghyd yn y 'neb' hwnnw, ac fe barha'r cyd-ddosbarthiad tan y diwedd bron:

'Dwi'm yn licio yn fan hyn a dwi'm yn licio i Saeson fy nghadw i mewn caits a finna'n methu dod allan; dwi'm yn licio Cymru'n fy nghadw mewn caits o wlad chwaith, nes dwi'n methu dod allan . . . (108)

Efallai ei bod hi'n anorfod mai un o'r cymeriadau sy'n amlygu'r hoffter mwyaf o'r Cymry cyffredin o'i gwmpas yw Alun yn *Llais y Llosgwr*, un na fu erioed yn ymhél ag unrhyw achos cenedlaetholaidd, ac na phrofodd y rhwystredigaeth a all darddu o hynny. Am y lleill, anaml y rhoddir wyneb dynol, y tu allan i deulu a chyd-brotestwyr, i'r Gymru sy'n wrthrych cariad y protestwyr. Dyna'r diffyg sy'n peri i fam Rhian ddweud am ei merch: 'Dim ond egwyddorion a delfryde a rhyw eire mawr nad o's neb yn 'u deall y ma hi'n 'u caru' (*Rhian*, 35). Mae Mos yn *Cymru ar Werth* yn ddigon ymwybodol o'r diffyg i amau, ar un adeg, a oes pwrpas mentro dros y Gymru haniaethol hon. O'r braidd fod mynd ymlaen i gymryd daear Cymru yn gymhelliad in gwneud iawn am y diffyg hwnnw, mwy nag y gwna yng nghyfaddefiad Seus yn *Dan Leuad Llŷn*: 'mae'n hawdd caru'r tir – caru pobl y penrhyn sy'n anodd' (160). Mae'r Gymru ddelfrydol mewn perygl o gael ei delweddu unwaith eto fel Cymru ddi-bobl, a'r ddelwedd honno fel petai'n ymestyn, yn nychymyg Heulwen, yn ddigyfnewid yn ôl hyd at ddechrau amser: 'Roedd gwrychoedd a choed a thai yn union fel yr oeddynt adeg Beirdd yr Uchelwyr. Roeddent fel y buont ers y Creu' (*Hen Fyd Hurt*, 31).

Yr unig gyfaill sydd gan Heulwen i ddynoli'r dirwedd anghyffwrdd hon yw'r bachgen bach, Ifan, y mae'n ei fwytho â storïau o'r Mabinogion, ac yn ei daflunio'n wrthrych marwnad Lewis Glyn Cothi i'w fab bychan. Affwysol o drist yng nghyswllt eu cyfeillgarwch yw ei hiraeth am Gymreictod 'ers talwm' (32). Felly hefyd eiddigedd Blodeuwedd at ei Nain am fedru byw 'ei bywyd go iawn mewn Cymru Gymraeg' (*Yma o Hyd*, 76). Ond ni ellir ail-fyw'r gorffennol – mae arbawf uchelwrol, Babyddol, ganoloesol ei naws Goronwy Kyffin yn *Trefaelog* yn dyst i hynny. Ac er bod Cymry'r nofelau hyn wedi rhoi'r gorau i'r arfer o wynebu tuag at Ewrop, nid oes ond *Trefaelog* yn bwrw cipolwg weithiau (ac eithrio Iwerddon am y tro) i gyfeiriad ymdrechion llwyddiannus rhai o gyndrefedigaethau'r ymerodraethau Ewropeaidd i ddiosg eu hualau. Y genedl y mae Blodeuwedd yn ei chymryd fel ei phatrwm o fywyd normal, rhydd yw cenedl y gormeswr dirmygedig: 'Dyna un o'r gêmau roedd ganddon ni weithiau, aelodau'r Gymdeithas. Dychmygu sut beth fyddai bod yn Sais' (99). Rheitiach, o ran undod y genedl, fyddai iddi geisio dychmygu sut beth fyddai bod yn Gymraes ddi-Gymraeg, ond mae'n rhaid y byddai hynny'n rhy boenus o agos at ddychmygu sut beth fyddai byw mewn

Cymru ddi-Gymraeg. Ymddengys fod y rhan fwyaf o ladmeryddion y brotest genedlaetholaidd wedi'u parlysu gan yr un arswyd. Fe all fod Cymro Cymraeg yn *rare exhibit* (*Yma o Hyd*, 79), ond nid ydym yn cwrdd yn rhai o'r nofelau â chynifer ag un o'r *exhibits* di-Gymraeg llawer mwy cyffredin. Am agwedd Blodeuwedd ei hun, beth bynnag yw goblygiadau swydd y 'sgriw' di-Gymraeg o Gymru yn y carchar yn Lloegr, 'hanner Cymraes' (20) ydyw yn ôl trefn naturiol pethau.

Nid yw hynny mor ffyrnig â dyfarniad Rheinallt Fychan yn *Llais y Llosgwr* nad yw 'pethau Caerdydd a'r ardaloedd Seisnig' (100) yn perthyn i'r un genedl ag yntau. Ond mae'n eglur ar ddiwedd *Yma o Hyd* mai Cymry Cymraeg yn unig sy'n ffurfio'r 'genedl gyfan' (128) dan warchae yn y Babell Fawr; hithau yw'r genedl a gysylltir â chenedl etholedig yr Iddewon.[53] Ei hargyfwng hithau sy'n cynhyrchu'r 'cymhlethdod erlid' sydd, fel yn *Hen Fyd Hurt*, yn ymgysylltu â phrofiad prif gymeriad y *Bingo!* ôl-fodernaidd ddryslyd. A'r cymeriad hwnnw, fel y cofiwn, a fynnodd, yng nghanol holl anhrefn ei fywyd, chwilio am ymadrodd Cymraeg ar gyfer ei gyflwr – gan awgrymu'r posibilrwydd mai iaith bellach yw'r unig hunaniaeth. Llai llym yw'r cyfyngiadau ar hunaniaeth Gerwyn yn *Trefaelog* fel darlithydd, cenedlaetholwr, gŵr cymuned a chymdeithas. Eto, yn nhermau'r iaith, yn hytrach nag yn nhermau gwleidyddiaeth plaid a senedd, y mynegir hyd yn oed ei ddadrithiad ef â chanlyniad Refferendwm 1979: 'Be dâl "proffesu'r Gymraeg" a'r rhan fwya o 'nghydwladwyr i'n gweld dim gwerth ynddi hi?' (101).

A oes rhywun felly am roi llais i'r mwyafrif llethol hwn y mae ei fodolaeth yn un rheswm dros fodolaeth y nofelau eu hunain? Down yn ôl at *Trefaelog*, yn y man. O blith nofelau eraill y bennod hon, *Llais y Llosgwr* a *Bodio* yw'r ddwy lle y dygir cynrychiolwyr y ddwy garfan ynghyd i drafod eu safbwyntiau gwrthgyferbyniol. Yn *Bodio* fe enillir y ddadl yn rhwydd gan y Cymry Cymraeg, ac erys trafodaeth *Llais y Llosgwr* fel yr unig ymgais uniongyrchol i fwrw rhywfaint o amheuaeth ar ddaliadau cenedlaetholwyr ieithyddol fel Rheinallt Fychan (er mai Cymro Cymraeg sy'n cael gwneud hynny). Fel ateb i'r haeriad 'dim iaith, dim cenedl!' (101) cyfeirir Rheinallt at esiampl Iwerddon ac India; yna â Glyn ymlaen i ofyn: 'Ydych chi'n credu o ddifri fod cael eich magu'n ddi-Gymraeg yng Ngwynedd yr un fath â chael eich magu yn Llundain?' (102). Cysylltir bod yn Gymry yma â naws y fro a'i chymdeithas, ond yn ei hanfod mae'n gyflwr hunanddiffiniedig a ddibynna ar ymdeimlad goddrychol o 'berthyn'. Gwadu'r hawl hunanddiffiniol hwnnw, fel Dewi yn *Bodio*, a wna cenedlaetholwr ifanc *Llais y Llosgwr* wrth ddatgan: '*nhw* sy'n meddwl eu bod nhw'n gyd-wladwyr i ni' (100).

Yn *Treffin* y deuir agosaf at y math o orgyffwrdd o ran diddordebau a diwylliant dosbarth sydd, fel yn y nofelau dinesig, yn trosgynnu ffiniau iaith. Hynny sy'n cynnal y cyfeillgarwch rhwng Wil C'narfon, Cymro Cymraeg twymgalon a thipyn o weriniaethwr, a Tarsan, un o wŷr di-Gymraeg y dref a dderbynnir, ar ei delerau ei hun, fel 'hen foi iawn' (110). Yn nadl Wil Bermo â rhai o fechgyn Glannau Merswy bron na ddyrchefir iawn agwedd at yr iaith uwchlaw'r iaith ei hun wrth wneud y di-Gymraeg sydd 'isio siarad Cymraeg ag yn methu' yn llawer mwy o Gymry na'r Cymry Cymraeg sy'n well ganddynt 'siarad ryw ffycin bratiaith sgows' (92). Ar ryw olwg, mae hyn yn help i gau'r bwlch ieithyddol. Ar yr olwg arall, golyga fod y Cymry nid yn unig wedi'u rhannu gan iaith ond hefyd wedi'u graddoli yn ôl eu hagwedd tuag ati. Fel rhan o'r graddoli hwnnw gall llanc sy'n fab i'r Cymro Cymraeg o ddatblygwr yn *Dan Leuad Llŷn*, ac sy'n medru'r iaith ei hun i ryw raddau, gael ei ddiffinio – nid fel bradwr – ond fel 'Sais' (82). Cymhlethir y sefyllfa yn fwy byth gan y ffaith mai Saeson yw rhai o'r dysgwyr sy'n ychwanegiad gobeithiol i'r gymdeithas yn amryw o nofelau'r bennod hon, a bod dysgwyr o bob cenedl (Americanes yw gwraig Gerwyn yn *Trefaelog*) weithiau'n fwy parod na'r Cymry Cymraeg i ymdaflu i wahanol agweddau ar y frwydr ôl-drefedigaethol.

Tybed a oes a wnelo'r cymhlethdodau hyn â'r tueddiad i gyfyngu'r Cymry di-Gymraeg i'w tiriogaeth draddodiadol yn y de-ddwyrain? Nid yn aml y cydnabyddir mor agored ag a wneir yn y ddadl rhwng Glyn a Rheinallt yn *Llais y Llosgwr* fod y rhaniad ieithyddol mewnol bellach yn un sy'n igam-ogamu ei ffordd drwy holl gymunedau Cymru. Anorfod yw'r ymwybyddiaeth o gyflwr drylliedig y Gymru a ddiffinnir mewn termau ieithyddol yn y cyfeiriadau – yn *Bodio* yn ogystal ag yn *Cymru ar Werth*, *Dan Leuad Llŷn* a *Trefaelog* – at adfywiad ieithyddol a gwleidyddol y Cymoedd. Serch hynny, nid yw Dewi (*Bodio*) yn barod i dderbyn bod gwerth i hanes yr ardaloedd hynny. Dywed yn ddirmygus am un o'i ddisgyblion: 'Hanes Cymru iddo ef oedd gwybod bod ei deulu wedi symud o Ddowlais i Gaerdydd ar ddechrau'r ganrif, a bod tylwyth wedi cartrefu yn Slough a Birmingham' (89). Rhoddir mwy o gyfle yn *Dan Leuad Llŷn* i'r Gymru ddiwydiannol wrthwynebu syniadau Adferaidd ynghylch lleoliad y 'Gymru go iawn' (70), ac i ddilysu'i lle yn hanes ehangach Cymru. Caiff dysgwraig o'r Cymoedd gyflwyno gwers hanes – a rhybudd – i griw Pen Llŷn yn ystod ymweliad yr Eisteddfod Genedlaethol â'i bro: 'Cael ei boddi wnaeth y Gwmrâg yn y cwm hwn...' (68). Mae am wneud yn fawr o'i chyfle 'i fynd mas â Chymro go iawn – Cymro sy'n whila Cwmrâg yn naturiol', ond adweithia'n ffyrnig yn erbyn yr awgrym y dylai symud i'r 'Fro Gymraeg' i fyw:

'Ych chi Gogs i gyd 'run fath gyda syniadau cul, twp. Beth ti'n moyn gwneud? Beth yw'r gair? O ie, claddu – claddu holl hanes a thraddodiad cwm fel hwn.' (70)

Drwy ei bwriad i aros yn y Cwm, 'priodi a chael digon o plant' (70), a thrwy ei llinach (Conti yw ei chyfenw) trawsffurfir gorffennol anodd y Cwm yn obaith i ddyfodol Cymru. Ond yn y 'cul' a'r 'twp', gwelir yn ogystal y didoli daearyddol yn cydredeg, fel y gwna yn hynod gyson, â thueddiadau gwahaniaethol ystrydebol y De a'r Gogledd.

Datblygir y feirniadaeth ymhellach yn *Trefaelog*, gan Hywel Kyffin o bawb, wrth iddo seboni Deiniol, y myfyriwr o Forgannwg Ganol:

'Fydda i'n meddwl yn amal fod'na fwy o obaith yn y De. Er bod pobol y Cymoedd yn siarad Seusnag, ma nhw'n meddwl fel Cymry, tra bod y diawlad yn y pen yma'n siarad Cymraeg ac yn meddwl fel Seuson!' (177)

Ceir adlais o'r un sentiment yn *Dan Leuad Llŷn*. Er i Tom deimlo fod ei fagwraeth yn y Rhondda wedi'i amddifadu o'r 'gymdeithas naturiol o Gymry ifanc' (131) a fwynheir gan griw Llŷn, ac er iddo, ar un adeg, fwriadu symud o Gaerdydd i'r Gogledd, mae'r ymateb i'w drosedd yn bwrw golau gwahanol ar bethau. Lle y mae diffyg dealltwriaeth y rhan fwyaf o'i chymuned hithau yn peri i Fflur (y ferch a fu'n gariad i Tom) eu difenwi fel 'llygod Llŷn', mae teulu a chydnabod Tom yn y De yn cefnogi ac yn edmygu ei weithred fel llosgwr: 'Ond mae traddodiad o rebels yn ein teulu ni . . . Fe fu fy nhadcu mewn yn y Bont adeg reiats Tonypandy . . . ' (147–8). Er mai Cymry Cymraeg yw teulu Tom, mae'r ymwybyddiaeth yn *Dan Leuad Llŷn* a *Trefaelog* o draddodiad radicalaidd y De diwydiannol yn ymgais i ddiffinio Cymreictod yr ardaloedd di-Gymraeg. Un o sgil-gynhyrchion y model hwn o Gymreictod yw'r duedd i osod cymeriadau'r Cymoedd ar adain fwyaf eithafol a pheryglus y brotest genedlaetholaidd. Yn eu plith y mae aelodau'r Rhondda Fach Brigade gyda'u brolio treisgar yn *Dyddiadur Dyn Dwad*, arweinydd byddin gudd fwy sinistr *Trefaelog*, a 'boi *Patriotic Front*' (47) Treffin. O'r Rhondda hefyd, neu o Gaerdydd, y daw tri o bum aelod y criw sy'n mabwysiadu dulliau terfysgol yn *Cymru ar Werth*. Nid yw hynny'n golygu nad oes awydd i dynhau'r cysylltiad rhwng y gweithredwyr gwledig a'r dosbarth gweithiol diwydiannol – y proletariat a arferai ddirmygu'r cenedlaethol-wyr Cymreig, ac a ddirmygid ganddynt yn eu tro. Bwrw ei choelbren gyda Seus, y llanc o Lŷn, a wna Fflur yn y diwedd yn *Dan Leuad Llŷn*, ond mae hi a Seus yn derbyn y bydd Tom 'yn rhan go bwysig ohona i am byth hefyd' (149) – yn union fel y bydd Seus yntau yn dal i gofio'r ddysgwraig o dras Eidalaidd.

Yn *Trefaelog* y llwyddir i greu'r asiad tynnaf rhwng ideoleg ardaloedd gwahanol a mudiadau gwahanol. Atgynhyrchir yn streic gweithwyr llaeth Plas Trefaelog, serch ar raddfa fechan, amgylchiadau Streic y Glowyr (1984–5) a'i gwneud yn ganolbwynt, megis y streic hanesyddol, i'r cyddynnu rhwng Plaid Cymru a Chymdeithas yr Iaith, ar y naill law, a'r undebau a'r gwahanol grwpiau protest adain chwith ar y llaw arall.[54] Gwneir ymgais hyd yn oed i gynrychioli'r mudiad ffeminyddol ym mherson Ffran, gwraig Gerwyn, ac 'awdur' y nofel; datblygiad sy'n arbennig o ddiddorol o'i gymharu â safbwynt gwrywaidd, ac â byd hynod *macho*, protestwyr *Treffin* ddeng mlynedd yn gynharach. Mater o gyfnod yn bennaf (yn hytrach nag o gynulleidfa) hefyd yw'r datblygiad rhwng cynnwys *Dan Leuad Llŷn* a *Cymru ar Werth* Penri Jones. Man gwan y nofelau hyn i gyd yw eu cyflwyniad disylwedd o'r menywod canol oed a fyddai wedi ymglywed ag ystwrian ffeminyddiaeth y chwedegau. Ond mentrir ymdrin yn *Cymru ar Werth* â phwnc poenus trais teuluol wrth ddarlunio bywyd anodd Sharon, y fam ddibriod ddiymadferth. A gollyngir motiff y byrbwylltra a'r anwadalwch genethaidd sydd, ym mherson Fflur, yn ysgogiad i gymaint o wrthryfela diffocws *Dan Leuad Llŷn*, ac yn gyfrifol am gymaint o'i thrybini diangen. Er canlyniadau cymysg yr herwgipio y chwaraea Nest Afan rôl flaenllaw ynddo yn *Cymru ar Werth* mae ei chymhellion yn eglur: mae am ddial cam ei mam farw (a gamdriniwyd gan y tirddatblygwr o Sais sy'n wrthrych y cynllwyn) yn ogystal ag achub cam Cymru. Diamwys yn ogystal, yng nghyswllt yr agwedd batriarchaidd ar y drefn y gwrthryfelir yn ei herbyn, yw symbolaeth gweithred Enlli yn llifio ac yn llosgi arwyddion cwmni gwerthu tai ei thad ei hun yn un o brotestiadau Cymdeithas yr Iaith.

Nid yw'r sefyllfa lawn mor syml ym myd Angharad Tomos. Pan â Blodeuwedd â'i Nain i siopa, a'r siop gemist yn llawn o nwyddau i fenywod – deunydd coluro, persawr, 'a chant a mil o giamocs teneuo' (*Yma o Hyd*, 77) – nad ydynt dda i ddim i'r hen wraig, ni allwn lai na dyfalu ynghylch y math o nwyddau traul y bu Blodeuwedd yn eu sgubo o silffoedd y siop y torrodd i mewn iddi. Yn y carchar gofidia am ffawd y wraig a gollodd blentyn rywdro yn ei hanes; ei 'Gwern colledig' (39) wedi drysu ei meddwl a Blodeuwedd yn sicr nad carchar yw ei lle. Fel ateg i hynny, gwelwn Blodeuwedd yn y man yn gwneud doli glwt iddi'i hun yn ddirprwy i'r babi na all ystyried dod ag ef i'r fath fyd diobaith, a'i gwneud yn gaeth i'r fath 'System' annheg. Braidd yn ddiystyriol, ar y llaw arall, yw'r Heulwen ddi-waith o broblemau grwpiau gormesedig eraill:

... yr holl bobl oedd mor ryddfrydol eu hagwedd at ddynion duon, hawliau merched, gwrywgydwyr ac ati. Nid oedd eu cydwybod ingol yn ymestyn i gynnwys y di-waith. (*Hen Fyd Hurt*, 39).

Nid llai pigog chwaith yw sylwadau Blodeuwedd am Saeson rhyddfrydol 'sy'n pryderu am forfilod a phlanhigion prin a beth bynnag arall sy'n amherthnasol' (*Yma o Hyd*, 30). Ar un adeg fe fu hithau'n arddel egwyddorion cadwriaethol go debyg, ond fe'u gorfodwyd i ildio'u lle yn gyfan gwbl i'w phryderon ynghylch goroesiad Cymru. Mwy na hynny, cawsant eu diraddio'n 'syniadau rhamantaidd' (50–1) sydd mewn cystadleuaeth â lles economaidd y genedl, fel nad oes amheuaeth ynghylch gallu'r hen gystadleugarwch gwrywaidd i oroesi yn y mannau mwyaf annisgwyl.

Gwelwyd i'r delfryd o gydweithio a fwriodd wreiddiau gwyrthiol yng nghanol unigolyddiaeth cyfnod Thatcher gael gwell daear yn *Trefaelog*. Gwir i'r cenedlaetholdeb sosialaidd cydweithredol newydd ddod i wrthdrawiad uniongyrchol ag epil dirywiedig yr hen genedlaetholdeb clasurol, ar ffurf Ceidwadaeth Gymreig Thatcheraidd, ond mae gobaith gwyn i'r dyfodol ym mherson Deiniol. Dyma'r llanc a enillodd radd ddisglair yn y Gymraeg heb golli cysylltiad â'i gefndir di-Gymraeg, ac sy'n dwyn yr egwyddorion radicalaidd a ddysgodd yn y de-ddwyrain diwydiannol i frwydr gweithwyr gwledig y Gogledd. Yn y gwrthgyferbyniad rhwng teitl ymosodol *I'r Gad* a theitl mwy goddefol *Yma o Hyd* gwelwn ddiflaniad Cymru hyderus y chwedegau, a'r saithdegau cynnar, gyda'i hargyhoeddiad fod popeth yn bosibl. Bellach ni chynigir mwy na'r penderfyniad ystyfnig a fynegir ar ddiwedd *Dan Leuad Llŷn* i ddal wrth y dasg o wthio'r un graig yn ddiddiwedd tua'r un copa. Hynodrwydd *Trefaelog* yw fod Gerwyn yn ddigon ffyddiog i broffwydo, hyd yn oed yn y dyddiau du yn union ar ôl y Refferendwm, nad oedd eto wedi darfod ar Gymru: 'ma'na ddigon yn digwydd: llosgi tai haf, yr ymgyrch deledu, glowyr a gweithwyr dur yn bygwth streicio ...' (87). Mae gan y genedl y gallu i newid ac i ail-greu ei hun, ond mae'r broses honno'n dibynnu ar ystod eang o ymgyrchoedd ac ymgyrchwyr yn ymosod ar yr un gyfundrefn wleidyddol o gyfeiriadau gwahanol. Er i Gerwyn blygu am gyfnod i awdurdod arweinydd unbenaethol Byddin Owain, mae llwyddiant streic y gweithwyr llaeth yn profi cywirdeb ei ymateb cynharach i siom 1979.

Rhaid dweud yma y gall ymddangos weithiau mai un prif raniad sydd rhwng, ac yn, nofelau'r brotest ôl-drefedigaethol – gan gwmpasu'r nofelau dinesig sy'n cynnwys elfennau o'r brotest honno. Ar y naill ochr i'r rhaniad ceir y Gymru ôl-fodernaidd ei naws gyda'i chroesrywedd diwylliannol. Ar yr ochr arall, ceir y Gymru draddodiadol, Adferaidd weithiau, gyda'i hymlygiad wrth unrhywiaeth a phurdeb. Nid hawdd eu didoli, fel y gwelsom eisoes, ac os yw Blodeuwedd yn achwyn bod 'sothach Saesneg' (*Yma o Hyd*, 65) y teledu yn llygru'r diwylliant Cymraeg nid yw'n amlwg mai fel sothach y cyfrifa *Moby-Dick*,[55] y clasur Americanaidd a ddygodd gyda hi i'r carchar. Efallai, yn wir, nad yw ymwrthod yn gyfan gwbl â'r iaith Saesneg yn opsiwn mor ddiwylliannol ddeniadol, beth bynnag am ei ymarferoldeb, ag yr ymddengys i Rheinallt Fychan yn *Llais y Llosgwr*. Mae modd gwneud hynny'n symbolaidd, fodd bynnag. Dyna a wna Blodeuwedd, mi dybiaf, pan fyn fod ei Saesneg llafar mor lletchwith ag i wneud iddi deimlo 'fatha mongol' (57), a Gerwyn yntau wrth fabwysiadu dull gor-Gymreigaidd o'i hynganu: 'ai hêt ddy ffycin Inglish langwej' (*Trefaelog*, 92). Oherwydd nid dyna acen Saesneg arferol Gerwyn, a rhaid cydbwyso honiad Blodeuwedd ag enghraifft ohoni'n rhoi mynegiant yn Saesneg – yn ddigymell, ac fel petai'n ddiarwybod iddi – i'r hyn a feddylia yn Gymraeg:

> Dwi'n wag, wag, wag. Dwi 'di cael hen ddigon ar y lle 'ma. Dwi isio mynd allan.
> 'Dwi isio mynd allan,' medda fi'n uchel.
> 'Dan ni i gyd, tydan?' medda'r llais o dan y bync [a'r llais, wrth gwrs, yn perthyn i Saesnes uniaith]. (*Yma o Hyd*, 37)

Adlewyrchir yr amwysedd yn ieithwedd ei dyddiadur. Mae rhai o'r geiriau a'r ymadroddion Saesneg neu Seisnig yn ymdoddi'n rhan o naturioldeb yr arddull fywiog, gyfoes. Cyflwynir eraill fel talpiau anhreuliedig i ddangos mor estron yw'r gyfundrefn sy'n ei chosbi am ymgyrchu dros hawliau'i mamiaith – i ddangos ei bod mewn '*occupied territory*' (33) – a'r Saesneg ar yr achlysuron hynny yn gweithredu fel rhyw fath o gyfeirbwynt gorthrymus i'r Gymraeg.

Sail y gorthrwm, sail *pob* gorthrwm, yw gwrthgyferbyniadau deuolaidd y 'Drefn Ddieflig' a fodola y tu mewn a'r tu allan i garchar:

> Nytars a Normal. Pobol Ddel a Phobol Hyll. Rhai sy'n Drewi. Rhai sydd Ddim. Pobol Glên a Phobol Annifyr. Hyd yn oed Rhai Sgin Chydig a Rhaid Sgin Ddim. (68)

Ansefydlogir y Drefn wrth i Blodeuwedd amyneilio safle rhai o'r ansoddau gwrthgyferbyniol fel nad yw'r un a gyfrifir yn uwchraddol gan gymdeithas bob amser yn mwynhau'r safle cyntaf, breintiedig. Eto, nid yw'n ymwrthod yn llwyr – ar y lefel ieithyddol, ddamcaniaethol – â'r drefn ddeuolaidd hierarchaidd ac imperialaidd.[56] Sut felly y dehonglwn y berthynas rhwng rhyddid a charchar? O'r safbwynt ymarferol, mae dewis mynd i garchar yn rhan o dacteg protest yr iaith; ond o'r safbwynt seicolegol, carchar yw'r 'Arall' sy'n diffinio rhyddid. Fe allai ei ddinistrio ddiraddio rhyddid; fe allai ddwyn y Cymry i'r un cyflwr o fodlonrwydd â'r Saeson – 'Be sy'n eu gyrru nhw? Oes 'na rywbeth? Be sy'n peri i'r olwynion droi o ddydd i ddydd?' (100). Bron nad yw cyflwr abnormal Cymru wedi'i droi'n normalrwydd, a'r frwydr yn erbyn cyfyngiadau'r 'caets' a'r carchar wedi gwneud y ddau ofod hynny yn unig leoliadau ystyr a phwrpas.

Er hynny, fe ddeil cenedl unedig ddelfrydoledig y diweddglo yn feirniadaeth ar y genedl 'real' ranedig. Bron na ellid dehongli fel arwydd o'r bwlch rhyngddynt yr 'yma – o hyd' digyrraedd sy'n cloi'r nofel, a'r bwlch heb fod yn annhebyg o gwbl i'r bwlch ôl-fodernaidd rhwng y dynodydd a'r dynodedig.[57] Mae mwy nag un ffordd, wrth gwrs, o ddarllen y cyplysnod yn yr 'yma – o hyd'. Fe all mai rhyw herc ansicr ydyw, neu ryw dynnu anadl blinedig; fe all mai ei bwrpas yw dwyn nodyn herfeiddiol a phenderfynol i'r 'o hyd'. Diau fod yna opsiynau eraill. Pa un bynnag a ddewiswn, gorffennir yng nghanol yr amwysedd, a'r ansicrwydd a'r gwrth-ddweud sydd mor nodweddiadol o nofelau'r bennod hon. Un cysur yw'r ffaith mai'r union ansoddau hynny – ym marn ambell sylwebydd, o leiaf – yw'r elfennau diffiniol yn nelwedd y genedl fodern.[58]

Nodiadau

[1] Gw. Linda Hutcheon, 'Circling the downspout of empire: post-colonialism and postmodernism', *The Post-colonial Studies Reader*, eds Bill Ashcroft et al. (London, 1995), t. 134, am y ddamcaniaeth mai dyma'r patrwm hanesyddol sydd i ddatblygiad pob diwylliant. Nid oes raid derbyn bod y patrwm bob amser yn un cronolegol. Sylwer nad yw'r cyfeiriad at Raymond Williams yn gywir. Mae'n debyg mai'r drafodaeth sydd gan Hutcheon mewn golwg yw 'Dominant, residual and emergent' yn Raymond Williams, *Marxism and Literature* (paperback edition, Oxford, 1977), tt. 121–7.

[2] Gw., e.e., Michael Hechter, *Internal Colonialism: The Celtic Fringe in British National Development, 1536–1966* (London, 1975); Tom Nairn, *The Break-up of Britain: Crisis and Neo-nationalism* (London, 1977); Michael Dunford and Diane Perrons, *The Arena of Capital*, Critical Human Geography Series (London, 1983); Ernest Gellner, *Nations and Nationalism* (Oxford, 1983). Ar

ddamcaniaeth enwog Gellner mai ffrwyth diwydiannaeth yw cenedlaetholdeb gw. David L. Adamson, *Class, Ideology and the Nation: A Theory of Welsh Nationalism* (Cardiff, 1991), tt. 7–28.
3 James A. Davies (ed.), 'Politics and protest: introduction', *The Heart of Wales: An Anthology* (Bridgend, 1994), t. 90.
4 Rhys Jones, 'Pair dadeni? Yr ymgyrch iaith yn nhref Aberystwyth', *CC*, XXII (2007), t. 174, yn dyfynnu gweithredydd dienw.
5 Keith Jenkins, *Re-thinking History* (London, 1991), t. 63.
6 Dywed Madan Sarup, *An Introductory Guide to Post-Structuralism and Postmodernism* (second edition, Hemel Hempstead, 1993), t. 131, i'r ymadrodd 'ôl-foderniaeth' gael ei ddefnyddio gyntaf ymysg artistiaid a beirniaid Efrog Newydd yn ystod y chwedegau. Cf. Patricia Waugh (ed.), *Postmodernism: A Reader* (London, 1992), Introduction, t. 1: 'Postmodernism was first used extensively in a literary critical context. It entered American criticism in the fifties . . .'
7 Raman Selden and Peter Widdowson, *A Reader's Guide to Contemporary Literary Theory* (third edition, Hemel Hempstead, 1993), t. 188; Bill Ashcroft et al. (eds), *The Post-colonial Studies Reader* (London, 1995), t. 117.
8 Fredric Jameson, 'Postmodernism, or the cultural logic of late capitalism', *New Left Review*, 146 (July/August 1984), 88.
9 Goroesodd y gwrthwynebiad gyfnod ein trafodaeth yn rhwydd. Gw., e.e., Hannah Cleaver, 'One dragon roars out of the great divide', *WM*, 12 March 1996, 9; Mike Gilson, 'Capital account in need of further investment', *WM*, 13 March 1996, 11; Nick Horton, 'Yes for Wales campaigners woo doubters', *WM*, 2 June 1997, 1.
10 Mae nifer o nofelau Saesneg wedi'u lleoli yng Nghaerdydd erbyn hyn. Ni wnaf ond nodi pum nofel Caerdydd John Williams; y gyfres Harper and Iles gan Bill James; a *Glass Shot* Duncan Bush (1991).
11 Jean-François Lyotard yn *The Postmodern Condition: A Report on Knowledge*, trans. Geoff Bennington and Brian Massumi (Manchester, 1984), fu'n bennaf cyfrifol am droi ein meddyliau i gyfeiriad statws a swyddogaeth gwybodaeth (*information*) yn y byd technolegol ôl-fodern. Ond ni cheisir dilyn y dehongliad hwnnw yma.
12 Daniel Owen, *Rhys Lewis* (Wrexham, 1885), t. 191.
13 Cyhoeddwyd *Bob yn y Ddinas* ym Mehefin 1979, a *Bodio* yn Rhagfyr. Ond taflodd canlyniad y Refferendwm gysgod hir o'i flaen mewn rhai cylchoedd. Gw. Denis Balsom, 'Public opinion and Welsh devolution', *The Welsh Veto: The Wales Act 1978 and the Referendum*, eds David Foulkes et al. (Cardiff, 1983), t. 202 ymlaen yn arbennig. Mae'r ymdriniaeth â'r pwnc yn *Cadw'r Chwedlau'n Fyw* Aled Islwyn yn cadarnhau'r ofnau a fodolai.
14 Fredric Jameson, 'Postmodernism and consumer society', *Modernism/Postmodernism*, ed. Peter Brooker (Harlow, 1992), tt. 171–6; William Spanos, *The Detective and the Boundary: Some Notes on the Postmodern Literary Imagination* (crynodeb) yn *Postmodernism*, tt. 81–6.
15 Ceir y dyfyniad gwreiddiol yn David G. Mandelbaum (ed.), *Selected Writings of Edward Sapir in Language, Culture, and Personality* (Berkeley, 1949), t. 331.

[16] Dehonglir arwyneb gwydr o'r fath fel symbol ôl-fodernaidd yn Fredric Jameson, 'Postmodernism and consumer society', tt. 171–6; hefyd yn David Harvey, *The Condition of Postmodernity*. *An Enquiry into the Origins of Social Change* (crynodeb) yn *Modernism/Postmodernism*, tt. 182–9.

[17] Steven Marcus, *The Other Victorians: A Study of Sexuality and Pornography in Mid-Nineteenth Century England* (London, 1964), tt. 271–2.

[18] Ibid., t. 44.

[19] Ibid., t. 282.

[20] Ibid., t. 273.

[21] Keith Jenkins, *Re-thinking History*, t. 67.

[22] Madan Sarup, *An Introductory Guide to Post-Structuralism and Postmodernism*, t. 165.

[23] Jean Baudrillard, 'Simulacra and Simulations', *Jean Baudrillard: Selected Writings*, ed. Mark Poster (Oxford, 1988), t. 166.

[24] Am gyfatebiaethau â'r episod hwn, gw. Franz Kafka, 'Blumfeld, an elderly bachelor', *The Complete Short Stories*, ed. Nahum N. Glatzer (London, 2005), tt. 183–205. Ceir y stori'n llawn hefyd ar *www.phespirit.info/words/blumfeld*. Am arwyddocâd poer fel drwgargoel, gw. Max Brod (ed.), *The Diaries of Franz Kafka 1910–23* (Vintage editions, London, 1999), tt. 21, 26, 34, 38.

[25] Defnyddir yr un ymadrodd, fwy neu lai, yn *Cyw Dôl*, t. 13.

[26] Gw. yr adrannau 'Hybridity' ac 'Ethnicity and indigeneity' yn *The Postcolonial Studies Reader*, tt. 183–209, 213–45.

[27] Sef William Francis Hughes (1879–1966) o Bren-teg, Gwynedd.

[28] Damcaniaeth Leslie Fiedler yn *Cross the Border – Close the Gap* (New York, 1972). Atgynhyrchir darn helaeth o'r drafodaeth yn *Postmodernism*, lle gw. tt. 41–3.

[29] Cymharer *Bodio*, tt. 56–7, â Jack Kerouac, *On the Road* (Penguin edition, London, 1972), tt. 185–7. Cyfeirir at ddylanwad y *Beat Generation* ar ganu pop Cymraeg yn Hefin Wyn, *Be Bop a Lula'r Delyn Aur: Hanes Canu Poblogaidd Cymraeg* (Talybont, 2002), t. 79; idem, *Ble Wyt Ti Rhwng: Hanes Canu Poblogaidd Cymraeg 1980–2000* (Talybont, 2006), tt. 168, 375.

[30] Alfred Zimmern, *My Impressions of Wales* (London, 1921), tt. 37–9. Ond mae'r gyffelybiaeth yn hŷn na hynny; gw. Gwyn A. Williams, *When Was Wales?: A History of the Welsh* (reprint, Harmondsworth, 1991), tt. 221–2.

[31] Diana Brydon, 'The white Inuit speaks: contamination as literary strategy', *Past the Last Post: Theorizing Post-Colonialism and Post-Modernism*, eds Ian Adam and Helen Tiffin (Hemel Hempstead, 1993), t. 192. Dyfynnu Stuart Hall y mae.

[32] R. M. Jones, *Llenyddiaeth Gymraeg 1936–72* (Llandybïe, 1977), t. 205, wrth gyfeirio at storïau D. J. Williams.

[33] Homi K. Bhabha, 'DissemiNation: time, narrative, and the margins of the modern nation', *Nation and Narration*, ed. Homi K. Bhabha (London, 1990), tt. 319–20: 'it is to the city that the migrants, the minorities, the diasporic come to change the history of the nation . . . it is the city which provides the space in which emergent identifications and new social movements of the people are played out'.

34 Gw. Gwenllïan Dafydd, 'Un peth 'di adrodd stori, peth arall 'di adrodd stori wir: nofelau Dafydd Huws', *Y Sêr yn eu Graddau: Golwg ar Ffurfafen y Nofel Gymraeg Ddiweddar*, gol. John Rowlands (Caerdydd, 2000), tt. 76–99, am ymdriniaeth fanwl â'r pwnc.
35 Tynnais ar Mark Poster, *Jean Baudrillard: Selected Writings*; Douglas Kellner, *Jean Baudrillard: From Marxism to Post-modernism and Beyond* (Cambridge, 1989); a Guy Debord, *The Society of the Spectacle*, trans. Donald Nicholson-Smith (New York, 1995).
36 Jean Baudrillard, 'Simulacra and simulations', t. 172.
37 Dyna'r darlun yn Alwyn Gruffudd, *Mae Rhywun yn Gwybod*, gol. Lyn Ebenezer (Llanrwst, 2004), tt. 95, 97, 103–109 yn arbennig.
38 Cyfeirir at y *Keystone Kops* mewn adolygiad ar *Mae Rhywun yn Gwybod* ar http://www.seren.blogspirit.com. Defnyddir yr ymadrodd hefyd yn *Trefaelog* Gareth Miles yng nghyswllt ymateb yr heddlu i ffug fom a osodir gan Gerwyn a Dyddgu, t. 71. Cyhuddwyd Elfyn Llwyd, AS gan Alun Pugh, AS o wylio gormod ar yr *X-Files* pan leisiodd ei amheuaeth fod a wnelo'r heddlu cudd â'r ymgyrch losgi.
39 Cyfeiriaf at *The Society of the Spectacle* Debord.
40 Helen Tiffin, Introduction, *Past the Last Post*, t. vii. Gw. hefyd Rhagymadrodd y gyfrol hon, t. xx, nodyn 28.
41 Diffinnir *Treffin* fel casgliad o storïau byrion yn *CLC*, t. 503, ond fel nofel ar glawr y gyfrol ei hun.
42 Eric Hobsbawm, *Age of Extremes: The Short Twentieth Century 1914–1991* (Abacus edition, London, 1995), t. 296.
43 Jane Aaron, '"Glywi di 'nghuro?": agweddau ar nofelau Angharad Tomos 1979–1997', *Y Sêr yn eu Graddau*, t. 125.
44 Kwame Anthony Appiah, 'The postcolonial and the post-modern', *The Post-colonial Studies Reader*, t. 123. Am y testun llawn gw. *idem*, *In My Father's House: Africa in the Philosophy of Culture* (London, 1992).
45 Fredric Jameson, 'Periodising the sixties', *Postmodernism*, t. 129.
46 Frantz Fanon, *The Wretched of the Earth*, trans. Constance Farrington (reprint, Harmondsworth, 1990), t. 166.
47 Eric Hobsbawm, *Age of Extremes*, t. 324.
48 Ibid., t. 325.
49 Yr hyn y gellir, efallai, ei gymhwyso i ddisgrifio ymadrodd enwog Frantz Fanon: 'this zone of occult instability where the people dwell': *The Wretched of the Earth*, t. 183.
50 Michael Oakeshott, *On Human Conduct* (Oxford, 1975), t. 201. Dyfynnwyd yn Homi K. Bhabha, 'Introduction: narrating the nation', *Nation and Narration*, t. 2. Yng nghyswllt y genedl-wladwriaeth yn hytrach na'r genedl, fodd bynnag, y cynigir y syniad.
51 Salman Rushdie, *The Satanic Verses* (first American paperback edition, Delaware, 1992), t. 353, yn dyfynnu Frantz Fanon.
52 Homi K. Bhabha, 'DissemiNation', t. 300.
53 Drwy gyfrwng y cyfeiriad at warchae Masada ar y tudalen olaf. Roedd y digwyddiad yn gysylltiedig â'r Gwrthryfel Iddewig Cyntaf, oc 66–70.

54 Gw. Hywel Francis and Gareth Rees, '"No surrender in the valleys": the 1984–5 miners' strike in south Wales', *Llafur* 5, 2 (1989), 55–61 yn arbennig.
55 Mae'n bosibl dehongli *Moby-Dick* fel alegori o'r symbyliad imperialaidd. Efallai mai dyna pam y cludwyd y nofel i'r carchar.
56 Christopher Norris, *Derrida* (London, 1987), tt. 34, 35. Rhaid dymchwel y drefn, yn hytrach na'i gwrth-droi.
57 Jacques Derrida, *Of Grammatology*, trans. Gayatri Chakravorty Spivak (London, 1976), t. xvii, lle y pwysleisir nad arwydd o bresenoldeb na ellir ei fynegi (*an inarticulable presence*) yw'r bwlch ond, yn hytrach, arwydd o *ddiffyg* presenoldeb.
58 Homi K. Bhabha, 'Introduction: narrating the nation', t. 2.

Y nofelau (a drafodir neu y cyfeirir atynt)

Dafydd Andrews, *Llais y Llosgwr* (Talybont, 1994)
Angharad Dafis, *Rhian* (Llandysul, 1982)
Mair Davies, *Gwanwyn Diweddar* (Llandysul, 1974)
Marion Eames, *Y Stafell Ddirgel* (Llandybïe, 1969)
Marion Eames, *Y Rhandir Mwyn* (Llandybïe, 1972 [ail argraffiad 1973])
Marion Eames, *I Hela Cnau* (Llandysul, 1978)
Marion Eames, *Y Gaeaf Sydd Unig* (Llandysul, 1982 [argraffiad newydd 1986])
Siôn Eirian, *Bob yn y Ddinas* (Llandysul, 1979)
Islwyn Ffowc Elis, *Tabyrddau'r Babongo* (Aberystwyth, 1961)
Meg Elis, *I'r Gad* (Talybont, 1975)
Huw Ethall, *Dyddiadur John Penry* (Abertawe, 1970)
T. Wilson Evans, *Trais y Caldu Mawr* (Dinbych, 1966)
Mari Headley, *Awelon Darowen* (Llandybïe, 1965)
Beti Hughes, *Aderyn o Ddyfed* (Llandybïe, 1970)
Beti Hughes, *Aur y Llinyn* (Llandybïe, 1973)
R. Cyril Hughes, *Catrin o Ferain* (Llandysul, 1975)
R. Cyril Hughes, *Dinas Ddihenydd* (Llandysul, 1976)
R. Cyril Hughes, *Castell Cyfaddawd* (Llandysul, 1984)
Dafydd Huws, *Un Peth 'Di Priodi Peth Arall 'Di Byw* (Talybont, 1990)
Dafydd Ifans, *Eira Gwyn yn Salmon* (Llandysul, 1974)
Aled Islwyn, *Cadw'r Chwedlau'n Fyw* (Caerdydd, 1984)
D. G. Merfyn Jones, *Ar Fryniau'r Glaw* (Abertawe, 1980)
D. G. Merfyn Jones, *Eryr Sylhet* (Dinbych, 1987)
Elwyn Lewis Jones, *Cyfrinach Hannah* (Dinbych, 1985)
Elwyn Lewis Jones, *Y Winllan Wen* (Dinbych, 1987)
Elwyn Lewis Jones, *Seren! . . . O, Seren!* (Dinbych, 1988)
Elwyn Lewis Jones, *Y Gadwyn Aur* (Dinbych, 1989)
Emyr Jones, *Grym y Lli* (Llandysul, 1969)
Goronwy Jones [Dafydd Huws], *Dyddiadur Dyn Dwad* (Pen-y-groes, 1978 [ail argraffiad 1989])
J. O. Jones *Capten Pererin* (Abertawe, 1979)
Penri Jones, *Dan Leuad Llŷn* (Talybont, 1982)
Penri Jones, *Cymru ar Werth* (Penygroes, 1990)
R. Gerallt Jones, *Y Foel Fawr* (Dinbych, 1960)
R. Gerallt Jones, *Nadolig Gwyn* (Dinbych, 1962)
Rhiannon Davies Jones, *Fy Hen Lyfr Cownt* (Aberystwyth, 1961)

Rhiannon Davies Jones, *Lleian Llan Llŷr* (Dinbych, 1965 [trydydd argraffiad 1967])
Rhiannon Davies Jones, *Llys Aberffraw* (Llandysul, 1977)
Rhiannon Davies Jones, *Eryr Pengwern* (Llandysul, 1981)
Rhiannon Davies Jones, *Dyddiadur Mari Gwyn* (Llandysul, 1985)
Rhiannon Davies Jones, *Cribau Eryri* (Caernarfon, 1987)
Rhiannon Davies Jones, *Barrug y Bore* (Caernarfon, 1989)
Rhiannon Davies Jones, *Adar Drycin* (Caernarfon, 1993)
Siân Jones, *Cymylau'r Dydd* (Llandysul, 1986)
Tom Parry Jones, *Y Ddau Bren* (Llandysul, 1976)
Saunders Lewis, *Merch Gwern Hywel* (Llandybïe, 1964)
Gweneth Lilly, *Orpheus* (Llandysul, 1984)
Twm Miall, *Cyw Haul* (Talybont, 1988)
Twm Miall, *Cyw Dôl* (Talybont, 1990 [ail argraffiad 1995])
Gareth Miles, *Treffin* (Talybont, 1979)
Gareth Miles, *Trefaelog* (Caernarfon, 1989)
J. D. Miller, *Y Crys Gwyn* (Llandybïe, 1967)
Owain Owain, *Mical* (Llandysul, 1976)
William Owen, *Bu Farw Ezra Bebb* (Dinbych, 1963)
D. J. Roberts, *Hanner y Gwir* (Abertawe, 1977)
Wil Roberts, *Bingo!* (Penygroes, 1985)
Wiliam Owen Roberts, *Y Pla* (Llanrwst, 1987)
Nansi Selwood, *Brychan Dir* (Caernarfon, 1987)
Angharad Tomos, *Hen Fyd Hurt* (Aberystwyth, 1982 [Talybont, 1992?])
Angharad Tomos, *Yma o Hyd* (Talybont, 1985)
Urien Wiliam, *Tu Hwnt i'r Mynydd Du* (Abertawe, 1975)
Ifor Wyn Williams, *Gwres o'r Gorllewin* (Llandysul, 1971)
J. G. Williams, *Betws Hirfaen* (Dinbych, 1978)
R. Bryn Williams, *Y Rebel* (Llandysul, 1969)
R. Bryn Williams, *Agar* (Caernarfon, 1973)
Rhydwen Williams, *Cwm Hiraeth:Y Briodas* (Llandybïe, 1969)
Rhydwen Williams, *Cwm Hiraeth: Y Siôl Wen* (Llandybïe, 1970)
Rhydwen Williams, *Adar y Gwanwyn* (Llandybïe, 1972)
Rhydwen Williams, *Cwm Hiraeth: Dyddiau Dyn* (Llandybïe, 1973)
Rhydwen Williams, *Gallt y Gofal* (Abertawe, 1979)
Rhydwen Williams, *Amser i Wylo: Senghennydd 1913* (Abertawe, 1986)
Rhydwen Williams, *Liwsi Regina* (Abertawe, 1988)
W. P. Williams, *Heli yn y Gwaed* (Caernarfon, 1969)
Kathleen Wood, *Siân a Luned (1867–1892)* (Abertawe, 1980)
Hefin Wyn, *Bodio* (Llandysul, 1979)

Cyfnodau cefndirol nofelau hanes pennod 4

Oes Elisabeth I (1558–1603)

R. Cyril Hughes, trioleg Catrin o Ferain:
Catrin o Ferain	– 1558–61
Dinas Ddihenydd	– 1565–70
Castell Cyfaddawd	– 1571–80
Rhiannon Davies Jones, *Dyddiadur Mari Gwyn*	– 1576–84
W. P. Williams, *Heli yn y Gwaed*	– 1584–93
Huw Ethall, *Dyddiadur John Penry*	– 1580–93

Diwedd Oes Elisabeth tan ddechrau'r Diwygiad Methodistaidd (1603–1735)

Dafydd Ifans, *Eira Gwyn yn Salmon*	– 1623–33
Nansi Selwood, *Brychan Dir*	– 1612–47
Rhydwen Williams, *Liwsi Regina*	– 1630–58
Elwyn Lewis Jones, *Y Winllan Wen*	– 1672–3
Marion Eames: *Y Stafell Ddirgel*	– 1672–
Y Rhandir Mwyn	– 1682–91 (ac epilog yn 1730)

Y Diwygiad Methodistaidd tan ddechrau Oes Fictoria (1735–1837)

Elwyn Lewis Jones, trioleg Trefeca:
Cyfrinach Hannah	– 1752–70
Y Gadwyn Aur	– 1719–82
Seren! . . . O, Seren!	– 1748–1809
Rhiannon Davies Jones, *Fy Hen Lyfr Cownt*	– tua 1796–1805
Mari Headley, *Awelon Darowen*	– 1800–tua 1827
Saunders Lewis, *Merch Gwern Hywel*	– 1816–18

Oes Fictoria (1837–1901)

Owain Owain, *Mical*	– 1780–1849
Siân Jones, *Cymylau'r Dydd*	– tua 1800–50
Mair Davies, *Gwanwyn Diweddar*	– tua 1850
J. O. Jones, *Capten Pererin*	– tua 1847–65
Marion Eames, *I Hela Cnau*	– 1860au
D. J. Roberts, *Hanner y Gwir*	– 1875–6

Mynegai

Aaron, Jane 234
Aberbrân Fawr 137
Abergele 52–3, 54
Academi Gymreig, yr 14
acenion 17
addysg 15–16, 18, 26, 127, 232
Adfer (mudiad) xiii, 12, 46, 249
Adroddiad Addysg 1847 127
  gweler hefyd Llyfrau Gleision
Affrica 156, 158, 163, 164, 165, 182
Ail Ryfel Byd, yr 69, 200
Aitchison, John 61, 75 n.
amaethyddiaeth 91, 141, 166, 170, 179, 203
America 93, 103, 112, 148, 153, 155, 172, 173, 222, 223
Andrews, Dafydd, *Llais y Llosgwr* 241, 243, 244, 245, 249, 254
Anghydffurfiaeth 22, 28, 118, 119, 120, 121, 122, 123, 126, 139–41
  gweler hefyd Ymneilltuaeth
Anglicaniaeth 22, 115, 116, 125
Anglo-Welsh Review 14
Annibynwyr 21, 116, 119, 125
Anrhydeddus Gymdeithas y Cymmrodorion 9
apartheid 156
Arall, yr 147, 161, 163, 250
Archentwyr 166, 167, 171, 172
Archesgob Caergaint 10
Archesgob Whitgift 129
ardaloedd diwydiannol 12, 13, 17, 19, 21, 180, 182, 185
ardaloedd gwledig xiii, 87
Arglwydd Grey, yr 68, 70, 88
Arglwydd Rhys, yr 56, 59
Ariannin, yr 166, 167, 171
Aristoffanes, *Yr Adar* 202, 203
Arnold, Matthew 25

Arthur, y brenin 148
Arwisgo 1969 4, 67, 97
  ymgyrch yn erbyn xiii, 52–3, 70
Ashcroft, Bill, *The Empire Writes Back* 148, 169

Bachegraig 138
Balsom, Denis 13
Barn 14
Baudrillard, Jean 217, 227
Beat Generation 222
Bedyddwyr 122
Beibl, y 9, 19, 54, 82, 117, 128, 129, 130, 144–5 n., 154, 164
beirdd proffesiynol *gweler* traddodiad barddol, y
beirniadaeth lenyddol xiv, 28, 67
Berain 107, 137
Bevan, Aneurin 21
Boccaccio, Giovanni, *Decameron* 90, 100
Bodwigiad 137
boneddigion 108, 109, 110, 111, 117, 126, 132, 193, 194
  gweler hefyd elitiaeth; pendefigaeth; uchelwriaeth
Bossy, J. 114
Bowen, Ben 185, 197
Bowen, Euros, 'Dau Wron Abergele' 54
Bowen, Hannah 130–1, 134
brad 7, 24, 31 n., 45, 51, 53, 65, 72, 74 n., 109, 110, 114, 124, 127, 153, 169, 184, 188, 192, 201, 218, 245
Brad y Cyllyll Hirion 7
Brad y Llyfrau Gleision 16, 25, 127
Brad yr Uchelwyr 7, 193

Mynegai 259

Brahmoaid 161
breniniaethau 12, 24, 50, 59
   Lloegr *gweler* Lloegr
Brennan, Timothy xiv
British Empire 148
Bro Gymraeg xiii, 14, 47, 61, 245
brogarwch 11, 12, 16, 125, 137
Bromwich, Rachel 42
Brwydr Bosworth 67
Brythoniaid, y 8, 43, 44–9, 87
Burroughs, William S. 222
Butterfield, Herbert
   Christianity and History 19
   God in History 19
bwrdeistrefi Seisnig 7
byd natur 194, 197, 198
   gweler hefyd Natur
Byd Newydd, y 148, 170
Byddin Rhyddid Cymru xiii, 53, 219
Byddin Rhyddid Iwerddon 236, 241

Cadwyn Bod 96, 110
Caerdydd 12, 16, 202, 212, 213, 214, 215, 219, 222, 223, 243
caethweision 150, 151–2, 153, 156, 163, 164, 169
Calfiniaeth 117, 119, 122, 135
canon llenyddol Cymraeg, y 22, 27, 95–6, 93
   gweler hefyd Traddodiad
canu brud 8
canu caeth 95
Canu Heledd 48, 49, 239
Canu Llywarch Hen 48, 49
Canu Taliesin 49
capel 15, 23, 118, 125, 139, 141, 168, 179, 182, 185, 187, 189, 191, 200, 218
carchar xiii, 50–1, 52, 60, 61, 72, 86, 112, 119, 173, 220, 221, 232, 235, 236, 238, 247, 248, 249–50
Caribî, y 150, 151
carnifal 190, 224
   carnivalesque 84
Carter, Harold 5, 61, 75 n.

Castell Conwy 109
Caswallon 42
Catholigiaeth 9, 22, 23, 25, 26, 83, 86, 87, 110, 111, 114, 115, 116, 119
Catrin o Ferain 109, 110, 114, 127, 128, 131–3, 135, 137, 138, 142 n.
Ceidwadaeth 241, 248
Ceidwadwyr 13, 48
Celfyddyd a Chrefft (mudiad) 196
Celtiaid 11, 25, 43, 47, 87
cenedl xiv, xv–xvi, xvii, xviii, 1–28, 68, 69, 86, 87, 108, 123, 223, 224, 250
cyd-ddyheu 8–9
cymeriad gwleidyddol 13
ddiddosbarth 27, 87, 95, 102, 132, 190
priodoleddau diffiniadol xv, 1–24, 50
priodoleddau disgrifiadol 24–8
stereoteipiau 24–5
undod *gweler* undod
ymwybyddiaeth 6–7, 21
cenedlaetholdeb xiv, xv, 2, 9, 10, 11, 21, 27, 43, 44, 67, 70, 72, 126, 152, 154, 155, 171, 199, 200, 201, 211, 212, 248
cenedlaetholwyr 10, 65
Cenhadaeth Dramor 158–65
   Cymdeithas Genhadol Dramor y Methodistiaid Calfinaidd Cymreig 158, 159
   Cymdeithas Genhadol Llundain 158
Ceredigion 16, 56, 59
Césaire, Aimé 80
Charles, Thomas 124, 160
Clawdd Offa 6
Clwch, Rhisiart 114, 127, 131, 132, 135, 138, 142 n.
concwest 42, 45, 97, 147, 160, 171, 204
   gweler hefyd gwrthryfel
Concwest Normanaidd 6
   gweler hefyd Normaniaid

Cox, C. B. 41
Cranogwen 127, 131
crefydd 9–10, 11, 18–19, 21–3, 27–8, 47, 67, 117, 119, 120, 122, 126, 130, 141, 147, 150, 152, 161, 204, 238
Cristnogaeth 11, 19, 23, 43, 44, 47, 50, 84, 85, 90, 92, 93, 94, 119, 120, 126, 149, 158, 161, 165, 185
gweler hefyd enwadau penodol
Cromwell, Oliver 117
Crynwyr 112, 115, 116, 119, 165, 166, 169, 170, 171
Cwm Hyfryd 168, 170, 173
Cydymaith i Lenyddiaeth Cymru 14, 15
cyfalafiaeth 9, 86, 87, 90, 92, 93, 135, 179, 181, 182, 185, 195, 196, 200, 207, 235
Cyfraith Hywel 5
Cyfreithiau Cymreig 3, 5–6
Cyfrifiad Crefydd 1851 22
cyfryngau, y 17, 18, 213, 217, 227, 228, 229, 236
Cyffes Ffydd 1823 122
Cylch Cadwgan 196
Cymdeithas Frenhinol 152
Cymdeithas yr Iaith Gymraeg (sefydlwyd 1962) xiii, 15, 51, 58, 233, 234, 235, 237, 239, 246, 247
Cymoedd, y 185, 189, 245, 246
Cymraeg, yr iaith xiii, xiv, xv, 2, 4, 5, 6, 9, 13–18, 20–3, 26, 34 n., 36 n., 37 n., 48, 50–1, 58, 61–2, 72, 81, 93, 96, 98, 113, 115, 123, 126–31, 145 n., 153, 155, 156, 164, 170–4, 181, 187–90, 204, 209 n., 212–13, 219, 221, 223, 225, 226, 228, 230, 233, 236, 239–40, 243–6, 249, 252 n.
Cymraeg, Cymrâg, Cymrêg . . . Cyflwyno'r Tafodieithoedd 17
Cymraeg Byw 17, 18
Cymreictod 10, 23, 28, 123–4, 126–7, 130, 136, 137, 138, 164, 185, 187, 189–90, 201, 212, 213, 214, 218, 220, 225–6, 230
Cymru Fydd (sefydlwyd 1886) 12
Cymru ôl-ddiwydiannol 199, 211
'cymysgiaith' 17, 18, 48, 61, 131, 188, 245
Cynddylan 42, 49
Cyngor Cymru a'r Gororau 3, 110
Cytundeb Aberconwy (1277) 65
Cytundeb Trefaldwyn 65
cywyddwyr xiv

chwarelwyr 25, 185
chwedegau, y xiii, xv, 4, 11, 12, 17, 18, 22, 37 n., 43, 51, 55, 72, 139, 156, 211, 231, 232, 238, 247, 248
chwedlau 81, 147–8, 157
  Cantre'r Gwaelod 78
  Draig Goch Cymru 42
  Rhiain y Glasgoed 81
chwedloniaeth xiv, 123
Chwyldro Diwydiannol, y xvii, 27, 179, 198
Chwyldro Ffrengig, y 9
'Chwyldro Mawr' 52

Dadeni Dysg 16, 147
Dafis, Angharad, *Rhian* 237, 239–40, 242, 254
Dafydd ap Gruffudd 60, 65, 98
Dafydd ap Gwilym 67, 68, 124
Dafydd ap Llywelyn 59, 60–1, 101
Dafydd Iwan 16
Damcaniaeth Eglwysig Brotestannaidd 10
datganoli 3, 9, 61, 65
Davies, Aneirin Talfan 14
Davies, D. Hywel 21
Davies, Emyr 20
Davies, Gwilym Prys 2, 3, 4, 5, 26, 64
Davies, John, *Hanes Cymru* xiv, 9, 148
Davies, John (Mallwyd) 17
Davies, Mair, *Gwanwyn Diweddar* 118, 254, 256

Mynegai 261

Davies, Pennar 36 n.
Cymru yn Llenyddiaeth Cymru xiv,
xv
Davies, R. R. 2, 3
Davies, W. H., *Super-Tramp* 221
Davis, Martin 18
Davis, R. H. C. 3
De Affrica 156, 158, 182
De Excidio Britanniae 7, 10, 42
de Montfort, Eleanor 99
Deddf Iaith 1967 xiii
Deddfau Uno 7, 107, 108, 133
Deddfau Ŷd 187
Dee, John 148
Deheubarth 13, 56
Deheuwyr 12, 17
delwedd o Gymru xiv–xvi, 7,
12–13, 22–8, 48, 49, 58, 102–3,
160, 183, 190, 194, 197, 211,
214, 220, 237, 243
delweddaeth ddiwydiannol 26,
182, 183, 184, 190, 194, 195,
197–8, 199
derwyddon 43, 87, 93
Dewi Sant 10
di-Gymraeg, y 5, 13, 16, 20, 26, 62,
188, 189, 209 n., 223, 225, 243
Discovering Welshness 5
diwydiannaeth xviii, 179–207, 211
gweler hefyd ardaloedd
diwydiannol
Diwygiad 1904 186, 189, 195, 209 n.
Diwygiad Methodistaidd 23, 107,
125, 129, 256
Diwygiad Piwritanaidd 107, 129
Diwygiad Protestannaidd 10, 21,
44, 107, 114, 115
diwylliant materol 19, 46, 65, 68,
96, 108, 114, 128, 132, 135, 136,
137–41, 146 n., 155, 172, 180,
182, 191, 196–7, 200, 206, 220,
222
crefft 46, 47, 49, 91, 131, 138, 141,
196–7
Doob, Leonard W. 23
dosbarth canol, y 16, 27, 135–6,
137, 191, 192, 193, 212, 213,
225, 232, 234, 235

dosbarth gweithiol, y 21, 181, 186,
187, 189, 190, 191, 192, 202,
204, 225, 234, 235, 246
Draig Goch Cymru 42, 117, 149,
164
Draig Wen Lloegr 42, 117
dulliau gweithredu 52–4, 70, 71–2,
156, 236–7, 240–1
Duw Cristnogol 11, 18, 54, 59, 84,
85, 116, 122, 154, 158, 161, 186,
218
Dyffryn Camwy 168, 170, 173
Dylan, Bob 221, 227
dysgwyr 5, 17
Dyson, E. E. 41

ddinas, y 12, 16, 19, 45, 46, 47, 71,
113, 200, 212, 213, 215–21, 223,
225, 228, 230–2, 245, 248

Eames, Marion
Y Gaeaf Sydd Unig 71–2, 82, 83,
88, 91, 99, 254
I Hela Cnau 113, 114, 127, 128,
135–6, 139, 173, 254, 256
Y Rhandir Mwyn 113, 165–6, 169,
170–1, 172, 173, 254, 256
Y Stafell Ddirgel 112, 115, 116,
119, 124, 127, 254, 256
Eckley, John 166
Education First 16, 34 n.
Edward I 7, 65
Edwards, Charles 19
Y Ffydd Ddiffuant 10, 44, 115
Edwards, Hywel Teifi, *Arwr Glew
Erwau'r Glo* xiv, 16
Edwards, Jane xviii
Edwards, O. M. 14, 26, 27
Eglwys, yr 10, 82, 83, 86, 90, 99,
114, 116, 119, 125–6, 126
Eglwys Brotestannaidd 10
Eglwys Gatholig 10, 87, 111
Eglwys Geltaidd 10
Eglwys Gristnogol 11
Eglwys Loegr 22
Eglwysi Rhyddion De Cymru 22
Eglwys Wladol 116, 209 n.

262   *FfugLen*

Eingl-Gymreig 4, 6, 14
haneswyr 20–21
llenyddiaeth xv, 13, 14, 15
Eingl-Saeson 6–7, 10
  gweler hefyd Saeson
Eirian, Siôn, *Bob yn y Ddinas*
  212–13, 214, 215–16, 220–1,
  226, 231, 254
eisteddfod 2, 9, 11, 27, 58, 120, 124,
  187, 190, 193
Elias, John 122, 131, 135, 140
Eliot, T. S. 201
Elis, Islwyn Ffowc 18
  Tabyrddau'r Babongo 156–8, 254
Elis, Meg, *I'r Gad* 232, 233–4, 236,
  242, 248, 254
Elisabeth I 132, 148
elitiaeth 96, 99, 151, 172, 201, 219,
  228, 237
  gweler hefyd boneddigion;
  pendefigaeth; uchelwriaeth
Emrys ap Iwan 4, 23
enwadaeth 27, 116, 117, 118–19,
  121, 139
  gweler hefyd enwadau penodol
Ethall, Huw, *Dyddiadur John Penry*
  113, 116, 129, 254, 256
Etholiad Cyffredinol 1979 48, 60
  gweler hefyd Refferendwm 1979
  ar ddatganoli
Evans, D. Simon 51
Evans, George Ewart 96
Evans, Gwynfor 27, 36 n., 87, 147
Evans, John 152, 153, 154, 155,
  176 n.
Evans, T. Wilson, *Trais y Caldu
  Mawr* 184, 191, 254
Evans, Theophilus 18
  Drych y Prif Oesoedd 3, 4, 10
Ewrop 27, 52, 59, 78, 86, 95, 96, 166,
  243

Fanon, Frantz, *The Wretched of the
  Earth* xvii, 80, 81, 238
ferch, y
  cyflwr y ferch 98, 108, 118, 188,
  132–3, 203–4, 236, 247
  symbolaeth 45, 48, 50, 54, 55, 56,
  63–4, 72, 79, 80, 82, 83, 88, 91,
  98, 99, 101, 108, 109, 111, 114,
  118, 125, 132–3, 134, 137, 138,
  159, 168–9, 193, 194, 195, 199,
  202–7, 215, 220, 224, 228, 230,
  236, 237, 245, 247
  ymwybyddiaeth ffeminyddol 42,
  45, 96, 97–8, 100–1, 204, 211,
  247
Fox, George 112
Fy Nghymru I 5

Ffederasiwn Glowyr De Cymru
  185, 187, 189
ffilmiau 215, 216, 217, 220, 221,
  227–8, 229
Fforest yr Wyddfa 109, 110
Ffrangeg 61, 98

Games, Richard 108
George, Lloyd 70
Gerallt Gymro 10, 13, 16
Gildas 7–8, 10, 19, 42
glo, y diwydiant 182, 183–4, 187,
  188–9, 190, 194, 196, 197, 198,
  202
Gluckman, M. 24
Gogleddwyr 12, 17
gorgyffyrddiadau cymeriadol 131
Gorsedd Ynys Prydain 9
Gouge, Thomas 129
Grey, Arglwydd 68, 70, 88
Griffiths, Ann (Dolwar-fach) 120,
  122, 124, 125, 130, 134, 135,
  139
Griffiths, Ann ('Rhai agweddau ar
  y syniad o genedl yng
  nghyfnod y cywyddwyr
  1320–1603') xiv, 31 n.
Gruffudd, Heini, *Achub Cymru* xiv,
  xv, 147
Gruffudd ap Cynan 8, 42, 50–2,
  74 n., 88, 98–9, 131
Gruffudd ap Llywelyn 59, 60, 61,
  63

Mynegai 263

Gruffudd ap Rhys 74 n., 193, 194
Gruffudd Hiraethog 128
grwpiau lleiafrifol 2, 9, 17, 22, 42,
    90, 95, 96, 110, 126, 147, 154,
    183, 211, 220
gwaed 3–4, 25, 86, 92, 131
gwerin *gweler* werin, y
gwladfa Gymreig *gweler* Wladfa
    Gymreig, y
gwladwriaeth sofran 2
gwleidyddiaeth xiii, 12, 13, 18, 19,
    27, 44, 70, 115, 117, 128, 185
gwrth-Gatholigaeth 22, 37 n., 119
Gwrthddiwygiad 114, 115
gwrthryfel
    Llywelyn ap Gruffudd
        (Llywelyn y Llyw Olaf) 61–8,
        79
    Owain Glyndŵr 68–73, 88
    yn erbyn y Rhufeiniaid 42, 43–7
Gwyddelod 52, 53, 150
gwyddoniaeth 16, 24, 28, 150, 152
Gwydir 131
Gwylliaid 60–1
Gwyn, Robert, *Y Drych*
    Cristianogawl 115
Gwynedd 13, 50, 51, 53, 55, 56, 57,
    59, 80, 185
    tywysogion 5, 53, 55, 58, 59
gyfundrefn farddol, y 123

hanes Cymru xiv, xvii, xviii, 3, 10,
    15, 19, 21, 42, 114, 147, 224, 245
haneswyr xiv, xvii, 18, 22, 41, 42,
    67, 107, 114, 179
    Eingl-Gymreig 19–21
    Lloegr 149
Harri II 10, 53
Harri III 56, 61
Harri IV 7, 72
Harri VII 147
Harris, Howel 113, 115, 117–18,
    119, 120, 134, 140, 143 n., 151
Harris, Joseph 119, 145 n., 150, 151,
    152
Harris, Thomas 120, 127, 135
Headley, Mari, *Awelon Darowen*
    126, 140, 254, 256

Heledd 48, 49
Helyntion yn Iwerddon, yr 70
Hen Ffydd 110, 111, 114
Hen Fyd 170
Hen Gymru Lawen 23
Hen Ogledd, yr 6, 48, 49, 78
Hen Ŵr Pencader 10, 66
hil 3, 25, 102, 167, 183, 224
Historia Brittonum 7–8, 10, 42
Historia Gruffud vab Kenan 50, 51–2
Historia Regum Brittaniae 10
Hughes, Beti
    Aderyn o Ddyfed 67–8, 99, 254
    Aur y Llinyn 68–70, 73, 88–9, 254
Hughes, John *gweler* John y Figyn
Hughes, R. Cyril
    Castell Cyfaddawd 109, 110, 115,
        123, 128, 131, 132, 133, 254,
        256
    Catrin o Ferain 107, 108, 109, 114,
        123, 128, 132, 133, 137, 138,
        254, 256
    Dinas Ddihenydd 107, 127, 132,
        135, 138, 148, 254, 256
Hughes, Stephen 119, 129, 130
Hughes, Vaughan 15
Hughes, William Francis, *Cerddi*
    William Oerddwr 221
Humphreys, Emyr 12, 14
The Taliesin Tradition xiv, xv, 94
hunanddiffiniad xvi, 1, 225, 244
hunaniaeth 4–5, 20, 28, 45, 78, 93,
    126, 158, 169, 244
hunanlywodraeth xvii, 2, 4, 14,
    116, 242
Huws, Dafydd 212, 213, 226
    Un Peth 'Di Priodi Peth Arall 'Di
        Byw 219, 221, 224, 225–31, 254
    gweler hefyd Jones, Goronwy
Hyfforddwr, yr 160
Hywel ab Owain Gwynedd 53, 59

Iarll Leicester 109
ideolegau xvi, 19, 231
Ieuan ap Maredudd 131
Ifans, Dafydd, *Eira Gwyn yn*
    Salmon 113, 115–16, 124, 127,
    254, 256

Ifans, Glyn 18
Ifor Bach 193, 194
imperialaeth xiv, xvi, xvii, xviii, 25, 27, 42, 44, 59, 70, 71, 80, 86, 103, 129, 147–74, 182, 183, 202, 223, 233, 250 251
Indiaid 152, 153, 154, 155–6, 161, 166, 172
Iolo Goch 69
Iolo Morganwg 152
Islwyn, Aled, *Cadw'r Chwedlau'n Fyw* 214, 254
Iwerddon 52, 53, 70, 150
  gweler hefyd Byddin Rhyddid Iwerddon; Helyntion yn Iwerddon, yr

Jamaica 151, 152
Jameson, Fredric xiv, xvi, xix n., 117, 237–8
Jenkins, Geraint H. 3
Jenkins, R. T. 125
John y Figyn (John Hughes) 120, 134, 140
Jones, Alwyn 53
Jones, Bobi 4, 6, 7, 15
  'Gwrthryfel yn erbyn Traddodiad' 95, 96
  'Hanes Go Iawn' 19
  'Merthyron Cyntaf y Mudiad Cenedlaethol' 53
Jones, D. G. Merfyn
  Ar Fryniau'r Glaw 158–61, 162, 254
  Eryr Sylhet 158, 160, 161, 162–3, 165, 168, 254
Jones, Dafydd Glyn 4, 9, 23
Jones, Elwyn Lewis
  Cyfrinach Hannah 115, 117, 119–20, 130, 131, 134, 254, 256
  Y Gadwyn Aur 119, 120, 135, 150–1, 254, 256
  Seren! . . . O, Seren! 115, 118, 120, 123, 136, 140, 151, 254, 256
  Y Winllan Wen 119, 129, 130, 254, 256
Jones, Emyr, *Grym y Lli* 152–5, 254

Jones, Glyn 14
Jones, Goronwy 226, 231
  Dyddiadur Dyn Dwad 7, 212, 213, 215, 218–19, 221, 223–4, 225, 228, 230, 246, 254
  gweler hefyd Huws, Dafydd
Jones, Griffith (Llanddowror) 164
Jones, Ieuan Wyn, *Ewrop: y Sialens i Gymru* 27
Jones, J. Gwynfor 108
Jones, J. O., *Capten Pererin* 119, 127, 139, 151, 254, 256
Jones, J. R. 1–2, 3, 4, 5, 11, 24, 68
Jones, Penri
  Cymru ar Werth 236–8, 241, 243, 245, 246, 247, 254
  Dan Leuad Llŷn 232, 239, 240, 243, 245, 246, 247, 248, 254
Jones, R. Gerallt 23, 156
  Y Foel Fawr 156, 157, 254
  Nadolig Gwyn 156
Jones, R. Tudur 20
  Ffydd ac Argyfwng Cenedl 19
Jones, Rhiannon Davies xviii, 71, 73, 91, 98, 99, 100, 101, 102, 131, 133
  Adar Drycin 41, 62–4, 65, 66–7, 79, 81, 101, 102, 255
  Barrug y Bore 41, 62, 63, 78–9, 89, 93–4, 98, 101, 102, 255
  Cribau Eryri 41, 57–8, 59–62, 80, 93, 95, 101, 102, 255
  Dyddiadur Mari Gwyn 110–12, 114–15, 131, 255, 256
  Eryr Pengwern 48–9, 54, 57, 78, 80, 89, 95, 98, 255
  Fy Hen Lyfr Cownt 123, 124–5, 126, 130, 134, 135, 139, 140, 254, 256
  Lleian Llan Llŷr 55–7, 58–9, 80, 81, 82, 84–5, 101, 255
  Llys Aberffraw 52–5, 56, 57, 58, 59, 60, 63, 78, 89, 90–1, 92, 99, 100, 101, 131, 255
Jones, R. M. *gweler* Jones, Bobi
Jones, Siân, *Cymylau'r Dydd* 108, 124, 126–7, 255, 256

Jones, Steve 3
Jones, T. Gwynn 25
Jones, Thomas (cenhadwr) 158, 163, 176 n.
Jones, Thomas (Dinbych) 122
Jones, Tom Parry, *Y Ddau Bren* 43–4, 45, 47, 87, 93, 126, 255

Kerouac, Jack 222
Khasiaid, y 159, 160, 161

Landsker 13
Language Freedom Movement 15, 34 n.
Lecky, W. E. H. 118
Lewis, Ceri W. 8
Lewis, Saunders 4, 9, 22, 23, 25, 27, 52, 61, 68, 72, 92, 95, 200, 203, 219, 229, 236
  Is There an Anglo-Welsh Literature? 14
  Merch Gwern Hywel 122, 124, 134–5, 140, 255, 256
  Tynged yr Iaith 4, 58
Lilly, Gweneth, *Orpheus* 45–7, 94, 98, 255
Livingstone, David 164
Lloyd, D. Myrddin 8
Lloyd, D. Tecwyn 14, 26
  Drych o Genedl xiv, xv, 20
Lloyd, Dewi M. 26
Lloyd Thomas, J. M. (Ficer Llannarth) 12, 19
Luther, Martin 217

Lladin 43, 45, 46, 50, 128, 129, 138
Lleweni 110, 132, 137
Lloegr 9, 13, 20, 60, 70, 71, 115, 152, 181
  brenhiniaeth 7, 55, 56, 59, 61, 65, 69, 71, 108, 148
  Draig Wen Lloegr 42
  haneswyr 149
  gweler hefyd Uno, yr
Llwyd, Alan, *Barddoniaeth y Chwedegau* xiv, xv
Llwyd, Humphrey 17, 107, 128, 148

Llwyfo, Llew xiv
Llyfr Taliesin 11
Llyfrau Gleision 16, 25, 127
  gweler hefyd brad
Llys y Sesiwn Fawr 3
Llywelyn ap Gruffudd (Llywelyn y Llyw Olaf) 2, 7, 41, 42, 57, 81, 82, 91, 93, 98, 99, 101, 102
  gwrthryfel 61–8, 79
Llywelyn ap Gruffudd ap Gwenwynwyn 65
Llywelyn ap Iorwerth (Llywelyn Fawr) 55, 56, 57, 58, 61, 72, 101

Madog ab Owain Gwynedd 148
Madog ap Maredudd 55
Mandaniaid, y 153–4, 155
mapiau 107, 173
Marcsiaeth 19, 29 n., 84, 85, 90, 94, 96, 97, 103
Marcus, Steven, *The Other Victorians* 216
Marles, Gwilym 139
Meibion Glyndŵr xiii
Mers, Y 13
merthyron 53, 54, 119
Methodistiaeth 23, 113, 118, 119, 122, 123, 124–5, 126, 133, 135, 139, 143 n., 158
  gweler hefyd Diwygiad Methodistaidd
mewnfudwyr 69, 179, 183, 185, 224
mewnlifiad Seisnig xiii, 61, 136
Miall, Twm
  Cyw Dôl 212, 218–19, 220, 223, 229, 255
  Cyw Haul 212, 213, 255
Miles, Gareth
  Trefaelog 238, 240, 241, 242, 243, 244, 245, 246–7, 248, 249, 255
  Treffin 221–2, 232, 238, 245, 247, 255
Mill, John Stuart 9
Miller, J. D., *Y Crys Gwyn* 184, 186, 187, 189, 190, 255
Millward, E. G. 11, 12

Morgan, Henry 151
Morgan, Kenneth O. 6
  Rebirth of a Nation 19, 20
Morgan, Prys xiv
Morgan, William, esgob Llanelwy 129
Mortimer, Rhosier 65
morwriaeth 148–9, 150, 151
Moses, Evan 131
Mudiad Amddiffyn Cymru xiii, 53
Mudiad Gweriniaethol Cymru 26, 30 n.
Mudiad Sosialaidd Gweriniaethol Cymru 60
myth 3, 4, 8, 10, 25, 26, 27, 41, 42, 43, 47, 48, 52, 78, 79, 81, 87, 116, 148, 150, 152, 154, 155, 157, 203, 205, 206, 240
  myth sofraniaeth Celtaidd 79
  myth sofraniaeth goll Prydain 8, 48
  myth y werin Gymraeg 12, 25, 26–7, 116, 132, 193, 194

Natur 137, 139, 140, 151, 169, 194–5, 196
Newfoundland 148
nofel Gymraeg gynnar, y xiv–xv
nofel hanes xvi–xvii, xviii, 41–2, 48, 73, 90, 100–1, 103
  gweler hefyd awduron penodol
Normaniaid 6–7, 44, 50, 51, 52, 59, 62, 88

Oes Elisabeth I 148, 255
Oes Fictoria 9, 14, 15, 124, 126, 135, 255
Oes y Saint 10
Oesoedd Canol, yr 4, 8, 24, 27
ôl-drefedigaethol xvii, xviii, xx n., 14, 26, 42, 80, 97, 103, 212, 220, 221, 222, 231–50, 250–51 n.
  diffiniad xvi, 230
  protest xvii, 221, 223, 225, 231–50
ôl-foderniaeth xvi, xvii, 5, 19, 42, 97, 211–31, 248, 250
Owain ap Gruffudd 61
Owain Fawr 72

Owain Fychan 69
Owain Glyndŵr 67, 79
  gwrthryfel 68–73, 88
Owain Gwynedd 42, 53, 54, 55, 59, 99, 131
Owain Owain, *Mical* 121–2, 130, 134, 136, 140, 255, 256
Owen, Daniel xiv, 173, 221
  Enoc Huws 173, 221
  Rhys Lewis 173, 214, 221
Owen, John, *Pam Fi Duw?* 18
Owen, Trefor M. 24
Owen, William, *Bu Farw Ezra Bebb* 155–6, 255
The Oxford Companion to the Literature of Wales 14, 15

Pab Clement VI 94, 95
Pab Ioan Pawl II, ymweliad y 22, 28, 37–8 n.
Paganiaeth 47, 50, 117, 160
Pam Fi Duw? 18
papurau bro 11
Parry-Williams, T. H. 214
pasiffistiaeth 70
Patagonia xvii, 166, 167, 170, 171
patriarchaeth *neu* y drefn batriarchaidd 98, 151, 247
Pedair Cainc, Y 16
Penda Fawr (brenin Mercia) 48
pendefigaeth 25, 27, 57, 87, 91, 134, 139, 193–4
  gweler hefyd boneddigion; elitiaeth; uchelwriaeth
Pengwern 48–9
Penn, William 112, 166, 170, 171
Penry, John 113, 116, 129, 131
Pensylfania xvii, 154, 165, 171
Piwritaniaeth 113, 116, 117, 119, 225
pla, y 53, 85, 86, 87, 90, 92, 93, 95, 98
Plaid Cymru xiii, 12, 27, 30 n., 61, 67, 246
Plaid Genedlaethol Cymru 12, 22
Plaid Lafur 13, 26
Polisi Pennal 68
Pound, Ezra 201

Powell, Dewi Watkin 19
Powys 13, 48, 51, 55, 56, 58
priodasau 82, 99, 109, 128, 132, 133, 191
proletariat 27, 211, 219, 246
protest xiv, xvii, 43, 47, 210, 221–22
   y brotest genedlaetholaidd xiii, xiv, xviii, 20, 27, 42, 51, 58, 62, 70, 139, 211, 212, 213, 219, 221, 229, 231, 232, 237, 240, 242, 243, 244, 246
   ôl-drefedigaethol xvii, 221, 223, 225, 231, 248
   ôl-fodernaidd xvii, 211–31
Protestaniaeth 23, 112, 116, 128, 130, 149
   gweler hefyd Diwygiad Protestannaidd
Pryse, William 160
Pura Wallia 13
puteindra 98, 215, 220

radio 17, 18
Rees, J. F. 3
Refferendwm 1979 ar ddatganoli xiii, 47, 49, 64, 65, 66, 67, 72, 214, 228, 234, 251 n.
Richter, Michael 6
Rhisiart II 69
Robert, Gruffydd 17
Robert ap Maredudd 131
Roberts, Brynley F. 2, 3
Roberts, D. J., *Hanner y Gwir* 124, 125, 127, 131, 139, 140–1, 203–4, 255, 256
Roberts, Evan 131
Roberts, Grace 124
Roberts, Kate, *Tywyll Heno* 239
Roberts, Michael (Pwllheli) 121
Roberts, Wil, *Bingo!* 213–14, 215, 216–18, 220, 231, 239, 244, 255
Roberts, Wiliam Owen xviii, 90, 93, 102
   Y Pla 27, 78, 81–4, 85–7, 90, 91–3, 94–8, 99–100, 102–3, 255
Roberts, William 122, 134–5
Rowlands, John xvii, 28

Rowlands, John (H. M. Stanley) 164
Rushdie, Salman 20
   Midnight's Children 79–80

Rhamantiaeth 22, 25
Rhodd Mam 160
Rhodri Fawr 148
Rhufeiniaid 42, 43–4, 45, 46, 48, 87
Rhyddfrydwyr 13
Rhyfel Annibyniaeth America 156
Rhyfel Byd Cyntaf (Rhyfel Mawr) 180, 181, 182, 198, 202
Rhyfel Can Mlynedd 69, 71
Rhyfel Cartref America 172, 173
Rhyfel De Affrica 182
Rhys, Arglwydd 56, 59
Rhys, Morgan John 154
rhywioldeb 24, 60, 79, 84, 85, 91, 96, 98, 99, 100, 101–2, 111, 118, 120, 132, 133, 139, 151, 162, 168, 172, 203, 205, 206, 212, 213, 215, 216, 220, 222, 226, 228, 234, 236

Saesneg 4, 15, 16, 20, 98, 115, 130, 172, 187–8, 248–9
Saeson 73, 97, 112, 115–16, 127, 138, 147, 149, 166, 182
Said, Edward W. xvii, 147
saithdegau, y 9, 15, 43, 72, 248
Salesbury, John 109, 127, 133, 142 n.
Salesbury, Thomas 142 n.
Salsbri, Siôn 108, 109, 138
Sarup, Madan 217
Sbaen 149, 152, 153, 229, 230
Sbaeneg 171, 172, 173, 206
Sbec 20
sectyddiaeth 115, 117, 118
   gweler hefyd sectau penodol
Selwood, Nansi, *Brychan Dir* 108, 127, 132, 137, 255, 256
Senghennydd 182, 189, 193, 194
Seton-Watson, Hugh, *Nations and States* 1
Shakespeare, William, *King Lear* 100
Shields, Rob xv, xvi

Sianel Pedwar Cymru (S4C) xiii, 16, 17, 226, 228, 239
   ymgyrch i sefydlu 48
Sieffre o Fynwy 10
sinema 215, 222
   gweler hefyd ffilmiau
Siôn Tudur 128
sipsiwn 150, 183, 205, 206
sir Benfro 13
sir Ddinbych 107
sir Fôn 184, 185, 193
sir y Fflint 107
Smith, Dai
   Aneurin Bevan and the World of South Wales 21
   Wales! Wales? xiv, xv, 20
Smith, J. Beverley 8, 13, 65
Smith, Llinos Beverley 5
Smith, Peter 138
Smyth, Rhosier 107
Sofraniaeth 2, 7, 8, 48, 79
Sosialaeth Ddatganoledig 27
Stalin, J. V. 1, 29 n.
Stanley, H. M., *How I Discovered Livingstone* 164
Statud Gruffudd ap Cynan 94
Statud y Llafurwyr 93
stereoteipiau cenhedlig 24, 25
storïau xiv, xix n., 100
Streic Fawr y Penrhyn 184
Streic y Glowyr 247

taeogion 53, 55, 82, 83, 84, 86–93, 95, 97, 100, 103, 235
tafodiaith 16–17, 18
Tair Rhamant, Y 147
Taliesin xiv, xv, 94, 124
Taylor, George 53
teledu 17, 18, 228
   gweler hefyd Sianel Pedwar Cymru (S4C)
Teulu Trefeca 115, 117–18, 123, 131, 136
Teyrnas Unedig 164
Thomas, Beth 17
Thomas, Brinley 12
Thomas, Dafydd Elis 19, 21, 43, 67
   Traddodiadau Fory 19

Thomas, Gwyn 5
Thomas, M. Wynn, *Internal Difference* xiv, xv, 15
Thomas, Ned 14
Thomas, Peter Wynn 17
tiriogaeth 1, 2, 6, 8, 11, 147
tlodi 93, 132, 136, 235
Tomos, Angharad 236
   Hen Fyd Hurt 233, 234–6, 239, 242, 243, 244, 247–8, 255
   Yma o Hyd 222, 232, 235–6, 237–9, 242, 243–4, 247–9, 249, 255
Traddodiad 1, 2, 22, 27, 93–6, 99–100, 126, 147, 214
traddodiad barddol, y 49, 58, 93, 96
   beirdd proffesiynol 3
   cywyddwyr 31 n.
tras 3, 6, 131
Trefeca 118, 151
   trioleg *gweler* Jones, Elwyn Lewis
   gweler hefyd Teulu Trefeca
tröedigaeth 47, 113, 115, 123, 125, 141
Tryweryn xiii, 51, 69
Tuduriaid, y 8, 127, 131, 171
tyddynwr Cymreig 26
Tywysog Du, y 67, 97
tywysogion 3, 55, 147
   Gwynedd 5, 53, 55, 58, 59
   gweler hefyd tywysogion penodol

uchelwriaeth 57, 90, 91, 92, 95, 108, 109, 110, 111, 123, 131, 132, 138, 193, 203
   gweler hefyd boneddigion; elitiaeth; pendefigaeth
Undeb Cymru Fydd (sefydlwyd 1941) 26
undebaeth 184, 185
undod 24, 47, 50, 55, 88, 96, 119, 122, 125, 141, 151, 197, 238
   cenhedlig 2, 3, 7, 8, 10, 13, 25, 48, 116, 147, 243
   dosbarth 183, 187
Uno, yr 7, 107–8, 128–9, 138

Veracruz (Mecsico) 151, 152

Wade-Evans, A. W. 8
Walter, Wiliam 117
WAWR (Workers Army of the Welsh Republic) 60
The Welsh in their History xiv
Welsh Not 127
Welsh Trust 129
werin, y 26, 87, 88, 92, 124, 127, 131, 136, 186, 187, 225, 226, 230, 237, 238
   diwylliant 16, 100, 123, 124, 190
   myth 12, 25, 26, 193
When Was Wales? xiv
Wiliam, Urien, *Tu Hwnt i'r Mynydd Du* 158, 163–5, 255
Williams, Alan 16
Williams, David 163, 164, 165
Williams, Gwyn A. xiv, 8, 20, 50, 87
Williams, Ifor 48
Williams, Ifor Wyn, *Gwres o'r Gorllewin* 50–2, 87–8, 94, 99, 131, 255
Williams, Iwan Llwyd 27, 28
Williams, J. E. Caerwyn 20
Williams, J. G., *Betws Hirfaen* 70–1, 72, 73, 79, 81–2, 83, 88, 92, 131, 255
Williams, Phil 28
Williams, R. Bryn 166, 170
   Agar 167, 168–9, 170, 171–2, 255
   Y Rebel 168, 169, 170, 171, 172, 173, 255
Williams, Raymond 96
Williams, Rhydwen xviii, 179, 180, 184, 188, 194, 195–6, 199, 206
   Adar y Gwanwyn 179, 196, 197, 200–201, 203, 205, 207, 211, 237, 255
   Amser i Wylo: Senghennydd 1913 179–80, 182, 184, 185, 186–7, 189–91, 193, 194, 196, 199, 255
   Cwm Hiraeth (trioleg) 179, 186, 194, 195

   Dyddiau Dyn 179, 182–3, 192, 195–6, 198–9, 200, 203, 206, 255
   Y Briodas 179, 180, 182, 183, 184, 185, 186, 187, 188, 189, 190, 191, 192, 193, 197, 199, 203–4, 255
   Y Siôl Wen 180, 181, 188–9, 191, 192, 194, 195, 196–8, 200, 202, 203, 205, 207, 255
   Gallt y Gofal 179, 182, 183, 185, 255
   Gorwelion 199
   Liwsi Regina 116, 117, 118, 127, 138–9, 151, 255, 256
Williams, Rowan 11
Williams, W. P., *Heli yn y Gwaed* 119, 131, 148–50, 151, 255, 256
Winks, Robin W. 147
Wladfa Gymreig, y xvii, 166, 167, 171, 172, 173
Wood, Kathleen, *Siân a Luned* 167, 168, 169, 170, 171, 172, 255
Wyn, Hefin, *Bodio* 212, 213, 214, 215, 220, 222–4, 224–5, 231, 244, 245, 255
Wyn, John (Gwydir) 109
Wyn, Morys (Gwydir) 109, 110, 127, 128, 133, 142 n.
Wynne, Ellis 225, 228
wythdegau, yr 15, 17, 19, 61, 64, 67, 93, 96, 218

Ymerodraeth Brydeinig, yr 147, 150, 151, 152, 155, 158, 182
ymgyrch losgi xiii, 48, 60, 22, 248
Ymgyrch Senedd i Gymru 12, 65, 240
ymgyrch wrth-Arwisgo xiii, 52–3
Ymneilltuaeth 21, 22, 23, 116, 123, 134, 160, 169, 186, 212–13
   gweler hefyd Anghydffurfiaeth
Ynys Enlli 111
Ynys Môn 43
   gweler hefyd sir Fôn